Gertrud Höhler

Wettspiele der Macht

Gertrud Höhler

Wettspiele der Macht

ECON Verlag
Düsseldorf · Wien · New York · Moskau

Die Deutsche Bibliothek – CIP-Einheitsaufnahme

Höhler, Gertrud: Wettspiele der Macht / Gertrud Höhler. – Düsseldorf; Wien; New York; Moskau: ECON Verl., 1994. ISBN 3-430-14722-0.

Gesetzt aus der Times und Helvetica, Linotype. Satz: Lichtsatz Heinrich Fanslau, Düsseldorf. Papier: Papierfabrik Schleipen GmbH, Bad Dürkheim. Druck und Bindearbeiten: Bercker Graphischer Betrieb GmbH, Kevelaer. Printed in Germany. ISBN 3-430-14722-0.

Für einen jungen Manager –
für Abel

Inhalt

X Adding value

XI Wechselspiel zwischen Chaos und Ordnung

Als Service haben wir die wesentlichen Gedanken des Buches für Sie zusammengefaßt. Diesen Schnell-Lesedurchgang finden Sie in roter Farbe am Fuß jeder rechten Seite. Die linke Seite ist für Notizen gedacht.

I

Der Sturz der Götterbilder

Feindverlust

Wettspiele der Macht waren es, zu Lande, zu Wasser und am Himmel, die das »Gleichgewicht des Schreckens« ausmachten. Zwei Riesen standen einander gefesselt gegenüber, als der Wettlauf sich als endlich erwies. Die Welt war immer noch in Ordnung – gerade weil es diese Blöcke gab. Die abendländische Ordnung ruht auf dem Denken in Alternativen. Das Gute wird nur greifbar auf dem Hintergrund des Bösen; Freunde hat man, weil man Feinde hat, und was Freiheit wert ist, kann man nur beschreiben, weil es irgendwo Knechtschaft gibt. Die Weltordnung von falsch und richtig, gut und böse, wie wir Europäer und die Amerikaner sie gewöhnt sind, wird sich lange nicht – oder nie? – von jenem Schlag erholen, der mit dem Riß der osteuropäischen Vorhänge mitten in das westliche Credo niederfuhr. Feindverlust – ein gähnendes Orientierungsvakuum tat sich auf, die neue Weltunordnung ist bei uns in ungeschickten Händen.

In der Welt der geschlossenen Blöcke wußte jeder, wohin er gehörte – ob freiwillig, war eine andere Frage. Das Entweder-Oder regierte, das Ja oder Nein trennte Freundes- von Feindesland.

Seit die Mauer mitten in Europa einstürzte, ist die Feindordnung der freien Welt aus der Balance geraten. Verlierer hatten begonnen, Geschichte zu schreiben – politisch, wirtschaftlich und kulturell. Auch das war neu und erschreckend. Es war nicht vorgesehen in den Köpfen der Mächtigen. Die politischen und wirtschaftlichen Schicksalsmacher erleben seither, wie unbeherrschbar Völkerschicksal wird, wenn die Mauern zwischen Feinden fallen.

Die Endkunden der Systeme haben einen Tagesordnungspunkt aufgerufen, der nicht auf der Agenda der Herren der Geschichte stand – weder im Westen noch im Osten.

Nicht nur politisch macht uns die neue Unübersichtlichkeit zu schaffen. Unbehagen und Unruhe werden verschärft durch das eilige, knisternde Weiterlaufen der Risse in unvorhersehbare Richtungen – wie es geschieht, wenn wir eine Eisdecke bei Tauwetter betreten. Regionalismus, wie er das Widerstreben der Bürger Europas gegen die fremde Übersichtlichkeit einer neuen Großmacht begleitet, ist ja nichts anderes als das Zusammenrücken der Menschen in überschaubaren Einheiten von Wissen, Kennen und Verstehen, in denen sie sich geborgen fühlen.

Von Feinden umstellt, würden sie sich leichter zu einer großräumigen Einigkeit verstehen. Von Feinden verlassen, spürt die westliche Welt nicht nur Zugluft aus dem Ural und Sibirien, hört sie nicht nur Waffenklirren aus Jugoslawien, sondern auch interne Konflikte blähen sich plötzlich auf – ein Luxus, den man sich in einer feindlichen Welt nicht leisten konnte und mochte.

Als den Unrechtsstaaten die Bürger davonliefen, geriet über Nacht das »siegreiche« System, die Demokratie und freie Marktwirtschaft des Westens, auf den Prüfstand. Auch hier stürzten plötzlich Götterbilder, gerade jene übrigens, die für die Attraktivität des Systems symbolhaft gewesen waren. Auch hier erschüttern schwere Verwerfungen die politische und wirtschaftliche Kultur.

Der Grundkonsens der freien Gesellschaften gerät in der Stunde des Sieges in die schwerste Krise der Nachkriegsgeschichte.

Ist es ein Zufall, daß die Götter der Industriekultur, ihre perfekten Rituale, anonymen Systeme und robusten Strukturen im gleichen Augenblick revolutionsreif werden, da sie ihren größten Sieg

In der Welt der geschlossenen Blöcke wußte jeder, wohin er gehörte – ob freiwillig, war eine andere Frage.

Seit die Mauer mitten in Europa einstürzte, ist die Feindordnung der freien Welt aus der Balance geraten.

DER STURZ DER GÖTTERBILDER

Abschied von deutschen Mißerfolgsrezepten:
Gründlichkeit und gute Absicht

Vom trügerischen Frieden in fossilen Industriezweigen zur kooperativen Innovation

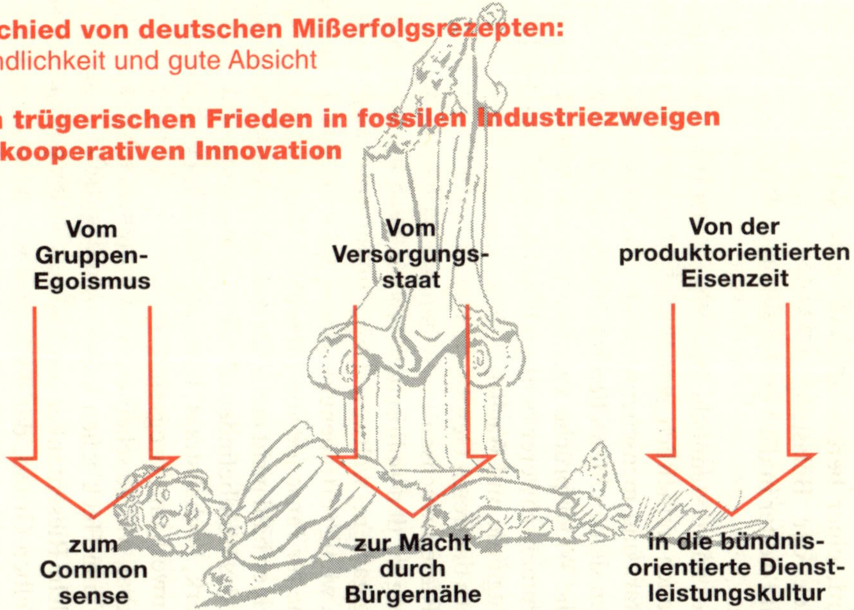

feiern könnten? – Oder gilt die Anerkennung, die dem Wettbewerbsprinzip namens »Marktwirtschaft« durch den Aufbruch der kommunistisch regierten Gesellschaften in Richtung »Markt« zuteil wird, einer bereits abgelaufenen Ära? – In der Tat: Im Augenblick der Belastung werden Defizite deutlich, deren Geschichte weiter in die Vergangenheit zurückreicht als der »Aufbruch Ost«.

Da ist es nun erstaunlich, wie sehr sich die Bilder gleichen. Ordnungen, auch freiheitlich gewollte, werden mit zunehmender Perfektion starr und menschenfeindlich. Zu seiner Sicherheit ersonnen, engen sie den Menschen schließlich ein. Zugleich nahm Vielfalt zu, die Widersprüche zwischen Wissen, Wollen und Können wurden immer schwerer beherrschbar. Appelle, das Erlaubte zwischen Neugierde und Wachstumslust zu seinem Recht zu bringen, erschüttern die freien Gesellschaften.

Neue Riesen wuchsen im Widerstreit der Meinungen vor sich hin: analog zu den politischen Systemriesen die wirtschaftlichen Konzerngiganten, weltweit tätig, unüberschaubar, kaum noch regierbar, wenig vertrauenerweckend, aber – mächtig. Riesenhafte Milchkühe für Tausende von Menschen. Was sie leisteten, war für den einzelnen bald nicht mehr überschaubar; die Konzernregenten studieren das Wohlbefinden dieser Riesenorganismen nur mehr im Zahlenwerk, hochabstrakt, bereinigt von Schicksalen, die für dieses Zahlenwerk unterwegs sind.

Unsinkbar, wie sie scheinen, weil keiner mehr mit bloßem Auge vom Bug zum Heck sehen kann, von Steuerbord nach Backbord, sinken solche Riesentanker von Zeit zu Zeit doch relativ plötzlich – aus demselben Grund, der ihr Sinken unwahrscheinlich scheinen ließ: wegen Unübersichtlichkeit und Abstraktion ihrer sehr weit verteilten Funktionen. Da sitzt nicht irgendwo ein Steuermann, der die Zügel gesammelt in den Händen hält. Da beugen sich Spit-

Ordnungen, auch freiheitlich gewollte, werden mit zunehmender Perfektion starr und menschenfeindlich.

Zu seiner Sicherung ersonnen, engen sie den Menschen schließlich ein. Statt Freiheit zu schützen, kosten sie Freiheit.

Nach dem Ausscheiden des großen Gegenspielers:

Ein neues Spiel.

Spielend die Spielregeln neu schreiben
Überreife und eben erwachende Märkte bedienen

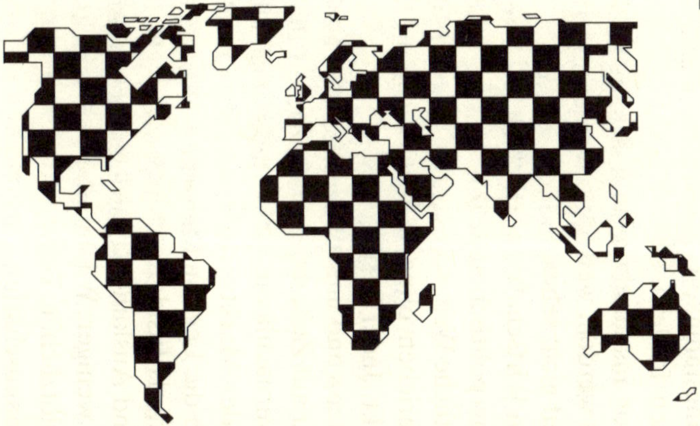

Eine Lerngemeinschaft der Rekonvaleszenten:

- im Westen der Wohlstandswirtschaft und ihrer Entgleisungen
- im Osten der Plan-Mißwirtschaft und ihrer Vollendung auf deutschem Boden

zenmannschaften über die Logbücher wie Sterndeuter über Himmelskarten – in denen die eine oder andere Kometenbahn falsch vorausberechnet war.

Das Abenteuer Abstraktion, das dem Willen zum Wachstum folgt, stürzt Menschen immer wieder in das Dilemma der begrenzten Wahrnehmungsfähigkeit. Beschauer und Bewohner solcher Riesenorganismen fordern Übersetzungsleistungen – aus dieser Zahlenabstraktion ins anschaulich Konkrete –, die bis heute nur schlecht erledigt werden, weil die Führungsgruppen ihre brennende Notwendigkeit nicht sehen.

In den reichen Wirtschaftsnationen, so zeigt sich in den Jahren der Aufbrüche aus politischen Kerkern, die zu Jahren der Wahrheit auch für die westliche Welt werden, wurde vielfach Unternehmensgeschichte geschrieben ohne den natürlichen Verbündeten, den Kunden im Markt. Jeder Partner ist in diesem Sinne ein »Kunde« unserer Kompetenz und unseres Vertrauens. Sein Vertrauen leiht er uns immer nur auf Zeit; davon lebt der Wettbewerb.

Während die vernachlässigten Bürger aus totalitären Staaten auf die Spielfelder der Marktwirtschaft drängen, entsteht nicht nur Lerndruck; auch die Legitimation der überlegenen Ordnung wird strenger geprüft, als Insider es täten. Zugleich engt Verlustangst die Phantasie und Auskunftsfreude ein; wer nichts abgeben will, der erklärt auch weniger; Wissen ist Macht.

Unter dem plötzlichen Beweisdruck gibt manche Mauer, die Unternehmensmannschaften zusammenhielt, unerwartet nach; auch das politische System, in seiner Siegesstunde eigentlich zu großem Stolz berechtigt, knirscht in allen Fugen. Was in der guten Feindordnung der zweigeteilten Welt seinen Platz hatte, beginnt zu rutschen und zu schwimmen, seit das Freund-Feind-Thema obsolet wurde. Splitter, Trümmer und Scherben allenthalben: Parteien bröckeln, Firmen bersten, Konzerne schwanken. Die Bündnisli-

In den reichen Wirtschaftsnationen, so zeigt sich in den Jahren der Aufbrüche aus politischen Kerkern, Jahre der Wahrheit auch für den Westen, wurde Unternehmensgeschichte geschrieben ohne den natürlichen Verbündeten, den Kunden im Markt.

Abschied vom alten Marketing

Der König Kunde steigt von seinem Thron ...

Der Abschied von diesem Kundenauftritt fällt schwer. Er verschleiert die Untugenden des alten Marketing:

- Mit Königen ist man nicht auf du und du
- Könige will man nicht wirklich kennenlernen
- Mit Königen kann man nicht im Team arbeiten
- Könige kann man nicht einladen
- Könige wollen immer fertige Lösungen

... die macht man am besten ohne zu fragen.

Nach der Öffnung Osteuropas

Marktkommunikation in erwachenden Märkten

Verkaufen war keine strategische Aufgabe
Es gab kaum Erfahrungen mit Marketing und Vertrieb

Nachteile bei dem neuen Mix der Kräfte:
Festgezurrte Lieferanten-Kunden-Beziehungen
der westlichen Partner

Vorsprünge des Ostens:
Flexibilität
Organisationstalent

Nachteile des Westens:
Perfektionismus
Beharren auf erprobten Lösungen

Nachteile des Ostens:
unerfahren im Team

Vorsprünge des Westens:
an Teamwork gewöhnt

nien liefen alle nur von Wand zu Wand, von Mauer zu Mauer innerhalb der Systeme. Nach draußen fehlte das starke, strategisch einigende Band: mit dem Bürger, mit dem Kunden. Alle Partner im Markt der Meinungen, Nachrichten und Produkte jeder Art pendeln suchend und ungebunden von Botschaft zu Botschaft, von Versprechen zu Versprechen – und melden Unbehagen.

In der Belastungsprobe unerwarteten Zuschnitts ist das ungepflegte Scharnier zwischen den Großsystemen und den Partnern im Markt zur Sollbruchstelle geworden. Strategisch von außen gefordert wie nie, stellen wir fest, daß im Innern die strategischen Bündnisse fehlen.

Die Herausforderung, die im letzten Jahrzehnt dieses Jahrtausends bestanden werden muß, war mit vielen innerwestlichen Begriffen und großzügigen Gesten in Richtung auf Triaden und Tiger in der Ferne abschließend beschrieben, als die Gefängnistore in Osteuropa aufgingen. Eine offene, vernetzte Welt zu gestalten, Kolonialisierung via Wirtschaft weltweit, Ökologie, Humanität und Selbstbestimmung der Völker als aufgeklärte Begleitmusik, das war ein klares Konzept – eine Rechnung ohne die neuen Gäste an unseren Tischen. Es sind Gäste, die nicht nur mit uns essen, leben und arbeiten wollen; sie wollen zu Hause, möglichst schnell, ein dickes Kapitel Wohlstandsgeschichte nachbuchstabieren.

Der Westen hat es schwer mit der neuen, offenen Welt, in der die Feinde nicht mehr auf markiertem Terrain zusammenrücken, sondern sich verteilen.

Die Götterdämmerung der frühen neunziger Jahre stürzt gleich eigene Götter mit den fremden – ein Ohnmachtserlebnis in der Stunde des Sieges.

Daß im Augenblick des Aufbruchs ganzer Völker zu den westlichen Kathedralen des Wohlstands, den Warenhäusern und Supermärkten, den Automobilriesen und High-Tech-Tempeln, diese ganze Pracht schwankt wie in einem lange herangerollten Erdbeben, dessen Druckwelle durch den Tritt der Hunderttausende beschleunigt wird, ist der Angelpunkt einer Selbstbesinnung und Reorganisation, der von vielen noch gar nicht erkannt – oder nicht anerkannt – wird.

Während neue Partner unserer Marktordnung zu uns stoßen, entdecken die westlichen Wohlstandsnationen, daß sie im Sog schwerwiegender Entartungserscheinungen dieser Marktordnung nun noch schneller in Richtung Regulierung und Planwirtschaft von der labilen Ideallinie des freien Wettspiels der Kräfte abgezogen werden. Die Panik, die von der ungewohnten Konfrontation mit den neuen, unerfahrenen Mitspielern ausgeht, mündet in Fluchtversuche Richtung Ordnungsersatz: Das ist immer der Plan – ironischerweise ein Ordnungstyp, den die Flüchtlinge des Kommunismus eben erst abgewählt haben.

Neue Partner suchen einen neuen Typ von Beziehungen: freizügig, gerecht, stimulierend und verläßlich. Wie solche Beziehungsgeflechte aussehen, das hoffen sie bei den auf diese Weise reich gewordenen Marktpartnern in den Westländern zu erfahren. Diese hohe Erwartung, gemischt mit Furcht, Enttäuschung und Ungeduld, ertappt aber die Westländer bei schwersten Versäumnissen: Die Partnerschaften im Markt, um die es vor allem geht, jene zwischen Anbietern und Kunden, Mitarbeitern und Führung, Firmen und Öffentlichkeit, Wirtschaft und Presse, Wirtschaft und Politik, sind aufs schwerste gestört. Genauer: Diese Beziehungen sind unausgewogen gepflegt worden. Am meisten unterschätzt wurde jener Marktpartner, der das ganze Spiel in Gang hält: der Kunde. Sein sensibles Profil steht nicht erst am Ende der Know-how-Transferkette, sondern durchsetzt sie vom ersten bis zum letzten Glied. Kundenbeziehungen kennzeichnen den Unternehmensalltag ebenso wie die Nachrichtenagenturen und das Bildungswesen. Verlegen suchen wir

Eine offene, vernetzte Welt zu gestalten, Kolonialisierung via Wirtschaft weltweit, Ökologie, Humanität und Selbstbestimmung der Völker als aufgeklärte Begleitmusik, das war ein klares Konzept – eine Rechnung ohne die neuen Gäste an unseren Tischen.

Ein neues Spiel für die Global Players:

- Die Spielregeln schreibt der Kunde
- Unzufriedene Kunden eines politischen Systems sprengen ihre mageren Märkte
- Der Ausverkauf der Weltbilder gibt den Blick frei auf erwachende Märkte
- Nicht zufällig im gleichen Augenblick: Schwächeanfall des »siegreichen« Systems

Und, in der entgrenzten Welt, die ungeheure Chance zu einem Neuanfang.

nach besseren Begriffen für den »Konsumenten«, den »Verbraucher« – und finden unser eindimensionales Bild des Marktgeschehens genau in dieser Sprachlücke entlarvt: Wo die Worte fehlen, da fehlen auch die Vorstellungen.

Der Auftritt neuer »Kunden«, Partner der Erneuerung unserer Marktkultur, macht uns also trotz deren Unerfahrenheit bewußt, daß unser »überlegenes« System mit Mängeln nicht irgendwo am Rande, sondern im Zentrum behaftet ist. Unser System Marktwirtschaft ist so abstrakt geworden, daß sich Mißerfolge aufbauen, ohne daß jemand sie rechtzeitig bemerkt – was großen Schaden von vielen Menschen abwenden könnte. Das ist das eine. Zugleich zeigt sich aber eine wichtige Fehlerquelle im Spaltungsdenken unserer Wirtschaft, die den Kunden nur als Faktor und Zahlenwerk, nicht aber als hochinteressanten Innovationspartner und Verbündeten begreift. Erst der Zustrom der neuen Kunden – mit denen man erschreckend unbekümmert – oder zynisch? – die alten Fehler wiederholt – macht ein längst schwelendes Problem der Wohlstandskultur virulent: das Phänomen des totgeschwiegenen Financiers, des auf Königsthrone gedrängten Unbekannten, dessen Bedürfnisse man zu steuern glaubte.

Daß es eigentlich um geglückte Beziehungen geht, bemerkt man in der Regel erst, wenn Beziehungen scheitern. Die Beziehung zu den Kunden der Dienstleistungsära hat entweder noch gar nicht begonnen, oder sie ist schon gescheitert. Jedenfalls findet sie, mit ganz wenigen Ausnahmen, bislang in Deutschland nicht statt. Der größte deutsche Lufttransporteur spricht immer noch von »Königen« – Gegenwehr bleibt ohne Resonanz; die Werbung der deutschen Telekom Postdienst für ein neues Zahlensystem ist an Albernheit, Wirkungslosigkeit und Kostspieligkeit nicht zu überbieten, und der deutsche Bürger streift durch Deutschlands Städte mit dem fatalen Gefühl, daß seine Marktmacht so lange verkannt

Erst der Zustrom der neuen Kunden macht ein längst schwelendes Problem der Wohlstandskultur virulent: das Phänomen des totgeschwiegenen Financiers, des auf Königsthrone gedrängten Unbekannten, dessen Bedürfnisse man zu steuern glaubte.

werden wird, wie er nicht zu drastischen Verweigerungs- und Willkürmaßnahmen greift. Die ergreift er dann unter Umständen dort, wo man ihm die Möglichkeit am ehesten bietet: als Wähler statt als Käufer. Aber seine Wahlentscheidung hat natürlich erheblichen Einfluß auch auf das Klima der Märkte von morgen.

Immer mehr Menschen verlassen sich in dieser Welt auf immer weniger. Dies kann nicht ohne Wirkung auf den Erfolg bleiben, den wir alle in den Wettbewerben im Markt suchen. Nur wer in seiner Partnerqualität erkannt wird, hat Lust auf Mitverantwortung. Nur wer mitgestalten kann, fühlt sich für die Erhaltung des Erreichten mitverantwortlich.

Die Kommunikationskultur, technisch täglich perfekter und kompletter werdend, ist im Alltagsvollzug immer noch nicht als ein neuer Appell an den Menschen selbst begriffen: Die abstrakte Kultur der Datenspeicher und allgegenwärtigen Terminals ist eine mit dichtem Informations-*Feedback* vernetzte Welt. Dieses Lebensklima bleibt nicht ohne Einfluß auf die Bedürfnisse und Erwartungen – auch auf den Kompensationsbedarf – der Köpfe und Herzen. Wer im *High-Tech*-Echonetz lebt, der sucht auch dichte Echos für seine Gefühle und Gedanken, Ideen und Impulse, die nicht auf Computerformat zu bringen sind. Er wünscht sich ein Netzwerk der Signale und Informationen, das ihn seines eigenen Wertes versichert und ihm die Gewißheit gibt, daß er jenseits von Daten und Fakten eine der Aufmerksamkeit würdige Existenz hat.

Einfacher gesagt: Erfolg durch Bindung – das wird, wenn diese Gesellschaft bewohnbar bleiben will, das Motto der nächsten Jahrzehnte sein.

Es hat eine kühle und eine heiße Seite. Die kühle ist das Wissen und Können der Fachleute; die heiße ist die Glut der Visionen, das Ideenfeuer, in dem die Intelligenz mit Phantasie und Wagemut die Zukunft entwirft.

Good bye, old Germany

Wieder einmal blicken wir in ein durchschrittenes Tal. Leider sind diejenigen, die am Hang nun wieder Warnschilder aufstellen, unbeliebte Leute. Auf den Schildern steht: Vorsicht! Symptome sind beseitigt, die Krankheit nicht!

Die Therapie hat erst begonnen; brechen wir sie ab, weil allgemeine Entwarnungsstimmung aufkommt, dann erwartet uns ein langer und langsamer Abstieg – langsam genug, daß wir ihn nicht wahrnehmen, weil wir uns an immer niedrigere Niveaus gewöhnen: beim Einsatz unserer Kräfte, beim Willen zur Beschränkung und zur Innovation; bei der Restrukturierung der Erfolgsbranchen aber eben auch – und bei der erstmaligen Verständigung auf die neuen Allianzen quer zur Hierarchie.

Die flache Hierarchie allein ist nicht das Allheilmittel, wenn sie weiterhin die Vertikale blockiert und nur die Horizontale begünstigt. Wie dicht Leute über mir sitzen, von denen ich nichts erfahre, ist unbedeutend; wie nahe sie unter mir stehen, wenn ich keinen ihrer Gedanken kenne, ist unerheblich. Kürzere Arbeitswochen werden nur vorübergehend darüber hinwegtäuschen, daß wir nicht wirklich die hohen Produktions- und Sozialkosten zur Disposition stellen. Dies wird nur dann möglich sein, wenn wir neue Bündnisse zwischen traditionell einander widersprechenden Positionen schließen. Solche Bündnisse werden nur möglich, wenn »Interessen« einzelner Gruppen nur noch von übergeordneten Zielen her gerechtfertigt werden können.

Erfolg durch Bindung – das wird, wenn diese Gesellschaft bewohnbar bleiben will, das Motto der nächsten Jahrzehnte sein.

Es hat eine kühle und eine heiße Seite. Die kühle ist das Wissen und Können der Fachleute; die heiße ist die Glut der Visionen.

Für Deutschlands Wirtschaft geht es um ein Comeback auf der Weltbühne, das nicht durch den Stopp der Talfahrt, sondern nur durch ein neues Bündnis der Disziplin und des *Common sense* gelingen kann. Die Aufspaltung der Verantwortungen, die es bisher jeder »Interessengruppe« erlaubte, sich von Überblicksleistungen freizusprechen, die nicht ins einseitige Konzept paßten, ist ein Spiegel der Spezialisierung, die zum Verfall von Durchblick und übergreifendem Interesse führen mußte.

Die deutschen Fakten: Wir verdienen mehr, arbeiten weniger und machen mehr Urlaub als andere Industrienationen. Die Sozialkosten sind zu hoch. Was wir produzieren, muß zwangsläufig teuer sein. Beim Weltexport sind wir folgerichtig zurückgefallen: von 14 Prozent 1987 auf etwa zehn Prozent. Immer noch läßt auch die Abkehr von der Schwerindustrie zugunsten zukunftsfähiger Produkte und Arbeitsplätze auf sich warten: Das Deutschland des 19. Jahrhunderts ist immer noch auf der Szene, von Wettbewerbern überholt, die billiger, besser und zeitnah liefern, weil sie standortgünstig produzieren.

Der solide Deutsche ist zum langsamen Deutschen geworden. In erstarrenden Systemen Produkte von gestern zu fertigen und diese zum Höchstpreis zu verkaufen: Das gelingt schon heute nicht mehr; und morgen wird sich für dieses deutsche Leiden an vergangener Größe niemand mehr interessieren.

Die Wettspiele der Macht auf den Weltmärkten laufen zwar noch nicht ohne Deutschland; aber viele Geschäfte laufen bereits an Deutschland vorbei – und die Deutschen laufen hinter einer Entwicklung her, die andere als Sieger für sich entscheiden, weil sie bescheidener am Start erschienen sind.

Deutschlands Power-Image der vergangenen Industriephase hat zu entsprechenden Strukturen geführt: Gründlichkeit schuf festgezurrte Regelwerke; jeder Großkonzern kann es mit staatlichen

Behörden aufnehmen, was die Vielfalt – nicht der kreativen Nischen, sondern der Formulare und Vorschriften – angeht. Deutsche verstehen sich auf Ordnung. Kein Ladenbesitzer darf verkaufen, wann er mag; kein Geschäftsinhaber darf im Wettbewerb um Preise und Leistungen machen, was er sich zutraut. Deutsche Wirtschaft ist durch deutsche Politik zur Überregulierung teils gezwungen, teils in voreilendem Gehorsam den politischen Institutionen ähnlich geworden: nichts dem Zufall überlassen, nichts ändern, nichts Neues probieren.

Deutschland entläßt selbst sterbende Industriezweige nicht in die Vergangenheit; statt dessen schränkt man sich bei der Grundlagenforschung ein. Der deutsche Büßer, so der Eindruck für Beobachter, kann nicht mehr unterscheiden, welche Kapitel der Vergangenheit überlebt sind und welche unsterblich. Mit einem geradezu sträflichen Zartgefühl, das bei genauem Hinsehen eine Mischung aus politischer Hilflosigkeit und unverfrorener Karrierepflege ist, werden Energien fehlgeleitet, um trügerische Momente der Ruhe zu erkaufen. Wer so entscheidet, muß Zukunftstechnologien vernachlässigen. Fehler, die man heute für vorläufig halten mag, verwandeln sich unter der Hand in schwerste Versäumnisse am Zukunftspotential.

Deutschland, gefangen in der eigenen Vergangenheit, auch auf der Erfolgsseite? Während wir auf den Erfolgsschauplätzen von gestern behutsam Überholtes konservieren, um die Mitspieler und Zuschauer nicht zu verärgern, spielen unsere Wettbewerber längst in einem ganz anderen, neuen Stück. Dessen Spielregel, den Code der mikroelektronischen Ära, beherrschen immer weniger deutsche Forscher so perfekt, daß sie auf den ersten Plätzen landen: Patente werden immer weniger unter deutschen Namen angemeldet (1987: 289; 1992: 181). Derweil steigt der japanische Beitrag zum Patentaufkommen im gleichen Zeitraum um fast ein Drittel.

Die Wettspiele der Macht auf den Weltmärkten laufen zwar noch nicht ohne Deutschland; aber viele Geschäfte laufen bereits an Deutschland vorbei – und die Deutschen laufen hinter einer Entwicklung her, die andere als Sieger für sich entscheiden.

Wer Innovationen plazieren will, stolpert Monate und Jahre durch ein entnervendes und zeitraubendes Vorschriften- und Kontrolldickicht. Die immer noch starke deutsche Chemie-Industrie rechnet diese Zeitverluste als Geldverluste vor – und hat in dieser Debatte keine Lobby.

Was die Revision solcher schlechten Gewohnheiten so schwierig macht, sind ihre Wurzeln: Gründlichkeit und gute Absicht. Viele der deutschen Verspätungstechniken sind zu Vorschriften erstarrte Gewissenhaftigkeit: Der Musterknabe feilt noch an der Lösung von gestern, ist längst ihr Gefangener, während weniger penible Staaten längst mit neuen Lösungen unterwegs sind.

Die größte Chance zu neuen Lösungen, die Wirtschaftswüste Deutschland-Ost, wurde zunächst mit deutschem Paragraphenstacheldraht abgeriegelt. Nach alter schlechter Wohlstandsgewohnheit befriedete man die neuen Freunde mit Konsummilliarden, während der westdeutsche Behördenapparat sein langsames, gründliches Mahlwerk in Gang setzte. Neue Partnerschaft: Sie wurde hier, weil die Variante unerwartet und neu war, gründlich mißverstanden. Das Fatale solcher Fehlstarts ist aber nicht die mäßige Performance selbst, sondern ihre bestürzende Ursache: die gute Absicht. Sie macht den Täter uneinsichtig, weil er sich mit ihr entschuldigt, sogar vor sich selbst. Und sie kostet mehr kostbaren Boden, als ein Flop ohne Leidenschaft je kosten könnte.

Die gute Absicht – sie spielt bei vielen politischen Verspätungen und Fehlstarts in diesen Jahrzehnten nach dem Zweiten Weltkrieg eine dominante Rolle. Das Gutgemeinte blockiert das Gute – und hält Korrekturen auf, weil es für sich wirbt.

Die strategische Allianz mit den neuen Deutschen wurde nach den alten Spielregeln der schwarzweißen Welt, der Entweder-Oder-Ära, verfehlt. Nicht du *und* ich, sondern du *oder* ich steckte weiterhin in den Köpfen. Noch 1994 kauft jeder zehnte Ostdeutsche keine Westprodukte. Und welcher Westdeutsche kauft, über die Holzfiguren aus dem Erzgebirge hinaus, Ostprodukte?

Daß die Begriffe noch herrschen, zeigt, wie Spaltung im Kopf für Spaltung im Markt sorgt. Nichts ohne Vorschrift, war die Botschaft des Westens in die Welt der phantasievollen »Organisierer« und Kombinierer. Über die Fuge springen mit dem Gesetzbuch in der Hand: Das Chaos macht Deutsche ordnungssüchtig. Ordnung beruhigt; nur einen stimuliert sie: den kreativen Kopf. Er holt sich aus den Paragraphendschungeln seine Reibungswärme. Daß er in Deutschland knapper wäre als anderswo, hat man noch nicht beweisen können. Hier und dort spricht man sogar wieder von ihm; im dunklen Tunnel haben Visionäre gute Karten.

Und in der Tat: Immer mehr Unternehmer warten nicht mehr auf die Politik; sie innovieren ohne den Verbündeten, der eigentlich den Rahmen ihres Handelns sichern soll: die Politik. Eigentlich kehrt die Wirtschaft damit zu einem Prinzip zurück, das für die beispiellose Wohlstandsentwicklung im zwanzigsten Jahrhundert charakteristisch war: Sie sicherte Sozialstaat und Bildungsangebote durch Leistung ab – ja, machte beide erst möglich –, inklusive eine inzwischen luxurierende, staatlich finanzierte Kultur. Aber: Der Rahmen, in dem die Wirtschaft Initiativen ergreift, ist enger geworden. Die erreichte Vielfalt der Chancen spiegelt sich in der Vielzahl der Vorschriften und Regelungen; Spontaneität wird ebenso wirksam ausgebremst wie Innovationslust.

Ganz unerwartet meldet es sich wieder, das Gebot dieser Jahrtausendwende: Keiner kann Erfolg haben ohne die anderen. Während sie schwieriger wird, wäre sie notwendiger als je zuvor: die reibungsfrohe, aber temporeiche Kooperation zwischen Wirtschaft und Politik.

Das große Aufatmen angesichts unternehmerischer Alleingänge stockt also schnell wieder, wenn wir begreifen: An der nächsten

Ganz unerwartet meldet es sich wieder, das Gebot dieser Jahrtausendwende: Keiner kann Erfolg haben ohne die anderen. Während sie schwieriger wird, wäre sie notwendiger als je zuvor: die reibungsfrohe, aber temporeiche Kooperation zwischen Wirtschaft und Politik.

Wegkehre werden die Neuerer auf eigene Faust ins Bürokratendikkicht laufen und ihren Schwung einbüßen. Im Bund mit der Politik wäre die schwere Arbeit der Systemerneuerung konsequenter und glaubwürdiger zu tun. In den sonnigen Zeiten hat sich aber die Politik zum Schönwetterprediger entwickelt; nun ist sie Knecht der selbstgeweckten Erwartungen – ohne daraus noch große Vorteile an Glaubwürdigkeit ziehen zu können. Der Turnaround, den viele Unternehmen wagen, gelingt der Politik noch nicht.

Wäre es nicht von Nutzen gewesen, die deutsche Ost-West-Fusion als ein *merger* im Sinne des Managements anzufassen, statt das politische Pathos, an dem es mangelte, in immer neuen Varianten anzufordern? Wie wäre es dem Manager ergangen, der empfohlen hätte, die deutsche Einigung kühl und nüchtern als eine Managementaufgabe zu verstehen, die man sich nicht selbst ausgesucht, die man aber zu akzeptieren habe? Wäre unter diesem Motto das Partnerschaftsmodell Deutschland, die Verschmelzung der zwei Kulturen nicht sachlicher und gerechter vonstatten gegangen? Auch die Verlagerung der westlichen Schönwetterfehler auf den Fetisch »Deutsche Einigung« wäre dann gar nicht erst versucht worden.

Wären es nur diese beiden Machtfaktoren, Politik und Wirtschaft, die sich in turbulenten Entwicklungen weniger aufeinander verlassen, wir stünden vor gewohnten Szenarien. Wäre da nicht noch der Partner, ohne den für beide letztlich nichts geht: der Bürger und Kunde, der Mitarbeiter in beiden Systemen. Als Konsument und durch Versprechungen lenkbare Wählerstimme unter Wert gehandelt, beginnt er durch Unberechenbarkeit auf sich aufmerksam zu machen: Er läßt die etablierten Parteien um seine Gunst fürchten; er zeigt mehr Mißmut und weniger Neigung, nun auch persönlich »lean« zu existieren, als Politiker und Unternehmer ihm zugestehen möchten. Man kann also wirklich nicht behaupten, das strategische Potential dieser gemeinsamen Marktbeherrschung von Bürgern/Kunden einerseits und Politik/Wirtschaft andererseits würde genutzt. Es ist noch nicht einmal entdeckt. Namentlich die Politik ist bei vorsintflutlichen Methoden des Umgangs mit diesem kostbaren Kraft- und Willenspotential stekkengeblieben.

Es verwundert eher, daß der Souverän, der Bürger, so spät beginnt, seinem Ärger über diese beharrliche Unterschätzung seiner Macht Luft zu machen, als daß er es überhaupt tut. Wären die Bürger und Kunden an einem eigenen Marketing für ihre Machtposition interessiert, so müßten die Slogans lauten: »Nichts geht ohne uns!« oder »Macht durch Bürgernähe« und »Marktmacht durch Kundennähe«. Soweit das vertraute Vokabular; genauer aber müßte man sprechen vom »Bündnis« mit Bürgern und Kunden. Dann wird auch unbestreitbar, daß es uns fehlt. Die *Commonsense*-Verluste der letzten Jahrzehnte, schleichend und daher erst verspätet bemerkt, sind ja nichts anderes als die Meldung, daß dieses Bündnis in Staat und Markt verspielt wurde.

Schönwetterphasen bergen diese Versuchung: Alle Zeichen stehen auf Wohlbefinden und Genuß. Der Wettbewerb erlahmt. Die Unternehmen wachsen und spezialisieren ihre Bewohner mehr und mehr – bis diese immer weniger von dem verstehen, was andere Trupps im Unternehmen tun. Der Bürger wird staatsfern in solchen Zeiten; er privatisiert. Es scheint, als liefe alles von allein. Die Führungsgruppen schreiben sich gute Noten; sie halten den Eindruck wach, was gelingt, sei wohlgeplant.

Um so größere Beweisnot handeln sie sich nun schon für die Zukunft ein, in der es nicht mehr so gut läuft. In der allgemeinen Verlegenheit wird man beim nächsten Unwetter, vor allem wenn es in regelrecht magere Jahre ausartet, aufeinander zeigen: Der war's, nicht ich. Wo uns kein Bündnis bindet, dividieren wir uns in der

Wie wäre es dem Manager ergangen, der empfohlen hätte, die deutsche Einigung kühl und nüchtern als eine Managementaufgabe zu verstehen? Wäre unter diesem Motto das Partnerschaftsmodell Deutschland nicht sachlicher und gerechter vonstatten gegangen?

Die große Herausforderung:

Die Macht im Markt mit neuen Mitspielern teilen

Wettbewerber
Kunden

▶ in erwachenden und erstarrten Märkten

Belastung auseinander – und verspielen kostbare Zeit und Lösungsenergie. Wer in den guten Zeiten nicht zusammengehörte, der wird in schlechten nicht ohne Umweg zueinanderfinden, denn nun hält jeder, was er hat, und jeder andere ist einer, der diesen Besitzstand bedrohen könnte. Das starke Ego wird zur Burg, in der man sich verschanzt.

Nun ist auch jeder mit seiner Furcht allein: die Gruppen, die Parteien, die Kunden und Bürger. Auch generationenspezifische Angst hat dann freies Spiel: die der Jungen vor einer unwegsamen Zukunft, die der Alten vor dem Desaster um ihre Versorgung; die der Kämpfer im Zenit um das Werk ihres Lebens. Schnell wird aus dem Kampf »für sich allein« ein Kampf »gegen die anderen«. Wettbewerb treibt nun in das verhängnisvollste Mißverständnis: als gnadenloser Vernichtungskampf der Starken, Skrupellosen gegen die Schwachen, die von ihrem Ethos blockiert sind. Schnellstens müssen wir diese finsteren Legenden um den Killer Wettbewerb widerlegen, sonst bildet sich eine neue deutsche Nischenkultur der Leute mit den sauberen Händen, die, genau besehen, Leute mit ruhenden Händen und Köpfen sind.

Die Köpfe werden gebraucht, weil der Wettbewerb der kommenden Jahre viel selbstkritisches Potential erfordert: Nicht wer schuld war am Stolpern zwischen 1989 und 1993 sollte interessieren, sondern wer zuerst die neue Sicht der Dinge präsentiert; denn was im Kopf klare Konturen hat, kann die Hände beschäftigen; Krisenaktionismus kostet Geld und Zeit.

Die große deutsch-deutsche Fusion hat natürlich neben dem ökonomischen das soziale und das ideologische Gesicht. Hin und her gerissen, welchem man sich zuwenden solle, pendeln wir in schillernden Bewegungsstudien zwischen diesen drei Profilen. Deutschland, eine Hydra, wird mancher Manager, mancher Politiker, mancher interessierte Bürger und Pressekunde seufzen.

Schnellstens müssen wir diese finsteren Legenden um den Killerwettbewerb widerlegen, sonst bildet sich eine neue deutsche Nischenkultur der Leute mit den sauberen Händen, die genau besehen Leute mit ruhenden Händen und Köpfen sind.

Deutschland, unberechenbar zwischen Büßerrolle und Weltmachtträumen schwankend, sagen die ausländischen Beobachter.

Die neue Sicht der Dinge: Das ist Deutschland mit einem Fünftel Neubürgern aus einem kommunistischen Staat. Westdeutschland, das gelernt hatte, sich als reifer Markt zu verstehen, muß sich selbst neu definieren als Land mit erwachenden Märkten. Das bedeutet: Die Sicht der deutschen Dinge »vom Ende einer Ära her« muß einer Optik »vom Anfang her« Platz machen. Nicht mehr das Ende der Industriekultur ist unsere treffende Lagebeschreibung, sondern der Beginn eines Projektes Deutschland, das als Produkt der auch von Deutschen verwüsteten europäischen Geschichtslandschaft nicht »Sonderweg«, aber späte bittere Frucht eines solchen Anspruchs ist. Eben deshalb dürfen sich die deutschen Unternehmer und Politiker nun nicht im Namen geschichtlicher Bürden nostalgisch und zerrissen aus der in der Tat sehr deutschen Affäre ziehen.

Das deutsche Projekt fasziniert durch seine Erst- und Einmaligkeit: Sanierung planwirtschaftlicher Wüsten mitten in Europa, das ist auch ein fesselndes Experiment im Verdämmern des in Europa geborenen Jahrhundertirrtums, der besitzlosen, verplanten Gesellschaft. Ein historisches Experiment, über das hoffentlich auch irgend jemand Buch führt, um, was wir lernen, festzuhalten. Junge Märkte im alten Europa, das heißt erleichterten Abschied von der Industriegeschichte. Good bye, old Germany, sollten die Deutschen und ihre Nachbarn auf die Fahnen dieser Innovationsinitiative schreiben.

Nur so kommen wir schnell genug von der Denunziationsstimmung weg, die in der deutschen Einigung einen *unfriendly take over* sehen will – nur um den martialischen Deutschen, nun in neuer Maske, ins nächste Jahrtausend zu retten.

Wer seit Jahren von transparenten, flexiblen Hierarchien gesprochen hat, wer die interdisziplinären Teams und das offensive Vertrauen als Motivationsquelle beschrieben hat; wer Mitwirkung als Startbasis für Mitverantwortung und den »Mauerfall«, das Zerreißen der Eisernen Vorhänge zwischen den Managementebenen gefordert – und vor allem ihn ins Spiel gebracht hat, den die Vorstände und Geschäftsführer oft nur vom Hörensagen kennen: den Kunden* –, der staunt jetzt, von frisch aus der systemkonformen Deckung heraufgetauchten Beratern der Wirtschaft eben diese Ideen als die taufrische Revolutionsbotschaft zu hören.

Die Gärungsprozesse im Projekt Deutschland sind offenbar durch diese nur partiell in Westhandschrift geschriebene Mischung von Anforderungen richtig in Gang gekommen: Fusionszwang mit dem Pleite-Unternehmen Deutschland-Ost und das Durchschlagen der Fehler in Wirtschaft und Politik aus den satten Jahren. Die Codeworte dieser erzwungenen Revolution klingen zwar immer noch nach Maschinenwelt, nicht nach Dienstleistungskultur: *»Reengineering«*, *»Lean Production«* sind am alten Wirtschaftsbild der Güterproduktion in Entwicklungs- und Fertigungssystemen orientiert – weder am Menschen in diesen Systemen noch am Menschen als Partner dieser Systeme – als Käufer und Kunde, als Auftraggeber und Financier, der folgerichtig als hochsensibler Verbündeter verstanden werden müßte.

Diese Innovation in den Köpfen fehlt dem Projekt Deutschland einstweilen noch; sie ist die Herausforderung dieser Jahre im Wettbewerb um Marktpositionen und strategische Perspektiven, um Investitionssicherheit und Wettbewerbsvorteile einer neuen Art: Macht durch Bindung, wird die Devise der neunziger Jahre heißen. Mitspieler dieser Erfolgsformel sind Mitarbeiter und Kun-

---

* Gertrud Höhler, Spielregeln für Sieger, ECON, Düsseldorf 1991, 12. Auflage 1994.

Das deutsche Projekt fasziniert durch seine Erst- und Einmaligkeit: Sanierung planwirtschaftlicher Wüsten mitten in Europa, das ist auch ein fesselndes Experiment im Verdämmern des in Europa geborenen Jahrhundertirrtums der besitzlosen, verplanten Gesellschaft.

den jeder Rangstufe, drinnen wie draußen. Das Netzwerk von Know-how, das sie alle verbindet, wird viel belastbarer sein als der autoritäre »Kundennutzen« früherer Jahrzehnte, der zwar mit dem Kunden rechnete, ihn aber nicht mitrechnen ließ.

Kundenbedürfnis und Kundenerwartung, die magischen Größen im Wettspiel um Markterfolg, verharmlosen freilich auch noch die Aufgabe, um die es eigentlich geht. Das Unternehmen auf den Kunden hin reorganisieren – wir sehen am staatlichen Mißverständnis von Bedürfnisbefriedigung in turmhohen Sozialverpflichtungen, wie die Pflege von Kundenbedürfnissen *nicht* aussehen darf. Ein Unternehmen, das sich im Dienste des Kunden selbst zerstört, praktiziert eben nicht die Zukunftsbindung zu den Menschen im Markt, sondern es entzieht um kurzfristiger Begünstigung willen der Kooperation für die Zukunft die Grundlage. Gerade am Beispiel Staat läßt sich eindrucksvoll ablesen, wie es zu solchen Sollbruchstellen im Netzwerk von Geben und Nehmen kommt. Der Kunde, hier der Bürger, wurde in seiner Kompetenz für die eigenen Belange unterschätzt und so behandelt, wie man Leute behandelt, denen man wenig zutraut. Ihm wurde geschmeichelt, versprochen und auf Pump geliefert. Unter Beschwichtigungsreden räumt man ihm, die eine Tasche füllend, die andere wieder aus. Um seine Mitwirkung bei der Gestaltung seiner Bedürfnisse hat man ihn nicht gebeten. Am Gleichgewicht von Genuß und Verzicht, von Leistung und Gewinn hat man ihn nicht beteiligt. Und wundert sich über sein gedankenloses Fordern, wo ihm kein Zusammenhang klarwerden konnte.

Die Wirtschaft, ständig über die Qualität ihrer Marktauftritte auf dem laufenden gehalten durch ihre Umsatzzahlen, ist nicht ganz so gefährdet durch Leichtsinn im Umgang mit der Marktkompetenz des Kunden. Aber sie verliert ihn leicht aus dem Auge, wenn Systeme wachsen und nur noch über Zahlen beherrschbar bleiben.

Das Management der Großkonzerne mag sich noch soviel Mühe geben, in den Erfolgsgraphiken oder Mißerfolgskurven die Mentalität des Kunden wahrzunehmen: Die Zahlenwerke sind so abgeleitet, sie nehmen so viele Werte zusammen auf, daß eigene Rückführungsprozesse der Zahlenwelt in Richtung auf die Menschenwelt notwendig sind, wenn eine Spitzenmannschaft ihn wirklich lebend im Markt erkennen will: den Kunden, die magische Figur, an der das Blühen oder Welken von Firmenkulturen und Firmenbilanzen hängt.

Die Innovationen, an denen Unternehmen sich nun versuchen, seien nichts anderes als der Sieg des gesunden Menschenverstandes, sinniert ein deutscher Berater. Im Namen derselben Formel sind autoritäre Unternehmensstrukturen entwickelt und gepflegt worden, weil sie ihren Bauherren Schutz und Deckung gewährten. Im Namen des gesunden Menschenverstandes, was immer das sein mag, ist soviel in diesem Industriejahrhundert danebengegangen, daß wir etwas genauer schon hinschauen sollten, wenn der notwendige *Turnaround* gelingen soll.

Zu diesem *Turnaround* gehört auch die globale Bindungsbereitschaft: Mit 70 Prozent Europaexport kann Deutschland sich nicht als *global player* qualifizieren. In Amerika wurde Boden verloren, in Asien, wo rasantes Wachstum der Märkte herrscht, nicht rechtzeitig Boden gewonnen. Die Fesselung ans innerdeutsche Geschehen bringt Verspätungen auf den internationalen Schauplätzen des Wettbewerbs mit sich.

Während in Gipfellagen das Problem abstrakt klingt, trifft es in der Realität – natürlich – die Menschen. Die Bereinigungsversuche an den Fehlern der satten Jahre verstärken Kleinmut und Angst bei den wichtigen Marktpartnern: Mitarbeitern und Kunden. »Arbeitsplatzvernichtung« – das ist nichts anderes als der brutale, rasche und schmerzhafte Abschied von der Fettleibigkeit der satt vor

Mit 70 Prozent Europa-Export kann Deutschland sich nicht als *global player* qualifizieren. In Amerika wurde Boden verloren, in Asien, wo rasantes Wachstum der Märkte herrscht, nicht rechtzeitig Boden gewonnen.

Das Kundenverhältnis des Wohlstandsstaates:
Sollbruchstellen durch Geringschätzung des Bürgers/Kunden

Ein System,
das sich im Dienste des Kunden selbst zerstört,
opfert Langfristbündnisse dem Kurzfristvorteil.

sich hin dümpelnden Unternehmen des Wirtschaftshochs der achtziger Jahre. In den Großbürokratien öffentlichen Rechts, wo die Staatsdiener ihre Pfründen hüten, steht diese Entschlackungsdiät noch aus. »Countries are like people«, kommentiert ein Amerikaner, »when they lose weight, they feel better.« – Daß deutsche Arbeitslose sich besser fühlen, hat der Kommentator nicht gemeint. Sein gutgewählter Vergleich macht den konfliktträchtigen Kontrast deutlich, der den Prozeß der Restrukturierung und Rationalisierung begleitet.

Diese Konflikte aber kosten Energie, die den Schwung der Jahrtausendrevolution doch spürbar bremsen. Das gute »*Lean*-Gefühl« will sich bei bedrohten Mitarbeitern im Kostensenkungsstreß nicht einstellen. Die Begeisterung der Führungszirkel, im Krisental den Abbau von Menschen mit gleicher Akzeptanz durchsetzen zu können wie den Rückbau von Lagerbeständen und die Abschmelzung von steilen Hierarchien, wird gedämpft: Der ins Boot gezwungene Bürger, als Mitarbeiter eben über Bord gestoßen und als Kunde um seine früheren Spielräume gebracht, ist kein pflegeleichter Verbündeter für die »Operation Gewichtsverlust«.

Das macht die Radikalkur so schwierig: Wirtschaft und Politik bekommen für den Marsch durch die magere Vegetation des »Tals der Büßer« keinen anderen Menschentyp, der *slim* und *lean* leichtfüßig durch die Steppe der Bedürfnislosigkeit tänzelt. Die Revision der Wohlstandslandschaft muß mit den anspruchsvollen und wohlgenährten Teilhabern der sonnigen Wegstrecke geleistet werden, die eben hinter den Horizont sinkt. Die meisten Mitspieler schauen dieser warmen Wohlstandssonne noch nostalgisch nach – sie wenden den Herausforderungen und dem rauhen Wind aus der Zukunft zunächst noch den Rücken zu. Daß sechzig Prozent der Deutschen auch körperlich zuviel Gewicht mitschleppen, wäre unter humorvollen Leuten ein guter Auftaktgedanke für ein launi-

Das macht die Radikalkur so schwierig: Wirtschaft und Politik bekommen für den Marsch durch die magere Vegetation des »Tals der Büßer« keinen anderen Menschentyp, der *slim* und *lean*, leichtfüßig durch die Steppe der Bedürfnislosigkeit tänzelt.

»Companies are like people,
when they lose weight, they feel better.«
Die Sonnenseite
der Rezession …
© Prof. Dr. Höhler

»Operation Gewichtsverlust«:

Vom Raubsaurier	zum Ameisenstaat
Vom Bürokratismus	zur Vor-Ort-Entscheidung
Vom Spezialistenghetto	zur gemischten Team-Kompetenz
Vom schalldichten Management-Bunker	zum Open-air-Echo
Von der Produktorientierung	zur Kundenorientierung
Vom High-Tech-Schock	zum kooperativen Prozeß
Vom Hardware-Diktat	zum Software-Dialog

... von der alten	**... zur neuen Gleichung:**
Viel Kontrolle = wenig Verantwortung	**Wenig Kontrolle = viel Verantwortung**
Zeit als Zwangsjacke	Eigenständiges Zeit-Management

ges Gespräch über die *»Just-in-time«*-Qualität der allgemeinen Verschlankung. Leider vergeht Deutschen noch schneller der Humor als anderen Völkern; viele Deutsche müssen sich erst von der Vorstellung lösen, es gäbe so etwas wie ein deutsches Abonnement auf Erfolg.

Und während sie sich davon lösen, müssen die Deutschen der Versuchung am anderen Ende der Skala widerstehen: sich als negative Helden nun nicht mehr nur der politischen und kulturellen Geschichte des zwanzigsten Jahrhunderts zu sehen, sondern auch noch der Wirtschaftsgeschichte.

Zurück in die Arena

Krisenzeit, das ist die Zeit der langen Schatten. Die pralle Vergangenheit wirft diese Schlagschatten in das unruhige Szenario der Talsohle. Erst in diesem schattigen Tal wird das Selbstverständliche deutlich: Hohe Berge werfen lange Schatten. Wer von den Bergen des Erfolgs kommt, muß mit viel schattigerem Gelände rechnen als die Leute aus den mittleren Lagen. Nicht tatsächlich sind die Täler des Mißerfolgs für die Gipfelstürmer von gestern dunkler; die Wahrnehmung sonnengewohnter Höhenbewohner ist auf mittlere Werte nicht mehr gepolt. Fast können sie sich und anderen einreden, die Probleme der Gegenwart seien in der unzumutbaren Kontrastfarbe jener besonnten Wirtschaftslandschaft der achtziger Jahre zu suchen; vor solchen Vergleichen könne ja niemand bestehen.

Stillschweigend wird dabei nicht nur die schwierige Wegstrecke, die vorn liegt, als Zufall abgetan, sondern auch die rauschhafte Gipfelzeit wird achselzuckend kassiert wie ein Gewinn beim Roulette. Damals ging's gut, jetzt geht's eben schlecht. Mit denselben Mitarbeitern, dem gleichen Management in die Krise gesegelt – wer soll denn da schuld sein? Gewiß: Der eine oder andere findet sich; Leute, die nicht mehr im Unternehmen sind, Manager, die keiner mochte, werden mit Verantwortung beladen. Die Mannschaft auf der Szene ist es nicht – aber »die anderen«, auch intern: in aller Regel die benachbarten Einheiten, in der Hierarchie ein wenig höher oder tiefer, die könnten schuld sein an der Krise.

Leider vergeht den Deutschen noch schneller der Humor als anderen Völkern; viele Deutsche müssen sich erst langsam von der Vorstellung lösen, es gäbe so etwas wie ein deutsches Abonnement für Erfolg.

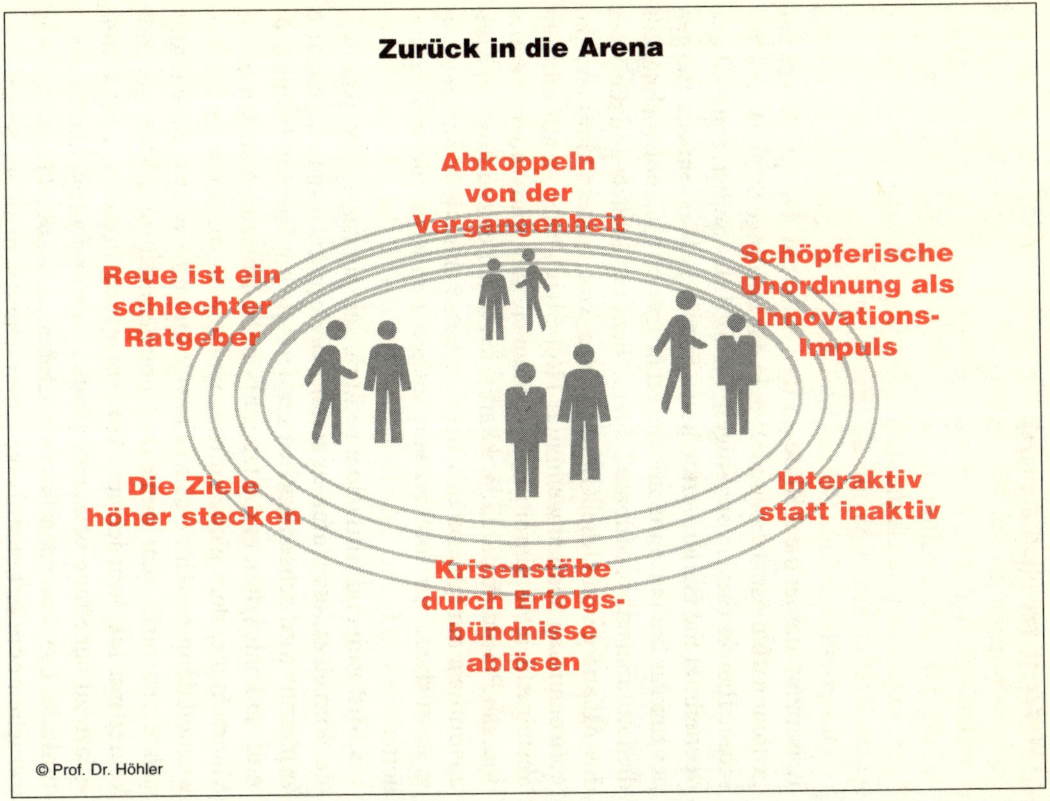
Zurück in die Arena
Abkoppeln von der Vergangenheit
Reue ist ein schlechter Ratgeber
Schöpferische Unordnung als Innovations-Impuls
Die Ziele höher stecken
Interaktiv statt inaktiv
Krisenstäbe durch Erfolgsbündnisse ablösen
© Prof. Dr. Höhler

Was die Krise überhaupt so unerträglich macht, das sind die vergangenen guten Zeiten. Sie müssen daher schnellstens entzaubert werden – und da sie zu Ende sind, gibt es auch nicht allzu viele Leute, die dagegen revoltieren. So konnte es ohnehin nicht weitergehen, sagen jetzt auch die Technokraten – früher, mitten in den guten Zeiten, haben es nur die Ökologen gesagt.

Dieser entschiedene Schnitt erleichtert nicht nur den Abschied; er enthebt uns auch der Klärung, ob es Kausalzusammenhänge gab zwischen dem Aufstieg zu viel Wohlstand und Sicherheit – und der Einsatzbereitschaft von Generationen, die diesen Gipfelsturm vorbereitet haben. Die Antwort ist unerwünscht, weil sie Verpflichtungen für die Akteure auf der aktuellen Bühne mit sich bringen könnte, die unbequem sind. Das kollektive Wohlbefinden in der Erfolgsphase von Gesellschaften hat vor allem einen Nachteil: Es verweigert, spätestens wenn es umkippt, die Verproviantierung der absteigenden Wanderer mit Optimismus, Selbstvertrauen und Leistungsbereitschaft. Das Wohlbefinden von gestern wird so ganz zuverlässig zur Quelle des Unbehagens von heute. Je besser es gestern war, desto mißmutiger reagieren wir auf die mäßig gute Situation von heute: Der lange kalte Schatten des Wohlstandsberges wird zum Ärgernis. So gelingt es, die eigene Tauglichkeit und das Fiasko vieler Strategien aus der sonnigen Ära, ein Fiasko, das ja irgendwo zwischen dem lichten Gipfelaufenthalt und dem unverhofften Eintauchen in die langen Schatten eingetreten sein muß – vielleicht längst im Gipfelaufstieg sich angekündigt hatte, ohne daß es jemand wahrnahm –; es gelingt also, jenes Fiasko der Erfolgsstrategien nicht den heute noch handelnden Mitspielern zuzuschreiben, sondern schwer identifizierbaren Mächten, die keiner genau zu benennen versucht. Diese einmütige Zurückhaltung hat Gründe. Es stünde nämlich bei näherer Untersuchung der Erfolgsursachen eine Erkenntnis ins Haus, die den noch auf der Bühne

Das kollektive Wohlbefinden in der Erfolgsphase von Gesellschaften hat vor allem einen Nachteil: Es verweigert, spätestens wenn es umkippt, die Verproviantierung der absteigenden Wanderer mit Optimismus, Selbstvertrauen und Leistungsbereitschaft.

agierenden Managern keine Freude machen würde: die Erkenntnis, daß auch der Erfolg, der sie gestern noch begleitet hat, eher ein Ergebnis selbstzündender Prozesse war als kausale Folge erstklassigen Managements. Vieles gelang trotz der Fehler, die gemacht wurden; eine ganze Fauna von Großfossilien der Industriegeschichte wuchs eine ganze Weile krisenlos weiter, weil ihre kritische Größe noch nicht erreicht war. Gleichzeitig wurden die Leistungstugenden der Nachkriegsepoche aufgezehrt; zwar saßen nicht mehr auf den Plätzen der jüngsten Mitarbeiter und Kunden jene fleißig altruistischen Adepten der protestantischen Ethik und ihrer späten Ausläufer; aber auf den Kommandoplätzen der großen Unternehmen saßen sie immer noch. Die Zuschauerschaft aber wurde größer – jener Ring von Zaungästen um die Arena, in der nach Leitsätzen von vorgestern mit der Technologie von morgen mit Menschen von gestern Vorzügliches geleistet wurde. Dem Publikum dieser Performance im Geiste eines ehrwürdigen Wertekatalogs aus den Anfängen der Industriegeschichte gesellten sich aber immer mehr Zwischenrufer aus dem Leistungspotential der neuen Generationen zu: Ihre Zwischenrufe begannen schon in den siebziger Jahren das abgesprochene Wettspiel der Nachkriegsasketen empfindlich zu stören. Eine ganze Weile gelang es, den neuen Zustrom an Genußmoral und postmateriellem Erlebnishunger auf einer neuen Szene aus mentalen Abenteuerspielplätzen abzuwickeln und zu befriedigen.

Das ließ sich leicht durchsetzen, solange der Erfolg den alten Konzepten und Leistungsstilen recht gab. Erst die Unfähigkeit aller Väter des Erfolgs, die Umlaufgeschwindigkeit des Räderwerks aus der besten aller neuen Zeiten weiter aufrechtzuerhalten, machte offenkundig, daß die blendend laufende Erfolgsmaschinerie keineswegs nur auf dem Weitblick und der strategischen Klarsicht der Führung auf allen Plätzen beruhte, sondern in vielem auch diese das freudige Staunen lehrte: Der Erfolg war über längere Zeit ein Begleitfaktor der reifen Nachkriegswirtschaft, der vielen Unternehmen eher zufiel als zustand. Erst im Scheitern begann man zu analysieren – während unerklärlicher Erfolg gern ohne Analyse kurzerhand den Spitzenmanagern gutgeschrieben wird.

Hätten wir genauer gewußt, warum es vorher so exzellent lief, so fiele uns wohl die Neufassung der Konzepte für den Zukunftserfolg leichter – auf der Sachebene. Der Verlust der Erfolgsstraße unter unseren Füßen ließe sich dann aber nicht mehr als schicksalhaft ohne Schuldige darstellen – und darauf sind wir offenbar gegenwärtig angewiesen.

Zum Aufbruch in neue Handlungsabschnitte gehört nicht das, was [die] Analytiker immer anraten: die zutreffende Einschätzung der erledigten Kapitel und die Bilanz der Fehler. Nicht von ungefähr wundern sich die Zuschauer der Mächtigen darüber, daß diese bei guter Intelligenz so wenig Neigung zeigen, zu umfassenden Bewertungen der abgelaufenen Abschnitte zu kommen. »Wir haben Fehler gemacht« – oder, noch häufiger in der anonymen, schicksalsfreudigen Formulierung: »Es sind Fehler gemacht worden« – wobei dann offenbleibt, von wem –, das ist nach langem Tauziehen auf der öffentlichen Debattenszene oft das Äußerste, was sich an Eingeständnissen zur Vergangenheit erreichen läßt. Begreift man, daß die Verzeichnung der Vergangenheit geradezu die Bedingung für Selbstvertrauen und Angriffslust in Richtung Zukunft ist, dann hört man auf, von den Fehlerproduzenten verspätete Geständnisse ihrer Fehlkalkulationen und ihrer Gigantomanie zu fordern. Man begreift: Ihr Scheitern an Kardinalthemen der Marktwirtschaft im sozialen und ökologischen, ja sogar im Kernbereich, beim Balancespiel zwischen Chaos und Ordnung, Regulierung und Freiheit, zuzugeben, würde die Strategen der nächsten Ära, soweit sie gestern schon dabei waren, zuviel Kraft kosten.

Der Erfolg war über längere Zeit ein Begleitfaktor der reifen Nachkriegswirtschaft, der vielen Unternehmen eher zufiel als zustand. Erst im Scheitern begann man, die Bedingungen des Erfolgs zu analysieren.

Hier steckt auch das politische Dilemma der deutschen Nachkriegskultur: Zerknirscht und schuldbewußt, reuevoll und zum Guten entschlossen, haben die Deutschen gerade im Mischfeld von Moral und politischer Kultur eine Fülle neuer Fehler machen müssen; denn Reue ist ein schlechter Ratgeber, weil sie die Kreativkraft lähmt. Der Reuige ist phantasielos, angepaßt und unterwürfig. Zu grandiosen Entwürfen einer neuen Rolle kommt er kaum. Wirtschaftswunderdeutschland entstand trotzdem; nicht weil, sondern obwohl die Deutschen schuldbewußt und voller Reue sein wollten, griffen viele so fleißig zu, als wären sie nicht dabeigewesen. Und viele waren tatsächlich neu auf der Szene; sie lebten nur für die Zukunft.

Krisen sind also buchstäblich die Chance, sich wirkungsvoll und kompromißlos von der Vergangenheit abzukoppeln – gleichviel, ob sie zu gut war oder zu schlecht, als daß man täglich mit ihr leben möchte. In diesen Jahren seit der deutschen Einigung wird trotz der lautstarken Zwischenrufe der Gedächtnisverwalter – die jede Gesellschaft braucht – mit entschlossener Gedächtnislosigkeit in den Unternehmen auf morgen hin revidiert und demontiert, was gestern noch unentbehrlich, unverrückbar, unerläßlich schien. Wer sich umschaut, der stört. Leichter läßt sich solches Widerspruchsgut von Gedanken und Taten mit neuen Managern plazieren – daher die fliegenden Wechsel in Großkonzernen, die als schwankende Riesen vom Gipfel kaum durchschauter Erfolge ins Tal der eifrig analysierten Mißerfolge gestolpert sind. Neue Menschen bedeuten neue Geschichte. Die schrille Begleitmusik, die den Sprung eines López auf die deutsche Wirtschaftsbühne weltweit promotete, liefert längst den optimalen Kontrast zum Bündniserfolg des harten Mannes bei seinen Mitarbeitern. Ein Volkstribun mit der Aura des Desperados: ideale Mischung von Qualitätssignalen in einer Ära der schöpferischen Unordnung.

Plötzlich werden ganze Wortfelder vom Bann befreit, der in der soften Spätphase der postmateriellen Schlaraffensensibilität auf ihnen lastete: »Radikal« ist nun der Zugriff auf Pfründen und heilige Bürokratenkühe; »alles neu« steht für »überleben, besser, stärker, aggressiver« werden. »Ganz nach vorn, die Nummer eins« nennen viele als ihr Ziel für die nächste Etappe. Der Wortschatz wurde noch in jüngster Zeit nur toleriert auf Fußballplätzen und in Wettkampfstadien. Fast über Nacht ist freie Marktwirtschaft zumindest in den Köpfen der Bedrohten und Verantwortlichen wieder ein Wettkampfplatz geworden – wo nicht per Zufall, sondern via Leistung die Ränge verteilt und die Chancen für übermorgen zugeordnet werden. Mitwirkung, heißer Wunsch der eiligen jungen Leute der achtziger Jahre, wird durch Teilhabe an den bedrohlichen Aussichten einer *Lean*-Wirtschaft zum Rettungsakt auf eigene Faust. Der Sturz von der schönen Theorie der Teamkultur in die Wettbewerbsrealität der Teams ist hart. Aber was um sich greift, nachdem die Abgestürzten sich umsehen, ist das große Aufatmen, endlich aus den theoretischen Kapiteln in die Praxis geschleudert zu sein. Endlich gibt es sie wirklich, die Herausforderungen, über die man im windstillen Gipfeltalk vergeblich nachdachte, als alles noch so fabelhaft lief, daß jeder der Versuchung nachgab, sich diesen Erfolgslauf der Traditionsrezepte als Verdienst gutzuschreiben.

Was den Warnern jener Schönwetterphase nicht glückte, dem Krisenszenario selbst entnimmt man es nun mühelos: Alle sitzen in einem Boot. Transparenz vom Gipfel bis zur Talsohle wird den Unternehmen aufgezwungen – nicht durch endlich durchgesetzte *»ethic standards«*, sondern durch die Problemlawinen, die jeden schönen Abgrenzungsspruch verschütten. Spitzenmanager brauchen jetzt Verbündete in allen Etagen ihrer Unternehmen. Und Mitarbeiter werden augenblicklich zu Verbündeten einer Führung,

Krisen sind buchstäblich die Chance, sich wirkungsvoll und kompromißlos von der Vergangenheit abzukoppeln. Damit ist fast über Nacht freie Marktwirtschaft, zumindest in den Köpfen der Bedrohten und Verantwortlichen, wieder zu einem Wettkampfplatz geworden.

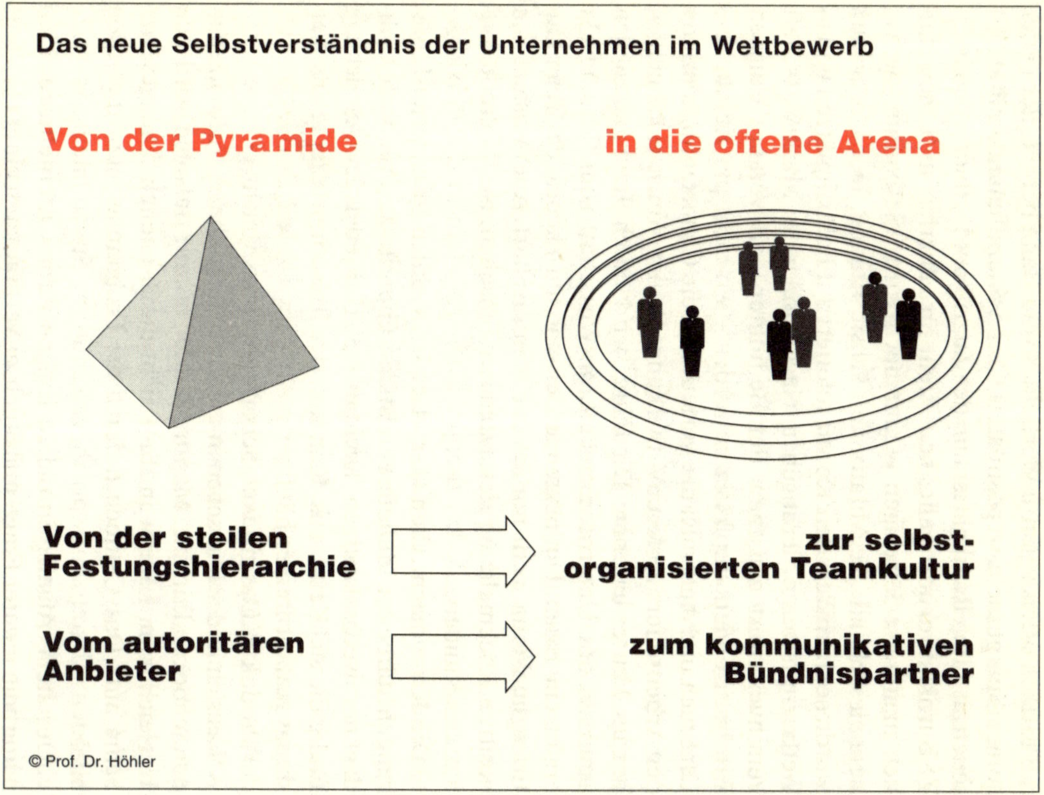
Das neue Selbstverständnis der Unternehmen im Wettbewerb
Von der Pyramide
in die offene Arena
Von der steilen Festungshierarchie
zur selbst-organisierten Teamkultur
Vom autoritären Anbieter
zum kommunikativen Bündnispartner
© Prof. Dr. Höhler

die endlich offen agiert und zugibt: Die neue Erfolgsformel muß gemeinsam gesucht werden; sie ist keineswegs gefunden. Daß es aber mit Gipfelbotschaften und Führungsnetzwerken in solchen Zeiten nicht vorwärtsgeht, das lehren Unruhestifter wie López, die sich zuallererst derjenigen versichern, auf deren Begeisterung sie angewiesen sind: die Mitarbeiter. Der Glanz der neuen Ära wird aus diesem schillernden Kontrastgemisch sein: Kampfgeist gegen Gegner, Herausforderungen an die Kooperationspartner – und Verschwörerlust zwischen Führung und Mitarbeitern. Es sind Erfolgstugenden der kleinen Teams, die in diesen Jahren von Umbruch und Aufbruch die großen Einheiten in unzählige Waben des Arbeitseifers zerlegen – die dennoch zusammen ein durchgehendes Muster ergeben: Die Ziele der Profit Center gelten Teilaspekten des Unternehmenserfolgs. Das Puzzlespiel der Teams ergibt ein zusammenhängendes klares Bild erst dann: wenn die Erfolgsmeldung nicht nur interne Reibungslosigkeit, sondern die positive Rückmeldung des externen Erfolgspartners zum Inhalt hat: des Kunden.

Die Krise macht allen klar, daß sie in einem Boot sitzen: Führung, Mitarbeiter, Zulieferer und Zwischenhändler, allesamt Kunden der wechselseitigen Kompetenz. Der Endkunde steht am Ende dieser Kette aus Kundenverhältnissen, deren Dienstleistungsqualität immer häufiger mehr Gewicht hat als die Qualität der Produkte. Das gilt vor allem im Spitzenbereich.

Was sich in der deutschen Wirtschaft ereignet, folgt dem Gesetz der Schockreaktionen. Man hielt sich für unverwundbar. Als alle vergleichbaren Länder in die Krise segelten, nahm Deutschland Fahrt auf: Das Osthoch lieferte die Galgenfrist, die ungenutzt blieb.

Der steile Abstieg in die Rezession führte zur üblichen Lähmung, die mit der Frage verlängert wird: »Wieso denn wir?« Und:

Die Krise macht allen klar, daß sie in einem Boot sitzen: Führung, Mitarbeiter, Zulieferer und Zwischenhändler. Der Kunde steht am Ende dieser Kette aus Kundenverhältnissen, deren Dienstleistungsqualität immer häufiger mehr Gewicht hat als die Qualität der Produkte.

»Kein Wunder, die Einigungslast erdrückt uns!« Dann beschlich alle die Verlustangst. Jeder begann stumm seine Besitzstände zu umkreisen; Mißtrauen griff um sich. Ratlos teilten alle Gruppen Schläge nach allen Seiten aus. Unauffindbar die Schuldigen – und immer noch keine Konzepte.

Soweit die Lähmung, die unkoordinierte Überaktivität – und endlich dann, als alles Lamento fruchtlos blieb und die Vergangenheit nichts mehr hergab: der *Turnaround* neuer Ordnung, so steht zu hoffen, ohne gruppenspezifische Abschottung und hierarchische Reibungsverluste. Weil der Wohlstand allen gehörte, könnte es gelingen, daß alle seine Bedingungen verteidigen. Längst wußten alle, daß Wohlstand mehr ist als Konsum; Wohlstand meint Sicherheit und Arbeit, Bildung und immaterielle Werte, die in der Krise ebenso gefährdet sind wie Arbeit und freizügiger Konsum und grenzenlose Mobilität. Noch genauer als in der Schönwetterzone wissen heute alle, was sie auf keinen Fall wollen: Kriminalität, Unsicherheit des persönlichen Lebens und Mobilitätsverlust. Weil die Verlustangst endlich nicht mehr alle von allen anderen trennt, sondern alle verbindet, könnte das größte Revirement in der Unternehmenslandschaft gelingen – von dem wir lange gesprochen haben, das von den Größten der Großen belächelt wurde als philanthropischer Luxus: die interdisziplinären Teams, die flachdurchsichtigen Hierarchien, die soziale Kompetenz gegenüber dem Kunden, die Mobilität jedes einzelnen in der Firma, die Delegation von Entscheidungskompetenz an die Orte des Know-how.

Kommen die Unternehmen jetzt noch rechtzeitig von ihrer gebannten Innenschau weg, wird ihr Interesse an den Erwartungen ihres wichtigsten Partners, des Kunden, noch lebhafter und aufrichtiger, dann könnte die neue Welt der flexiblen Bündnisse tatsächlich eine ganz andere sein als die unlängst erst ins Stolpern geratene Kultur der mächtigen Unternehmen, die sich mit sich selbst und miteinander beschäftigten. Es würde die Welt der neuen Machtverhältnisse sein, unter dem Motto: Alle Macht dem Kunden. Er, der Großfinancier von staatlicher und wirtschaftlicher Macht, muß endlich auf den ihm gebührenden Platz: in die Mitte aller Konzepte und Strategien. Der empfindlichste Faktor im Produktwert wird täglich vom Kunden taxiert: der emotionale Mehrwert oder symbolische Zusatznutzen. Er gibt dem Produkt seine Aura und macht es konkurrenzfähig gegenüber Produkten gleicher Qualität. Die neue Qualität der Beziehungen führt also nicht nur intern, sondern auch im öffentlichen Konzert der Wettbewerber in neue Dimensionen.

Weil die Verlustangst endlich nicht mehr alle von allen anderen trennt, sondern vielmehr alle verbindet, könnte nun endlich das größte Revirement in der Unternehmenslandschaft gelingen.

II

Die Macht im Markt

Wer Marktführung will, muß vom Markt aus führen

Wer vom Markt aus managt, hat eine andere Prioritätenliste der unternehmerischen Entscheidungen als der klassische Manager von Großorganisationen.

»Vom Markt aus« geführte Unternehmen sind flexibler in der Wahrnehmung neuer Kundenbedürfnisse und Wettbewerber. Management vom Markt aus gehorcht der längst bekannten, aber bisher kaum befolgten Regel, daß Spitzenmanager zugleich drinnen und draußen stehen müssen, um für das ihnen anvertraute Unternehmen die richtigen Entscheidungen treffen zu können.

Wer ein Unternehmen führt, der führt Menschen. Führungsgruppen an der Spitze großer Unternehmen gerät genau dies am leichtesten aus dem Blick. Vor ihren Augen entfaltet sich das Unternehmen Tag für Tag nicht als lebendiger Organismus, der komplizierten sozialen Beziehungsnetzen seine Vitalität verdankt, sondern als hochabstraktes Gebäude aus Zahlen, Statistiken, Tabellen und Graphiken. Die Kraftlinien in diesem Gefüge von magischen Größen werden von Transportbewegungen, Warenflüssen und Finanztransaktionen gezeichnet; das Zahlenwerk ist dramatisch durchpulst von Börsenkursen und den Bewegungen der Wettbewerber, von politischen Ereignissen und Maßnahmen, von Marktveränderungen erklärlicher und unerklärlicher Qualität und Dynamik.

Um zu den Menschen zu gelangen, die all diese verflochtenen Prozesse beleben, muß eine Führungsmannschaft sich viel abverlangen. Der Rückweg von den Zahlen und Tabellen der *Forecasts* und *Overviews* zu dem Gewimmel der Mitarbeiter in den Büros und Rechenzentren bedeutet – wer bedächte das in der wohlfeilen Managementkritik dieser Jahre – Orientierungsverlust für Manager. Der Weg von der abgefilterten Zahlenkolonne, die relative Klarheit über den Output der Menschen schafft, deren bunte Kopfzahl man sich nun zumuten soll, bringt den vollen Komplexitätsdruck zurück, dem man sich eben via Graphik und Tabelle entzogen hatte. Noch größer wird die Entfernung von den abgeleiteten Strukturen der Leitungsebene, wenn Spitzenmanager die Werkshallen betreten, deren mittwochs oder donnerstags tosendes Alltagsgeräusch und routiniertes Hantieren der hier kompetenten Menschen keinerlei Durchblick mehr erlaubt, wie produktiv, wie wettbewerbstüchtig und ertragsstark hier gearbeitet wird. Selbst der Durchblick auf Lustlosigkeit oder Motivation ist den Fremdlingen aus dem Spitzenmanagement der Firma hier verwehrt: weil sich mit ihrem Eintritt diese Welt verändert. Nie erreichen sie den Blick in eine Werkshalle, der diese Halle zeigt, wie sie vor oder nach ihrem Eintritt, montags oder dienstags oder freitags war und sein wird. Spitzenmanager wissen das. Aber ihr Glaube an das abgefilterte Zahlenwerk, mit dem sie die Unübersichtlichkeit der gemischten *white-* und *blue-collar-*Gesellschaft in ihrem Hause wahrzunehmen gewöhnt sind, ist fast unerschütterlich. Die vordergründige Realität der Casinos und Prokuristenschreibtische, der Bohrmaschinen oder Pressen oder Walzen verunklärt nur das bereinigte Material, das in den Vorstandsdiskursen auf verläßliche Filtrate, eingeschmolzen in Charts und Slides, über die Wand flimmert.

Was in den Zahlenkolonnen nur noch matt aufzüngelt, als unerwünschte Variante sozusagen, ist die Vieldeutigkeit und Entgleisungsneigung all dieser verknüpften und verklammerten Einzelbeiträge von Menschen zur Vitalität und Belastbarkeit, zur Träg-

Wer ein Unternehmen führt, der führt Menschen. Führungsgruppen gerät genau dies am leichtesten aus dem Blick. Vor ihren Augen entfaltet sich das Unternehmen Tag für Tag als hochabstraktes Gebäude aus Zahlen, Statistiken, Tabellen und Graphiken.

Was verkaufen die Unternehmen?

Bei jedem Kunden steht das Unternehmen auf dem Prüfstand

- Nicht nur seine Produkte und deren Qualität,
- sondern:

sein Geist	**– seine Kommunikationskraft**
seine Kultur	**– seine Glaubwürdigkeit**
sein Wertsystem	**– seine Dienstleistungskompetenz**

- die Qualität seiner Menschen (Mitarbeiter)

Kommunikation mit dem Kunden

- Der Kunde braucht Insiderwissen, um zu vertrauen
- Kundenvertrauen entsteht durch Vorschüsse an Anbieter-Vertrauen
- Berichten Sie dem Kunden
  - von den Aufgaben, die sich das Unternehmen für morgen stellt
  - von den Schwierigkeiten, die dabei auftreten
- Sprechen Sie mit Respekt von ihrem Wettbewerber
- Nehmen Sie den Rat Ihres Kunden in Anspruch

heit und Innovationskraft des Gesamtorganismus Unternehmen. Menschen im Markt sind das heimliche Thema des Managements, auch wenn die Führungsgremien sich alle Mühe geben, die Chaostendenzen dieser Märkte nicht täglich mit eigenen Augen wahrzunehmen. Der »innere Markt«, auf dem das Management seine Führungsleistung absolvieren muß, ist eben nicht nur einer der Entwicklungs- und Fertigungsprozesse, der Materialbeschaffung und -verarbeitung, des Transports und Vertriebs – er ist keineswegs primär ein Markt der Produkte, sondern schon hier, im Unternehmensinneren, ist er vor allem ein Markt der Menschen. Draußen, davon sprechen wir an anderer Stelle ausführlich, setzt sich die Logik fort: Nicht Produktqualität macht den Markterfolg, sondern die nächste Kundenebene, die Menschen im Markt, nun dem äußeren, entscheiden nach Kriterien, in denen der Produktwert nur ein Faktor neben anderen ist (vgl. Seiten 89 bis 149).

Unternehmen vom Markt aus führen, das bedeutet zuerst: den inneren Markt der Stimmungen und Leistungen, der Impulse und Anforderungen, der Erwartungen und Angebote möglichst umfassend zu studieren und zu verstehen. Erst dann kann wirksam und langfristig Einfluß genommen werden – auf die Leistungsbereitschaft und die Stimmung der Mitarbeiter, auf ihren Ideenbeitrag und ihre Informationskultur, auf ihre Lernbereitschaft und Belastbarkeit.

Grundsätzlich sind Mitarbeiter näher am Markt als die Führung. Will das Management an der Spitze seine Realitätsverluste wettmachen, so tut es gut daran, sich diesen »Mitarbeitervorsprung« in Richtung auf den Kunden bewußtzumachen und ihn zu nutzen. Am weitesten von den Marktstimmungen entfernt ist häufig tatsächlich die Führungsspitze eines Unternehmens. Manager der Leitungsebene haben ein doppeltes Handicap: Sie sind nur für ein kleines

Kundensegment selbst typisch, können also fast nichts von dem, was Marktklima in ihrer Zeit ist, an sich selbst überprüfen. Das zweite Problem ist ihre Entfernung von der Mitarbeiterrealität, die sie als interne Quelle für Marktwirklichkeit leicht nutzen könnten.

Wer den äußeren Kunden kennenlernen will, der nähere sich zunächst dem inneren Kunden, dem Mitarbeiter. Das gilt nicht nur für den Kontakt zu Vertriebsmannschaften, Verkäufern und Marketingleuten, sondern es gilt für alle Mitarbeiter und Führungskräfte im Hause, die mehr Bodenhaftung haben als die Führung – und das sind alle!

Überall ist Markt – das wird sehr konkret im Zusammenhang dieser klassischen Handicaps der Führungsgruppen an der Spitze. Verpassen sie ihre Bewährung im Unternehmensinneren, so ist auch ihr Erfolg draußen gefährdet – zum einen, weil sie die Erfolgsbündnisse im Inneren nicht als Vorbedingung für Markterfolg draußen erkannt haben, zum anderen aber auch, weil Mitarbeiter mit beiden Füßen in den Märkten stehen, in denen das Unternehmen Erfolg haben will.

Die gemeinsame Verpflichtung auf den Markterfolg draußen wird in Krisenzeiten neu belebt. Kämpferische Manager werden zu charismatischen Vorbildern für eine Mitarbeiterschaft, die plötzlich viel homogener wirkt als in Zeiten der großen, mit Stolz kassierten Dauererfolge.

Nicht nur der Produktwert wird in solchen Zeiten relativiert, auch die übrigen Erfolgsfaktoren erscheinen auf neuen Plätzen. Der bewährte Kanon von Markttugenden im Führungsmanagement gerät in innovative Turbulenzen.

Vom Markt aus führen, das heißt, dem Kundenbedürfnis – sofern man es kennt (vgl. dazu Teil IV, Seiten 151 – 189) – in allen internen Absprachen und Aufgabenverteilungen den ersten Rang

Die gemeinsame Verpflichtung auf den Markterfolg wird in Krisenzeiten neu belebt. Kämpferische Manager werden zu charismatischen Vorbildern für eine Mitarbeiterschaft, die plötzlich viel homogener wirkt als in Zeiten großer Dauererfolge.

Die Hohe Schule der Marktkommunikation:

Bei jedem Kunden steht das ganze Unternehmen auf dem Prüfstand

Verkaufen als Kommunikationsleistung ist:
geglückter Verständigungsprozeß mit Zukunft

Nicht ***Kunden***management,
sondern ***Beziehungs***management

Beziehungsmanagement

einzuräumen. Führung und Mitarbeiter haben, in diesem Lichte betrachtet, kein einziges Problem »miteinander«, das nicht eigentlich ein Problem des Kunden ist. Nehmen verantwortliche Manager diese Prämisse ernst, so erleben sie verblüfft, daß auch andere Effekte neuen Managements, über die bisher im Unternehmen ergebnislos diskutiert wurde, plötzlich eintreten: die Delegation von Entscheidungen zum Beispiel, die Frage der Kompetenz also, oder der Ideentransfer von unten nach oben; schließlich die innere Beteiligung der Mitarbeiter an den Strategien des Hauses – ihr Informationsstand und ihre Motivation, die Nahrung für ihre Beteiligung und das Feuer, das ihr Engagement auf dem Siedepunkt hält.

Vom Markt her zu führen heißt also tatsächlich, die interne Führungskultur ohne große Erklärungsnot in Ordnung bringen – mit der besten und objektivsten aller Begründungen: dem Erfolg bei einem externen Verbündeten, dem Kunden. Wer sein Konfliktpotential im Unternehmen pflegen will, steht nun plötzlich vor leeren Kulissen: Die anderen Akteure, alle jedenfalls, die begriffen haben, was die Krise uns lehrte, pflegen unterdessen die Achse Führung – Mitarbeiter – Kunden – und haben allen hausinternen Ballast abgeworfen.

Spielen wir dieses neue Führungsmodell durch, so kommt ein Bündel von Spielregeln zusammen, das die Zugewinne an Handlungsstärke überzeugend präsentiert. Suchen wir allerdings nach Anknüpfungspunkten für dieses neue Prinzip der »Marktbindung für alle«, so wird der Bruch mit traditionellen Führungslehren deutlicher, als uns lieb ist: Kontinuität ist ja auch in den Unternehmen das gewinnendste Verkaufsargument für neue Maßnahmen; sanft variierte Fortsetzung des Bekannten ist die angenehmste Lebensbedingung für die meisten Mitarbeiter – und für die Führung.

Vom Markt her zu führen heißt also tatsächlich, die interne Führungskultur ohne große Erklärungsnot in Ordnung bringen – mit der besten und objektivsten aller Begründungen: dem Erfolg bei einem externen Verbündeten, dem Kunden.

Wettbewerbsvorteile entstehen im Team mit dem Kunden

Die Kundenkette hat viele Mitglieder:

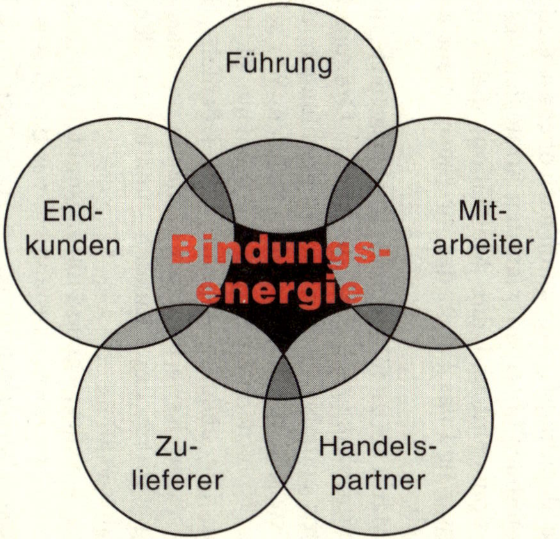

Erst der Blick in die Führungsliteratur der achtziger Jahre zwingt uns, was wir wissen, ernst zu nehmen: daß der Wandel dieser Jahre nicht nur behutsam moderiert, sondern wie ein Sturm mit heftigsten Turbulenzen in unsere erprobten Konzepte von Personalverwaltung und Führungskultur fährt. Während wir den Wandel auf allen Märkten einander predigen, ertappen wir uns dabei, daß im Unternehmen selbst, wo alles seinen vertrauten Ton hat, Windstille herrschen soll – und wir können das auch begründen. Damit wir uns draußen warm anziehen und bewähren können, möchten wir im Hause selbst das Mobiliar unserer Gewohnheiten nicht umstellen – jedenfalls nicht heute schon. Nach dem Krisental vielleicht, wenn die neue Steigroute richtig klar und hell vor unseren Augen liegt.

So verfahren in diesen unruhigen Monaten und Jahren viele Unternehmen. Die Manager lehren draußen das neue Krisenlatein, um Vertrauen zu binden: Wir wissen, was los ist, Leute, macht euch keine Sorgen – heißt das –, und gemeint ist: Beobachtet uns nicht zu genau, wir machen das schon. In Wahrheit will man nichts »machen«, sondern das nächste Hoch abwarten, um dann unter höherstehender Konjunktursonne wieder Erfolgsmanagement zu simulieren – während man insgeheim dem Chaos der Zufälle, Fehlleistungen und Wettbewerberflops das eigene neue *coming-out* verdankt.

Der Bruch mit altem Führungswissen also, zu dem wir jetzt gezwungen werden, ist genauso radikal wie der Bruch mit anderen Managementgewohnheiten, die uns durch die Industriekultur zu großen Erfolgen begleitet haben. Natürlich gibt es Orientierungsgrößen in der neuen Rechnung; die Größe, um die alles kreist, was im Wettbewerb geschieht, ist der Mensch – als Führungskraft, als Mitarbeiter, als Kunde.

Wichtiger aber für die neue Bindungsqualität, die in diesen Jah-

Natürlich gibt es Orientierungsgrößen in der neuen Rechnung; die Größe, um die alles kreist, was im Wettbewerb geschieht, muß der Mensch bleiben – als Führungskraft, als Mitarbeiter, als Kunde.

Wer Unternehmen umräumt, muß zuerst Köpfe umräumen:

In der neuen Marktkommunikation gibt es nicht mehr Kundenmanagement,

sondern

Management von Kundenvorteilen

ren gelingen muß, sind die inneren und äußeren Bewegungen, die das Bildnis aller dieser bindungsbereiten Menschen schillern lassen. Wissen wir noch oder schon genug voneinander, um das Bündnis im Markt zu gestalten? Wer macht den Anfang dazu, wer verfügt über Vorsprünge?

Wer bestimmt? hätte die alte Frage gelautet, als Unternehmen noch selbstbewußt darangingen, den Nutzen für Kunden zu entwerfen, die sie zu führen glaubten. Entsprechend fiel das Selbstvertrauen dieser Unternehmen gegenüber ihren Mitarbeitern aus: Die Ressource Personal war ein Instrument, um dem Kunden im Medium des Produktes seinen Nutzen zu liefern. Der stumme Kunde wurde bedient in wohlgemeint autoritärer Vatermanier. Die Besserwisserei dieses steinzeitlichen Marketingkonzeptes ist längst überholt.

Im Handstreich also nehmen wir diese Hürde nicht, und Helfer finden die Unternehmen einstweilen wenige, um den kühnen Sprung in das neue Führungskonzept »vom Markt her« mit ihren Mitarbeitern tun zu können. Was die Krisenjahre manche Unternehmen gelehrt haben, tat allen im Unternehmen weh, dem Kunden übrigens auch – und daran erkennen wir, daß hier erste Schritte zu einer neuen Realität getan wurden. Wie alle Spitzenmanager, Mitarbeiter und Kunden, die ganze Kundenkette von Rohstoff- über Zwischenhändler, Zulieferer und Großhändler bis hin zu Einzelhändlern und Endkunden durch die Blessuren der Krise verbunden wurden, so müssen alle im neuen Bündnis der Marktorientierung verbunden bleiben – um nun auch Erfolge und Zukunftsstrategien miteinander zu teilen.

Die beiden Gesichter des Wettbewerbs, wie sie in diesen Jahren erlebt werden, komplettieren unser Wissen über die zwei Seiten dieses aufregenden Spiels um Vorsprünge und Macht: Wer schlecht spielt, wird aus dem Feld gedrängt, wer besser spielt, stellt schließ-

Die Ressource Personal war ein Instrument, um dem Kunden im Medium des Produktes seinen Nutzen zu liefern. Der stumme Kunde wurde bedient in wohlgemeint autoritärer Vätermanier.

lich die Bedingungen. Das Wichtigste, was alle in solchen Spielphasen erfahren, während Gewinner und Verlierer neu bestimmt werden: Nur wenn wir spielfähige Gegner behalten, lohnt sich das Spiel. Wettbewerb ist das Spiel miteinander, nicht gegeneinander.

Führung steht auf den Schultern der Mitarbeiter

Auch um die Gunst des Kunden stehen wir mit andern im Wettbewerb. Kein Wunder also, daß die Gunst des Kunden das Hauptthema ist, das Führung und Mitarbeiter in den täglichen Begegnungen beschäftigen muß.

Die erste neue Regel für das marktgesteuerte Unternehmen lautet:

- Der Mitarbeiter weiß grundsätzlich mehr über den Kunden, also muß er mehr Entscheidungsbefugnisse bekommen.

Der Appell an die Führung muß also lauten:

- Loslassen! Kultivieren Sie den Mut, Ihren Mitarbeitern mehr zuzutrauen. Entkoppeln Sie in Ihrer Vorstellung von sich selbst die Machtfülle Ihrer Position und den Zugriff auf Entscheidungen, für die Ihr Detailwissen im Grunde gar nicht ausreicht.

Und, das Schwierigste:

- Sprechen Sie darüber mit den zuständigen Mitarbeitern. Geben Sie ihnen Selbstvertrauen, indem Sie klarstellen: Was hier im Kontakt zum Kunden getan werden muß, übersehe ich als kundenferne Führungskraft überhaupt nicht. Ich muß Entscheidungsmacht delegieren – aber gleichzeitig weiter meine Verantwortung wahrnehmen.

Der Effekt:

- Mitarbeiter und Führungskraft müssen sich auf ein absolut zuverlässiges Kommunikationsverhalten einigen.

Kultivieren Sie den Mut, Ihren Mitarbeitern mehr zuzutrauen. Sprechen Sie darüber mit den zuständigen Mitarbeitern. Mitarbeiter und Führungskraft müssen sich auf ein absolut zuverlässiges Kommunikationsverhalten einigen.

Schon wird deutlich, daß es stimmt:

- Vom Kunden her führen heißt, interne Strukturen neu schreiben.

Die Strategische Kommunikation muß nun so leistungsfähig und widerspruchsfrei werden, daß Information und Abstimmung zwischen den aufgewerteten Ebenen, auf denen Kundenkompetenz von Mitarbeitern praktiziert wird, und der verantwortlichen Führung ohne Verluste reibungslos läuft. Ganz nebenbei holen die Unternehmen sich dabei strategische Kompetenz für draußen – denn es wird kaum möglich sein, was wir drinnen optimieren, draußen weiterhin fehlerhaft zu betreiben.

Wenn diese erste Regel beherzigt wird, bestimmt sie das Handeln. Sie versetzt Spitzenmanager nun in die Lage, sich besser zu informieren: Sie überwinden das Vorurteil, das ihnen bisher verbot, Mitarbeitern Fragen zu stellen, die die Grenzen des eigenen Wissens offenlegen.

Die zweite Regel lautet also:

- Fragen Sie Ihre Mitarbeiter, um Ihren eigenen Horizont zu erweitern. Fragen dienen fortan nicht mehr allein der Kontrolle, sondern der Erweiterung von Führungswissen.

  Damit macht Führung nun endlich deutlich, was Mitarbeiter und viele Kunden schon lange wissen: Entscheidungen fallen keineswegs nur in der Unternehmensspitze. Sie sind zwar dort zu verantworten, aber ihr Rüstzeug holen die Entscheider im Feld und an der Front, wo andere stehen und das notwendige Schauplatzwissen bereithalten. Wer von den Zinnen einer Burg hinabschaut, hat allenfalls einen guten Überblick über die Truppenbewegungen im Gelände; er erkennt auch den herannahenden Wettbewerber um Erfolgspositionen und Bündnisse eher als die im Gelände ausgeschwärmten eigenen Leute. Was ihm aber fehlt, um mit dem gewonnenen Überblick richtig umzugehen, ist das Wissen im Detail: Wer den Kunden – und Wettbewerbern – auf den Scheitel blickt, hat noch nicht den Blick hinter ihre Stirn getan. Er besitzt also kein Mittel, um zu erfahren, wie die Mitbewerber und Kunden auf die Strategie X oder Y, die er nun wählen wird, reagieren werden. Genau dieses Wissen haben seine wettbewerber- und kundennahen Mitarbeiter unten im Feld und draußen an der Front. Der Führende muß fragen, und er muß zuhören. Er braucht Vertrauen in die Urteilsfähigkeit seiner Leute, und er stärkt deren Leistungsvermögen durch ebendieses Vertrauen.

Schon diese beiden Regeln:
- Der Mitarbeiter weiß mehr vom Kunden
- der Mitarbeiter hält Entscheidungswissen bereit

führen zu einer Entmythologisierung dessen, was Führung ist und was sie kann. Führungskräfte werden weder aufgrund überlegenen Wissensbesitzes noch wegen eines Vorsprungs an Marktnähe nach vorn geschoben, sondern wegen ihrer Fähigkeit, aus der Vielzahl der Details und Informationen Strategien abzufiltern, die für komplexe, also vieldeutige und widerspruchsreiche Anforderungen richtig sind. Führungskräfte reduzieren Komplexität.

Der zweite Teil ihrer Aufgabe ist, Systeme und Strukturen zu schaffen, in denen die bestmögliche Kooperation und die flüssige Verarbeitung des verteilten Wissens sichergestellt wird. Die herkömmliche Definition der Führungsgruppen als der »Entscheider« müßte genauer also heißen: Führungskräfte schaffen und sichern die Voraussetzungen, daß jede Entscheidung dort getroffen werden kann, wo das »entscheidende« Wissen für sie vorliegt. Da es viele Plätze im Unternehmen gibt, wo solche Konzentration von

Die herkömmliche Definition der Führungsgruppen müßte genauer heißen: Führungskräfte schaffen und sichern die Voraussetzungen, daß jede Entscheidung wirklich dort getroffen werden kann, wo das »entscheidende« Wissen für sie vorliegt.

Zeiten raschen Wandels

- Vorsprünge durch Tempo
- Das Innovationstempo von Beziehungen und Produkten auf die Leistungsfähigkeit der Kundenkette abstimmen
- Kunden, die schneller sind als das Unternehmen, werden sich neue Partner suchen
- Wählen Sie Management und Mitarbeiter nach dem Unternehmenstempo aus

Entscheidungswissen« auf Abruf wartet, bleibt die schwierigste Aufgabe, die den Manager voll auslastet, unangetastet: Er muß die Wissensströme verbinden, er muß Schwerpunkte setzen und Zeitpunkte bestimmen; kurz: die abschließende Verantwortung für jede Entscheidung des Unternehmens tragen.

Die dritte Regel muß lauten:

- Manager schaffen marktgerechte Arbeitsbedingungen für Mitarbeiter – eine Aufgabe, an der sie scheitern müssen ohne die Mithilfe der Mitarbeiter, die meist besser wissen als die Führung, wie das Marktklima aussieht. Mitarbeiter sind Entscheidungshelfer für die Führung. Übrigens sind sie in dieser Rolle nicht austauschbar – das heißt aber: Die Sorgfalt bei ihrer Auswahl ist »vom Markt her« geboten. Wer erkennt, wie weitgehend er und seine Kollegen in der Unternehmensspitze sich auf die Mitarbeiter verlassen müssen, der wird auch die vierte Regel als eine Warnung vor Gedankenlosigkeit bei der Mitarbeiterauswahl verstehen:
- Die Führung steht auf den Schultern der Mitarbeiter – nicht umgekehrt. Buchstäblich sichern die Mitarbeiter den Boden unter den Füßen der Führung – weil sie, die Mitarbeiter, wirklichen Boden, den Boden der Märkte, unter ihren Füßen haben. Die Führungsgruppen sind auf dem virtuellen Boden ihrer Metaebene unterwegs. Sie bewegen sich gewissermaßen im Vogelflug über den Köpfen ihrer Kunden und halten dies für die überlegene Perspektive. Sie wird es erst in dem Moment wieder, da die weiche Landung auf den Schultern der Mitarbeiter gelingt: *down to earth,* dem Boden des Kunden näher.

Die Höhenflüge der Erfolgsphase in den achtziger Jahren haben so manche Konzernspitzenmannschaft auf die Vogelflugroute entführt, weil die Wettbewerbslandschaft, von hoch oben betrachtet,

Mitarbeiter sind Entscheidungshelfer für die Führung. Buchstäblich sichern die Mitarbeiter den Boden unter den Füßen der Führung – weil sie, die Mitarbeiter, wirklichen Boden, den Boden der Märkte, unter ihren Füßen haben.

zu waghalsigen Vereinfachungen einlud. Krisenjahre sind auch Jahre des erzwungenen geringeren Abstands – die Riesen kehren zurück zum menschlichen Maß. Näher am Kunden via Mitarbeiternähe wäre mancher Höhenflug weniger steil ausgefallen und mancher Sinkflug weniger schwindelerregend – für alle, denn Führungsfehlentscheidungen erfassen Mitarbeiter und Markt genauso wie geglückte Entscheidungen. Diese Ausstrahlung fassen wir im Begriff »Verantwortung«.

Was auch immer die Mitarbeiter aus der Welt des Kunden melden – die im wesentlichen ihre eigene Welt ist: Die Führung muß dem Unternehmensschiff die Reiseroute vorzeichnen, sie muß die Küsten beschreiben, an denen es im vorgegebenen Rhythmus landen soll; sie muß Turbulenzen von Wind und Wellen vorausberechnen und die Toleranzen des Zeitbudgets einplanen; die Führung muß den Proviant berechnen und die Mannschaft in Stimmung halten. Sie muß von den Zielen erzählen, zu denen alle gemeinsam unterwegs sind – und sie muß den Kunden, den Bündnispartner zum Erfolgskurs, mit an Bord nehmen.

Die Reise der modernen Unternehmen durch das stürmische Meer der offenen Welt, einen Ozean mit unbekannten Strömungen und Untiefen, führt nicht »zum Kunden«, wie es die Helden der Industriekultur erinnerungsfroh beschreiben; diese Reise findet mit dem Kunden statt. Er fragt und antwortet, schlägt vor und verwirft, meldet Mißvergnügen oder Interesse. Der Kunde ist der unbefangenste Innovator, den sich die hochspezialisierte Mannschaft an Bord wünschen kann. Überzeugen wir ihn, finanziert er unsere Fahrt in fremde Gewässer. Lassen wir ihn gleichgültig, scheitert unsere Fahrt.

Die Helden der Industriekultur vertrauen ihrem Produkt. Es schiebt sich zwischen den Mitarbeitern und die Führung, zwischen den Kunden und die Führung, prall von technologischem Know-how, stolzes Ergebnis vieljähriger Erfahrung, kondensierter Entwicklereifer, konsequenter Schritt in einer respektablen Reihe von »Produktgenerationen«. Diese Manager verpflichten ihre Mitarbeiter auf Produktqualität, sie verpflichten das Unternehmen gegenüber dem Kunden auf Produktqualität – und fokussieren Unternehmenserfolg im Produkt. Daß andere das auch tun, daß deren Produkt ganz ähnlich, ja zum Verwechseln ähnlich ist, schafft nun neue Unruhe. Also weg vom Produkt? – Aber wohin?

Das neue Bündnis mit dem Mitarbeiter hat nicht mehr die Produktqualität zum Inhalt, sondern die Qualität der Beziehungen zum Kunden. Nicht weil Produktqualität jetzt vernachlässigt werden soll, sondern weil sie als Kriterium für Spitzenplätze im Wettbewerb nur noch eines unter andern ist. Entscheidungen des Kunden sind über Produktqualität nur noch marginal beeinflußbar. Ihr Fokus liegt in einem schwerer berechenbaren Feld: in der Qualität der Bindung zum Unternehmen – oder dem, was Kunden vom Unternehmen sehen: den Mitarbeitern am äußersten Rand – oder ganz anderen Mitarbeitern, denen der Händler. Schwierige Zeiten für die Helden der Industriekultur und ihre Produktgläubigkeit.

Die fünfte Regel lautet folglich:

- Mitarbeiter und Führung verlassen sich nicht mehr auf das Produkt – sondern auf die dauernde Optimierung ihres Bündnisses mit dem Kunden.

Übrigens enthebt das beide Gruppen nicht der ebenfalls aktuellen Klärung, was eigentlich im Hause produziert wird. Die Antworten: »Na klar: Seife« oder »Wußten Sie das wirklich nicht: Autos!« oder »Computer, du Trottel!« reichen nämlich nicht mehr aus (vgl. dazu das Kapitel »Das Produkt als Prozeß«).

Sich nicht mehr auf Erfolgsläufe des Produktes verlassen: ein merkwürdig »nacktes« Gefühl für Führung und Mannschaften.

Das neue Bündnis mit dem Mitarbeiter hat nicht mehr die Produktqualität zum Inhalt, sondern die Qualität der Beziehungen zum Kunden. Entscheidungen des Kunden sind über Produktqualität nur noch marginal beeinflußbar.

Die 6 Regeln der Macht im Markt

§ 1 **Der Mitarbeiter weiß mehr vom Kunden als die Führung**

§ 2 **Der Mitarbeiter verfügt über Entscheidungswissen**

§ 3 **Das Management muß nicht unternehmensgerechte, sondern marktgerechte Arbeitsbedingungen für Mitarbeiter schaffen**

§ 4 **Die Führung steht auf den Schultern der Mitarbeiter**

§ 5 **Mitarbeiter und Führung verlassen sich nicht mehr auf das Produkt, sondern auf das Bündnis mit dem Kunden**

§ 6 **Wer Macht als Selbstzweck versteht, gefährdet die Ergebnisse des Unternehmens**

Lean-Production hat im Grunde auch diesen Effekt: Wir sollten lernen, unser Leistungspotential und unsere mentale Fitness einmal zu betrachten ohne jene Krücke, die täglich unserem Selbstgefühl aufhilft: das Produkt. Produktorientierung erlaubt es, den Kunden für dumm und inkompetent zu erklären. Produktfixierung läßt es auch zu, daß wir uns an Mißerfolgen vorbeimogeln mit der Beschwörung, ein so erstklassiges Produkt müsse einfach erfolgreich sein – das Management sei schuld.

Wie gut wären wir ohne unser Produkt? – Das ist die Schlüsselfrage für Führung und Mitarbeiter, deren Beantwortung Auskunft gibt über die Krisenfähigkeit, die Innovationskraft und die Marktpower einer Mannschaft. Was bleibt, da andere ähnliche und gleich gute Produkte liefern, wird anhand der Frage: »Wir ohne unser Produkt – Wer sind wir?« klar: entweder gar nichts oder eine starke, schon morgen wieder erfolgreiche Crew, die auf Kundenwünschen neue Produkte aufbaut – in enger Kooperation mit dem Kunden.

Wenn wir uns nicht mehr um das Produkt scharen, das unser Unternehmen produziert oder handelt, heißt das noch lange nicht, daß wir beliebig viel können. Führung und Mitarbeiter müssen aber verbunden sein durch das Wissen, was man im Hause kann und was nicht. Das bedeutet: Alle kennen die Kernkompetenzen des Unternehmens und alle wissen: Mit diesem Know-how müssen wir unseren Erfolg suchen, diese Erfahrungen zeichnen uns aus, nicht beliebige andere. Auch in Zeiten mit hohem Innovationsdruck ist damit klargestellt, was man sich zutrauen darf und was nicht. Die Versuchung, fernab von den eigenen Kompetenzvorräten Erfolge in fremden Revieren zu suchen, ist typischer Schönwetterübermut. Einige Unternehmen sind dabei, für diese Tollkühnheit hoch zu bezahlen.

»Vom Markt aus« liest sich das Können eines Unternehmens übrigens oft viel unkomplizierter und realistischer ab als im Inne-

Wie gut wären wir ohne unser Produkt? – Das ist die Schlüsselfrage für Führung und Mitarbeiter, deren Beantwortung Auskunft gibt über die Krisenfähigkeit, die Innovationskraft und die Marktpower einer Mannschaft.

ren. Wer seine Marktkontakte vernachlässigt, wird oft zu lange über den eigenen Kompetenzverfall im unklaren gelassen. Oft wird dieser unbefangene Blick ins eigene Unternehmen von den Führungskräften selbst verhindert, obwohl er in vielen Mitarbeiterköpfen abrufbereit liegt.

Solche Vergeudung von abrufbereitem Wissen hat nicht nur mit Schwächen der Strategischen Kommunikation zu tun, die erst in diesen Jahren ausgebaut wird. Die Vernachlässigung von Wissen, das Untergebene inoffiziell für sie bereithalten, knüpft sich bei Führungskräften gewöhnlich auch an das Bild der eigenen Macht. Die Statusorientierung verhindert also den lebendigen Fluß von Informationen und Ergebnissen im Unternehmen. Das »statische« Beharren auf machterhaltender Immobilität hat damit erheblichen Einfluß auf die Ergebnisse der nur bedingt »gemeinsamen« Arbeit. Manager, die ihren Status für die einzige Quelle ihrer Autorität halten, können niemandem Bereichsautorität überlassen.

Solche Machtblöcke im Unternehmen, in denen Macht als Instrument der Selbstblockade gehütet wird, hindern Führungskräfte an ihren wichtigsten Aufgaben: Marktveränderungen zu wittern, Atmosphäre zu schaffen, in der Entscheidungsfreude aufkommt, Visionen zu entwickeln, die der Überschau »von den Zinnen« entsprechen. Autorität ohne Ausstrahlung kann dann folgerichtig auch mit niemandem geteilt werden. Der Schritt zur Preisgabe unternehmerischer Chancen ist kurz, wenn sie der persönlichen Machtposition eines so Gefangenen zu schaden drohen.

Die sechste Regel für marktorientierte Führung lautet also:

- Wer Macht als Selbstzweck versteht, gefährdet die Ergebnisse des Unternehmens. Macht ist ein Instrument zur Gestaltung von Verantwortung. Legitimierte Macht, wie sie erfolgreiche Spitzenmanager in der freien Gesellschaft verwalten, ist offen für

Anreger und angewiesen auf Wegbegleiter. Die Mitarbeiter sind Wegbegleiter ihrer Vorgesetzten bei der dauernden Markterkundung. Morgen schon wird einer von ihnen auf dem Spitzenplatz sitzen.

Macht müsse man mit anderen »teilen«, wird heute gern gesagt. Das klingt schön und verschleiert eine täglich lauernde Gefahr. Verständigungswünsche verführen den Mächtigen, aus seiner isolierten Position einen besonders hohen Preis für die Nähe zu den Mitarbeitern zu bieten: Kompromisse, die jeden Konflikt wegbügeln. So wird eine mittlere soziale Wärme entwickelt, die auch bei den Ergebnissen nur mehr mittlere Qualität zuläßt.

Wer seine Konfliktscheu als die Wahl des »goldenen Mittelweges« propagiert, täuscht sich und seine Umgebung. Eine Führungsrolle dürfte er mit dieser Sehnsucht nach Harmonie nie anstreben: Führen erfordert Mut.

Wer Macht als Selbstzweck versteht und handhabt, gefährdet die Ergebnisse des Unternehmens. Macht ist ein Instrument zur Gestaltung von Verantwortung. Legitimierte Macht ist offen für Anreger und angewiesen auf kritische Begleiter.

Sechs Erfolgsfaktoren für das marktgeführte Unternehmen

Das Profil des marktgeführten Unternehmens läßt sich in wenige Regeln fassen. Die schlanke Gestalt solcher Richtwertkataloge ist nicht nur in *lean*-orientierten Phasen wichtig, in denen der Zuruf schrumpft auf das lakonische Motto, der Slogan zum Ausrufezeichen kondensiert wird, damit alle enger zusammenrücken. *Slim* und schmal hätten solche Kataloge von *essentials* schon immer sein müssen, weil Einigung von vielen Menschen auf Leitvorstellungen zwangsläufig zu einem Kondensat der einfachen Grundwerte führt, damit die Spielräume für Mißverständnisse kleiner, die Sammelplätze für gemeinsame Überzeugungen überschaubarer werden.

Solche Kondensate des Wertbewußtseins haben nicht Dekretcharakter, wenn sie gelebte Wirklichkeit im Unternehmen werden. Sie hätten als reine Führungsbotschaft oder gar Gebote nie Erfolg. Freilich liegen in den Schubladen vieler Unternehmen solche Vorstandsdekrete, die in aller Regel auch nicht aus Vorstandsköpfen, sondern von Beraterschreibtischen kommen. Wertekataloge, die Bindungsenergie entwickeln, haben dagegen eine doppelte Quelle und eine doppelte Wirkung.

Ihre Quellen: Sie entstehen aus den Erfahrungen und Zielen des Unternehmens. Das heißt aber: Sie koppeln Vergangenheit an Zukunft. Auf die Menschen im Unternehmen bezogen, ist diese doppelte Quelle die Kooperation von Führung und Mitarbeitern bei der Konzeption des Richtwertekatalogs. Auf der Basis des Könnens, das den Unternehmenserfolg bestimmt, ist die zweifache Quelle das Know-how, das man besitzt, und das Know-how, das erstrebt wird für morgen. Ideal und Realität verbinden sich zu einem spannungsgeladenen Gemisch aus Verpflichtungen und Versprechungen, die sich die *community* der Unternehmensmitglieder zuruft.

Es ist die Spannung zwischen erreichten und erträumten Zielen, die einem vitalen Wertekodex seine Faszination gibt. Fehlt Faszination bei der Abfassung, so wird sich niemals Begeisterung bei der Lektüre solcher Texte entwickeln. Ihre Handlungsrelevanz bleibt aus, wenn ihre Quellen trüb sind. Die doppelte Wirkung eines Wertekodex hängt von der Stimmigkeit seiner Quellen ab. Er bindet und setzt frei, weil er Erreichtes in der knappsten Form sammelt und der Auftrag für die Zukunft am Erreichten und an den leitenden Überzeugungen der Unternehmensmitglieder orientiert wird.

Die Frage, ob Unternehmen solche schlanken Substrate ihrer bindenden Werte brauchen, ist mit der Ortung der Quellen und Wirkungen schon klar beantwortet. Zweifelsfrei wird diese Antwort aber im Prozeß der Einigung über die Kerngruppe an Werten, mit denen ein Unternehmen die Etappe über die Jahrtausendschwelle erfolgreich – nicht nur bestehen, sondern gestalten will.

Denn dieser Einigungsprozeß, als ein Wettstreit um die schmale Zahl von Leitwerten, die das Handeln steuern sollen, zwingt das Unternehmen in eine grundsätzliche Entscheidung zu den Fragen, die letztlich im Markt den Erfolg oder Mißerfolg von Unternehmen bestimmen. Sie lauten:

- Wer sind wir?
- Was können wir?
- Welchen Kräften vertrauen wir uns an?
- Wer paßt zu uns?
- Wo ist der Schauplatz unserer Erfolge?
- Welche Qualität verlangen wir von uns?
- Und wie wollen wir alle Antworten auf diese Fragen dynamisch weiterentwickeln in einer tempobestimmten Zeit?

Es ist die Spannung zwischen erreichten und erträumten Zielen, die einem vitalen Wertekodex seine Faszination gibt. Die doppelte Wirkung eines Wertekodex hängt letztlich von der Stimmigkeit seiner Quellen ab.

Wenn der Katalog von Richtwerten steht, so könnte man überspitzt sagen, dann hat er seine Funktion bereits erfüllt. Gäbe es da nicht die Schwäche von Menschen, hinter ihre besten Ergebnisse immer wieder zurückzufallen – als Einzelne wie als Gruppe. Das Kondensat der Bestleistungen wird im aufgeschriebenen Richtwertekatalog für alle gelagert – als ein Ressourcendepot, auf das jeder immer wieder zugreifen, mit dem jeder gegenüber anderen argumentieren, an dem jeder sich immer wieder korrigieren kann.

In der Zeit der neuen Partnerschaften müssen die Richtwerte von Firmen umgeschrieben werden auf die Marktrelevanz aller Leistungen im Unternehmen. Die große Revision der traditionellen Leitlinien und hochtrabend »Philosophie« genannten Profilpapiere ist überfällig. Solche Wertekataloge spiegeln den Geist eines Hauses wider; sie enthalten viel von seinem Tabumaterial, das die Menschen zusammenhält und gegen Verwechselbarkeit schützt. Die Identität der Firma wird in diesem Depot der Orientierungen gesichert.

Sosehr ein solches Wertepaket dem einzelnen Unternehmen gehört; so charakteristisch die dort kondensierten Leitwerte für dieses Haus auch sein mögen: Alle Unternehmen bewegen sich – mit branchentypischen Akzenten – in einem Marktgeschehen, das Spielregeln folgt, denen alle sich verpflichten. Es sind die Spielregeln der freien Marktwirtschaft, die Regeln des Wettbewerbs, mit deren Bereinigung wir in diesen Jahren deshalb beschäftigt sind, weil wir viele Entartungsprozesse über lange Zeit zugelassen haben. In dieser Irritation haben viele Unternehmen von dem Versuch abgelassen, sich auf einen Kanon der Leitwerte zu einigen. Alles sei im Fluß, so meinen sie, und man wolle die nächste stabile Phase abwarten, um dann die Ernte der verbindenden Erfolgswerte einzufahren. Ist der Erfolg aber da, dann erscheint nichts überflüssiger als ein Leitwertekatalog. Die Sache läuft doch, offenbar beherrscht das Unternehmen seine Aufgaben, wozu also noch die Summe dessen festhalten, was diese Erfolgssträhne stützt?

Der gravierende Irrtum in dieser Rechnung wird regelmäßig erst dann klar, wenn das nächste Wellental des Erfolgs erreicht ist. Dann erst wird deutlich, daß man Erfolg hatte, ohne zu wissen warum. Natürlich ist unerklärter Erfolg besser als wohlanalysiertes Scheitern; aber Mißerfolge produzieren ihren Erklärungsbedarf selbst, dafür sorgt die Umwelt auch gegen den Willen der Mißerfolgskandidaten. Nun wäre es gut, denkt mancher Manager, wenn wir die Erfolgsphase unter einer klar gezeichneten Flagge durchschifft hätten. Das würde die Unruhe beschwichtigen, die jetzt in der Krise das Management erschwert, und es würde der Unternehmens-*Community* die Kontrolle über die Gründe des Mißerfolgs erleichtern. Vielleicht, so grübelt der Führungskreis nun, wäre man gar nicht von der Erfolgslinie abgewichen, wenn ein klarer Katalog von Richtwerten das Handeln immer wieder zu kontrollieren erlaubt hätte – auch im Erfolg!

Wenn die Spielregeln des Marktes sich auf ein Grundset verdichten lassen, dann muß es auch bei den Leitlinien der Marktfähigkeit möglich sein, Unternehmen zu einer eigenen Konzeption zu ermutigen, die auf einem Grundmodell aufbaut. Ein solches Modell soll hier angeboten werden.

Die sechs Leitwerte für unternehmerischen Erfolg

I Das Erfolgsfeld ist der Markt

Vom Markt kommen die erfolgsentscheidenden Informationen. Das Unternehmen muß zuhören, was Partner und Kunden erwarten. Es muß einzigartige Antworten finden. Für diese Antworten

Das Kondensat der Bestleistungen wird im aufgeschriebenen Richtwertekatalog für alle gelagert. In der Zeit der neuen Partnerschaften müssen die Richtwerte von Firmen umgeschrieben werden auf die Marktrelevanz aller Leistungen im Unternehmen.

ist Qualität von Produkten und Dienstleistungen die leitende Größe. Das Unternehmensziel ersten Ranges heißt: Wettbewerbsvorteil durch Mehrwert im Bündnis mit dem Kunden.

II Glaubwürdigkeit

Alle Unternehmenskontakte müssen geprägt sein von unmißverständlichen ethischen Standards. Diese Standards bestimmen den Umgang mit Kunden, Lieferanten und Geschäftspartnern jeder Art. Sie dominieren den Kommunikationsprozeß mit Anteilseignern, Mitarbeitern und der Öffentlichkeit. Diese ethischen Standards sind nicht Ergänzung, sondern integrativer Bestandteil jedes Geschäftsprozesses. Sie dulden keinen Kompromiß.

Alle Ebenen des Managements müssen ihr Führungsverhalten diesen ethischen Standards unterordnen und ein widerspruchsfreies Beispiel geben. Die Grundformel für diese Führungsverpflichtung lautet: Handelt nach meinem Beispiel – nicht einfach: Handelt, wie ich euch sage.

III Herausforderung als Triebkraft der Kultur

Jeder im Unternehmen hat sein Bestes für den Erfolg zu geben. Jeder ist offen für Herausforderungen. Das Prinzip der Herausforderung sichert dem Unternehmen kreative Energie und innovativen Zugriff auf Chancen, die sich, als Risiken maskiert, präsentieren. Herausforderungen stärken die Integrationsleistung des Managements, weil sie Risikodebatten in Gang setzen. Ergebnis ist die komplexe Perspektive auf Risiken und Chancen und der effektivere Entscheidungsprozeß. Bürokratien im Unternehmen werden im Feuer der Herausforderungen immer wieder heruntergebrannt auf ein notwendiges Minimum, das nur zwei Quellen der Rechtfertigung kennt: dem Kunden die Orientierung zu erleichtern und gesetzlichen Bestimmungen zu genügen.

IV Offene Kommunikation

Kommunikation ist ein Mehrwegprozeß. Schlechte Nachrichten rechtzeitig zu bewegen, ist in aller Regel vorteilhafter, als sie einzumauern, bis sie explodieren. Jeder Manager ist umfassend und zentral verantwortlich für erfolgreiche Kommunikation und vollständige, klare Rückmeldungen. Kommunikation ist immer werthaltig. Jeder Nachrichtentransport im Unternehmen ist mit Abstimmungspotential geladen und bereitet Verständigungsprozesse vor. Kommunizieren als Managementaufgabe heißt: Teilen! Geteilt werden nicht nur Meinungen, sondern strategische Perspektiven auf Geschäftsthemen. Kommunizieren heißt Entscheidungen optimieren. Befolgen kann diese Regel nur, wer die Potentiale der Mitarbeiter als abweichende Größen zu schätzen gelernt hat. Kommunikation macht Klima. Offener Austausch in diesem Mehrwegsystem schafft die konstruktive Unruhe, in der unternehmerische Risikofreude gedeihen kann.

V Teams sind Erfolgsgeneratoren

Nicht nur die Teams der Gleichen, die Tag für Tag zusammenarbeiten, sichern den Erfolg. Die jeweils beste Lösung fordert wechselnde Teampartnerschaften. Teamkultur wird zum Erfolgsmotor, wenn das komplexe Know-how aus verschiedenen Einheiten des Unternehmens sich an den komplexen Marktfragen bewähren kann. Unübersichtlichkeit als Marktbedingung in schnellen Zeiten fordert fluktuierende Teamgrenzen – das heißt für Manager: mehr Energie zur Umwandlung von Vieldeutigkeit in transparente Strategien.

Teams sind Komplexitätsprozessoren. Sie meistern, was der einzelne Kopf nicht mehr durchdringt. Teamwork sichert Tempo – das gilt aber nur dann, wenn das Tempo der Mitglieder harmonisierbar ist. Teamleistungen steigern ihren Wert ständig. Die

Kommunizieren als Managementaufgabe heißt: teilen! Geteilt werden nicht nur Meinungen, sondern auch strategische Perspektiven auf Geschäftsthemen. Kommunizieren heißt immer zugleich Entscheidungen optimieren.

besten Ergebnisse werden erst möglich, nachdem das Unternehmen überzeugt ist, daß Wissen und Können immer sehr komplexe Quellen haben. Wer quer zu den Unternehmensbereichen, durch alle Geschäftsfelder und international *high-quality*-Ergebnisse halten will, der wird die Teamkultur nie mehr sich selbst überlassen oder halbherzig praktizieren können. Bestleistungen kommen immer aus dem Erfolgsgenerator *par excellence*, dem Team.

Teamqualität ist bestimmt durch kristallklare Ziele, hohen Zustimmungs- und Erfolgsdruck, der nicht von Managern, sondern von den Herausforderungen in der Sache kommt und, selbstverständlich, hochwertigen Ergebnissen.

Damit ist die Personalpolitik auf neue Prinzipien zu verpflichten. Nur die Besten gehören ins Unternehmen. Die Auswahlkriterien müssen umgeschrieben werden. Die Besten, sobald sie gewonnen sind, werden erstklassigen Trainings anvertraut und zu ihren höchsten Entwicklungschancen geführt. Die Verantwortung für eine exzellente Lernkultur teilen sich alle Manager – und das bedeutet: Alle setzen sich dieser Kultur aus, statt auch das Lernen an ihre Mitarbeiter zu delegieren.

VI Leistungskultur

Leistung als Unternehmensprinzip heißt vor allem: Dynamik bei der Problemwahrnehmung und -verarbeitung, Vitalität bei der Weiterentwicklung von Lösungen und das Knüpfen neuer Beziehungen auf den internationalen Märkten. Die Fortschreibung gesicherter Bindungen muß abgelöst werden vom Prinzip der kontinuierlichen Innovation aller Beziehungen. Expansion der Orientierung muß mit Konzentration auf den Kern der Unternehmenskompetenz verbunden werden. Qualität ist niemals ergebnisbezogen zu erledigen, sie muß prozeßorientiert eingeübt werden, sobald das

Management begriffen hat, daß Qualität selbst nicht ein Ergebnis, sondern ein Prozeß ist.

Zur Leistungsorientierung gehört Beschränkung. Die Grenzen der Unternehmensleistung lassen sich nicht beliebig verschieben, sondern nur im Rahmen des Ressourcenpools, den das Unternehmen darstellt.

Leistung ist nicht ein Handlungsprinzip; sie ist Unternehmensauftrag. Wer von Profitorientierung spricht, um Kulturdebatten im Management auf festen Boden zu bringen, der legt den Finger auf das Ende einer langen Kette geglückter Prozesse. Sie alle sind durch das Motto »Leistung« zu verbinden. Leistung aber nicht als ein Prinzip der Verengung von Lebensbahnen, sondern als das pulsierende Leben selbst – in allen Aktivitäten, die das Unternehmen durch seine Menschen und in seinen Beziehungen mit Menschen im Markt wahrnimmt. Alle diese Bindungen sind Leistungspartnerschaften. Dienstleistung ist nichts anderes als Beziehungsmanagement unter dem Motto der höchsten im Unternehmen verfügbaren Leistung in der größtmöglichen Komplexität.

Damit ist auch sie, die Dienstleistungsmentalität, endlich auf ihrem integrativen Platz. Wenn es uns in diesen Jahren gelingt, sie nur noch so zu diskutieren und zu praktizieren – als integrativen Bestandteil von Produkten und Kontakten –, dann wird »Dienstleistungskultur« endlich lebendige Wirklichkeit.

Leistung ist nicht ein Handlungsprinzip; sie ist Unternehmensauftrag. Dienstleistung ist nichts anderes als Beziehungsmanagement unter dem Motto der höchsten im Unternehmen verfügbaren Leistung in der größtmöglichen Komplexität.

III

Die leise Revolution

Gemeinsam im neuen Boot

Ist die Genußmoralität am Ende? Wurden mit der Wohlstandskrise der frühen neunziger Jahre die Rufe nach »neuer Bescheidenheit« und »Beschränkung« endlich durchsetzbar? Die steile Spirale der achtziger Jahre, so dachten viele, brauche ein höherwertiges Ziel. Nicht noch mehr Genuß, noch mehr Freizügigkeit und Mobilität, noch mehr Unterhaltung, noch mehr Know-how bei immer weniger Know-why. Man versuchte sich an *Lean*-Versionen dieser überversorgten Kultur – wenigstens im Kopf: »Bescheiden« statt unersättlich, schlank statt überernährt, nachdenklich statt übervergnügt und piano statt offensiv – das waren die Beschwörungsformeln, mit denen das untergründig pochende Gewissen einer kleinen Zahl in Wahrheit besonders anspruchsvoller Genießer aufwartete, deren Fähigkeit, im wertfreien Raum Spaß zu haben, immer noch unterentwickelt war.

Die Chance zur Bescheidenheit brach dann ganz anders herein, ärgerlich konkret für die meisten. Das Ärgerlichste: Sie ließ den Deutschen keine Wahl. »Raushalten«, ein Wohlstandsmodell der Luxusklasse, gelang nun Jahr für Jahr weniger; das große »Deutschland-*lean*«-Programm wurde von niemandem als die Antwort auf das jahrelange wohlstandskritische Genörgel erkannt, mit dem die Turnschuh- und Mediengesellschaft ihrer Sehnsucht nach »großen Augenblicken« und »wirklichen Aufgaben« ungeschickt Luft gemacht hatte.

Dabei kam die Abschiedsfanfare vom Schlaraffenland immerhin

als *Challenge* erster Klasse. Die Erlösung vom Wohlstandseinerlei kam nicht im Kleid des mittelmäßigen Maßappells, der keine Chance auf Gehör gehabt hätte. Sie kam als globales Erdbeben, das nicht nur Vorhänge und Kulissen abräumte, sondern auch Schleusen öffnete, die Völkerwanderungen in Fluß brachten.

Die Politiker erinnerten die Deutschen, wie man ein verwöhntes Kind an seinen Lieblingswunsch von vorgestern erinnert: Nun habt ihr doch, was ihr immer wolltet! Freut euch!« Wer irgend etwas Persönliches mit diesem Supergau der Blöckewelt verband, der freute sich – ganz im Sinne des frisch erlernten Programms von der Privatisierung aller Ziele und Interessen. Nur keine größeren Zusammenhänge, sie berauben den Einzelnen, das war der Lernstoff der *High-speed*-Hedonisten.

Da war er, der sprichwörtliche Mantel der Geschichte. Der Kanzler ergriff seinen Zipfel und hielt den vorübereilenden Augenblick fest: Er wurde zum Ausgangspunkt einer neuen Ära. Der Ära der neuen Bescheidenheit? Endlich war sie, die Beschränkung, kein Gegenstand von Abstimmungen und zähen Debatten mehr, sondern vordergründige Alltagsnotwendigkeit. Aber es gab und gibt dennoch Debatten, es gibt die große Weigerung mitzuspielen dennoch. Das ist nur möglich, weil die Aufgabe wieder einmal so unübersichtlich ist, daß Meinungsstreit möglich bleibt – und weil es die Menschen mit den Wohlstandsdefekten sind, nicht die *Lean*-Typen einer Hungerära, die in das große Experiment der kulturellen Wende geworfen werden.

So kommt das Paradox zustande, daß eine Gesellschaft, die schon jahrelang von »postmateriellen Werten« sprach, ihre Chance, diese wirklich zu leben, erschrocken, ja indigniert abwehrt. Den Freiheitshelden aus dem deutschen Osten bot man mit der Naivität der Materialisten Konsummilliarden, statt gleich mit ihnen gemeinsam in die neue Epoche der Großkorrekturen am

Den Freiheitshelden aus dem deutschen Osten bot man mit der Naivität der Materialisten Konsummilliarden, statt gleich mit ihnen gemeinsam in die neue Epoche der Großkorrekturen am Konzept der europäischen Überflußkultur einzusteigen.

Konzept der europäischen Überflußkultur einzusteigen. Zu groß das Boot, um gleich mit neuen Passagieren volle Fahrt zu machen? Der Entwurf, der die Deutschen Ost durch die Mauer preschen ließ, war größer und großartiger. Das enge Herz der freien Deutschen West hat diesen Aufbruch schnell heruntergeschrieben auf das Schulheftformat des zu Geld gekommenen Pedanten – und dieses Klein, Klein erkannten die befreiten Brüder wieder. »Wie damals, wie bei uns«, sagen sie seither immer wieder – und behende springt der Bruder West auf die andere, die moralische Seite und empört sich: Seht ihr denn den Glanz der Freiheit nicht leuchten? Warum haftet ihr am Vordergründigen? – In euren Gesichtern leuchtet er nicht, dieser Glanz, müßten uns aufrichtige Neudeutsche sagen. Und das Klammern, Halten und Raffen und Rechnen im Vordergründigen, das haben wir mitgebracht zu euch – und ihr kanntet es von »drüben«.

Der Donnerschlag des Aufbruchs in Osteuropa platzte in die europäische Wohlstandskrise. Deutschland trug die Öffnung Ost noch einmal hoch empor; eine Insel seligen Wachstums, lag es in den Weltturbulenzen, verkannte diese Galgenfrist völlig und segelte mißmutig, später als die anderen, in das tiefe Tal der langen Schatten.

Seit zehn Jahren war vom »qualitativen Wachstum« fabuliert worden. Jetzt ist die Chance gekommen, es zu verwirklichen – aber die theoretische Begeisterung damals war größer als die praktische heute. Natürlich ist die Aufgabe schwieriger: Mehr essen ist leichter als ausgewählter essen. Die Menschen im Markt lassen ihre Partner spüren, was sie selbst spüren: Die Verläßlichkeit der Verhältnisse, in denen wir leben, hat Brüche bekommen. Während Deutschland Ost den festen Boden der Freiheit erreicht, bricht in Deutschland West ebendieser Boden unter unzähligen Füßen weg – und daher im deutschen Osten auch. Westdeutsche meinen zwar, die Deutschen aus dem »jungen« Teil des Landes sollten sich über dieses Wegbrechen von Boden weniger wundern – und verraten damit ihr Vorurteil, daß es ihnen selbst, den Igeln aus dem Märchen, die seit 45 Jahren »zuerst da« waren, eigentlich bessergehen müsse, auch jetzt, als den Spätheimkehrer-Hasen von der dürren Seite des fruchtbaren Ackers.

Wenn die Verhältnisse sich ändern, so wünschen sich die Führungsgruppen in Politik und Wirtschaft, dann wäre es am günstigsten, die Menschen änderten sich auch. Daß genau dies nur sehr zögernd geschieht, weiß jeder, der mit andern und sich selbst aufmerksam umgeht. Menschen brauchen Zeit – das gilt sogar dann, wenn sie objektiv feststellen, daß sie keine haben. Gewöhnt, sich auch miteinander nicht nur in schöner Einigkeit mit den Problemen auseinanderzusetzen, verbrauchen Menschen zunächst mehr Zeit, als sie objektiv haben für die Problemfeststellung und die Schuldzuweisung. Danach beginnt der Strategiestreit und der Kampf um Besitzstände. Anschließend findet man das Problem bereits verändert: Man braucht eine neue Diagnose. Uneinigkeit über deren exakten Text entzweit die Fachleute. Der neue Strategiestreit kann beginnen. Was wir an Tempo versäumen, müßten wir an Akkuratesse zuschießen, wenn wir uns endlich auf eine Lösung geeinigt haben; aber die Lösung, zwangsläufig suboptimal, weil der allerkleinste Nenner aller disparaten Wünsche, befriedigt nun niemanden mehr.

Natürlich sammelt sich ein großer Vorrat guter Lösungen an, wenn Systeme in Ruhe optimiert werden können, wenn eine Atmosphäre des Vertrauens herrscht und die Zuversicht besteht, daß es »aufwärts« geht – also jedes verflossene Jahr ein wenig hinter dem eben heraufsteigenden zurückbleibt. Neue Lösungen unter Druck zu finden ist in kleinen Gruppen einfacher, in großen Gruppen, ganzen Gesellschaften schwieriger als ohne Druck. Der Kernsatz

Wenn die Verhältnisse sich ändern, so wünschen sich die Führungsgruppen, dann wäre es am günstigsten, die Menschen änderten sich auch. Menschen brauchen Zeit, das gilt sogar dann, wenn sie objektiv feststellen, daß sie keine haben.

Die neunziger Jahre:

- Wirtschaften in entartenden und erwachenden Märkten
- Das klassische Marketing braucht einen Innovations-Schub
- Unternehmenserfolg wird draußen, nicht drinnen geholt
- Das Management muß der Marktkommunikation einen höheren Stellenwert einräumen
- Marktferne Nischen in den Unternehmen müssen aufgebrochen werden

der Einsicht aller, die »trotz« des Drucks gute Lösungen finden wollen, muß lauten: Wir müssen mit *diesen* Menschen durch die Turbulenzen; der »Krisentypus« wird nicht schnell genug geboren. Die Krisentalente, die unter uns leben, werden ihre Chance ergreifen, wenn unsere Systeme es zulassen; aber ein Mehrheitstypus wird weder der Krisenmanager noch der krisenfeste Mitarbeiter.

Was tun ungeübte Menschen im Markt, wenn die Kulisse über Nacht gewechselt, das Drehbuch von heute auf morgen umgeschrieben wird und die Regie kränkelt? Zunächst zerfallen gewohnte, wie man nun sieht, keinesfalls bewährte Partnerschaften. Die Schönwetterallianz von Anbietern und Abnehmern, Industrie und Konsumenten zeigt Risse. Beide gemeinsam können zwar ein relativ vollständiges Vokabelheft der Krisensymptome schreiben, aber dessen Text verbindet weniger, als er entzweit.

Was ist los in diesen Jahren der großen Chance zur Korrektur alter Fehler?

Halt! sagt die Industrie. Schon dieser Titel ist partiell falsch. Wir möchten neutraler reden, um klarzustellen: An uns lag es nicht. Der Wettbewerber, die Politik, der unberechenbare Konsument, das osteuropäische Erdbeben – sie alle haben schuld. Fragen wir also einfacher: Was ist los in diesen Jahren der neuen Zeitrechnung?

Die Industrie sagt:	Der Kunde im Markt sagt:
weniger Absatz	mehr Arbeitslosigkeit
weniger Umsatz	weniger Einkommen
leerlaufende Kapazitäten	weniger Konsumappetit
explodierende Kosten	steigende Preise
schmelzende Gewinne	schwindende Sicherheit

Wir müssen mit *diesen* Menschen durch die Turbulenzen; der »Krisentypus« wird nicht schnell genug geboren, die Krisentalente, die unter uns leben, werden ihre Chance ergreifen, wenn unsere Systeme es zulassen.

Die Menschen im Markt, an ein Abnehmerverhältnis zur Industrie gewöhnt – als Käufer wie als »Arbeitnehmer« –, beziehen das, was ihnen fehlt, unmittelbar auf die Leistungen bzw. das Versagen der Industrie und der Politik. Der Bürger und Kunde hat also ein Problem nicht, das Industrie und Politikern Schwierigkeiten bereitet: Er sucht nicht vergeblich nach Schuldigen – und er scheidet nach mehrheitlichem Grundempfinden als Schuldiger selbst aus. Nur politische Festredner und industrielle Verbandspräsidenten oder Spitzenmanager benutzen zuweilen ein einladendes »Wir«, von dem der Bürger sich ohne Umschweife sagt, daß es ihn schon deshalb nicht betreffen kann, weil es offenbar die jeweiligen Redner betrifft, Halter von Spitzenpositionen und Bezieher hoher Einkommen. Solche Partnerschaftsangebote im Krisenboot kommentiert man nicht einmal – man ignoriert sie.

Der Bürger erlebt sich in der Krise als Opfer, nicht als Täter. Solange dies von Führungsgruppen nicht begriffen wird, kann es nicht gelingen, in den Dialog der neuen Allianzen einzutreten, die wir für gutes und schlechtes Wetter an der Jahrtausendwende endlich knüpfen müssen. Sonst wird uns jede neue Krise genauso reaktionsunfähig antreffen wie die Wohlstandskrise der frühen neunziger Jahre. Bürger erleben sich als Verfügungsmasse in Krisenzeiten, weil nun Schlag auf Schlag Entscheidungen gefällt werden, denen sie nicht zustimmen, die sie aber gleichwohl nicht verhindern können. Zur Einsicht kann sie niemand nötigen – der Politiker nicht, weil er hofft, als Mitverantwortlicher, der die Gunst des Wählers braucht, so nicht erkannt zu werden, und die Wirtschaft nicht, weil sie unter dem Druck der Arbeitnehmerorganisationen selbst in der Defensive ist. Das Unterfangen, Akzeptanz für die Verluste an Besitz und Sicherheit bei Mehrheiten zu erkämpfen, scheitert an der unverhohlenen Aufforderung aus mehr als zwei Jahrzehnten an den Bürger, sich in erster Linie als ein Bündel materieller Besitzstände und ausgreifender Okkupation von Zeit und Erlebnissen zu verstehen. Dieses Portrait jetzt eilig umzumodeln, würde den Genußaposteln von gestern wohl sehr verübelt.

Das Chancenverteilungssystem Sozialstaat kämpft in diesen Jahren um gleichmäßige Verteilung der Verluste – und kann dabei nicht erfolgreich sein. Unter verschärften Bedingungen setzt der Wettbewerb Ausleseprozesse in Gang, die sozial nicht mehr abgefedert werden können. Die große Bereinigung unseres Selbstvertrauens tut weh, weil wir die Schwächen unserer Systeme erkennen. Sie sind nur begrenzt krisentauglich – wie die Menschen, die durch sie geprägt wurden.

Die wichtigsten Symptome für die Schönwetterbauweise des Sozialsystems: Sicherheit ist nicht mehr selbstverständlich.

- Anstellungen auf Lebenszeit werden rar.
- Das Arbeitsleben des Einzelnen endet früher.
- Die Arbeitslosigkeit erfaßt auch Schichten, die sich »immun« glaubten.
- Die Gegensätze werden größer.

Die Krise spaltet – nicht nur die traditionellen Interessengegner, sondern auch die solidarisch Verbundenen.

Die Krise verstärkt Fehler des Wohlfahrtsstaates, auch gegen die Absicht der Krisenmanager in Politik und Wirtschaft: Familien mit durchschnittlichem Einkommen gehören zu den »Verlierern«. Schon von den sonnigen Zeiten profitierten sie weniger als andere. Aber auch Begünstigte aus den fetten Jahren erleiden Einbußen – so die Doppelverdiener ohne Kinder. Sie werden, so sieht es der Familienvater, nun endlich auf Normalbedingungen zurückgestuft, während die vielbesungene Keimzelle der freiheitlichen Gesellschaft, die Familie mit Kindern, weiter zurückfällt. Deutlich also: Wer vorher überversorgt war, ist jetzt allenfalls normal versorgt; wer vorher schon Nachteile hatte, hat jetzt noch größere Nachteile.

Der Bürger erlebt sich in der Krise als Opfer, nicht als Täter. Solange dies von Führungsgruppen nicht begriffen wird, kann es nicht gelingen, in den Dialog der neuen Allianzen einzutreten, die wir im Blick auf die Jahrtausendwende endlich knüpfen müssen.

Konsumstil im Wandel

Die 80er Jahre	Die 90er Jahre
Spitzenwert »Entfaltung«	Erkennbare Grenzen für die persönliche Entfaltung
Expansive und selbstbewußte Kombination von materiellen und immateriellen Wünschen	Beschränkung als strategische, nicht als moralische Maßnahme
Erlebnisbezug	Suche nach Partnern bei der Neuordnung der eigenen Prioritäten
Aktionsprestige	

So werden auch die älteren Paare, deren Lebensleistung als Väter und Mütter fertig vorliegt, als ungerechte Benachteiligung empfinden, daß sie auf die Verliererliste dieser Jahre gesetzt werden – freilich in bitterer logischer Parallele zur gesteigerten Benachteiligung von Familien, deren Kinder noch zu Hause leben.

Die Solidarität der Bürger erleidet in solchen Zeiten schwere Verwerfungen. Wer arm war, wird ärmer, wer reich war, unter Umständen ebenfalls, aber der Abstand zwischen beiden wächst auf jeden Fall. Man treibt weiter auseinander. Die Gemeinsamkeit der Wünsche und Ziele wird ausgedünnt zur Gemeinsamkeit der Unzufriedenheiten und der ziellosen Aggression – aber wer ist schuld? Niemand hilft bei der Analyse. Niemand, so scheint es, glaubt den Menschen im Markt eine Analyse zu schulden.

Menschen unter Druck kommunizieren schlechter. Zwischen dem angstvollen Schweigen und dem Singen im Walde liegt die Erkenntnis, daß der Wald nur dunkel, nicht aber voller Ungeheuer ist. Noch sind die Deutschen nicht sicher, daß der Wald, durch den sie wandern, nur dunkel ist. Niemand stimmt das Lied an, das die dunkle Strecke verkürzt und den Schritt beschwingt. Aber die Konsumveränderungen haben schon begonnen. Nicht heftig, nicht plötzlich, aber nachhaltig verändert sich das Verhalten der Menschen im Markt.

Menschen unter Druck kommunizieren schlechter. Zwischen dem angstvollen Schweigen und dem Singen im Walde liegt eine wesentliche Erkenntnis: daß der Wald nur dunkel, nicht aber wirklich voller Ungeheuer ist.

Die neue Stimmung im Markt (I):

Kunden suchen:

1. **Qualität**
2. **Wert**
3. **Sicherheit**

Kunden möchten nicht mit zu vielen unerfüllten Wünschen leben

Sie suchen Partner, die ihnen helfen, ihre Wünsche den Möglichkeiten anzupassen

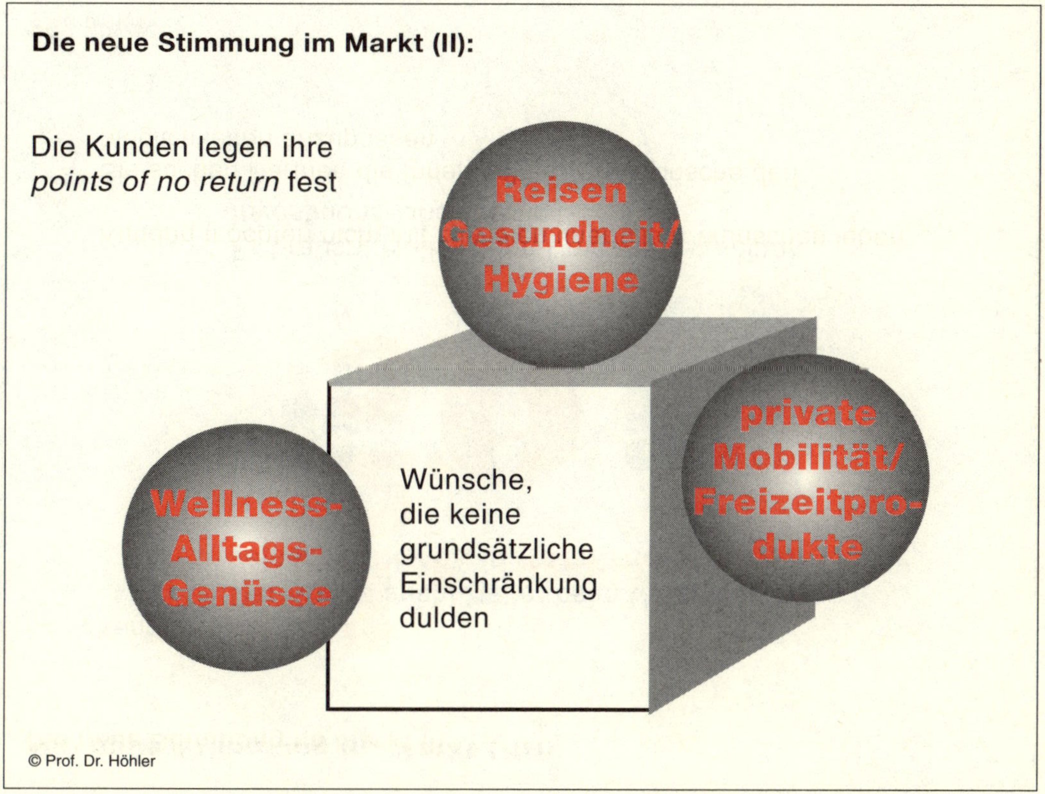
Die neue Stimmung im Markt (II):
Die Kunden legen ihre
points of no return fest
Reisen
Gesundheit/
Hygiene
Wellness-
Alltags-
Genüsse
Wünsche,
die keine
grundsätzliche
Einschränkung
dulden
private
Mobilität/
Freizeitpro-
dukte
© Prof. Dr. Höhler

Die neue Stimmung im Markt (III):

Der Kunde sucht Helfer beim Umdefinieren seiner **Wünsche** in **Notwendigkeiten**

Er braucht Helfer beim Umgang mit seiner Investitions-Unsicherheit

Die neue Stimmung im Markt (IV):

Das Kundengewissen wird empfindlicher

Der Kunde sucht Argumente zum persönlichen »Kauferlebnis«

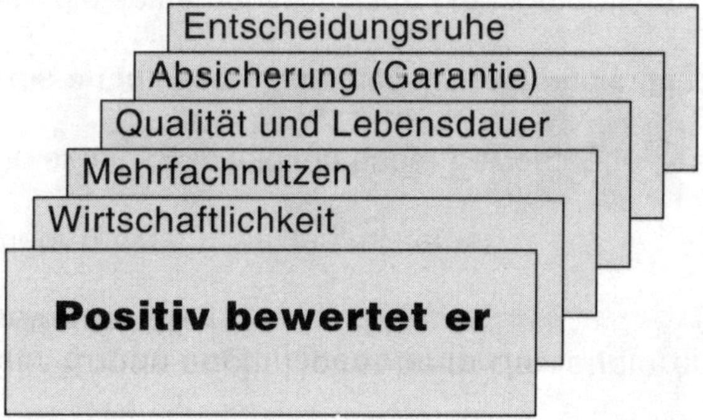

Die neue Stimmung im Markt (V):

Der Kunde kennt seinen Wert

Seine Grundstimmung kann beschrieben werden mit »Value-for-money-Mentalität«

Er möchte nicht mehr reicher scheinen, als er ist

Er agiert bewußt in einem Spielfeld mit enger gewordenen Grenzen

Er sucht Partner, die auf diesem Stimmungshintergrund mit ihm kooperieren

Er lehnt Partner ab, die seine unbeschwerte Genußmoralität von gestern wachhalten wollen

Fazit: Der Kunde erzieht seine Partner zur kundenorientierten Verantwortung

Der Kunde – Stratege mit Vorsprung

Als Manager ihrer eigenen Schicksale mehr alleingelassen als in den Boomjahrzehnten, entscheiden die Kunden der neunziger Jahre disziplinierter und genußorientierter zugleich – ein Widerspruch nur auf den ersten Blick. Nochmals: Es sind ja mehrheitlich die Menschen, die das Kapitel Genußmoral in der Wohlstandsgesellschaft entweder jung inhaliert oder mitten im Leben erleichtert buchstabiert und gelernt hatten; nicht mehr »Gönn dir etwas«, sondern: »Du bist diesen Luxus wert« war die Devise. Sie wird nicht schlagartig vergessen, nur weil die Witterung unruhig geworden ist. Man hatte schließlich Spielräume, auch im Feld des Luxus.

Also heißt die neue Aufgabe: Luxus A oder Luxus B, nicht mehr unbedingt beide. Die neue Auswahlleistung stärkt das Selbstgefühl, und mancher meint, »neue Bescheidenheit« sei ungefähr dies, zwischen Luxus und Luxus nur für eine von zwei Varianten zu entscheiden, statt wie früher für beide. Das Ziel, sich gut zu fühlen, *wellness*, wird qualifizierter erreicht als früher, das Vergnügen ist fast uneingeschränkt.

Schritt für Schritt werden Annäherungsformen an Träume wiederentdeckt, die verschüttet waren: Sehnsucht, Verlangen, Phantasie auf dem Weg zur Erfüllung der Wünsche. Freilich: Auch auf Pump wird intensiver geträumt. Die Konsumkredite steigen, obwohl man der Zukunft nicht traut.

Die Menschen der achtziger Jahre, die unsere Märkte beleben, sorgen auf eine kaum beachtete Weise trotz aller Brüche und Risse

Die neue Aufgabe heißt: Luxus A oder Luxus B, nicht mehr unbedingt beide. Die neue Auswahlleistung stärkt das Selbstwertgefühl, und mancher meint, »neue Bescheidenheit« sei ungefähr dies, sich zwischen Luxus und Luxus nur für eine von zwei Varianten zu entscheiden.

Auch die Vorstellung der Unternehmen von Wettbewerbsvorteilen muß revidiert werden:

Wettbewerbsvorteil = Kundenvorteil

für Kontinuität. Die Langsamkeit bei der Wahrnehmung neuer Lebensumstände, das »Weitermachen als ob alles beim alten geblieben wäre«, hat in diesem Sinne auch stabilisierenden Charakter für die Krisenfähigkeit der Gesellschaft. Der Verzögerung bei der Wahrnehmung neuer Bedingungen schließt sich die verspätete Reaktion mit verändertem Lebensmanagement an. Verbraucher sorgen für die Anpassungstempi in traditioneller Weise: als Bremser. Ihr Abwarten führt auch zum Aufschub einschneidender Konsumentscheidungen, vorschnell oft als »Konsumverzicht« gedeutet. Der Kunde wartet ab, beobachtet und taxiert Entwicklungen – ein Zuschauer mehr als ein Mitgestalter, um dann mit veränderten Grundhaltungen wieder selbstbewußt mitzuspielen.

Die Anbieter, unter Zeit- und Kostendruck, werden derweil nervös. Sie schreiben Statistiken, wie gründlich der Kunde sie im Stich läßt, denken mehr *über* ihn als *mit* ihm nach, wie sie das aus der Schönwetterzeit gewöhnt sind, und haben große Schwierigkeiten, sein Verhalten zu verstehen und zu prognostizieren. Wieder rächt sich, was man im Konjunkturhoch versäumt hat: Die tragfähige Bindung fehlt, man wird wechselseitig unberechenbar. Der Kunde, das unbekannte Wesen, entwickelt derweil einen neuen Kodex des Marktverhaltens – ganz ohne Hilfe aus der Welt seiner eigentlichen Partner, der Hersteller, Händler und Auslieferer.

Der Kunde im Markt ist ja in spezieller Weise Profi: Er hat Konsum- und Kauferfahrungen, er trägt Verantwortung für sich und meist auch für andere, er hat Wünsche und Möglichkeiten, die er seinen Mitteln mehr oder weniger anpaßt. »Der« Kunde ist eine schillernde Figur, jung, erwachsen oder alt, männlich oder weiblich, mit eigenem oder anderer Geld unterwegs, arm oder reich – meist in der Mitte zwischen beidem. »Der« Kunde wohnt ländlich oder städtisch, reist viel oder wenig, liebt Autos oder Hunde oder Briefmarken, treibt Sport, mag Freizeitparks oder haßt sie, sitzt im Gemeinderat

Der Kunde, das unbekannte Wesen, entwickelt einen neuen Kodex des Marktverhaltens – ganz ohne Hilfe aus der Welt seiner eigentlichen Partner, der Hersteller, Händler und Auslieferer. Der Kunde im Markt ist in spezieller Weise Profi.

und am Stammtisch, legt Wert auf Kleidung oder Schmuck ... Sein Bild bleibt unvollständig, wenn wir so zu einem Portrait ansetzen.

Aber »der« Kunde schwimmt auch in Trends mit. Er möchte nahe am Mainstream sein, um zu wissen: Ich gehöre dazu. Nicht jeder Trend für jeden, aber eine allgemeine schweigende Übereinkunft, was in diesen Zeiten vernünftig, wünschenswert und machbar sei, leitet die Bewegungen der Menschen im Markt. Ihre Enttäuschung über die engeren Konsumverhältnisse, ihr Unbehagen über die Wolken am Zukunftshimmel führt nicht zum stillen Rückzug aus dem öffentlichen Wettstreit um ein interessantes Leben. Unzufriedenheit ist das Thema fast aller Zufallsgespräche an Bushaltestellen, in U-Bahnen, beim Sonntagsspaziergang. Aber: Als Manager ihrer eigenen Schicksale ziehen dieselben Menschen äußerst nüchtern Konsequenzen aus der unübersichtlichen Lage: Sie handeln, kaufen, konsumieren anders als beim hochgemuten Einstieg in die neunziger Jahre.

Während die Unternehmen über ihre Schwierigkeiten – auch die mit dem wegschauenden Kunden – reden, verschleiern sie den exakten Tatbestand: Der Kunde ist flexibel, er hat sich bereits der neuen Lage angepaßt. Die Unternehmen im Markt schauen ihm verwundert nach und kämpfen gegen ihre eigene Unbeweglichkeit. Das bedeutet aber: Der beweglichste Partner der neuen Zustände ist der Kunde und Bürger, die magische Figur des »Einzelnen«, der massenhaft die größte Macht entfaltet. Organisationsgläubig, wie sie sind, trauen die meisten Unternehmen den Massenbewegungen der Kunden im Markt soviel Strategie und Linie gar nicht zu – und bleiben mit ihrer eigenen Verspätung allein.

Der Einzelne, das sagt ja der Begriff, ist zu schnellen und spontanen Bewegungen in der Lage. Wo er Teil einer Organisation ist, greift deren Trägheit auch nach seinem Schicksal. Wo er aber Entscheidungsspielräume hat, da entscheidet er. Und die Menschen im

Markt der Rezession haben entschieden. Sie verschärfen damit durchaus die Situation, oder besser: Sie wirken daran mit, daß der Ernst der Lage von allen, auch den Großorganisationen, erkannt wird. Wie lautet die Formel, nach der Kunden auf die neue Ungewißheit reagieren?

1. Sie senken nicht ihre Ansprüche.

Wer glaubt, man könne die Menschen ohne alle Umstände von den hohen Standards der achtziger Jahre zurückrufen, irrt gründlich. Hohe Ansprüche sind zugleich eine Garantie für Qualitätsorientierung. Und genau dies geschieht in den neunziger Jahren: »Qualität« wird genauer definiert. Die Anbieter lernen vom Kunden, ihre Vorstellungen von Qualität neu zu ordnen.

2. Die Menschen im Markt ergreifen die Initiative zur Sicherung und Vorsorge für ihr eigenes Leben.

Während die Sozialsysteme des Staates im Stil der Wohlstandsjahrzehnte alter Ordnung ausgebaut werden – unsere Systeme sind schwerfälliger als unsere Köpfe –, hat der betreute Bürger bereits begriffen, daß diese Riesenapparate kein blindes Vertrauen mehr verdienen. Während offiziell darüber debattiert wird, daß der überbetreute Mensch der jüngsten Jahrzehnte der heimliche Motor solcher Höhenflüge staatlicher Selbstüberschätzung sei, ist dieser längst sehr besonnen damit beschäftigt, sich Alternativen für seine und seiner Kinder Sicherheit aufzubauen.

3. Die Menschen im Markt wissen, daß sie künftig mit weniger Wachstum ihrer materiellen Spielräume leben müssen.

Dennoch stellen sie sich der neuen Verantwortung für ihre Zukunftssicherung; dennoch halten sie an hohen Ansprüchen fest.

Der Kunde ist flexibel, er hat sich bereits der neuen Lage angepaßt. Die Unternehmen im Markt schauen ihm verwundert nach und kämpfen gegen ihre eigene Unbeweglichkeit. Der beweglichste Partner der neuen Zustände ist der Kunde.

Der Kunde im Mittelpunkt

Nun steht der Kunde im Mittelpunkt des Handelns

Interne Prozesse erhalten nur noch aus der Kunden-Perspektive Gewicht

So erhält der Kunde das Unternehmen lernfähig

Motto:

Die Kunden-Beziehungen können nicht besser sein als die Beziehungen zwischen Führung und Mitarbeitern

Dieses neue Spektrum der Instrumente zum Krisenmanagement ist deshalb so erstaunlich, weil es im privaten Feld eine zugleich undramatische und radikale, eine situationsgerechte und höchst effiziente Strategie darstellt, die keiner der Gesprächspartner des Kunden und Bürgers, auch keiner ihrer stimmgewaltigen, selbsternannten Vertreter in den Medien ihnen zugetraut hätte.

Was die Umfrageinstitute hier zusammengetragen haben,* kann die Politiker warnen, ihren Stimmbürger nicht weiter zu unterschätzen, es kann die Industrie zu einer ebenso maßvollen und radikalen Selbstprüfung drängen, und es sollte beide, Wirtschaft und Politik, endlich zu neuen Konzepten für die Allianz mit dem Kunden und Bürger zwingen, der die bewohnbare Dienstleistungskultur der Jahrtausendschwelle vorbereitet. Die Verspätung bei dieser lange schon auf uns zulaufenden Aufgabe ist eine Hypothek der Industriekultur, als Kaufen und Verkaufen noch simpler strukturiert, als die Wettbewerbsvorteile berechenbarer erschienen – und als es noch gelang, den Kunden und Bürger ungestraft falsch einzuschätzen. Nachdem er sich von den institutionellen Lebensplanern mißtrauisch abgewandt hat, wird es schwer sein, sein Vertrauen zurückzugewinnen. Heute kostet dieses Marktvertrauen von Menschen für alle Partner, die sich ihm nähern, einen höheren Preis. Die »fetten Jahre« der Ungenauigkeit und der Zufallserfolge sind vorbei.

Vorbildlich für alle, die ihn als Financier ihrer Aktivitäten brauchen, für Politik und Wirtschaft, hat der umworbene und unterschätzte »Laie«, der »Normalverbraucher«, hochprofessionell und ohne großes Selbstmitleid erkannt, worum es für sein persönliches Leben künftig geht. Alle »organisierten« Zuschauer seines Lebens

---

* Vgl. dazu GfK, Nürnberg, Statistisches Bundesamt, Allensbach u. a.

Die »fetten Jahre« der Ungenauigkeit und der Zufallserfolge sind vorbei. Vorbildlich für alle hat der umworbene »Normalverbraucher«, der Financier des Geschehens, ohne großes Selbstmitleid erkannt, worum es für sein persönliches Leben künftig geht.

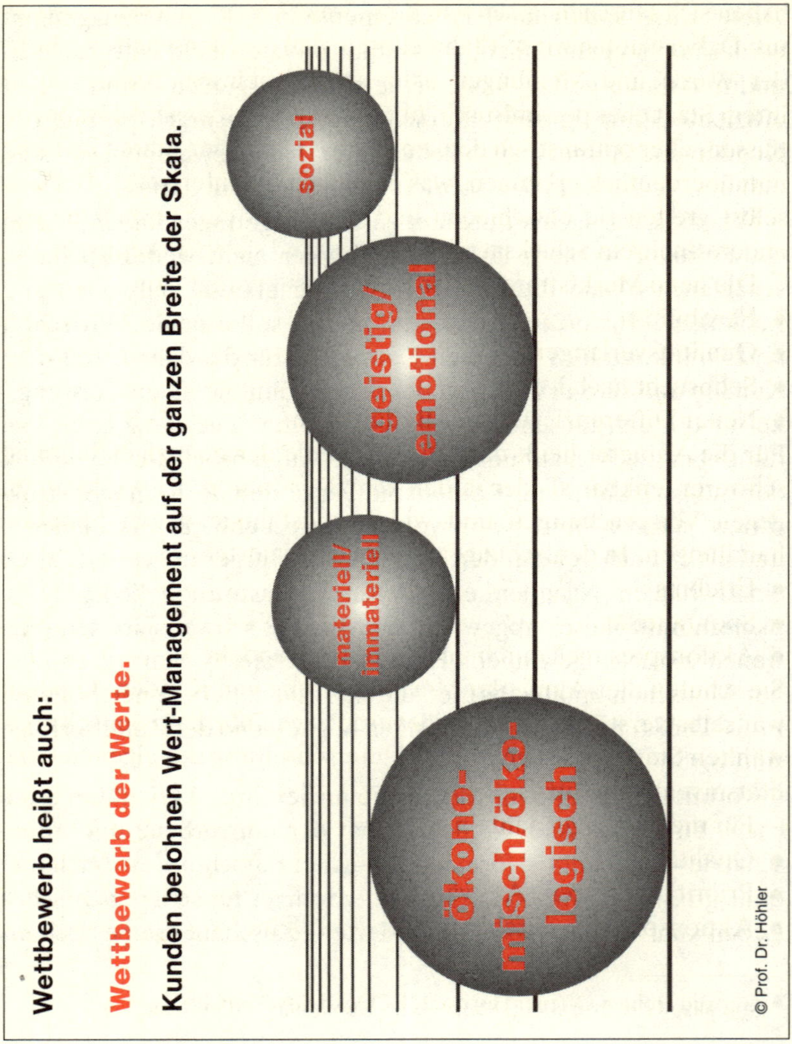
Wettbewerb heißt auch:
Wettbewerb der Werte.
Kunden belohnen Wert-Management auf der ganzen Breite der Skala.
ökono-
misch/öko-
logisch
materiell/
immateriell
geistig/
emotional
sozial
© Prof. Dr. Höhler

haben sich täuschen lassen von dem, was er redet, über das, was er tut: Dabei wußten wir seit Jahrzehnten, daß die Menschen im Markt der Waren und Meinungen über das Gemeinschaftsschicksal in ihrem Staat eher pessimistisch, über ihr eigenes, das sie selbst beeinflussen, eher optimistisch denken. In den neunziger Jahren läßt sich nun überdeutlich erkennen, was eigentlich dahintersteckt: Bei sich selbst greifen sie entschieden und realistisch ein, bei allem, was andere an ihrem Schicksal mitgestalten, sind sie eher skeptisch.

Die neue Marktstrategie der Kunden ist geprägt von

- Flexibilität
- Qualitätsverlangen
- Sehnsucht nach Luxus
- Neuer Differenzierung der Bedürfnisse.

Für die Anbieter heißt das: Dieser Kunde der neunziger Jahre ist schwerer lenkbar als der in den achtziger Jahren. Er wird immun gegen Versprechungen und widerstandsfähiger gegen Spontanhandlungen. In den achtziger Jahren dominierten

- Erlebnis
- Spontaneität
- Aktionsprestige* durch unerwartetes Handeln.

Sie schufen die »Aura« der Markterfahrung von Kunden. Qualität war selbstverständlich, lustvoll wurde auch unterhalb der selbstgewählten Standards zugegriffen: Unterschreitung des eigenen Qualitätsniveaus als Luxus.

Für die neunziger Jahre nun gilt:

- Qualität
- Prioritäten setzen (Auswählen!)
- Aktionsprestige durch rationales Handeln.

---

* Gertrud Höhler, Offener Horizont. ECON, Düsseldorf 1989.

Der Kunde der neunziger Jahre ist schwerer lenkbar, als der in den achtziger Jahren. Er wird immun gegen Versprechungen und widerstandsfähiger gegen Spontanhandlungen und entwickelt eine neue Marktstrategie.

Kunden lernen aus der Rezession:

Eine neue Kultur des Potentiellen – Der Weg ist das Ziel.

Kunden legen Wert auf

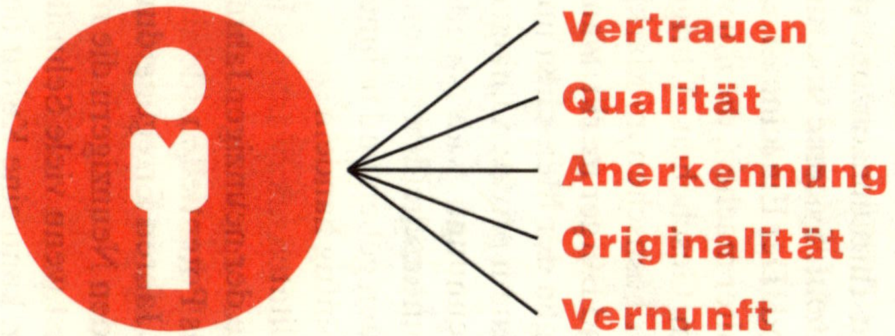

Motto: »Es müssen auch noch Wünsche offenbleiben.«

Dieselben Kunden sind unterwegs. Sie haben in erstaunlichem Tempo ein halsbrecherisches Lernpensum absolviert – und es dabei geschafft, das Wichtige schnell herauszufinden und nicht preiszugeben (Qualität – aber Vorsicht: mit differenziertem Inhalt! – dazu später mehr), und sie haben Panikreaktionen vermieden. Das ist um so erstaunlicher, als fast alle Organisationen in der neuen wirtschaftlich-politischen Turbulenzenzone panische Reaktionen zeigen. Dies beweist erneut: Systeme sind um so störanfälliger, je starrer sie organisiert sind. Der Einzelne ist, entgegen seinem Ruf, wie ihn die Systemverwalter machen, die ihn vereinnahmen wollen, die flexibelste Größe im Geschehen. Übrigens heißt das auch: Die Empfangsorgane der Menschen im Markt sind immer noch intakt. Kurz: Der Kunde und Bürger merkt, wann es ernst ist.

Für die Bewegungen der Menschen im Markt gilt, was auch ihr Handeln und Erleben im privaten Lebenskreis bestimmt:

- Sie suchen Anerkennung
- Sie möchten sich unterscheiden
- Sie wollen Vertrauen geben und nehmen
- Sie möchten vernünftig handeln
- Sie erwarten Qualität

Die neue Dominante der neunziger Jahre aber ist:

- Das Wachstum des Potentiellen.

Wo in den achtziger Jahren Erregung durch Erlebnis gesucht wurde, entfaltet sich in den Neunzigern die reiche Welt des Möglichen – der Sehnsucht. Erst wenn viele Sehnsüchte unerfüllbar werden, wie in diesen Jahren, kann eine Kultur des Potentiellen entwickelt werden, die hohe Spannung und einen lange entbehrten Charme in die Alltagswelt bringt: Nicht mehr der Sturz ins Ziel ist die favorisierte Genußform, sondern die Phantasie auf dem Wege dahin macht das Leben süß. Die »Alles-jetzt«-Gesellschaft wird endlich erlöst von der Spirale aus Rausch und Depression zu dem menschli-

Systeme sind um so störanfälliger, je starrer sie organisiert sind. Der Einzelne ist, entgegen seinem Ruf, die flexibelste Größe im Geschehen. Kurz: Der Kunde und Bürger merkt durchaus, wann es ernst ist.

chen Maß von Erwartung und Erfüllungsaufschub. Eine neue Kultur der Wünsche nimmt wieder engen Kontakt zu den Möglichkeiten auf, die uns Grenzen setzen. Das grenzenlose Vergnügen der achtziger Jahre, in dem die Welt der westlichen Städte zum Riesenrummelplatz verkam, wird rekultiviert zum überschaubaren Terrain, in dem Sehnsucht nach Höhepunkten das Auswahlverhalten stimuliert.

Vom Erlebniskauf zum Ergebniskauf

Die neue Vernunft der Märkte wird erzwungen von der Alltagsvernunft der Menschen im Markt. Die Anbieter bekommen jetzt ihre bittere Rechnung für den selbstherrlichen Umgang mit dem Kunden in den achtziger Jahren. Die Servicebemühungen der meisten Unternehmen liefen halbherzig mit, weil man immer noch und viel zu lange dem Produkt alles zutraute. Statt dem Kunden das schlechthin Unerwartete zuzutrauen – das sich rechtzeitig nur dann erfahren läßt, wenn man mit ihm in einem Bündnis aus Respekt und Vertrauen, Neugierde und Innovationsfreude lebt.

Der Schritt von der Erlebnisgesellschaft zur »Möglichkeitsgesellschaft« birgt große Chancen auch für die Durchsetzung notwendiger Korrekturen im sozialen Gefüge, die der Bürger schon jetzt privat vorbereitet, während sein politischer Partner und Mandatsnehmer, der Staat, immer noch auf Großsysteme setzt, die der Bürger nolens volens finanzieren muß. Die neue Vernunft, mit der er seine eigene Sicherheit und Vorsorge bereits in die Hand genommen hat, wird dabei übergangen; er zahlt doppelt, weil man ihn behandelt, als sei er noch der Alles-jetzt-Typus des vergangenen Jahrzehnts.

Immer sind die Einzelnen klüger als ihre Systeme, wenn es um schnelle Anpassungsbewegungen geht. Nichts ist also in Umbruchzeiten wichtiger, als den Würgegriff der Systeme zu lockern und der individuellen Initiative freie Fahrt zu geben.

Die neue Einkaufsstrategie der Kunden findet einstweilen noch

Die Anbieter bekommen jetzt ihre bittere Rechnung für den selbstherrlichen Umgang mit dem Kunden in den 80er Jahren. Der Schritt von der Erlebnisgesellschaft zur »Möglichkeitsgesellschaft« birgt große Chancen.

Die Teamfähigkeit mit dem Kunden stärken
Aufräumen in der Organisation
Aufräumen im Wortschatz
Konsument
Verbraucher
Der Kunde,
Ihr Erfolgspartner im Wettbewerb
© Prof. Dr. Höhler

keine Unterstützung durch ihre Marktpartner. Die Systeme lernen noch. Sie sind heimwehkrank nach den guten achtziger Jahren, und sie sehnen sich zurück nach einem Kunden, den es schon damals nicht mehr gab: dem »Konsumenten«, dem »Verbraucher«, den man führt und »versorgt« – mit autoritären Angeboten, die nur notdürftig mit Dienstleistungselementen maskiert werden –, dem Kunden, dessen Nutzen man zu kennen glaubt, ohne ihn nach seiner Erwartung gefragt zu haben.

Der Kunde dieser Jahre wird nicht mehr fortgerissen von seinen Bedürfnissen; man redet ihm auch nicht mehr solche ein, die er nicht hat. Er hat Distanz von seinen Wünschen gewonnen und beginnt, sie zu managen. Er läßt sich nicht mehr behandeln, er handelt selbst.

Wer in der neuen Partnerschaft mit den Kunden der Neunziger Erfolg haben will, der muß zuerst begreifen: Kunden wissen, was sie brauchen. Außerdem wissen sie, was sie sich wünschen. Am wichtigsten aber: Sie wissen das eine vom anderen zu unterscheiden. Und sie sind nicht mehr dankbar dafür, wenn man sie über beides täuscht. Der bewährte Beratersatz: »Das brauchen Sie einfach!« wird vom Kunden heute gnadenlos gekontert mit der Feststellung: »Aber das brauche ich doch gar nicht!« – Solche Sätze sprengen routinierte Verkaufsgespräche in Boutiquen und verblüffen das dort tätige Personal. Niemand hat diesen sensiblen Verkäufern rechtzeitig gesagt, was vorgegangen ist seit 1990. Und niemand hat ihnen das Einfachste empfohlen: am eigenen Kaufverhalten abzulesen, was sich beim Kunden verändern wird. Man sah sich eben nie mit dem Kunden »in einem Boot«. Nun könnte es sein, daß er einige seiner selbstbewußten Bedürfnisverwalter von gestern über Bord stößt.

Der Kunde ist es, der für die Unternehmen die Stunde der Wahrheit einläutet. Wer *mit* ihm lebte, wird mit ihm neuen Erfolg holen. Wer nur *von* ihm lebte, könnte jetzt allein bleiben.

Der Kunde dieser Jahre wird nicht mehr fortgerissen von seinen Bedürfnissen; man redet ihm auch nicht mehr solche ein, die er nicht hat. Er hat Distanz von seinen Wünschen gewonnen und beginnt, sie zu managen.

Knappere Wirklichkeiten dehnen den Machtbereich der Phantasie. Der »Überschuß an Möglichkeiten« wird größer, wenn reale Überschüsse wegfallen. Entlastet vom Erlebnisdruck, lernen die Wünsche das Fliegen wieder.

Endlich kommt Bewegung in die Eintönigkeit des Bus- und U-Bahn-Alltags: Aus für die individuelle Isolation im Stau-Zuhause, dem eigenen PKW. Urlaub vom eigenen Auto nicht im Fernzug, sondern in der heimischen Straßenbahn, im Ortsbus, in der U-Bahn. Kunstpause beim First-Class-Konsum von Rindersteaks bei Schweinebraten. Lustvolles Preisbewußtsein bringt ganz neue Produkte ins Haus – und das Beste an dieser innovativen Strategie: Man fühlt sich besser – nicht nur wie früher, weil man klug gewählt hat und das Leben bunter wird, sondern weil ein neues Spielfeld für Alltagsbefriedigung betreten ist: Die Geldstrategie, konkret und nicht nur beim Bankberater diskutiert, bringt »Aktionsprestige«. Der Kunde fühlt sich klüger – und er mischt entschieden mit: Qualität zum kleinsten Preis.

Vom Erlebniskauf zum Ergebniskauf, könnte man das nennen, was der Stratege im Markt, der Kunde, zu seinem Motto gemacht hat. Preisvergleich wird zum Sport – und der erfaßt auch die Gruppen, deren sich die hochpreisigen Anbieter bisher sicher glaubten. Konnte man in den achtziger Jahren noch Prestige holen, wenn man kundtat, keinen der Preise für Alltagskonsumgüter zu kennen und beim Feinkosthändler einzukaufen, weil es da so übersichtlich zuging, so steht heute jeder, der diese Hochpreisphilosophie vorträgt, als Trottel da.

Der Kunde der neunziger Jahre gibt seine eigene Antwort auf die Unübersichtlichkeit der Märkte; er verschafft sich Übersicht. Er ist stolz auf seine Konsumstrategie: das Gute günstig kaufen. Und davon längst nicht alles, sondern das, was man wirklich braucht. Träume erfüllen wir später. Und gezielt. Und längst nicht alle. Aber die wichtigsten. Und bis man die gefunden hat, braucht man Zeit.

Mit nachlassendem Konsumdruck hat man davon offenbar mehr: Zeit. Jedenfalls nimmt man sie sich, um zu vergleichen, um Entscheidungen aufzuschieben und zu durchdenken. Immer weniger Menschen meiden Supermärkte und Einkaufsstätten prinzipiell. Die Handlungsfelder werden breiter und tiefer.

»Sparen« ist eigentlich nicht das treffende Wort für diese neue Marktvernunft. Man lernt zu unterscheiden, was man braucht und was nicht. Man trennt sich von beliebigem Luxus, um speziellen nicht entbehren zu müssen. Es ist das Kapitel Strategische Marktbehandlung, mit dem die Anbieter beim Kunden nicht gerechnet haben. Seine neue Ratio schafft Ängste bei seinen früher sorglosen Partnern – und sie schafft Ordnung. In den Unternehmen hat das große Umräumen in Richtung Kostenreduktion bereits begonnen. Der Kunde diktiert das Tempo, nicht die anonyme Größe »Rezession«. Wer in den neunziger Jahren siegen will, braucht ihn an seiner Seite. Und er muß die neuen Bedingungen kennen, die Kunden in der Dienstleistungsära stellen (siehe dazu Teil X »Adding value«).

Die neue Vernunft im Markt macht Profile deutlicher. Was Menschen sich wünschen und was sie nach eigener Einschätzung brauchen, rückt weiter auseinander. Das bedeutet aber: Der Kunde wird strenger mit sich selbst. Er ist sich auf die Schliche gekommen und zeigt keine Nachsicht mehr mit seinen Ausflüchten. Ende der achtziger Jahre spiegelte sich seine Eigenliebe noch in dem selbstgewissen Satz: »Was mir schmeckt, ist gut für mich.« Das war die leise Revolte gegen die Müsli- und Joggingkultur, die das »Gesunde« zum Diktat machte. Rauschkauf, Erlebniskauf beobachtete und tolerierte mancher an sich selbst als legitime Streßabfuhr oder als Signal für Großzügigkeit mit der eigenen Unberechenbarkeit.

Der Kunde der 90er Jahre gibt seine eigene Antwort auf die Unübersichtlichkeit der Märkte; er verschafft sich Übersicht.

Er ist stolz auf seine Konsumstrategie: das Gute günstig kaufen. Und davon das, was man wirklich braucht.

BBDO

"Auf keinen Fall die preiswertere Version"

Family Formers	Empty Nesters	Dinkies
Fr. Fleisch/Fisch	Wein	Fr. Fleisch/Fisch
UE-Großgeräte	Fr. Fleisch/Fisch	Parfum/After Shave
Zahnbürsten	Parfum/After Shave	Zahnbürsten
Kaffee	Schallplatten/CD's	Bücher/Zeitschriften
Tampon/Binden	Käse	Wein
Wein	Tee	Schmuck
Zahnpasta	Kaffee	Shampoo
Parfum/After Shave	Marmelade	Deodorant
Versicherungen	Schmuck	Zahnpasta
UE-Kleingeräte	Kosmetikartikel	Tampon/Binden

»Der neue Realismus. Verbraucherverhalten in der Rezession«, BBDO, Düsseldorf, 23. Februar 1994

»So bin ich eben«, ist ein Satz der achtziger Jahre, der in den Neunzigern den Sprecher nicht mehr interessant macht, sondern spöttischem Lächeln preisgibt. Was eben noch Originalität bedeutete, wirkt heute töricht und prahlerisch. Eine Gesellschaft rückt sich selbst zurecht – wenn ihre Großsysteme rechtzeitig mitspielen.

Das Profil des Kunden jedenfalls wird differenzierter schon jetzt. Er unterscheidet sehr genau, wo er Kompromisse macht und wo auf keinen Fall. Wenn Kompromißbereitschaft bei der Qualität gemeint ist, so ergibt sich eine hochinteressante Liste der Produkte, bei denen »auf keinen Fall« gespart wird. Alle unter Druck geratenen Gruppen, die Familiengründer und die Eltern erwachsener Kinder wie auch die Doppelverdiener, sie alle Nachteilsnehmer via Rezessionspolitik, sagen:

Nie Billigkäufe bei
- Wein
- Fleisch
- Parfum

Den unterschiedlichen Lebensstadien der drei Gruppen entspricht, was sonst noch auf den Listen auftaucht:

Ist das in der Tat eine Mischung mit neuem Profil? Was macht die Marmelade in der Nähe des Schmucks auf den ersten zehn Plätzen? Was die Zahnpasta neben Büchern und Zeitschriften, die es doch in allen Preisklassen gibt – meint der Kunde der achtziger Jahre; warum gerade beim Käse keinen Kompromiß eingehen, warum bei Schallplatten nicht, bei Unterhaltungselektronik gar, wo der Preiskampf beinahe täglich neue Billigvarianten auf den Markt bringt?

Was eben noch Originalität bedeutete, wirkt heute töricht und prahlerisch. Eine Gesellschaft rückt sich selbst zurecht – wenn ihre Großsysteme rechtzeitig mitspielen. Das Profil des Kunden jedenfalls wird differenzierter schon jetzt.

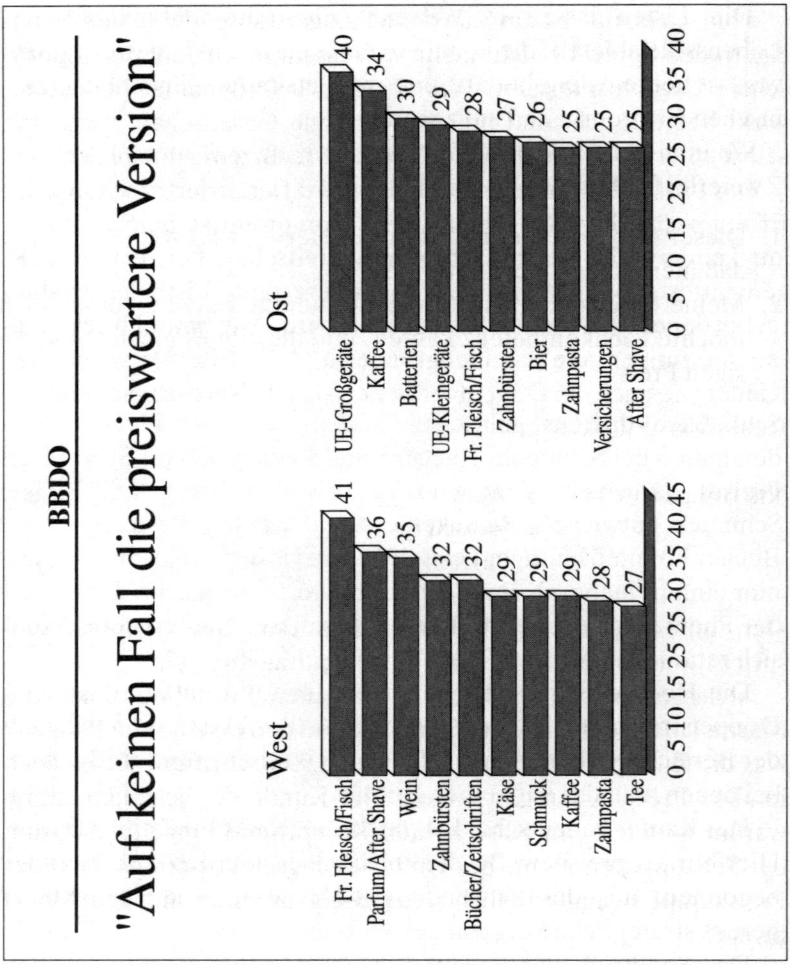

»Das neue Realismus-Verbraucherverhalten in der Rezession«, BBDO, Düsseldorf, 23. Februar 1994

Die Listen lassen in Wahrheit Generationentypisches und Lebensstile ablesen, die vor allem eines zeigen: Was gestern Luxus war, ist heute Alltagsbedarf, und die Sensibilität gegenüber hygienischen Erfordernissen hat zugenommen.

Wo man keinen Preiskompromiß eingeht, will man mindestens Zweierlei festhalten:

1. Dieser Bereich ist mir »lieb und teuer« – ich bestimme selbst, daß hier nicht geknausert wird.
2. Meine Urteilsfähigkeit für diese Produkte reicht nicht aus. Ich möchte Fachkompetenz kaufen, und die gibt es nicht zum niedrigen Preis.

Schließlich, drittens, geht es um *added value* – um ideellen Wert, den man – bei Schmuck, Büchern und Kosmetik – im Symbol des Preises dargestellt sieht und zu bezahlen bereit ist. Billiger Schmuck entwickelt eben keine Aura für den Besitzer; billige Bücher könnten häufiger Fehlkäufe sein als teure; Kosmetik kostet nun einmal mehr, als ihr sichtbarer »Wert« ausmacht. Das Reich der Phantasie ist betreten; kaum eines dieser Kaufargumente läßt sich rational halten.

Die Hochpreislisten der neuen Kunden präsentieren also eine Doppelstrategie: Abschied von der Wahllosigkeit und Festlegung der Bereiche, in denen man auf den Preis schaut – versus Bereiche, bei denen man das auf keinen Fall tut.

Der Käufer hat entschieden, noch ehe der Anbieter ihn erreicht: Hier bin ich preisbewußt, dort nicht. Wer von den Anbietern hat begonnen, aus der Zuwendung oder Abneigung des Kunden bereits strategische Folgerungen zu ziehen?

Das Spektrum der hochpreisig akzeptierten Waren zeigt den Kunden als kenntnisreiche und anspruchsvolle Persönlichkeit, die keine Risiken eingeht bei

Die Hochpreislisten der neuen Kunden präsentieren eine doppelte Strategie: Abschied von der Wahllosigkeit und Festlegung der Bereiche, in denen man auf den Preis schaut. Der Käufer hat entschieden: Hier bin ich preisbewußt, dort nicht.

- Hygiene,
- Sicherheit,
- Fleischernährung.

Wein und Kaffee als die Eckpfeiler eines gelungenen Tages und eines gepflegten Lebensstils dulden ebenfalls keine Preiseinschränkung. Der Kunde der neunziger Jahre stuft diese »Genußmittel« eindeutig nicht mehr als solche ein.

Wahrscheinlich eine der wichtigsten Veränderungen, die alle Anbieter zur Kenntnis nehmen sollten: Die Menschen im Markt leben mit Luxusgütern von gestern als Konsumgüter von heute. Parfüm und After-shave, jedem Zeitgenossen bekannt als Produkte mit Phantasiepreisen und hohen Gewinnmargen, führt der realistische Kunde der neunziger Jahre in aller Ruhe auf den Spitzenplätzen seiner Skala, zwischen 1 und 10. Hier macht er keine Einwände beim Preis, er akzeptiert und kauft.

Was ist los mit diesem vernünftigen Kunden, der zu rechnen begonnen hat? Er schafft sich Inseln der Generosität und der Freiheit von Vernunft. Am liebsten ist es ihm aber, wenn auch diese Nischen »vernünftig« argumentiert werden können. Er weiß von Allergien und hält auf Hygiene, daher meidet er billige Düfte und preiswerte Rasierwasser, so erklärt er.

Es scheint einstweilen, als hätten die Partner im Markt, für die er sich damit entscheidet, noch gar nichts von ihrem Glück, geschweige denn von ihren Gestaltungsspielräumen in dieser neuen Allianz aus Pseudovernunft und Treueversprechen ihres Verbündeten bemerkt.

Das Produkt als Prozeß

Eine überflüssige Frage! werden viele meinen. Aber ihre Voraussetzung ist noch überraschender: Was produzieren wir eigentlich?

Auf den ersten Blick klingt es abwegig, aber die meisten Unternehmen haben keine klare Vorstellung von dem, was sie produzieren und verkaufen. Natürlich beherrschen sie die technischen Voraussetzungen zur Herstellung ihrer Produkte; natürlich auch liefern sie Produkte, die Namen haben – vielleicht tun sie dies unter einem Markendach. Und natürlich kann jeder Manager im Unternehmen sagen, was im Hause hergestellt, gehandelt, gefertigt, bezogen und geliefert wird. Dennoch bleibt meist diese Frage unbeantwortet: Was produzieren sie wirklich? Was verkaufen sie auf den Märkten?

Wenn Produktstrategien scheitern, wenn Märkte zusammenbrechen, wenn Wettbewerber stärker werden, dann setzt in der Regel dieses Fragen im Unternehmen ein: Was produzieren wir eigentlich? Haben wir das bisher zutreffend beschrieben und selbst verstanden? Welche Bedürfnisse erfüllen unsere Produkte? – Was also verkaufen wir auf den Märkten, und wo ist unser Auftritt mißglückt? – Produktmängel bekommt man gewöhnlich in den Griff; Produktstrategien werden mit klassischem Know-how relativ gut steuerbar. Die Entscheidung über den Erfolg der Produkte aber fällt auf einer Metaebene – einer höheren Ebene über der Welt der Sachen. Wer *wellness* verkauft, wie der japanische Shiseido-

Die Menschen im Markt leben mit Luxusgütern von gestern als Konsumgütern von heute. Der vernünftige Kunde, der zu rechnen begonnen hat, schafft sich Inseln der Generosität und der Freiheit von Vernunft.

Konzern, hat mit dieser »Produkt«-Definition die Metaebene betreten. Unter dem Metaprodukt *wellness* versammeln sich zwanglos Seife und Shampoo, Crèmes und Perlen. Die Aura des Metaproduktes ist aber längst nicht so simpel wie der bündige Begriff, auf den sie abgefiltert wurde, vermuten läßt. Einfache Begriffe sind, wenn sie treffen, das Ergebnis langer und geduldiger Analyse- und Auswahlarbeit. In der Tat verbindet die Produkte des Shiseido-Konzerns dieses Ziel: *Wellness* – eine Mischung aus subjektivem Wohlbefinden, objektiver Gesundheit und ästhetischem Genuß.

Will man auf der Basis dieses Metaproduktes eine Werbelinie entwerfen, so blitzen immer differenziertere Facetten auf, die alle beweisen, daß der Metabegriff stimmt. Nicht nur diese Facetten und ihre stimmige Anordnung zu einem Sinnpuzzle zeigen, daß die Produktidentität des Unternehmens klar aufgebaut ist; vor allem der Erfolg am Markt beweist, daß die übergeordnete Produktformel zeitgemäß ist und überzeugt.

Schon hier deutet sich an, daß die Antwort auf die Frage: »Was produzieren und verkaufen wir eigentlich?« die Firma auch an die neuralgischen Stellen ihrer Selbstbeschreibung, ihrer *Identity,* ihrer Markterfahrung und ihrer gesamten Kultur im Umgang mit drinnen und draußen führt. Wer Kundennutzen beschreiben will, braucht aber ein klares Bild der eigenen Produkte und Dienstleistungen weit über deren technische Beschreibung hinaus. Das sei doch heute selbstverständlich, sagen erfahrene Marketingleute und Produktmanager. Die Fachleute aus der Fertigung sind sich hier ausnahmsweise mit den Entwicklern und beide sogar mit Vertrieb und Verkäufern einig: Eine Zahnbürste ist mehr als eine Zahnbürste, und ein Auto ist mehr als ein Auto.

Ist das Unternehmen mehr als seine Produkte? Und wie wird dieses Mehr beschrieben? Denn wenn es stimmt, daß immer das ganze Unternehmen verkauft wird, das aber weder ein Auto noch eine Zahnbürste ist, wo steckt das Mehr, wie wird es greifbar, und was nützt es dem Kunden? – Denn diese Frage: Was nützt es dem Kunden? muß hinter allem stehen, was Unternehmen für sich und ihre Produkte tun. Die Frage, was wir wirklich verkaufen, spielt auch eine unerwartete Rolle für die Strategie des Unternehmens. Was, aus der Sicht des Kunden, wird bei uns produziert? Wie sieht sein Nutzen aus? Und welche Strategie ist notwendig, um die Leistung unserer Produkte noch genauer zu beschreiben – nachdem wir sie verstanden und definiert haben –, welche Maßnahmen müssen getroffen werden, um auf der Metaebene unserer Produkte Zukunftsgelände zu betreten, statt gesicherte Vergangenheit zu verwalten?

Dann wird deutlich: Produktstrategien für morgen, welche vielfältigen Fragen sie im Inneren des Unternehmens auch immer aufwerfen mögen, können nicht entworfen werden ohne den Kunden. Sie bleiben aber auch dann ein hilfloses Stochern im Nebel ungeklärter Erwartungen beider Gesprächspartner, wenn das Gespräch mit dem Kunden über seine Erwartungen erst heute beginnt. Wer mit dem Kunden nur die Produktvergangenheit teilt und nicht die Strategievergangenheit, der hat heute eilig einen langen Weg zurückzulegen. Ohne ihn ist aber die künftige Wettbewerbspolitik des Unternehmens nur auf schwankende Füße zu stellen: »Mutmaßungen über unseren Kunden und Mutmaßungen über unser Produkt« müßte eine solche Strategie der Halbheiten heißen. Mit Sicherheit wird sie teurer als das Nachholpensum mit dichten Kundenkontakten, das die Partnerschaft zur Produktinnovation heute für morgen auf feste Füße stellt.

Die Frage des Unternehmens: »Was produzieren wir wirklich?« muß zunächst mit dem Kunden gemeinsam beantwortet werden. Dazu sollten Sie ihn fragen:

Produktstrategien für morgen können nicht ohne den Kunden entworfen werden. Die Frage des Unternehmens, »Was produzieren wir wirklich?«, muß zunächst mit dem Kunden gemeinsam beantwortet werden.

Was verkauft Ihr Unternehmen wirklich?

Autos oder Waschmaschinen?

Kleider oder Reisen?

Lebensmittel oder Versicherungen?

Der Wert Ihrer Produkte entsteht beim Kunden
Klären Sie mit Ihrem Kunden, was Ihr Produkt für ihn bedeutet
Erst dann wissen Sie, was Sie wirklich verkaufen

Produktqualität ist kein Schlüssel mehr für Verkaufserfolg

Verkaufserfolg als Unternehmenserfolg beruht auf
added value

added value ist der Mehrwert des Qualitätsproduktes, der in der Bindungsgeschichte mit dem Kunden entsteht

»Mehrwert« in diesem Sinne ist eine dynamische Größe

- Was erleben Sie mit unseren Produkten?
- Welche Gefühle verbinden sich mit unseren Produkten?
- Welche Überzeugungen leiten Sie beim Kauf?
- Woran denken Sie, wenn Sie mit unserem Produkt umgehen?
- Woran denken Sie auf keinen Fall?
- Welche weiterführenden Wünsche melden sich regelmäßig, wenn Sie mit unserem Produkt umgehen?
- Welche Begriffe fallen Ihnen spontan rund um unser Produkt ein?
- Wenn Sie könnten: Was würden Sie ganz anders machen?
- Welche Probleme löst unser Produkt für Sie?
- Welche Probleme sind erst durch unser Produkt entstanden?

Bändigen Sie dabei Ihren Stolz und Ihre Argumentationslust, kurz: Ihre Besserwisserei in bezug auf Ihr Produkt. Fahren Sie dem Kunden nicht mit Ihrem Wissensvorsprung in die Parade. Lassen Sie ihn erleben, daß seine Erfahrungen für das Unternehmen unersetzlich sind – denn genau das trifft zu. Auch dort, wo Manager es noch nicht begriffen haben.

Die Selbsterforschung der Unternehmen bekommt durch diesen ungewohnten *approach* über die Frage »Was produzieren wir eigentlich?« ganz neue Brisanz. Mit Hilfe des Kunden beantwortet, wird die Frage nicht etwa für alle Zeiten erledigt. Sie wird in absehbarer Zeit – hoffentlich einer Dialogzeit mit dem Kunden – wieder auf dem Tisch sein – zur Revision. Schauen wir uns ein Beispiel an: die Produktion von Autos. Fragt ein Automobilproduzent seinen Kunden, was ihm primär zu seinen Autos einfällt, so wird der Kunde sicherlich nicht sagen: »Fahren.«

Er wird von allen möglichen Erfahrungen sprechen, die sich rund ums Fahren gruppieren – und er wird mit diesen allen eine Metaebene skizzieren, die das Auto als ein Medium für hochkomplexe Kommunikationsvorgänge begreifen läßt. Da kommen Aspekte wie Transport und Spontaneität vor; da spielen Raum- und Geräuscherlebnisse eine Rolle; haptische und optische Stimulanzien tauchen auf; je nach Temperament ist von Tempo die Rede oder von Sicherheit; von Laderaum oder von Polster-Bequemlichkeit, von Snackbars oder Telekommunikation, von *High-fidelity* und *Open-air*-Bräunung zwischen A und B. Von Verläßlichkeit wird die Rede sein und von Handlichkeit, von Wendigkeit und Farben – von Genuß.

Irgendwo in allen diesen Erlebnisqualitäten ist die Teilmenge dessen, was sich nur auf Autos beziehen kann – aber sie ist klein. Was Menschen im Markt von Produkten erwarten, ist also nicht einfach die Summe der Entwickler-Ideen und das technologische Know-how der Werksingenieure, sondern ein ganzer Kosmos von Stimmungen und Einsichten, von Erlebnissen und Erfahrungen, die sich an das Produkt anlagern.

Dieser Kosmos von Produkterlebnissen ist vielfältig und unübersichtlich. Von hier aus bis zu den einfachen Botschaften, die auf engstem Raum die verbindlichsten Signale der Produktaura präsentieren, ist es ein weiter Weg.

Der heilsame Schrecken, wie weit sich das Kundenerlebnis des Produktes vom Produkt entfernt, wie es der Hersteller meinte, kann der Startpunkt einer neuen Strategie sein, mit dem Kunden gemeinsam zu entwerfen, was das Unternehmen eigentlich produziert.

Die erste, für viele Spitzenkönner im Unternehmen enttäuschende Erfahrung auf diesem Wege wird sein, daß der Kunde den Nutzen, den der Hersteller im Zentrum des Produktes sieht, gewissermaßen nebenher konsumiert. Er findet ihn so selbstverständlich, daß er wenig Lust hat, darüber zu sprechen, solange diese Primärfunktion reibungslos läuft. Freilich meldet er sich bei Störun-

Der heilsame Schrekken, wie weit sich das Kundenerlebnis des Produktes vom Produkt entfernt, kann der Startpunkt einer neuen Strategie sein. Aber: Der Kunde konsumiert den Nutzen, den der Hersteller im Zentrum des Produktes sieht, quasi nebenher.

Das Einmaleins der Kundenvorteile

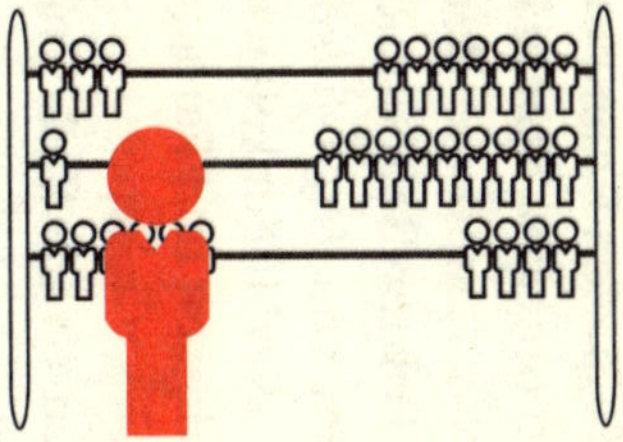

Marktführer sind nur scheinbar durch ihre Produkte überlegen.
In Wahrheit sind sie es durch ihren Geist, durch ihre Vision

»Alle und alles für den Kunden«

Das ist die zeitgemäße Vision der Unternehmen für die neunziger Jahre

gen sofort – und nun doppelt enttäuscht. Laufen aber die Hauptfunktionen ungestört – bei den Qualitätsstandards der Gegenwart der Normalfall –, dann betritt der Kunde mit dem Hersteller oder Vertreiber – meist erreicht er ja nur diesen Außenposten des Herstellers – das Reich seiner Wünsche, in dem die Entscheidung für den Anbieter A oder B gefestigt oder revidiert wird.

Die meisten Unternehmen sind schlecht gerüstet für diesen Selbsterkundungsprozeß. Der Kunde übergeht den Hauptnutzen des Produktes und enttäuscht seinerseits die Gesprächspartner im Unternehmen durch produktferne Zusatzwünsche, irreale Träume, dilettantische Einwände und luxuriöse oder einfältige Vorschläge. Die Kommunikation strapaziert beide Seiten; viele Unternehmen entschließen sich daher rasch, sie nur sehr gelegentlich und in beschwichtigendem Rahmen zuzulassen. Das gemeinsame Projekt mit dem Kunden zur Frage: »Was produzieren wir wirklich? Was verkaufen wir tatsächlich?« scheitert daher in aller Regel.

Haben die Spitzenmanager im Unternehmen aber einmal begriffen, daß ihr Produkt in Wahrheit mit diesem Projekt identisch ist, dann werden sie mit ihren Mitarbeitern und Kunden alles daransetzen, das Produkt als Prozeß nicht nur von Ingenieuren, Entwicklern und Kostenrechnern, Marketingleuten und Vertrieb zu gestalten, sondern von Hersteller und Kunden. Dieser neue Blickwinkel auf das Produkt hat erheblichen Einfluß auf alle Funktionen des Unternehmens, die den Auftritt im Markt mitgestalten, wie Marketing, Pressepolitik und Werbung.

Wer das neue Produktverständnis einüben will, kann analog dem Autobeispiel, das hier gezeigt wurde, eine Raterunde zu anderen, ungenannten Produkten mit seinem Team veranstalten. Dazu eignet sich die Liste der Prädikate, die ein Kunde spontan zu einem für ihn wichtigen Produkt aufschreibt. Etwa so:

Der Kunde übergeht den Hauptnutzen des Produktes und enttäuscht die Gesprächspartner im Unternehmen durch produktferne Zusatzwünsche, irreale Träume, dilettantische Einwände und luxuriöse oder einfältige Vorschläge.

Das Einmaleins der Kundenvorteile

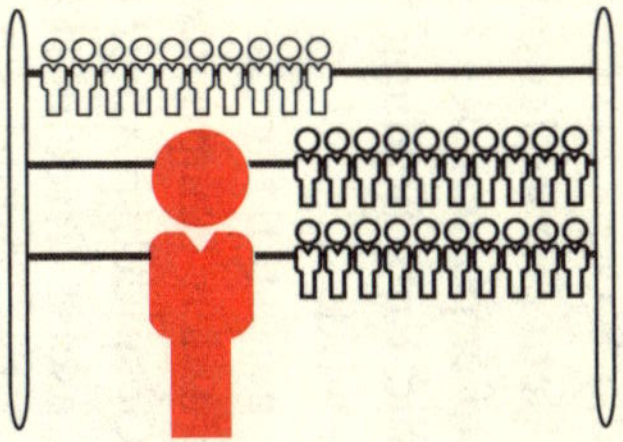

Zentriert auf den Kunden, lernt das Unternehmen, mit einer Stimme zu sprechen. Es lernt auch, dem Wunsch nach öffentlicher Kontrolle Rechnung zu tragen. Der Kunde wird zum Korrektiv

Die Vernetzung mit dem Kunden zwingt das Unternehmen, Teilorganismen im Hause kommunikativ zu vernetzen

Es ist immer ein geistiges Element, das Unternehmen an die Spitze führt

»Was das Produkt X für mich bedeutet:
Zeitsouveränität, Raumsouveränität.
Diskretion. Sicherung jedes spontanen Einfalls.
Zugriff auf viel Aktenmaterial bei wenig Gewicht.
Unabhängigkeit von elektrischen Systemen.
Erstklassiges Zeitmanagement.
Denkrelais.
Intelligenzverstärker.«

Was also liefert diese Firma, deren Produkt all dies auslöst und mitbringt, wirklich? Am wenigsten jedenfalls kann sie sich am Markt dadurch von ihren Wettbewerbern unterscheiden, daß sie mitteilt: Wir liefern Personalcomputer. Das Projekt mit dem Kunden beginnt erst danach!

Eine weitere Runde im Ratespiel »Was produzieren Sie wirklich?«:

Mein Partner, die Firma Y, liefert mir:
Gefäßtraining,
Grippeprophylaxe,
Kreislaufstabilisierung,
Klimaunabhängigkeit,
Streßtherapie,
Entspannung,
Entschlackung,
Nierenentlastung,
mentale Regeneration,
hormonelle Regulationsübung,
sensorische Stimulanz.

Das Produkt? Nein, keineswegs ein vierwöchiger, kostspieliger Aufenthalt im Kurort A, keine zeitaufwendige Mischtherapie verschiedener Fachärzte, sondern: die Sauna.

Was bedeutet das Produkt X für mich? Zeitsouveränität, Raumsouveränität? Sicherung jedes spontanen Einfalls? Zugriff auf viel Aktenmaterial bei wenig Gewicht? Unabhängigkeit von elektrischen Systemen? Erstklassiges Zeitmanagement.

Wissen Sie wirklich, wie groß die Variationsbreite Ihrer Produktgeschichte bei Ihren Kunden ist? Unersetzliches Wissen nicht nur für die Werbung, sondern auch für die Innovationsrichtung der Entwickler – und: wichtige Kapitel Kundengeschichte, die ja bekanntermaßen erst mit dem Kauf beginnt – nicht als seine Geschichte mit Ihrem Produkt, sondern als Ihre Geschichte mit Ihrem Kunden – eine Allianz mit Zukunft.

Daß durch diese Erkundung des »wahren Produktes« Kundennutzen und Unternehmensnutzen gleichzeitig optimiert werden, liegt auf der Hand. Das Unternehmen findet auch nebenbei heraus, wer seine Kunden eigentlich sind – Instrumente dazu sind Wettbewerbe, Kundenforen, Bildschirmkonferenzen und Einzelgespräche.

Wie schwierig die Aufgabe für das Unternehmen bleibt, nun die »wahre« Produktgestalt zu bewerben, ihren Veränderungen auf der Spur zu bleiben, aber auch heute für morgen zu entscheiden, wo die Chance der Alleinstellung, das heißt, wo der Wettbewerbsvorteil auf der Metaebene der Produktgestalt schlummert, das verlangt auch eine gründliche Selbsterforschung und hohes kommunikatives wie werbliches Know-how. Der Rahmen des unternehmensinternen Könnens ist damit häufig gesprengt. Man braucht externe Hilfe.

Wer die Kooperation mit dem Kunden bereits als Aufwand eingestuft hat, wird auch diesen zweiten Schritt nicht gehen. Da andere ihn tun, wird das »sparsame« Management eines Zögerers bald noch viel teurer für seine Sparsamkeit am falschen Platz bezahlen.

Denn der Bekanntschaft mit den wichtigsten Kundengruppen und ihrem individuellen Produkterlebnis folgt die konstruktive und kritische Selbsterkundung: Was können wir wirklich? Worauf müssen wir uns beschränken? In welche der »angeträumten« Richtungen können wir den Kunden folgen? Womit federn wir unsere Metaebene des Auftritts künftig ab? Welche Aspekte unseres Know-how wollen wir im Bündnis mit dem Kunden verstärken? Es kann bei der Erkundung des »eigentlichen« Produktes auch eine große Überraschung geben: Das Unternehmen findet sich auf einem Markt wieder, in dem es gar nicht tätig sein wollte – mit Kunden, deren Lebensstil und Erwartung es noch gar nicht systematisch studiert hat. Vor dieser Überraschung nicht zurückzuweichen zeichnet innovationsbereite Unternehmen aus.

Was ist da eigentlich passiert? Der schnelle Wandel hat die Schwerpunkte des Produktnutzens in kurzer Zeit verschoben, das Produkt selbst ist am verfeinerten Know-how entlang optimiert worden; im Zusammenspiel mit anderen Produkten und veränderten Kundenerwartungen wird es auf einen anderen Platz geschoben – der Computermarkt zeigt uns viele solche Wanderungen der Produktaura und der »wahren« Produktgestalt. Wer vorgestern ein Notebook geliefert hat, besetzte natürlich einen anderen Platz als heute; wer gestern ein Mobiltelephon für das C-Netz anbot, heute eines für das D-Netz, der reagiert einerseits auf neue Zusammenhänge, schafft andererseits deren Veränderung mit und muß drittens dem Kunden auf der Spur bleiben mit der Frage: Was machst du eigentlich mit unserem Programm? Wo in deinem persönlichen Netzwerk von beruflicher und privater Kommunikation haben wir unerwartet Platz genommen und diesen Platz schon wieder verloren oder gewechselt?

Wer verkauft mit einem Wintermantel noch einen Mantel? Mit einem Paar Schuhe noch ein Paar Schuhe? Im Warenumfeld entsteht das Produkt – zwischen Käufer und Anbieter fängt die Produktgeschichte an – als ein bewegtes Spiel von Überzeugungen, Erwartungen, Gefühlen und Erfahrungen – und unaufhaltsamer Innovation.

Der Bekanntschaft mit den wichtigsten Kundengruppen und ihrem individuellen Produkterlebnis folgt die konstruktive und kritische

Selbsterkundung: Was können wir wirklich? In welche der »angeträumten« Richtungen können wir dem Kunden folgen?

Die Strategische Allianz mit dem Kunden

Markterfolg managen: Das heißt nicht nur, den Innovationsrhythmus richtig einzuschätzen; man muß ihn mitgestalten. Am besten, man setzt sich an die Spitze der Innovation – nach dem Motto der zehn Leitsätze für das Management, wie sie in Kapitel »Spielplan für das Management« entwickelt werden.

Das Aus für die Produktorientierung ist zugleich der Abgesang auf das klassische Marketing. Auch das »Kunden-Nutzen-Management« neuesten Datums ist die dürftig maskierte Fortsetzung der autoritären Kundenverwaltung früherer Jahrzehnte. Wer »Kundennutzen managt«, wie es jetzt in frohgemuten Überlegungen zur neuen Kundennähe vorgeschlagen wird, verrät die praepotente Besserwisserhaltung einer Ära, die nicht nur für den Kunden, sondern auch für die Unternehmen, die es noch nicht bemerkt haben, abgeschlossen ist.

Was heute unter dem Motto »Kundennutzenmanagement« diskutiert wird, greift zu kurz, um den Sprung in die Dienstleistungsgesellschaft nachzuholen. Die Sprache verrät die Falschmünzer unweigerlich: »Wesentlich wird sein, den Kunden im Rahmen eines professionellen Kunden-Evolutions-Managements zu ›entwickeln‹ und damit langfristig ans eigene Unternehmen zu binden«, erklärt ein Fachmann* den Marketingstrategen. »Den Kunden managen«,

---

* Harald Münzberg, Quantensprung in der Kundenorientierung. In: absatzwirtschaft 11/93, S. 44–53.

das sei das neue Instrument für die Kundenbindung. Da gibt es dann Produktmanager, Kundenmanager, Key-account-Manager als »Spezialistenkoordinatoren«. Der Kunde wird instrumentalisiert.

Der alte Wortschatz zeigt das alte Denken; er belegt, wie schwer es insbesondere für Kenner der alten Sachgebiete ist, sich in die neue Dimension ihrer Aufgabe vorzuarbeiten. »Den Kunden strategisch zu entwickeln«, eine »Kundenevolution« einzuleiten, wie Münzberg seinen »radikalen« Vorschlag nennt, dies kann nicht die Botschaft der neunziger Jahre sein. Das Objektdenken schlägt verräterisch durch, wenn jemand buchstäblich vorschlägt, den Kunden zu handhaben wie andere Arten von Verfügungsmasse im Unternehmen auch. Der Kunde als Innovationspartner ist nicht nur »mehr« als die Managementgebiete Produktion, Logistik, Beschaffung, Vertrieb oder Forschung und Entwicklung, er ist nicht einfach ein Kommunikations- oder Entwicklungsauftrag, sondern er ist ein Subjekt mit eigener Logistik, eigenen Entwicklungsplänen, eigenem Managementkonzept, gleichviel ob als Handelspartner oder als Manager seines eigenen privaten Lebens, als Endkunde. Wenn es nicht gelingt, die Vorstellungen der Unternehmen vom Kunden aus der Verwechslung mit Sachobjekten zu befreien, wird die Allianz mit diesem mächtigen Mitstreiter im Markt nicht gelingen.

Meist beginnt die Verwechslung des Kunden mit einem Objekt des Managements im Unternehmen bei der entsprechenden Verwechslung von Mitarbeitern mit Funktionen. Wer der wichtigen Maxime folgen will, alle Funktionen im Unternehmen auf den Kunden hin zu reorganisieren, der kann erst dann wirkungsvoll handeln, wenn er die Mitarbeiter als Vorprüfer der Marktfähigkeit begreift, an denen gedankenloses Produkt- und Kostenmanagement ganz unspektakulär scheitert: Sie reagieren mit derselben

Wenn es nicht gelingt, die Vorstellungen der Unternehmen vom Kunden aus der Verwechslung mit Sachobjekten des Managements zu befreien, wird die Allianz mit diesem mächtigen Mitstreiter im Markt nicht gelingen.

Vom gelieferten Kundennutzen zur erfüllten Kunden-Erwartung
- vom autoritären zum kommunikativen Verhalten
Von der Kundenzufriedenheit zur Kundentreue
- Zufriedenheit ist nutzenorientiert, Treue ist wertbezogen
Vom Sender-Empfänger-Modell zum Dialog
- von der Einweg- zur Mehrwegkommunikation
Neue Schlüsselgrößen der Marktkommunikation
© Prof. Dr. Höhler

Achtung, die man ihnen entgegenbringt. Für Programme der »Mitarbeiterevolution« oder des »Mitarbeiter-Nutzen-Managements« haben sie ein müdes Lächeln, denn sie wissen recht gut: Wer den Mitarbeitermarkt im Unternehmen so managen will, wie es die ebenfalls verräterische Vokabel von der »Personalentwicklung« zeigt, der bekommt auch draußen mit diesen »entwickelten Mitarbeitern« einen blassen Auftritt. Der Mitarbeiter vertritt den Kunden im Unternehmen, das ist immer wieder deutlich geworden.*

Wer Funktionen optimiert, der arbeitet zugleich an der Qualität von Menschen; und Menschen legen Wert darauf, diesen Unterschied deutlich zu erleben – ob sie nun Mitarbeiter oder Kunden sind. Schlecht abgestimmtes Handeln im Unternehmen ist der Kern einer Diagnose, die im alten Jargon dann als Riß der Schnitt- oder Nahtstellen, als Verkrustung von Strukturen oder Schwäche der Organisation beschrieben wird. Bei all diesen Schwachstellen handelt es sich aber um Schwächen von Menschen, die, abgefiltert in Bürokratien und festgebacken in Regelwerken, die ursprünglich beste Absicht, Handeln vom Doppelt- und Dreifachdenken zu befreien, ins Gegenteil verkehren. Nun wird doppelt und dreifach gehandelt, nicht nur gedacht, weil die Sicherungen zu dicht liegen – so dicht, daß neue Sollbruchstellen entstehen, an denen, nun wieder fast »zuverlässig«, immer wieder viel danebengeht.

Kontinuität und Erneuerung zu verbinden, zu halten, was half, und preiszugeben, was behinderte, ist die Kardinalaufgabe, die in schnellen Zeiten dramatisch aufgewertet wird. Das wirklich Bedrohliche aber: Wir haben Probleme, uns darauf zu einigen, was »helfende« und welche die »hinderlichen« Eigenschaften unserer Organisationen sind. Wer sich im Windschatten eingerichtet hat,

---

* Gertrud Höhler, Spielregeln für Sieger. ECON, Düsseldorf 1991, 12. Auflage 1994

Wer den Mitarbeitermarkt im Unternehmen so managen will, wie das die verräterische Vokabel von der »Personalentwicklung« zeigt, der bekommt auch draußen im Markt mit diesen »entwickelten Mitarbeitern« einen blassen Auftritt.

<u>Ihr Ziel</u>: Kundeninteresse und Unternehmensinteresse in Synergien verbinden. <u>Der Weg</u>: Mit dem Kunden in einem Netzwerk des Austausches leben.

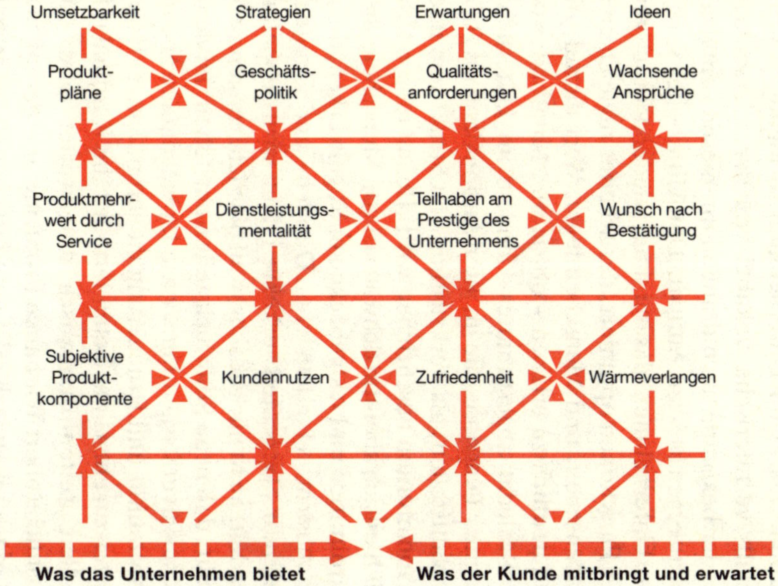

wird leicht zum Anwalt des Stillstands. Die Querverständigung in Unternehmen ist daher das einzige Instrument, um Mitarbeiter aller Bereiche mit Managern aller Sparten zu gemeinsamen Einsichten über die Sollbruchstellen ihres gemeinsamen Tuns, über Lecks und schlecht abgedichtete Nahtstellen der Organisation zu führen. »Kooperation« miteinander ist der Prüfstein für das Projekt draußen: die Allianz mit dem Kunden.

Für die Selbsteinschätzung der Mannschaft drinnen ist es nützlich, sich des Allianzcharakters auch ihrer Verpflichtung auf die gemeinsamen Ziele bewußt zu bleiben: denn niemals wird das ganze Unternehmen ein Bündel von Stärken sein; das reden nur dumme Unternehmen ihren klugen Kunden vergeblich vor. Wo Menschen miteinander handeln, können ihre Schwächen durch gute Organisation ausgeglichen werden; dennoch bleibt das Balancespiel von Stärken und Schwächen der Einzelnen und der Bereiche eine Quelle der Marktnähe und Vitalität – denn hier kann die »Unordnung des Marktes« täglich begriffen werden, die man sonst draußen niemals verstünde.

Auch die Spitzengremien von Unternehmen sind natürlich aus Stärken und Schwächen der Manager zusammengesetzt, die ihnen angehören. Der Logiker sitzt neben dem Feuerkopf, der Langweiler neben dem Choleriker und der Gutmütige neben dem Schlitzohr. Worauf es ankommt, ist die Komposition der Talente – genau das, was sich in allen Teams des Unternehmens wiederholt (vgl. dazu das Kapitel »Teamkultur – Strategische Allianz zwischen Intelligenz und Kreativität«, Seite 423 ff.).

Im Markt dieselbe Mischung: Nicht der Kunde, den wir »entwikkeln«, sondern der interessante Partner mit unerwarteten Vorstellungen und Wünschen wartet auf unsere Zuwendung. Auch wenn er selbst Mitglied einer großen Organisation ist und Funktionen ausübt, wird jeder Kunde in der langen Kette darauf achten, wie

Im Markt dieselbe Mischung: Nicht der Kunde, den wir »entwikkeln«, sondern der interessante Partner mit unerwarteten Vorstellungen und Wünschen wartet auf unsere Zuwendung. Jeder Kunde in der langen Kette wird darauf achten, wie hoch ihn seine Partner schätzen.

Nur mit dem Kunden können Sie für den Kunden sein!
Deshalb: Qualifizieren Sie Ihren Kunden weiter!
Der Kunde:
Ihr Innovationspartner
Der Kunde bestimmt das Innovationstempo
© Prof. Dr. Höhler

hoch ihn seine Partner schätzen. Sein Engagement, ein Mischprodukt aus unternehmenseigenen Zielen und Karriereehrgeiz – im guten Falle –, wird beflügelt oder gebremst von der Einschätzung, die ihm entgegenschlägt. Im Idealfall steigt das Engagement der Kunden, die ihrerseits weitere Kunden beliefern, in der Begegnung mit ihren Lieferanten und steigert sich auf dem Wege zum Endkunden noch einmal. Bis heute ist das aber kaum irgendwo ein geplanter Erfolg, sondern Ergebnis von hoher Eigenmotivation bei einzelnen Mitgliedern der verschiedenen Kundenwelten – Großhandel, Einzelhandel, Endkunde. Um die Optimierung dieser Prozesse geht es: Was müssen wir tun, damit es nicht mehr dem Zufall und der hohen inneren Drehzahl einzelner Hochleister überlassen bleibt, daß jede Begegnung im mehrstufigen Marktgeschehen – Manager – Mitarbeiter – Kunden – Kunden-Kunden – gelingt?

Dabei geht es eben nicht um »Kunden-Nutzen-Management« oder »Kundenentwicklung«, sondern um die Entwicklung von Beziehungen. Es geht um das große Kommunikationsprojekt im Markt. Überall, wo Kundenbindung entsteht, wo Vertrauen Menschen erfreut und verpflichtet, wo Qualität sie überzeugt – nicht ins Produkt verbannt, sondern als Qualität von Menschen und Partnerschaften –, überall da gelingt das Projekt Marktkommunikation – nicht nur zum Wohl des einen oder anderen, des Unternehmens oder des Kunden, sondern zum Wohle aller, die beteiligt sind. Ein Geben und Nehmen im Konzert der Stärken und Schwächen von Menschen und Organisationen macht die Wettspiele der Macht, das Werben um Nähe und Wiederholung des Vertrauens so faszinierend.

Erst wenn wir es aufgeben, den Kunden als Objekt unserer Managementleistungen zu sehen, öffnen sich die Türen für dieses neue Experiment der Strategischen Allianz mit dem Kunden. Der Weg dorthin führt auch zu einem neuen Verständnis der Einheiten

Das Geben und Nehmen im wechselvollen Konzert der Stärken und Schwächen von Menschen und Organisationen macht die Wettspiele der Macht, das stetige Werben um Nähe und Wiederholung des Vertrauens, so faszinierend.

Das Kommunikationsprojekt im Markt

Nicht »Kundennutzen« managen,
sondern die Kundenbeziehung.

Produktqualität ist erfolglos ohne
die Qualität der Partnerschaften.

Nicht Lösungen für Kundenprobleme produzieren,
sondern die Allianz mit dem Kunden produktiv machen:

- **Kunden fragen nicht nur; sie antworten auch**
- **Sie wollen nicht nur die Stimme des Unternehmens, sie wollen sein Ohr.**

Der Kunde weiß, was viele Unternehmen nicht wissen:

Ohne ihn läuft nichts!

im Unternehmen, die nun mit Hilfe des Kunden ihre bisherigen Vorstellungen von Effizienz und Marktnähe überprüfen. Der Kunde selbst ist damit von Fall zu Fall anwesendes oder abwesendes Mitglied aller Profit Center im Unternehmen, weil er ja die Profite für das Unternehmen bezahlt. Nichts läuft ohne ihn: Dieses heimliche Wissen der Unternehmen wird nun zum öffentlichen Bekenntnis – ein erster Schritt zur tragfähigen Bindung, in der man nicht mehr übereinander, sondern miteinander redet.

Kundennutzen ist ein hochempfindliches Gut, das, allein in der Hand der Unternehmen, schnell zu Fehlentwicklungen gerät. Der Kunde opponiert nicht, er weicht nur aus. Denn irgendwo findet er seine Partner, und morgen wieder andere. Der große vielfältige Markt liegt vor ihm, er ist der beweglichste Partner im Geschehen. Darum ist es wichtig, daß seine Wege möglichst oft in Ihr Unternehmen führen und daß er bei Ihnen den Eindruck gewinnt, die Stärken abrufen zu können, die seine Stärken potenzieren. Er will nicht nur zuhören, er will reden. Er will nicht Ihre Antwort, sondern Ihr Ohr.

Das »Ohr des Unternehmens« ist aber meist hoffnungslos verkümmert; zu lange haben sich die Firmen mit der Pflege ihrer Stimme beschäftigt – leider auch nicht der Stimme ihrer Menschen, sondern der Sprache ihrer Produkte. Der Kunde horcht: Produkte, so findet er, können nicht sprechen. Er möchte mit Menschen reden.

Kundennutzen ist ein hochempfindliches Gut, das, allein in der Hand der Unternehmen, schnell in Fehlentwicklungen gerät. Der Kunde opponiert nicht, er weicht nur aus. Denn irgendwo findet er seine Partner – und morgen wieder andere.

IV

Erfolgspartnerschaft mit dem Kunden

Bündnisse aus Verstand und Gefühl

Der treue Kunde – eine nostalgische Figur in unseren Köpfen? Treue als Alltagstugend gilt schon seit Jahren wieder etwas – vor allem in der jungen Generation. »Loyalität« nennen Unternehmen diese Tugend gern bei ihren Mitarbeitern. Zum Unternehmen stehen, sich für das Unternehmen einsetzen, seine Ziele kennen und mitverfolgen: Mitarbeitervorzüge, die sich jedes Unternehmen wünscht.

Daß dieselben Vorstellungen auch für den Kunden entwickelt werden müssen, begreift erst, wer sich verabschiedet von der Fiktion, Profite könne man zur Not auch ohne den Kunden erwirtschaften; oder seine Präsenz im Markt sei eine gegebene Größe, auf die man sich so oder so verlassen könne – oder seine Bewegungen seien ohnehin nicht kalkulierbar. Lauter fatalistische Vorstellungen von der Kalkulierbarkeit des Kundenverhaltens – eben weil eine dritte Vorstellung fehlt: die von seiner freiwilligen, überzeugten Mitwirkung am Unternehmensprozeß.

Denn das ist der Kunde im Idealfall, den wir anstreben müssen: ein Mitwirkender im Unternehmensprozeß. Seine Zuwendung wird nicht produktweise erkämpft oder erwürfelt, sie fällt dem Unternehmen nicht zu und geht verloren, ohne daß wir verstehen, warum. Kunden sind in einem bisher nicht beachteten Sinne Mitglieder des Unternehmens – und Marktteilnehmer mehrerer Unternehmen, weil sie Einfluß nehmen auf Produktprozesse, auf Bilanzen, auf Design und Marketing, auf Fertigungsverfahren und

Vertriebswege, auf das Image des Hauses und auf seine Produktpolitik für die Zukunft. Oder ist das übertrieben? Haben nicht die Großen ihre Erfolge in den satten Jahren ganz in eigener Regie eingefahren – und der Kunde lief mit?

Erst Brüche in der gewohnten Erfolgslinie machen zuweilen deutlich, daß wir die Gesetze dieses Erfolgs gar nicht duchschaut haben – wenngleich sich die Führungsmannschaften als Regisseure dieser Erfolge feiern lassen. Wenn die Geschäfte gut laufen, tritt niemand auf Podien, um sich und seinem Unternehmen zu »unerklärlichen« Erfolgen zu gratulieren. Nein, man zeigt sich zufrieden mit den logischen Ergebnissen der eigenen planvollen Regie.

In dunkleren Phasen des Managements, wie sie Rezessionen bringen, wäre mancher Spitzenmanager dankbar für eine etwas modifizierte Performance der eigenen Erfolge der Vergangenheit. Sie würde ihm, im Tal der Mißerfolge, das Urteil der Umwelt vom Halse schaffen, er habe nun versagt. Aufrichtig müßten viele Manager erklären: Immerhin sind uns unerklärliche Mißerfolge lieber als wohlanalysiertes Scheitern. Wir können erklären, warum es lange sehr gut lief, aber wir müssen eingestehen, daß unser Wirken dafür nicht unmittelbar ursächlich, wenn auch nicht unbedingt hinderlich war. Heute, so könnte das Führungsgremium dann gelassen fortfahren, sind die Bedingungen ungleich schlechter geworden. Unsere Kompetenz ist unverändert; aber in der neuen Lage haben wir große Schwierigkeiten, gute Ergebnisse einzufahren. Wir durchschauen die Gründe des massiven Einbruchs nur teilweise – ganz so, wie wir die Ursachen für den Erfolg der sonnigen Jahre nur teilweise kennen.

Das wäre ein großartiges und wahrheitshaltiges Bekenntnis. Vielleicht trüge es zu dem bei, was Unternehmen heute als knappe Ressource schnellstens nachzukaufen trachten: Kundentreue.

Kundentreue ruht auf Mitarbeitertreue, soviel ist inzwischen

Erst Brüche in der gewohnten Erfolgslinie machen zuweilen deutlich, daß wir die Gesetze dieses Erfolges gar nicht durchschaut haben – wenngleich sich die Führungsmannschaften als Regisseure dieser Erfolge feiern lassen.

Der Kunde: ein scheues Wild

→ **Erst wenn er ausbleibt, wird er interessant.**

Kundentreue wirkt
… kostensparend
… umsatzfördernd
… gewinnsteigernd

→ **Kundentreue steigert den Marktanteil.**

→ **Kundentreue setzt Mitarbeiterbindung voraus.**

→ **Wer den Kunden nicht fragt,**
gibt bald selbst die falsche Antwort.

unstrittig. Was wir drinnen nicht mobilisieren an Zusammenhalt, das wird auch draußen nicht erreichbar sein. Das Vertrackte aber: Schon diese Vokabeln, »drinnen« und »draußen«, greifen zu kurz. Der Kunde, wenn der *Turnaround* dieser Jahre gelingt, steht nicht mehr draußen. Weil er weit draußen umherstreifte und zu wenig vertraut mit dem Unternehmen war, wechselte er immer wieder die Partner, wurde er mißtrauisch, als die Flaute begann, reagierte er mißlaunig auf die Enge im eigenen Budget – Reaktionen, die man hätte voraussehen und mit ihm bereden können, wenn er ein vertrauter, zum Unternehmen zählender Partner im Markt gewesen wäre, ehe die Krise Mißtrauen säte. Erst in Krisenzeiten, das wissen wir doch alle für unsere private Welt, erfahren wir, wer unsere Freunde sind.

Da alle Menschen dies sprichwörtlich wissen – warum vernachlässigen Unternehmen, soziale Organismen, deren Erfolg auf Menschen ruht, dieses Wissen? – Weil sie auch das vergessen hatten in der Industriephase: daß Organisationen und Strukturen nicht eine neue Weltordnung aus Sachfunktionen herstellen, sondern daß sie weiterhin stehen und fallen mit Menschen, die sich zu- oder abwenden. Auch das gilt für Kunden und Mitarbeiter. Ein Unternehmen, das viele Menschen entlassen muß, entlastet sich andererseits – und entzieht allen, auch denen, die bleiben, Sicherheit, Vertrauen und Motivation. Wenn das Unternehmen die Treue, die es von seinen Mitarbeitern und Kunden braucht, vielen Mitarbeitern nicht halten kann, erleidet es Treueverluste auch bei denen, die bleiben. Und auch bei seinen Kunden – gleichviel, ob es im gleichen Atemzug an Zutrauen gewinnt, weil es entschlossen handelt.

Die Kundentreue wird also im turbulenten Umbruch ein besonders gefährdetes und zugleich besonders begehrtes Gut. Im Boom erschien die Solidarität, konsumgestützt, als läßliche Zutat – bei

Wenn ein Unternehmen bei Entlassungen die Treue, die es von seinen Mitarbeitern und Kunden braucht, vielen Mitarbeitern nicht halten kann, erleidet es Treueverluste auch bei denen, die bleiben, und entzieht ihnen Sicherheit, Vertrauen und Motivation.

Kunden wie bei Mitarbeitern. Im Sturm wird sie ausgezehrt auf ihre immateriellen Motive – und wer für diese in den sicheren Zeiten nichts getan hat, der greift jetzt ins Leere.

Für manches Managementkapitel der achtziger Jahre sind die neunziger Jahre günstiges Terrain. Was man, erfolgsverwöhnt, als träumerische Zwischenrufe abtat, wird nun ohne Widerstände in die strategischen Konzepte der führenden Manager aufgenommen: daß Kundentreue rechenbare Vorteile bei Marktanteilen, Umsätzen und Gewinnen bringt und daß sie kostensparend wirkt – daß es sich folglich lohnt, systematisch mit dieser Ressource umzugehen.

Das haben wir immer schon getan, sagen nun manche Topmanager. Vielleicht in Gedanken, nicht aber in ihren strategischen Erfolgsplänen. Der Kunde als Zahl, wie er in den *business-forecasts* erscheint, gibt zwar auch Auskunft über seine Bindung ans Unternehmen; über seine Motive aber wird so gut wie nichts bekannt. Er kommt und geht, man forscht ihm via Marktforschung nach, man umwirbt ihn in klassischer Manier – er ist aber längst nicht mehr der »klassische« Kunde der Erfolgsjahre, sondern ein scheues Wild, das sensibel begleitet statt nur professionell beobachtet sein will. Ich habe in einem früheren Kapitel (vgl. auch Seiten 127–139) darauf hingewiesen, daß die meisten Unternehmen nicht genau wissen, was sie produzieren und liefern. Dies, weil sie die Wirkung und die Aura ihrer Produkte erstens nicht ernst genug nehmen, zweitens zu wenig kennen. Unternehmen verstecken sich hinter ihren Produkten und versäumen daher das Meeting mit dem Kunden.

Im gleichen Sinne gilt auch: Die meisten Unternehmen erforschen die Kundenperspektive auf ihr Produkt nicht systematisch – und wichtiger: Sie haben die Kundentreue noch nicht als den Schlüssel zur Neuordnung der Abläufe im Unternehmen erkannt.

Und weiter: Dieses Instrument ist noch strittig bei den meisten Unternehmen. Kann man einem so unprofessionellen, im besten Falle halbprofessionellen Partner wie dem Kunden überhaupt soviel Gewicht für den Erfolg der Firma zumessen? Ist es nicht besser, weiterhin auf die Technik, auf die Produktqualität und auf all das klassische Know-how zu bauen, das im Unternehmen selbst bestens unter Kontrolle gebracht ist und verwaltet wird?

Erst wenn der Kunde ausbleibt, schnellt der Faktor Bindung in die Aufmerksamkeitsmitte des Managements. Denn auch dieser Vorgang bleibt für Unternehmen, die sich mit dem Kunden wenig beschäftigt haben, weitgehend unerklärlich: Warum kam er gestern, warum bleibt er heute aus? Zugleich bestimmen verflochtene Bedingungen das Unternehmensschicksal und das Kundenverhalten; die klare Logik, von der man so gern spricht, wenn alles zum Besten steht, ist am Markt immer eine Fiktion. Das »Chaos« der Arbeitsbedingungen und Einflußgrößen von innen und außen (vgl. dazu das Kapitel Chaos – Aufbruch in eine neue Dimension, Seiten 410–422) ist mit bloßem Auge nicht lesbar.

Alle Gehälter im Unternehmen kommen aus der Tasche des Kunden, so weiß man plötzlich, wenn seine Treue unkalkulierbar wird. Ihn braucht man als Partner für alle Planungen, so sieht man mit einem Male. Wenn er abspringt, läßt sich schwerlich ein Plan für die nächsten Jahre entwickeln. Die Zuversicht, mit der man in den Jahren des Booms seinen Part mitkalkulierte, ohne beim Kunden genau nachzuforschen, ist verflogen.

In diesen Jahren des großen Umräumens auch in den Köpfen wird klar: Wir brauchen ein System der *selffulfilling strategy,* eine Strategie der einander verstärkenden Faktoren in der Kundenbeziehung, um wieder Planungssicherheit herzustellen. Das neue Augenmaß kann nicht allein darin bestehen, so *slim* wie überstürzt machbar in die Mitte der neunziger Jahre zu stolpern, um dann

Alle Gehälter im Unternehmen kommen aus der Tasche des Kunden, so weiß man plötzlich, wenn seine Treue unkalkulierbar wird. Wenn er abspringt, läßt sich schwerlich ein Plan für die nächsten Jahre entwickeln.

Kundenbindung schafft Planungssicherheit

- **Der Kunde erwartet und fördert überdurchschnittliche Lösungen.**
- **Er zwingt zur Wettbewerbsbeobachtung.**
- **Der Kunde stellt die Fragen des Marktes, nicht die des Anbieters.**

abgemagert neuen Herausforderungen gegenüberzustehen, die sich nur mit etwas mehr Fleisch auf den Knochen aufgreifen lassen.

Hohe Qualität bei Kundenbindungen – Kundentreue also – sollte grundsätzlich als parallele Aktion zu hoher Mitarbeiterbindung verstanden und entwickelt werden. Für Bindungen sind, wie ich gezeigt habe, viele und teilweise sogar widersprüchliche Auslöser und Bedürfnisse verantwortlich. Ein »sicherer« Faktor ist die Überzeugung des Kunden, für seinen Einsatz – sein Geld plus Kontinuität – regelmäßig und verläßlich überdurchschnittliche Gegenwerte zu erhalten. Das klingt simpel und ist schwierig erst auf den zweiten Blick. Zugleich ist es ein verblüffend klares Beispiel für die Feststellung, daß gute Kundenbeziehungen das Unternehmen zwingen, den Wettbewerber und den Markt genau zu beobachten. Das »Überdurchschnittliche« der eigenen Leistungen kann nur so ermittelt werden. Und am zuverlässigsten ermittelt man es mit dem Kunden zusammen. Was hat er erwartet, was bekommt er woanders, worauf legt er besonderen Wert?

Die Welt, in der Kunden fragten und Unternehmen Antworten bereithielten – in Produktform, versteht sich –, sinkt hinter den Horizont. Wer den Kunden nicht fragt, gibt bald selbst die falsche Antwort. Der Kunde stellt Fragen, die das Unternehmen nicht kennt. Er stellt die Fragen des Marktes, nicht die des Anbieters. Gelingt mit ihm zusammen eine Kette überdurchschnittlicher Lösungen, dann wird das Unternehmen bessere Gewinne erwirtschaften. Hat das Management den Zusammenhang von Mitarbeiter- und Kundentreue verstanden, so kann es nun seine Mitarbeiter belohnen und motivieren, in das nächste Kapitel der Bindungsgeschichte mit Management und Kunden einzutreten.

Die scheinbar naheliegende nächste Maßnahme sollte nicht in die simplen Konzepte der Vergangenheit zurückführen, als man

Die Welt, in der Kunden fragten und Unternehmen Antworten bereithielten – in Produktform, versteht sich –, sinkt hinter den Horizont. Wer den Kunden nicht fragt, gibt bald selbst die falsche Antwort.

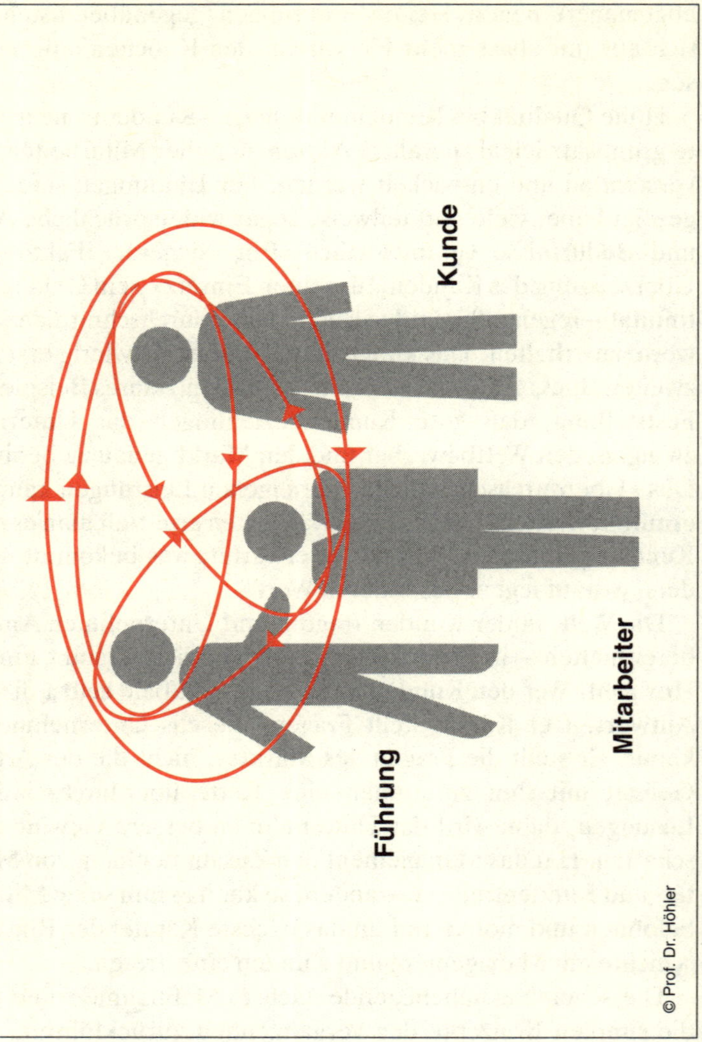

Die Strategische Allianz mit dem Kunden zwingt das Unternehmen zur kommunikativen Vernetzung

den Produkten allein Erfolge zutraute – oder dem Preis. Der höheren Mitarbeiterzufriedenheit darf das Management aber einiges zutrauen. Die Arbeit wird besser, der Service konstanter in seiner Qualität. Der »Geist« des Unternehmens stützt das Kundenvertrauen, und die steigende Leistungsfreude von Mitarbeitern, die der Zustimmung des Managements gewiß sein dürfen, stärkt das Selbstvertrauen des gesamten Hauses. Der Kunde partizipiert an diesem Selbstvertrauen nicht nur, er wirkt daran mit. Und das Unternehmen sollte ihn dies wissen lassen.

Nun entwickelt sich ein spiraliger Prozeß, der die Leistungsgemeinschaft von Unternehmen und Kunden weit über den Begriff der »Kundentreue« hinausführt. Die Spannung in diesem sich selbst nährenden Aufwärtstrend kommt durch die Empfindlichkeit aller mitwirkenden Faktoren zustande: Läßt einer nach, so kippt die Spirale. Die *selffulfilling*-Qualität führt aber gerade die Einzelfaktoren dieses Prozesses auch als Stabilitätsgarantie mit sich: Wer Mitarbeiter mit mehr *Feedback* für ihre Leistungen versorgt, liefert ihnen Anreize; wer auf ihr Engagement großen Wert legt, bietet ihnen mehr Weiterbildungsmöglichkeiten an; beides nützt dem Kunden. Wer schließlich diesen Prozeß der Qualitätssteigerung in allen Beziehungen des Unternehmens über die Abteilungsgrenzen hinweg und in den Markt auch für alle in Erfolgsbilanzen lesbar macht – eine Aufgabe der Unternehmensführung –, der festigt das Bündnis zwischen allen Beteiligten. Plötzlich verstummt die Frage, wer im Unternehmen auf wessen Kosten Karriere macht; niemand fragt mehr, was »Kundennähe« eigentlich sei und wem sie abverlangt werden müsse; umgekehrt wird niemand im Unternehmen mehr begreifen, wie Erfolg möglich war, ohne daß diese eng verklammerten Qualitätsprozesse bewußt mit Kraftzufuhr versorgt wurden.

Der »Geist« des Unternehmens stützt das Kundenvertrauen, und die steigende Leistungsfreude von Mitarbeitern, die der Zustimmung des Managements gewiß sein dürfen, stärkt das Selbstvertrauen des gesamten Hauses.

Kundentreue – ein Teamprodukt

Die Kraftpotentiale eines Unternehmens aus Führung, Mitarbeitern und Kunden müssen ausbalanciert und geordnet werden. Wie nicht jeder Mitarbeiter zum Unternehmen paßt, so ist auch unter den vorüberziehenden Kunden manch einer, den das Unternehmen wie einen Zugvogel vorüberziehen lassen muß, weil für dauerhafte Beziehungen die Grundlage fehlt. Wie kann man in die »richtigen« Beziehungen zu investieren lernen?

Was für soziale Bindungen gilt, das trifft auch bei den Allianzen mit Kunden zu: Tragfähige Bündnisse haben oft eine umständliche und anspruchsvolle Vorgeschichte; schnell geknüpfte überdauern oft nicht einmal einen oder zwei Kontakte.

Loyalität hat, wie überall zwischen Menschen, ihre Vorbedingungen. Diese Vorbedingungen für Mitarbeiter zu erforschen heißt, sie auch mit dem Kunden vorzubereiten – um dann auf ihre Gestaltung viel Sorgfalt zu verwenden.

- Der treueste Kunde ist nicht unbedingt am leichtesten gewonnen, so lautet Satz 1 der Regeln für die Loyalität.
- Persönliche Empfehlung, so zeigt sich weiter, ist eine solidere Grundlage für Kundentreue als professionelle Werbeauftritte der Firma.
- Der Spezialpreis oder das Sonderangebot locken eher den flüchtigen Käufer; für die tragfähige Bindung leistet der Normalpreis mehr.
- Die mittlere Generation ist am stärksten an dauerhaften Ge-

schäftsbeziehungen interessiert. Wer sich auch privat langfristig bindet – als Bauherr eines eigenen Hauses zum Beispiel –, bevorzugt auch bleibende Partnerschaften als Kunde.

- Landbevölkerung bindet sich bereitwilliger an bestimmte Lieferanten, als Stadtbewohner dies tun.

Wer viel reist, ist eher geneigt, jede Bindung im Markt zu relativieren. Daß er damit recht hat, sieht er an den verschiedenen Orten seiner Ankünfte und Abreisen: Bindung erscheint dann schnell als Gefühlsduselei oder Fiktion. Wer vieles sieht, vergleicht unerbittlich; er unterscheidet besser, wird kritischer – und ist für den klugen Geschäftsmann ein hochinteressanter Partner im Gespräch über Trends und nationale Spezialitäten. Anregungen weitgereister Kunden unterscheiden sich von brancheninternen Hinweisen durch ein wichtiges Merkmal: Sie fingieren die Perspektive des Kunden nicht nur; sie liefern sie wirklich.

So kommt mit dem bindungsunabhängigen, kritischen Kunden ein meist verkannter Verbündeter in Sachen Wettbewerberverhalten und internationale Trends ins Haus. Er verdient in dieser kostbaren Eigenschaft besondere Betreuung. Zeigen Sie Ihre Neugierde, statt Ihrem Ressentiment gegen solche Zugvögel seinen Lauf zu lassen. Ihre Neugierde wertet diese Kunden auf. Lassen Sie den seltenen Gast spüren, daß er für Sie besonders viel wert ist – und daß kleinliches Zählen von Kundenbesuchen nicht Ihr Fall ist. Der Kunde wird Sie für diesen Respekt vor seinem Lebenskonzept belohnen.

Kunden, auch wenn sie selbst unberechenbar sind, schätzen Stetigkeit. Sie wollen sich auf ihren Partner und seine Merkmale gern verlassen. Das heißt aber auch: Sie möchten selbst aktiv das Gespräch mit ihm von überall her aufgreifen können. Ein Kundendienstsystem, das vor allem Dienst an diesem Bedürfnis nach aktiver Kontaktaufnahme von seiten des Kunden ist, fördert die Kun-

Wie kann man in die »richtigen« Beziehungen – zu Mitarbeitern wie zu Kunden – zu investieren lernen? Kunden, auch wenn sie selbst unberechenbar sind, schätzen Stetigkeit. Sie wollen sich auf ihren Partner und seine Merkmale gern verlassen.

→ Wer sich seiner Kunden sicher ist,
wird morgen Kunden verlieren.

→ Leben Sie mit Ihren Kunden,
als müßten Sie sie täglich neu überzeugen!

→ Ihr Kunde möchte an Ihrem Prestige teilhaben!

Dafür liefert er Ihnen seine Markt- und Wettbewerber-Kenntnis.

dentreue. Ein schönes Beispiel dafür, daß Bindung, wie sie das Wort »Treue« ja meint, eine zweiseitige Angelegenheit ist. Der treue Kunde möchte seiner Bindung Ausdruck geben – ob die Anbieter daran bisher gedacht haben?

Kunden – und das heißt: Menschen möchten bei ihren Partnerschaften in der Geschäftswelt täglich erleben, daß der Preis, die Kalkulation, die Marge, der Umsatz, die Bilanz, der Wettbewerbserfolg nicht alles sind. Sie bevorzugen genau die Partner, bei denen Sachkunde und Erfolg nur Voraussetzungen für jene Qualität der Marktkommunikation sind, die allen Beteiligten über den Austausch von Waren hinaus den Austausch von Vertrauen erlauben. Die Lust am alltäglichen Routinegeschäft nährt sich aus diesem Geben und Nehmen von Vertrauen. Vorsprünge im Wettkampf sind auch Vorsprünge an Vertrauen, und Kundentreue ist keine einseitige Leistung, sondern ein *Feedback* von Lieferanten-, Händler- und Herstellervertrauen – auf allen Stufen der langen Kundenkette.

Wenn jeder Anbieter nach Kundentreue strebt, wird schnell deutlich: Kunden bewegen sich auch, sie wechseln die Partner. Niemand kann behaupten, seine Kunden kämen ihm garantiert nie abhanden. Zum Beispiel gewinnt er neue hinzu: Die haben woanders Bindungen aufgekündigt – oder gar nicht erst geknüpft. Wenn Kunden uns verlassen, ist der Weg frei für Grundlagenarbeit. Welche Gruppen möchte man gründlicher kennenlernen und gezielter bedienen? Welcher Typus von Kunden blieb dem Unternehmen länger treu – und was kann für die Vertiefung der Bindung an diese Kunden getan werden?

Wer sich fragt, welchen Kunden er optimalen Gegenwert für ihre Erwartungen liefern kann, der fragt im Grunde schon weiter: Was können wir uns zutrauen? Was leisten wir für diese oder jene Kundengruppe – und können wir diese Leistung perfektionieren? So

Vorsprünge im Wettkampf sind auch Vorsprünge im Vertrauen, und Kundentreue ist keine einseitige Leistung, sondern ein Feedback von Lieferanten-, Händler- und Hersteller-Vertrauen – auf allen Stufen der langen Kundenkette.

Kundentreue

Auch zufriedene Kunden wechseln Geschäftspartner.

Kundentreue ist mehr:

- **Kundentreue setzt Mitarbeitertreue voraus.**

  Treue Kunden wirbt man nicht mit Niedrigpreisaktionen.

- **Treue Kunden möchten ihrer Bindung Ausdruck geben.**

- **Treue Kunden sind Garanten für Investitionssicherheit und Rentabilität.**
  Wie belohnen Sie sie dafür?

werden Entscheidungen getroffen, die auf der einen Seite den Verlust von Kunden produktiv verarbeiten und andererseits die Treue anderer Kunden nun noch gezielter zu belohnen erlauben. Prioritäten setzen – eine Aufgabe, die auch bei der Kundenbindung den leidenschaftslos auswählenden Blick in den Markt – und eine sorgsame Erforschung der Kundenbewegungen – voraussetzt.

Kundenbewegung heißt auch Rentabilität. Der treue Kunde muß ein rentabler Kunde sein, sonst verliert das Unternehmen an Ertragskraft – die ja wiederum den Kunden zugute kommen soll.

Wahllose, weitgestreute Kundenwerbung ist in diesem Sinne unvertretbar. Oft ist sie ein Ergebnis der Bequemlichkeit: Welche Kunden man eigentlich gewinnen wollte, wurde nicht geklärt. Damit versäumt das Unternehmen dann zugleich die Mitarbeiterfürsorge; denn wer seine Partner draußen nicht interessant genug für gezielte Kommunikation findet, der vernachlässigt auch seine Mitarbeiter.

Wer zum Beispiel über Niedrigpreisaktionen gewonnen wird, hilft selten, diesen Einsatz auszugleichen. Wer aber bei qualitätsorientierten Preisen beim Unternehmen bleibt, der weiß, warum – er ist der »richtige« Kunde.

Dasselbe gilt für Panikaktionen im Service: Ein Kunde, der das Unternehmen verlassen will, wird zwar sein teures Serviceangebot mitnehmen – dies aber im doppelten Sinne: gehen wird er trotzdem. Hätte man ihn gleich gehen lassen, wären die vergeudeten Mittel verfügbar geblieben für die Pflege der passenden Kunden.

Die Konzentration auf Kunden, die zum Unternehmen passen, ist logische Folge der Maxime, daß Unternehmen und Kunden in Synergien agieren wie ein gutes Team. Der Kunde ist nicht nur externer Erfolgsfaktor, er ist interner Erfolgspartner. Seine Beiträge erhalten das Unternehmen effizient und lernfähig – zumal er etwas liefert, das im Unternehmen selbst nicht produziert werden

Wer bei qualitätsorientierten Preisen beim Unternehmen bleibt, ist der »richtige« Kunde. Ein Kunde, der das Unternehmen verlassen will, wird zwar sein teures Serviceangebot mitnehmen – dies aber im doppelten Sinne: Gehen wird er trotzdem.

Das Einmaleins der Kundenvorteile

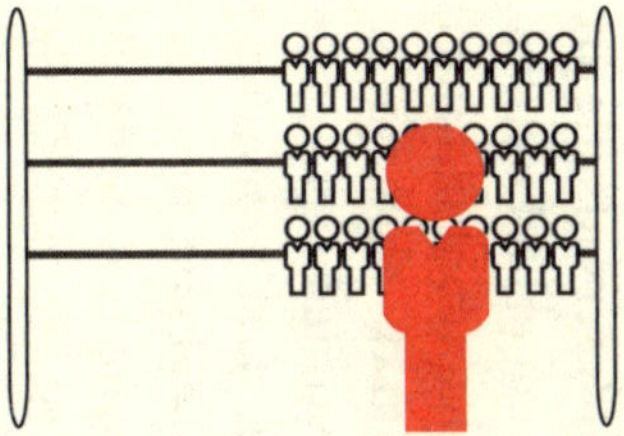

Der Kunde will am Prestige Ihres Unternehmens partizipieren

Folgerung:
Über Produktqualität wird nicht allein im Unternehmen, sondern beim Kunden entschieden

Ziel muß sein:
Kunden-Interesse und Unternehmensinteresse in Synergien zu verbinden

kann: Seine Marktwahrnehmung, seine Argumente, warum er hier und nicht woanders Treue entwickelt, ergeben zusammen immerhin sein ganz individuelles Urteil, warum der Anbieter zu ihm paßt. Es ist sehr fraglich, ob die Selbstwahrnehmung eines Unternehmens auf denselben Nenner käme wie die dialogische Bilanz, die der Kunde dem Unternehmen präsentiert – und dies praktisch kostenlos! Der Partner im Markt, der Kunde, liefert also keineswegs nur, was er bezahlt; er liefert die einzige Perspektive, die im gesammelten Unternehmens-Know-how fehlt und die man sonst teuer zukaufen müßte: die Perspektive des Nutzers.

Der sorgfältige Ideenaustausch mit dem Kunden muß daher von den Firmen viel systematischer gepflegt werden als bislang üblich. Dem Kunden zuzuhören ist keineswegs nur »Dienst am Kunden«; es ist Service an der Firma. Ihr Know-how steigt, wenn sie Kundenbotschaften als Unternehmensbotschaften zu verstehen und zu erarbeiten lernt – denn der Kunde, in diesem Sinne, gehört zum Unternehmen. Er ist Partner im Erfolgsteam der Firma.

Die Bindung des Kunden an das Haus vertieft sich damit; er erfährt, daß sein Erfolg auch seine Marktpartner interessiert; daß diese ihren Erfolg ganz offensiv als seinen, des Kunden, Erfolg feiern – und er erlebt, daß seine Bindung an das Unternehmen im umfassenden Sinne wertvoll ist – nicht allein wegen seines Gegenwertes in Heller und Pfennig.

Die Führung wird bei der Entwicklung dieser neuen Teamkultur die Mitarbeiter als die Teampartner des Kunden höher zu schätzen lernen: Sie sind es, die den Kontakt zum Kunden gestalten; bei ihnen ist das Wissen über seine Mentalität, seine Erwartungen und seine Bedürfnisse. Das bedeutet immerhin: Wenn von diesen Partnern aus dem Unternehmen einer verschwindet, interessiert es den Kunden wenig, daß die Führung konstant bleibt. Er kennt »seine« Leute im Unternehmen, und die Gipfelfiguren teilen keine seiner

Der sorgfältige Ideenaustausch mit dem Kunden muß von den Firmen viel systematischer gepflegt werden als bislang üblich. Dem Kunden zuzuhören, ist keineswegs nur »Dienst am Kunden«; es ist Service an der Firma. Der Kunde ist Partner im Erfolgsteam der Firma.

Das Einmaleins der Kundenvorteile

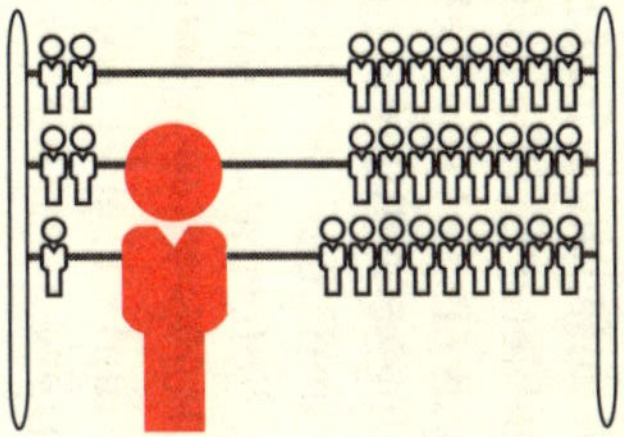

Mit dem Kunden in einem Netzwerk des Datenaustausches leben

Seien Sie für Ihren Kunden ein fehlerfreundliches System

Fragen Sie den Kunden noch öfter nach seiner Zufriedenheit

Begreifen Sie ihn als Subjekt statt als Konsumenten

Erfahrungen mit ihm, sie kennen keine seiner Fragen und hörten nie seine Antworten auf die Fragen des Unternehmens.

Die Kundenferne der Führung wird, je tiefer der Kunde ins Unternehmen vorrückt, um so riskanter. Ehemals ein Merkmal fortgeschrittener Karrieren, wird Kundenabstand mehr und mehr zum gefährlichen Abenteuer. Längst ist es Zeit, daß sich die Unternehmen auf den Sachverhalt zurückbesinnen, den sie seit Jahrzehnten für tolerabel halten: daß der Unternehmensrand, seine Außenposten und fliegenden Kuriere, die Vertriebs- und Frontleute, die Verkäufer beim Kunden für die Führung des Unternehmens einstehen – oder eben nicht.

Daß viele von den Kommunikationskanälen leer blieben, auf denen Kundenerfahrung der Außendienstler und Randmannschaften zur Führung getragen werden sollte, hat über lange Zeit kein Führungsteam beunruhigt. Das waren dieselben sorglosen Zeiten, als das Wissen, wer eigentlich die Gehälter im Unternehmen zahlt, verlorenging. Als man Produkte nach draußen schickte statt Menschen; als man in Zahlen las, was man in Gesichtern hätte studieren sollen; als man Experten hörte, die nur eines nicht hatten: die Expertenschaft des wirklichen, im Markt lebenden Kunden.

Heute wird es ernst mit der Revision dieser Aufgabenteilung. Jetzt schlägt die Stunde zur Korrektur der innerbetrieblichen Spaltungsgewohnheiten, einer überfälligen Korrektur, die in den Köpfen beginnen muß. Kunden brauchen Führungskontakte, heißt die erste logisch folgende Maßnahme. Aber sicher nicht am Mitarbeiter vorbei, sondern mit diesem zusammen. Das Team gehört zusammen, quer durch die Hierarchiestufen und Arbeitsfunktionen. Solche *Meetings* und *Workshops* sind nicht eine taktische, sondern eine strategische Maßnahme: Sie festigen die Loyalität der Mitarbeiter und verpflichten die Führung; sie binden den Kunden ein und nehmen ihn mit in die Verantwortung des Erfolgsbündnis-

Längst ist es Zeit, daß sich die Unternehmen auf etwas zurückbesinnen: daß der Unternehmensrand, seine Außenposten und fliegenden Kuriere, die Vertriebs- und Frontleute beim Kunden für die Führung des Unternehmens einstehen – oder eben nicht.

Das Einmaleins der Kundenvorteile

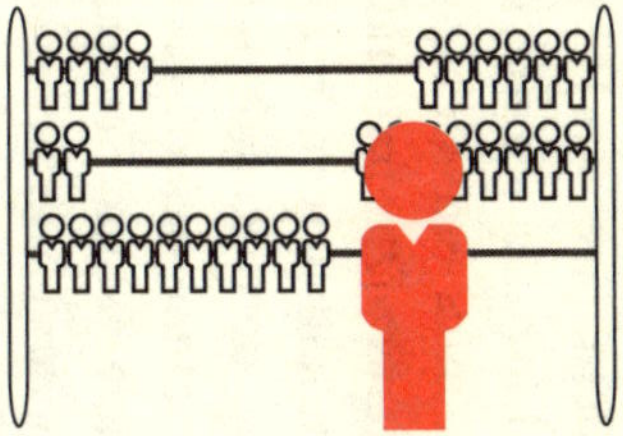

Den Kunden in die Geschäftspolitik einbeziehen.

Produktpläne und Produktstrategien mit dem Kunden erörtern.
- Lassen Sie den Kunden mit Ihrem Produkt nicht mehr allein !

Instrumente zu diesen Zielen:

- Vorstandsbegegnungen
- Kundenbeiräte
- internationale Kundenkonferenzen

ses. Jede langjährige Kundenbeziehung trägt nach diesen Gesetzen alle Beteiligten: Jeder gibt sein Bestes, und jeder nimmt das Beste, was die anderen geben können. Damit ist ein Kernsatz der Marktwirtschaft erfüllt.

Mitarbeiter und Führung gemeinsam haben die Daueraufgabe, gewonnene und überzeugte Kunden zu halten – das heißt aber: sie immer neu zu gewinnen. Wer sich seiner Kunden sicher glaubt, wird morgen schon Kunden verlieren. Nur wer mit seinen Kunden lebt, als müßte er sie täglich neu überzeugen, wird auch die Verschiebung ihrer Wünsche und Ansprüche rechtzeitig bei neuen Produktentwicklungen berücksichtigen können. Nur die interessierte Hinwendung zum Kunden verfeinert die Witterung des Unternehmens für Wettbewerberleistungen und Innovations-Chancen. Der Kunde ist es, der die Außenwelt wahrnimmt mit den Augen eines absprungbereiten Vaganten der Märkte. Er will rechtzeitig bei den Marktpartnern zusteigen, die auf dem allerneuesten Stand sind. Sieht er Wettbewerber »seines« Lieferanten vorbeiziehen, so hat er keine Wahl: Er wird sich ihnen zuordnen. Was für ihn auf dem Spiel steht, ist nicht nur Qualität und Preis; hier sind nur selten die Auslöser für seinen Absprung. Nein: Er braucht Prestige von seinem Partner, und er partizipiert am Ruf der Marktführer, darum muß er weiterziehen, wenn sein Verbündeter von gestern heute den neuen Trend verpaßt.

»Zufriedene Kunden«, so hört man oft, seien das Ziel aller Bemühungen; damit glaubt manches Unternehmen sich im Zentrum der Dienstleistungskultur plaziert. Erschrocken reagiert man erst, wenn man erfährt, daß die meisten abgesprungenen Kunden von ihrem früheren Anbieter durchaus zufrieden berichten. Nur schwere Enttäuschungen und Vertrauensbrüche quittiert der Kunde mit vernichtenden Urteilen über seine früheren Partner. Immerhin urteilt er bei der Bewertung seiner Marktpartner ja auch über sich selbst! Er wird sich lange überlegen, ob er Lust hat, seine

»Zufriedene Kunden«, so hört man oft, seien das Ziel aller Bemühungen der Dienstleistungskultur. Erschrokken reagiert man erst, wenn man erfährt, daß die meisten abgesprungenen Kunden von ihrem früheren Anbieter durchaus zufrieden berichten.

Das Einmaleins der Kundenvorteile

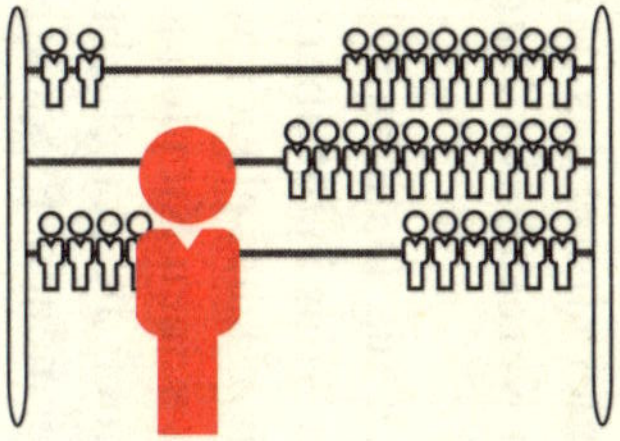

Hält der Ausbau der Beratung mit dem Ausbau der Angebotspalette Schritt?

Grundsatz muß sein:
Kein Produkt mehr ohne integriertes Dienstleistungsangebot
Dem Kunden helfen, sich weiterzuqualifizieren

Ziel:

Kein Know-how-Gefälle mehr zwischen dem Unternehmen und dem Kunden

Orientierung von gestern heute geringschätzig zu bewerten. »Zufriedenheit« also bietet nicht die Gewähr, daß der Kunde nicht abwandert. Zufriedene Kunden sind deshalb auch nicht das Endziel der Bindung; Kundentreue ist mehr.

Wer mit einem Produkt zufrieden ist, hat immer noch Lust, ein anderes auszuprobieren. Was geschieht auf der Wegstrecke von diesem Vergnügen am Experiment, das ohnehin unzufriedene Leute nicht mehr haben, bis zu der Entscheidung, sich an einen Lieferanten zu halten? Überzeugungen sind es, die nicht bei der Produktqualität verweilen, denn die liefert mancher Wettbewerber auch. Treue macht an den Merkmalen einer Partnerschaft fest, die über das Produkt hinausgehen und die Gewißheit vermitteln, daß die Harmonie zwischen Produktqualität und Mehrwert konkurrenzlos ist.

Was ist der Mehrwert in diesem, im Sinne des Kunden? Im Teil X »Adding value« wird davon ausführlich gesprochen. Mehrwert ist eine Mischung aus objektiven und subjektiven Befunden; Mehrwert ist Service, Mehrwert ist Stil, also *convenience* und Ästhetik. Mehrwert hat aber auch eine zeitliche Dimension: Mehrwert ist Kundenerfahrung mit diesem und anderen Anbietern; Mehrwert ist gespeist durch das Image eines Hauses, durch die Kraft einer Marke, durch die Vision und die ethischen Standards, mit denen ein Unternehmen auftritt. Mehrwert ist also eine Mischung aus Meriten und Power, Ertragskraft und Innovationsgeist. Diese Stoffe umlagern das Produkt und schaffen seine Aura im Auge des Kunden. Die Qualität der Treuebindung entspricht dieser Mischung von Sach- und Gefühlsebene:

- Was er weiß, begleitet den Kunden;
- was er erwartet, ist schon stärker mit Gefühlen angereichert;
- was er bekommt, wird bewertet nach der Harmonie zwischen Ratio und Emotion, die ihm das Produkt mit seiner Aura verschafft.

Zufriedene Kunden sind nicht das Endziel der Bindung; Kundentreue ist mehr. Treue bedeutet eine über das Produkt hinausgehende Partnerschaft, die die Gewißheit vermittelt, daß die Harmonie zwischen Produktqualität und Mehrwert konkurrenzlos ist.

Das Einmaleins der Kundenvorteile

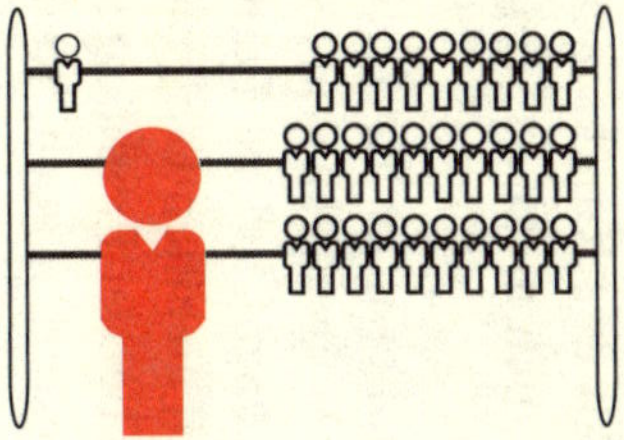

»Das Unternehmen mit den Augen des Kunden sehen.«

**Der Kundennutzen ist so dynamisch geworden wie die Welt,
in der wir mit dem Kunden leben.**

Der Kunde läßt sich nicht auf seine Wünsche von gestern festlegen.

**Den Kundennutzen ständig neu definieren –
das geht nur mit dem Kunden !**

Die Kundentreue ist also eine Entscheidung zur Zuordnung, die von Ratio und Emotion getragen wird. (Mit der Treue zwischen Menschen verhält es sich übrigens nicht anders: Auch sie hat einen großen Anteil »Entschiedenheit«, die das Gefühl flankiert und absichert.)

Wenn es sich bei Treueverhältnissen zwischen Kunden und Anbietern um so empfindliche Netzwerke handelt: Läßt sich Kundentreue dann überhaupt als ein Auftrag des Managements formulieren? Gibt es ein »Treuemanagement«? Die Antwort ist für manches Unternehmen überraschend: Die Kundenbindung als Mittelpunkt der Strategie führt das Unternehmen unmittelbar zu rentableren Arbeitsprozessen. Wer für Kunden überlegene Leistungen bieten will und sich dabei der hier erörterten Gesetzmäßigkeiten erinnert, der verbessert die Gewinnsituation zwangsläufig. Bedingung für diese stärkere Position im Wettbewerb ist aber der »Umweg« – im Sinne des klassischen Managements ist es das ja wohl – über die Wertschöpfung für den Kunden.

Die klassische Strategie würde die Gewinnmaximierung an die Spitze stellen und den *Shareholder Value* als ebenfalls klassisches Argument nachschieben. Wer beim Wert für den Kunden beginnt, wird aber auf eine andere Rangordnung der Schritte verwiesen: Nun steht die Entscheidung über Kundenbindungsqualität im Mittelpunkt. In logischer Folge müssen »Treuequellen« definiert und passende von weniger produktiven Kundenverhältnissen unterschieden werden. Der Bindungsfaktor »Personalqualität« kann jetzt nicht zugunsten unklarer Gewinnmaximierungsstrategien übergangen werden; Anreize für Mitarbeiter und Kunden werden zum zentralen Managementthema.

Kundentreue ist ein empfindliches Mischprodukt aus Verstandes- und Gefühlsentscheidung. Sie kann nicht errechnet, sie muß mit denselben gemischten Einsätzen verdient werden, die sie

Kundenbindung als Mittelpunkt der Strategie führt das Unternehmen unmittelbar zu rentableren Arbeitsprozessen. Wer für Kunden überlegene Leistungen bieten will, verbessert die Gewinnsituation zwangsläufig. Bedingung ist der »Umweg« über die Wertschöpfung für den Kunden.

widerspiegelt: Einsatz von Verstand und Gefühl. Das heißt aber: Kompetenz plus Begeisterung und Dienstleistung.

Wer dies verstanden hat, wird nicht dem Irrtum verfallen, solche Substanzen ließen sich nicht messen. Wer gezielt auf Kundentreue hinarbeitet, muß die besten Mitarbeiter gewinnen. Er wird sie gewinnen, weil die Arbeit am Kundenvorteil weit mehr Freude macht als der Einsatz für abstrakte Zahlenvorgaben. Die Zahlen aber geben diesem Managementkonzept recht – und sie helfen dem Gewinner, seinen Abstand zum Wettbewerber schnell zu vergrößern; denn auf dem Markt der Mitarbeiter und Kunden ist nun nur noch zweite Wahl übrig – für den Konkurrenten, der zuviel in seinen Papieren und zuwenig in den Gesichtern seiner Kunden und Mitarbeiter gelesen hat.

Markenpower managen

Marken im Markt: Ihr Vertrauensvorschuß wird von Kunden besonders in unsicheren Konjunkturlagen voll ausgeschöpft. Nicht »billige Marken« suchen die Käufer, sondern »Marken möglichst billig«. Die Bindekraft der Marke verlangt dennoch Pflege. Das große Umräumen in Lagern, Organisationen und Strukturen, Konzepten und Strategien ist nur dann sinnvoll, wenn zuvor die Köpfe, die hier neue Entwürfe machen sollen, umgeräumt wurden. Auch die Kraft der Marke, ihre Marktmacht, muß neu durchdacht und mit neuen Mitteln gepflegt werden. Mit einem Nachsinnen über Stärken und Schwächen ist es nicht getan. Auf Traditionen ist nicht unbedingt Verlaß in Zeiten, da vieles Bewährte stürzt.

Im Markenmarkt ist viel Bewegung. Immer mehr selbstbewußte Mittelständler bauen ihre eigenen Marken auf; das Vertrauen in den Selbstlauf der Marke ist beeindruckend und beängstigend: Während alle an sie glauben, denkt keiner daran, daß auch die Marke Überlebensstrategien braucht, daß ihre Funktionen neu verstanden werden müssen – weil es sehr unwahrscheinlich ist, daß im Strudel der Veränderungen irgendeine bewährte Kraft ganz unverändert überlebt. Auch Marken nehmen teil am Wandel aller Werte im Markt. – Aber wie?

Was ich die »Markenpower« nenne, das muß zuerst abgetastet werden, ehe man begreift, welches strategische Potential in Marken ungenutzt schlummert. Markenpower, das ist die Grundlage aller strategischen Innovationen für die Marke. Markenpower stei-

Während alle an sie glauben, denkt keiner daran, daß auch die Marke Überlebensstrategien braucht, daß ihre Funktionen neu verstanden werden müssen. Auch Marken nehmen teil am Wandel aller Werte im Markt.

gert den Erfolg. Ist der Kunde mit einer Marke erfolgreich, so ist es sein Markenlieferant auch. Marken als Profitgaranten mißzuverstehen, das könnte heißen, ihre Power ausbrennen zu lassen. Welche Gesetzmäßigkeiten aber sind es, die Marken stark machen? Woraus nährt sich ihre Energie? Wann ist sie aufgebraucht? Was kann man tun, um Marken aufzutanken mit Energie? Geht das überhaupt? Ist Markenerfolg strategisch planbar?

Alles spricht dafür, daß es tatsächlich so ist. Schließt man sich dieser Vermutung an, so zögert man auch nicht, Kriterien aufzustellen, nach denen Markenerfolg meßbar gemacht werden kann.

Beim Kunden gemessen, kann die Marktmacht der Marke nach diesen Kriterien beurteilt werden:

- Bekanntheit (Verbreitung)
- Bindungskraft (Marktanteil, Preis im Vergleich zum Wettbewerber, Wiederholungskäufe)
- Identität (Einzigartigkeit, Unverwechselbarkeit)
- Qualität

Im Handel gemessen, können folgende Parameter für Marktpräsenz gelten:

- Verkaufszahlen
- Anzahl der Verkaufsstellen
- Hauptwettbewerber
- Marktanteil im Vergleich zum Hauptwettbewerber

Welchen Nutzen hat ein Markenanbieter oder Markenhändler von solchen Ergebnissen? Markenleistungen zu messen ist für Hersteller wie Händler gleichermaßen wichtig.
Die Gründe:

- Neue Perspektiven auf das Markenprofil werden möglich.
- Sichtbar werden genau die Merkmale, die im Zeitverlauf die »Markenpower« aufbauen.

- Starke Markenpower liefert längerfristig überdurchschnittliche Erträge.
- Wer die Markenpower genau kennt, kann sein Marketinginvestment gezielt für die Energie der Marke einsetzen.
- Markenproduzenten und Markenhändler können ihre Marktmacht und ihre Vision zielsicherer realisieren, wenn die Kraft der Marke, ihr »Potential«, meßbar wird.

Die große Chance einer klaren Leistungsmessung für Marken bietet sich dem Unternehmen selbst: Die Elfenbeintürme von Finanz und Marketing werden plötzlich durch eine Brücke verbunden; die Vernetzung des Know-how wird auch innerbetrieblich unausweichlich.

Wie läßt sich im Markt die Markenpower lesen? Wichtigster Indikator, so sagen die Rechner im Unternehmen, ist der Marktanteil. Er reicht zur Beschreibung von Markenkraft aber natürlich nicht aus, denn: Marktanteile haben Voraussetzungen! Was sie lesen lassen, ist bereits geglückter Einsatz von Markenmacht – die, wie alle Erfolgsgrößen im Marktgeschehen, hochkomplex ist. Die Markenpower ist auch mit der Identität, der Einzigartigkeit der Marke verbunden; sie hat mit Qualität nicht nur der Produkte, sondern auch das Markenauftritts zu tun. Die Dichte ihrer Auftritte im Markt ist ja auch von doppelter Aussagekraft: als Voraussetzung und als Folge ihrer Durchsetzung auf immer breiterer Front.

Der zweite Indikator für Markenpower ist die Fähigkeit, Probleme wahrzunehmen und zuzuordnen: Welche Ursache? Wie zu beheben? Schnelle und flexible Reaktion auf diese Probleme ist ausschlaggebend.

Drittens geht es um die Fähigkeit, den Preis im Zusammenspiel mit den Wettbewerbern so zu gestalten, daß die Marktakzeptanz nicht leidet. Starke Marken haben ihren Preis, aber er muß als angemessen empfunden werden – vom Kunden, nicht allein vom Anbieter.

Es bietet sich die große Chance einer klaren Leistungsmessung für Marken: Die Elfenbeintürme von Finanz und Marketing werden durch eine Brücke verbunden; die Vernetzung des Know-how wird auch im Unternehmen unausweichlich.

Die 6 Elemente der Markenpower

Viertes Merkmal: Starke Marken machen Trends. Sie setzen auf langfristige Entwicklung, nicht auf Schnellschußmentalität. Niemals opfern powervolle Marken ihren Langfrist-Erfolg einer Kurzfristchance.

Fünftes Element für Markenmacht: die schon erwähnte Vierergruppe der Kennmerks in der Kundenbindung: Bekanntheit, Kundeneinstellungen, Verbreitung und Kundentreue.

Kraftquelle Nummer sechs: Vertrieb und Verbreitung.

Entscheidend aber: Alle diese Merkmale für Markenpower sind relativ, nicht absolut. Das meint: Auf die Angemessenheit kommt es an. Das Augenmaß des Managements muß der speziellen Leistungskraft der einzelnen Marke gelten. Was kann sie leisten, wohin kann ihre Entwicklung gehen, was aber leistet sie auf keinen Fall? Wie können die einzelnen Indikatoren gestärkt, paßgenauer geschnitten werden, um ein organisches Wachstum der Marke zu fördern? *Organic growth,* ein Managementgebot, das in Deutschland noch zu wenig gilt. Die Maschinentradition hält die Köpfe noch gefangen. Der gute Ingenieur, der perfekte Finanzwissenschaftler, sie fürchten bei Vokabeln aus der natürlichen Welt Verluste an Logik und Präzision. In Wahrheit sind die Naturwissenschaften ihre besten Verbündeten, denn sie vertrauen der exakten Empirie, sie weisen Vermutungen zurück oder beweisen deren empirischen Wahrheitsgehalt. Was wachsen soll, kann nur organisch wachsen. Der Zusammenbruch von Strukturen, auch in den Unternehmen, folgt Gleichgewichtsverlusten, die lange durch intelligente Lösungen verschleiert und durch Leistungsbereitschaft der Manager und Mitarbeiter kompensiert werden können – solange auch der Kunde mitspielt. Sein Abwandern vom gemeinsamen Spielfeld zerstört das ganze Spiel, so gut auch die verbleibenden Mannschaftsreste eingespielt sein mögen. So geht es Mannschaften, die den Kunden als Mitspieler zweiter Klasse einstufen. Orga-

Organic growth, ein Managementgebot, das in Deutschland noch zu wenig gilt. Der gute Ingenieur, der perfekte Finanzwissenschaftler, sie fürchten bei Vokabeln aus der natürlichen Welt Verluste an Logik und Präzision.

nisches Wachstum, auch von Wettbewerbsprozessen, ist nur bei angemessener Auslastung aller Beteiligten und bei austarierter Belastung aller Erfolgsgrößen möglich. Alle Meßgrößen müssen auf diese Relativität der Werte eingependelt werden.

Markenpower – was sagt der Finanzfachmann zu ihrer Bestimmung? Zuerst wird er sagen: Markenpower ist identisch mit ihrer Bewertung in Finanzkategorien. Das ist die übliche Antwort. Gut ist es, wenn der Finanzmann weiterdenkt und einschränkt: Auf der Grundlage von Markenbewertungen dieser Art kann nur ein Teil der Markenleistung beschrieben werden – denn: Die Marke schließt das Produkt ein. Alleinstellung über eine Marke oder ein Markenimage herzustellen scheitert immer dann, wenn man die »Fehlerquelle« Produkt unbeachtet läßt. Und weiter fragt der Finanzmanager: Wer kontrolliert die Markenmanager? Nach welchen Einschätzungen für die mögliche Markenleistung richtet sich diese Kontrolle? Notwendigerweise bleiben die Einschätzungen der Markenleistung unzuverlässig, solange kein Meßsystem sie objektiviert.

Die stärksten Argumente für eine langfristige Messung von Markenpower liegen in allen hier angeklungenen Problemen. Soviel Ungenauigkeit, soviel unerklärten Erfolg und unverstandenen Mißerfolg von Marken wie bisher möchte man sich in Zukunft unter verschärftem Wettbewerbsdruck nicht leisten. Das wichtigste Motiv, Markenkraft verläßlicher zu messen, ist der berechtigte Anspruch des Managements, Markenpower planen zu können – Markenerfolg kalkulierbarer zu machen als bisher. Vielleicht gelingt es damit auch, die Wachstumsfristen neuer Marken zu verkürzen, ihre Belastbarkeit krisensicher zu managen und ihre organischen Wachstumszyklen zum Vorteil aller – des Unternehmens, der Anteilseigner und der Kunden – zu kontrollieren.

Wer Markenpower messen will, hat gewichtige Argumente. Niemand im Management wird sich diesen dauerhaft verschließen können:

- Profite gesteuert verbessern und Aktionärsvorteile stärken.
- Kurz- und Langfristplanung in eine bessere Balance bringen.
- Mittel und Mannschaften gezielter belasten.
- den Markt, Konsumenten und Kunden als Quellen von Wertschöpfung begreifen.
- Strikte Marktorientierung.
- Markenvergleiche und Marktvergleiche systematisch durchführen.
- zuverlässige Kontrolle von Marketingaufwand und Return.
- Eine gemeinsame, verbindliche Sprache finden, die quer durch alle Funktionen gilt, alle Organisationsebenen erfaßt und international gültig ist: Ein unternehmensweiter Code wird gefunden.
- Die Professionalität der Marketingmanager wird gestärkt.
- So wird ein neuer Schlüssel für Entscheidungen verfügbar: Er erleichtert Planung, Akquisitionsentscheidungen und Verkäufe von Unternehmenseinheiten. Er erlaubt gezielte Markenexpansion und macht die Geburt neuer Marken planbar.

Wie kommt es zur Unterschätzung dieser Effekte starker Marken? Oder genauer: Wie kommt es zum Verzicht der meisten Unternehmen auf die strategische Verfolgung von Markenpower? Die Antwort ist identisch mit dem Befund: Weil man wenig über diese Gesetzmäßigkeiten wußte, konnte man bislang nicht unbedingt auf Markenplanung dieser neuen Art setzen. Weil die Markenakzeptanz dort, wo sie funktioniert, so beruhigend zuverlässig funktioniert, mochte man ungern an Verbesserungen glauben. Manche für unsinkbar gehaltenen Markentanker sind dennoch untergegangen; und erst wenn sich der Untergangsprozeß beschleunigt, beginnt man nach den Quellen für die Fitness der Marke im sonnigen

Das wichtigste Motiv, Markenkraft verläßlicher zu messen, ist der berechtigte Anspruch des Managements, Markenpower planen zu können. Vielleicht gelingt es auch, die Belastbarkeit neuer Marken krisensicher zu managen und zu kontrollieren.

Markenpower ist eine in Zeit und Raum dynamische Größe

- Gewachsene Energie und Durchsetzungskraft ...
- Gesundheit und Leistungsfähigkeit ...
- Tragfähigkeit und Entfaltungspotential ...
- Produktwert, Geldwert und Bewertungen im Kopf der Marktteilnehmer ...
- Langfristige Ertragskraft

...

... der Marke

Abschnitt der Fahrt zu fragen – zu spät. Auch hier lohnt es sich, an eine Grundregel organischen Wachstums zu erinnern: Was lange kontinuierlich wächst, was viel Mißbrauch scheinbar spurlos erträgt, bricht dennoch endlich sehr plötzlich zusammen – weil es in aller Regel nicht gelingt, die Vorzeichen des Verschleißprozesses zu registrieren (vgl. Teil VII, Seite 261). Was langfristig gewachsen ist, bricht zur Verwunderung aller Beobachter kurzfristig ein – die Trutzburg wird zum Kartenhaus. Bedingungen organischen Wachstums, die dann jeder gern früher begriffen hätte.

Warum also diese Unterschätzung der Regelhaftigkeit von Markenpower? Nicht nur wegen ihrer oft so imponierenden Performance, ihrer offenkundigen Überlebenskraft auch in Rezessionen, ihrer Symbolkraft für verängstigte Verbraucher und ihrer auch für das Management verführerischen Bindungskraft, Markttugenden sozusagen im Package mitzuführen.

Die verblüffende erste Antwort muß lauten:

- Manager wissen nicht genug über die wechselseitige Kraftzufuhr von Marken. Sie wissen auch zu wenig über die Stärke der erfolgreichen Marken. Auch wissen Markenhändler kaum etwas über die Vernetzung von Markenerfolgen aus verschiedenen Unternehmensbereichen und über den Faktor Zeit bei diesen Erfolgen.
- Manager wissen in der Regel nichts Genaues über die Bekanntheit und Wahrnehmung ihrer Marke.
- Unternehmen verfügen in der Regel nicht über systematische, verläßliche, hochsensible und taugliche Meßmethoden für Kundenzufriedenheit und Kundentreue.
- Es gibt bei den meisten Firmen keine Langzeitmessungen der Markenleistung.

Eine Grundregel organischen Wachstums: Was lange kontinuierlich wächst, was viel Mißbrauch scheinbar spurlos erträgt, bricht dennoch sehr plötzlich zusammen, weil es in aller Regel nicht gelingt, die Vorzeichen des Verschleißprozesses zu registrieren.

- Logischerweise gibt es keine Managementposition im Hause, die man als »Wächter der Markenpower« oder »Hüter der Markenmacht« beschreiben könnte.
- Auch gibt es keine Parameter, um den Mix der Elemente zu messen, die Markenpower ausmachen.
- Schließlich existieren bei den meisten Unternehmen keine realistischen und gut verankerten Langfriststrategien zur Markenkultur oder Markenvitalität.

Markenpower, das ist unabweisbares Ergebnis solcher Befunde, ist ein Aktivposten der Unternehmen, der relativ weniger Sorgfalt erfährt als andere *assets*.

Die Markenpower läßt sich, als gewachsene Energie und Durchsetzungskraft, mit Gesundheit und Leistungsfähigkeit umschreiben. Deutlich und für das kostenorientierte Management wichtig zu begreifen ist aber: Markenpower reicht über die finanzielle Ertragskraft der Marke weit hinaus.

Markenpower ist eine in Zeit und Raum dynamische Größe. Der »Geldwert« einer Marke, wie er bei Markenverkäufen errechnet und bezahlt wird, enthält daher viele nur schwer meßbare Größen, die zukünftig besser kalkulierbar werden müßten – wenn Markenmacht in der komplexen Weise meßbar gemacht wird, wie ich es hier vorschlage.

Markenpower heißt die angemessene und »gerechte« Beschreibung der Tragfähigkeit und des Entfaltungspotentials von Marken.

In der Markenpower kumulieren reale Produktwerte mit Bewertungen in den Köpfen der Kunden, der Handelspartner und Fachjournalisten, von denen allen, zusammengenommen, der Zukunftserfolg der Marke sowie die langfristige Entwicklung der Erträge abhängen wird. Also spielt für Markenpower auch der Marktauftritt eine Rolle. Keine Wirkung ohne Informationssysteme; was in den Köpfen der Beobachter und Kunden ist, wird auch von Informationsmedien beeinflußt. Auch sie sind Instrumente, um Markenpower zu messen und zu fördern.

Markenpower läßt sich, als gewachsene Energie und Durchsetzungskraft, mit Gesundheit und Leistungsfähigkeit umschreiben. Markenpower reicht über die finanzielle Ertragskraft der Marke weit hinaus.

V

Kommunikationsmacht teilen

Strategisch kommunizieren

Von der Einwegkommunikation der Industriekultur zur Mehrwegkommunikation der Dienstleistungsgesellschaft: Das war ein Weg mit Hindernissen und Mißverständnissen. Die Informationstechnologie proklamierte sich zur Leitfigur des Informationszeitalters – und führte zunächst verdeckt das Ideal des verdrahteten Maschinenmenschen in die nächste Dimension statt ad absurdum.

Erst die Reaktion der Adressaten auf die *High-Tech*-Variante des Maschinenmenschen öffnete das nächste Tor: Das integrierte System Mensch – Maschine erhält Zug um Zug ein menschliches Antlitz. Der Dienstleister der Jahrtausendwende wird mitnichten ein Roboter sein; der computerbegleitete Mensch wird sich lösen von der Magie der Bildschirme und mit gelöstem Lächeln seinem menschlichen Gegenüber wieder ohne den Umweg über *Big-Brother-Terminals* in die Augen schauen. Die neue Spiellandschaft schüttelt sich zurecht – alles findet seinen Platz: Die Maschinen rücken zum Rand und der Mensch wieder in die Mitte.

Das Unternehmen zu verstehen als einen lebenden, sozialen Organismus, dessen Lebensfunktionen entgleisen können oder unter Streß versagen (vgl. Teil VII, Seite 261), dessen Strukturen sich den Bedürfnissen von Menschen beugen müssen oder zersplittern, das erweist sich im Lichte der neuen Kundenbindung als produktive Korrektur der alten Zitadellenhierarchien, die nicht nur mitarbeiter-, sondern auch kundenfeindlich waren. Kommunizierende Unternehmenseinheiten öffnen ihre Fenster nicht nur zueinander, sondern auch zum Wettbewerber und in den Markt. Dort sind die eigenen Produkte unterwegs – man wolle deren Erfolgsweg nicht durch Zwischenrufe stören, so meinten viele Manager am Ende des Industriezeitalters. Nachdem »nackte« Produkte fast nichts mehr ausrichten, ändert sich diese Vorstellung schleppend. Es fehlt an einer klaren Strategie.

Strategien im Strom, denken manche Manager nun, wie sollen sie aussehen, um den Wandel beherrschbar, die Menschen beweglich und die Unternehmen gesprächig zu machen? Daß es notwendig ist, bestreitet inzwischen niemand mehr. Wie es möglich ist, dies zu entwerfen, dazu fehlt den Managern aber nun wieder die Zeit, weil so viele traditionelle Strategien auf einmal außer Kurs geraten.

Zur strategischen Kommunikation, soviel lehrte die jüngste Rezession, gehört Tempo. Im Fluge die neue Landschaft verstehen, die neuen Märkte taxieren, das machen Manager nach guter Tradition am liebsten stumm. Sie wollen sich durch Handeln ausdrücken, den Kommentar scheuen sie. Kommunikation als die natürliche Begleitmelodie von Handeln zu verstehen, das wäre der erste Schritt zum Zentrum der neuen Lage; der zweite brächte die Einsicht, daß jede Handlung Kommunikation nicht nur braucht, sondern auch ungewollt schon – ist. Wer also ins Handeln vor dem Kommunizieren fliehen will, erfährt aus dem vielfarbigen Echo seiner Handlungen, daß er Kommunikation ausgelöst hat – durchaus nicht immer mit den gewünschten Akzenten.

Tempo gilt auch für die Kommunikationsprozesse, so lernt mancher Echogeschädigte widerwillig. Besser mit eigenen Texten auftreten, als andere zu Texten animieren, so lernt das Management in der Kommunikationskultur. Die Fallen bleiben zahlreich genug, Mißverständnisse lauern; denn mancher Manager, der nun sein eigenes Echo komplett entwirft, findet sich enttäuscht vor dem mißtönenden *Feedback* auf seine guten Absichten. Dennoch setzt

Strategien im Strom – wie sollen sie aussehen, um den Wandel beherrschbar, die Menschen beweglich und die Unternehmen gesprächig zu machen? Zur strategischen Kommunikation, soviel lehrte die jüngste Rezession, gehört Tempo.

sich die Erkenntnis durch, daß Kommunikation ein Managementprinzip sein muß, ein strategisches Element des Führungsprozesses, dem soviel Sorgfalt gelten sollte wie den »klassischen« Ressorts.

Der Neigung, Kommunikation für ein eigentlich »unernstes«, »softes« Ressort zu halten, widerstehen Manager nur unter Druck. Wenn der Druck kommt, ist es für Korrekturen der Kommunikationskultur aber zu spät. Große Konzerne haben das, einer nach dem anderen, ob nun Pharma-Industrie, Automobilbau oder Allfinanz ihr Geschäft ist, in diesen Jahren erfahren. Der Beschauer staunt: Selbst diese umfassend belehrten Häuser gehen zögerlich an das Management der Kommunikationsprozesse. Natürlich ist dem klassischen Strategen die Komponentenmischung – Kalkulieren und Ermessen – zuwider, die hier gemeistert sein will: Seine Ratio klopft die Fakten ab und bricht ein in einem unberechenbaren Mix aus Intelligenz und Emotion.

Welche Strukturen soll man schaffen, um diesem Oszillieren von logischen und chaotischen Prozessen gewachsen zu sein? Noch etwas hemmt die Gestaltungsfreude der »nur-intelligenten« Manager im Kommunikationsressort: daß sie es meist in Re-Aktion auf eigenes Versagen in einer feindlichen Umwelt aufbauen sollen, als Büßer sozusagen, die nun durch Maßnahmen offen zugeben, daß sie ihre Fehler einsehen. Mit dem Gipfelstürmerportrait, das sie zu pflegen gewohnt sind, verträgt sich das schlecht.

Nur ein Zugang bringt zuverlässig Handlungsbereitschaft: Die Einsicht, daß Kommunikationsstörfälle zwischen Unternehmen und Außenwelt immer die letzte Stufe eines großen internen Störfalles sind, der die Kooperationsprozesse im Unternehmen selbst, mit Partnern, Kunden und Mitarbeitern aus der Balance gebracht hat. Kooperation ist die Handlungsfolge geglückter Kommunikation. Wo Kooperation mißlingt, ist zuvor Kommunikation vernachlässigt oder unprofessionell gemanagt worden. Daß Handeln und strategisches Planen so eng zusammenhängen, ist Managern nicht etwa neu; strategische Energie aber auch für die Ideentransporte, die Nachrichtenaufbereitung und die Entwicklung von Handlungskompetenz, strategische Relevanz also auch für die Kommunikationsprozesse zu konstatieren, die das Handeln vorbereiten und durchdringen, das gelingt den meisten Managern erst nach bitteren Erfahrungen. Die entstandene Verspätung aufzuholen kostet weitere Jahre. Diese Jahre stellen das Unternehmen vor die Aufgabe, mit weniger Vertrauen auszukommen und weniger Bindungskraft freizusetzen. Niemand rechnet die Wettbewerbsnachteile aus, die in solchen Phasen entstehen; dennoch sind sie beträchtlich – und was die Aktionäre dem Unternehmen zur Last legen: sie sind vermeidlich.

Strategische Kommunikation ist also ein Bestandteil des unternehmerischen Handelns, nicht nur eine flankierende Maßnahme für die Gipfel des Erfolgs und die tiefen Täler des Mißlingens. Wer das akzeptiert, wird bereit sein, die Anforderungen dieses Managementgebietes näher kennenzulernen.

In den Kommunikationsdebatten der letzten Jahre wurde der selbstverständliche Irrtum fortgeschrieben, der für die Ära der Zitadellen galt: das Unternehmen als Festung, weitgehende Dekkung für Innenprozesse und eine kleine Plattform am äußersten Rand, auf der man sich gelegentlich und in voller Rüstung mit Vertretern der Außenwelt trifft – der Presse, der Politik. So lückenhaft und unprofessionell wie das Management der Kundenbindung war – und ist – auch das Kommunikationsmanagement.

Der Festungscharakter der Unternehmen führte wie selbstverständlich zu einer scharfen Unterscheidung zwischen drinnen und draußen. »Innere Kommunikation« trennte sich als strategisches Thema von »äußerer«; konzeptionell wurde beides getrennt bear-

Wo Kooperation mißlingt, ist zuvor Kommunikation unprofessionell gemanagt worden. Strategische Kommunikation ist Bestandteil unternehmerischen Handelns, nicht nur flankierende Maßnahme für die Gipfel des Erfolgs und die Täler des Mißlingens.

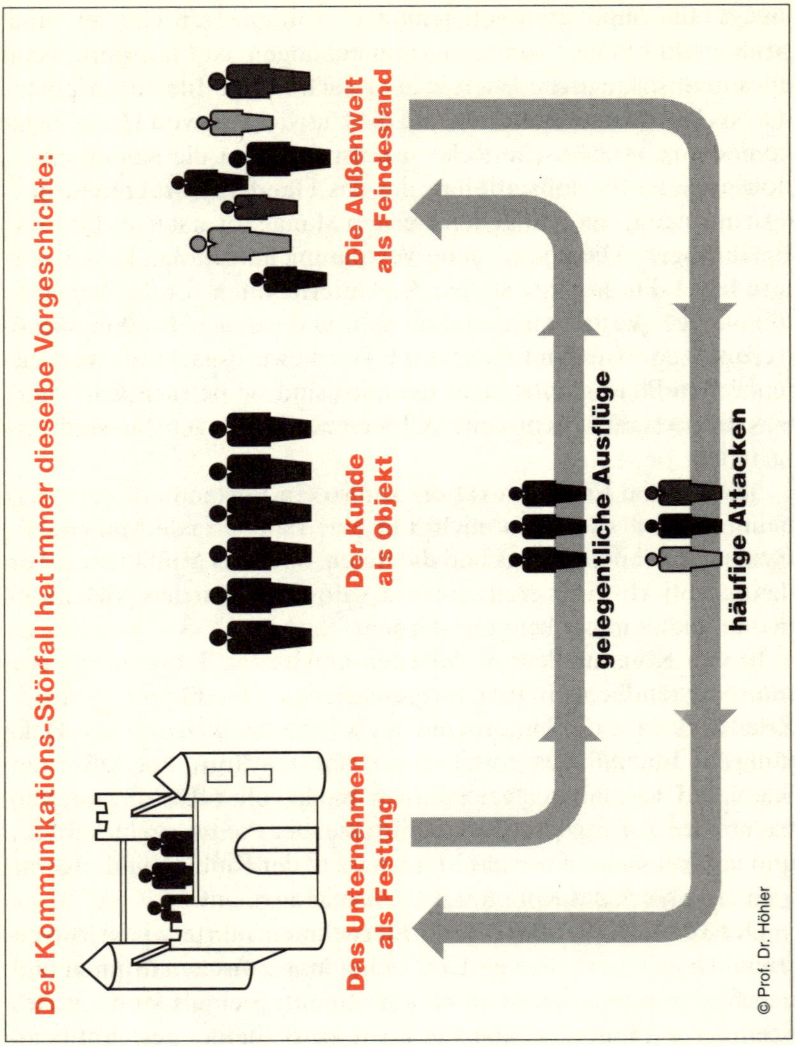
Der Kommunikations-Störfall hat immer dieselbe Vorgeschichte:
Das Unternehmen als Festung
Der Kunde als Objekt
Die Außenwelt als Feindesland
gelegentliche Ausflüge
häufige Attacken
© Prof. Dr. Höhler

beitet. Interne Code-Worte sollten die Bindungsenergie des Hauses für Mitarbeiter stärken; interne Lernangebote, *Incentives* und Gratifikationen wurden als Klimafaktoren begriffen. Daß unter Umständen draußen das Klima abkühlte, nimmt kein interner Kommunikator zur Kenntnis; sein Aufgabengebiet ist die innere Kommunikationskultur. Funktionen werden vernetzt und Bereiche mit Kommunikationsbrücken zueinander geöffnet. Die Gesprächsbereitschaft von Geschäftsführern und Vorständen macht gewisse Fortschritte – und keiner macht sich bei diesen stolzen Erfolgen bewußt, daß dauernd nur die halbe Arbeit getan wird: Der Kunde bleibt draußen, die Presse scharrt vor den Toren der Unternehmensfestung, gräbt Erkundungstunnel und findet immer auskunftfreudige inoffizielle Kuriere, die vom Geschehen in der Zitadelle berichten.

In Wahrheit ist die Teilung des Kommunikationsmanagements in »inneres« und »äußeres« ein Relikt der Industriekultur, die von der Spezialisierung der Funktionen Übersichtlichkeit und »Regierbarkeit« – bis hin zum gegängelten Kunden – erwartete. Wer heute Kommunikationsstrategien entwirft, sollte sich die Mauer zwischen interner und externer Kommunikation unter dem Motto sparen: Nur transparente Partnerschaften führen zum Erfolg. Strategische Kommunikation lebt von den großen Mehrwegströmen, die Führung und Mitarbeiterschaft mit Kunden und Multiplikatoren im Markt verbinden. Der politisch bestimmte Rahmen des Handelns wird ebenfalls durch Kommunikationspartner garantiert, die um so angemessenere Lösungen finden können, je mehr sie von den Erfordernissen der Unternehmensführung verstehen. Kommunikationsflüsse verbinden das Unternehmen auch mit den Wettbewerbern – denen von gestern, heute und morgen, wie anders soll ein Wettbewerbsvorteil zustande kommen, als in Kenntnis der Ressourcen und Strategien des Konkurrenten? Der Kommunikations-

In Wahrheit ist die Teilung des Kommunikationsmanagements ein Relikt der Industriekultur, die von der Spezialisierung der Funktionen Übersichtlichkeit und »Regierbarkeit« – bis hin zum gegängelten Kunden – erwartet.

In der Ära der Informationstechnologie gewinnen Transferbewegungen zwischen Menschen an Bedeutung

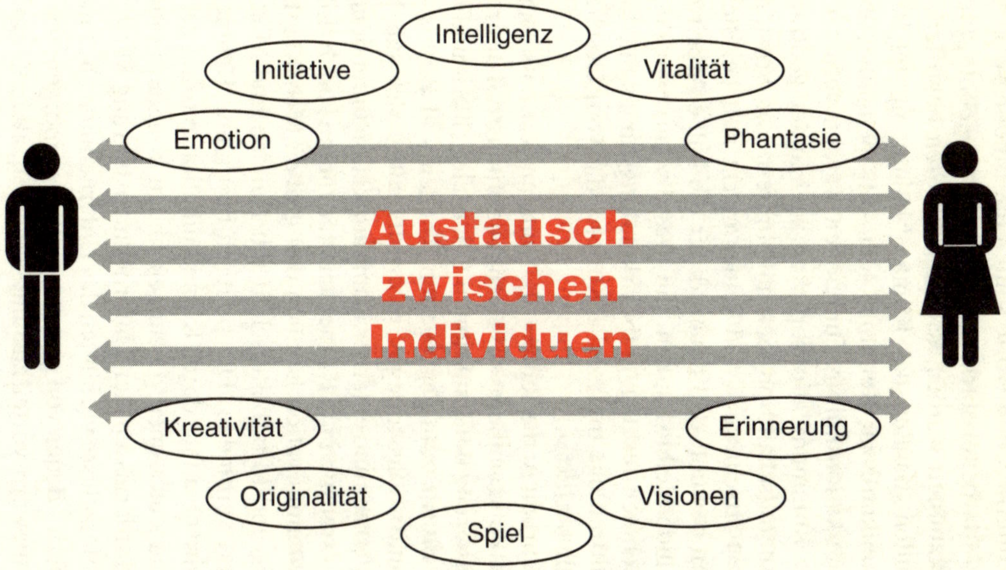

© Prof. Dr. Höhler

prozeß mit dem Wettbewerber dient der Optimierung aller Lösungen und der Fitness-Kontrolle im eigenen Haus.

Korrigieren wir also die klassischen Kommunikationsmodelle, so entfällt die Trennung zwischen interner und externer Kommunikation. Ziel ist eine umfassende Strategie, die nicht für Außenkontakte abgewandelt und mit besonderen Vorsichtsmaßnahmen angereichert werden muß. Defensive Maßnahmen, die das alte, senderorientierte Modell erhalten wollen, indem sie es mit dem Zugeständnis eines Rücklaufs, *Feedback,* anreichern, weisen den Partnern immer noch verschiedene Plätze in der Kommunikationshierarchie zu. Mitarbeiter, Außenwelt und Kunden re-agieren, während die Unternehmensleitung agiert. Wie sehr dieses Modell eine Fiktion des *wishful thinking* autoritärer Managementkultur ist, erfahren die Unternehmen, wenn ihre Partner ihnen unerbittlich klarmachen, wo »oben« ist: beim Kunden, bei den Medien, bei der Politik. Eine Balancestörung nach der anderen, denn auch dieses Modell ist unausgewogen; es stellt das kopflastige Modell der Unternehmen nur scheinbar auf die Füße. In Wahrheit heißt das Lebenselixier auch für die Kommunikationsstrategie: Bewegung. Wechselstrom. Es gibt keine festgelegten Sender- oder Adressatenrollen. Jeder empfängt, und jeder sendet. Dennoch braucht das Kommunikationsnetz Knotenpunkte und Reißfestigkeit.

Das Lebenselixier heißt auch für die Kommunikationsstrategie: Bewegung. Wechselstrom. Es gibt keine festgelegten Sender- oder Adressatenrollen. Jeder empfängt. Und jeder sendet. Dennoch braucht das Kommunikationsnetz Knotenpunkte und Reißfestigkeit.

Komplexe Kommunikationsprozesse managen

Die erste Reaktion auf das Ende der Einwegmodelle im Kommunikationsmanagement war der immer noch recht versöhnliche Gedanke, daß es sich eher um ein Zwei-Wege-Geschehen, um ein dialogisches Hin und Her von Botschaften und *Feedbacks* handele. Dieses Modell ist deshalb freundlich aufgenommen worden, weil es immer noch gut ins alte Weltbild paßt: Jedes Ding hat zwei Seiten, heißt es da, zur Aktion gehört die Re-Aktion, zur These die Antithese. Vor allem: Erfolg braucht Partner; wer etwas geben will, braucht Adressaten, die es nehmen. Die Adressatenkultur war also kaum gestört, nur ein wenig sozial überhöht durch diese winzige Korrektur des autoritären Kommunikationsmonopols alter Bauart. Immer noch durfte man sich die Welt der Partnerschaften als ein zweipoliges Modell denken, wo Frage und Antwort, Schwarz und Weiß, Hin- und Rückweg zusammengehörten – relativ unbeeinflußt durch Störfrequenzen, auf denen jemand sendet, der das flächige Modell plötzlich plastisch platzen läßt: Die Ströme fließen nicht mehr gehorsam und geordnet hin und her, sondern sie ballen sich zum Knäuel – die Zwei-Wege-Beziehung wird vollplastisch hochkomplex, weil viele Stimmen, Angebote, Fragen und Meinungen, Meldungen und Widersprüche durcheinanderschallen.

Das Zwei-Wege-Modell ist ebenso überholt wie die Dialogkultur. Das Zeitalter der multifunktionalen und multimedialen Prozesse läßt Ein- und Zwei-Weg-Kommunikation zur Fiktion erstarren. Komplexe Abläufe lassen sich nicht beherrschen, indem man sie auf veraltete Modelle aus der zweigeteilten Welt reduziert.

Die Entsprechung macht ja die Faszination der neuen Herausforderung aus: Als die zweigeteilte Welt der kontradiktorischen Blöcke in Konkurs ging, kollabierte das übersichtliche Frage-Antwort-Modell, die Theorie des Dialogs. Im gleichen Augenblick, als die weltweite »Zweisprachigkeit« der Konfrontation endete, brachen vielsprachige Kommunikationsprozesse sich Bahn – mitten in den bis dahin homogenen Gebieten der Dialogpartner brachen Krater auf; aggressiv sprachlose »Kommunikation« explodierte, die zu befrieden sich auch deshalb niemand zutrauen konnte, weil der gesamte freie Westen die Waffen, mit denen hier kommuniziert wurde, eben verschrottet hatte. Vor allem aber die Waffen im Kopf waren stumpf geworden: Keine Strategie aus der zweigeteilten Spannungsgeschichte wollte für das multilaterale Kommunikationsdrama passen, das sich da entwickelte.

Die behagliche Teilung der Interessengebiete in Anbieter und Abnehmer, Führung und Mitarbeiter, Sender und Empfänger, wie sie die letzten Industriegeschichtskapitel bestimmt hat, war ein Spiegelbild der Wahrnehmungsgewohnheiten, die wir für die politische Lage und den Sozialbetrieb entwickelt hatten. Während die vielstimmige Weltunordnung die Politiker beutelt, multipliziert sich das Kommunikationsmodell auch für die Wirtschaft nicht mehr einfach mit zwei, sondern mit vielen, einander überlagernden Stimmen.

Eine Strategie in diesen Jahren muß so komplex sein wie die Umstände, denen sie ordnende Energie zuführen soll. Es geht nicht mehr um die Gewinnung von Sympathie und Zustimmung für den einen Partner vom anderen, um ein statisches Modell des Gebens und Nehmens also; es geht um fluktuierende und oszillierende Sympathiepotentiale und Zustimmungsgewinne, die jeden

Das Zwei-Wege-Modell ist ebenso überholt wie die Dialog-Kultur. Das Zeitalter der multifunktionalen und multimedialen Prozesse läßt Ein- und Zwei-Weg-Kommunikation zur Fiktion erstarren. Komplexe Abläufe lassen sich so nicht mehr beherrschen.

Abschied von der zweipoligen Welt

Von der »Zweisprachigkeit« der Konfrontation	**zur** →	**Vielsprachigkeit der Kooperation**
Vom Entweder-Oder	**zum** →	**Sowohl-Als-auch**
Vom Dialog	**zur** →	**multimedialen Kommunikation**
Von der Übersichtlichkeit	**zur** →	**Komplexität**

Auch in der Wirtschaft kollabiert das alte Frage-Antwort-Modell.

Der multilaterale Marktprozeß kennt keine festgelegten Rollen mehr.

zum Geber und jeden zum Adressaten machen, und dies nicht abwechselnd, sondern gleichzeitig.

Wie muß eine Kommunikationsstrategie aussehen, die diesem Simultangeschehen gerecht wird? – Inzwischen eilt es damit übrigens wirklich, denn was sich nach dem Schmelzen der Blöcke zur Handlungsbedingung objektiviert, war längst innerhalb der Territorien alter Ordnung im Gange: Kunden mit Multipersönlichkeiten und multifunktionalen Lebensentwürfen sprachen mit Unternehmen, die immer noch die »Zielgruppen«-Idee und das Sortieren von Kundensegmenten praktizierten, wie in den frühen Wirtschaftswunderjahren.

Der Ausstieg des Kunden aus solchen archaischen Verhältnissen blieb entsprechend rätselhaft; wie sollte man sein Wanderungsverhalten verstehen, wenn man seine Lebensweise nicht verstand? Was mit dem Entwurf einer neuen Kommunikationsstrategie geschieht, ist also eigentlich ein Löschauftrag für alle Werksfeuerwehren gleichzeitig, weil der alte Bau schon niedergebrannt ist, aus dem man die Botschaften von vorgestern in den Markt zu rufen pflegte, und das Feuer längst auf vitale Funktionen des Unternehmens übergegriffen hat: Der Absatz stagniert, die Kundenbindung ist die unbekannte Größe, die man bisher nur halbherzig studiert hat, das Produkt im Vertrauensfokus der Unternehmensführung bricht unter der Last der Erfolgsansprüche zusammen: Jetzt erkennt die Führung, daß es nie das Produkt allein war, das Erfolge eingefahren hat.

Was nun? Kommunikationsstrategie als *Overnight-Coup*? Ein neuer Auftritt als Blitzaktion? – Es schadet nichts, den Erkenntnisprozeß, der das Unternehmen erfaßt hat, spektakulär darzustellen. Die Darstellung der neuen Einsichten und Folgerungen wäre damit nämlich der erste kommunikative Großauftrag, den sich das Unternehmen im Rahmen der neuen Strategie abverlangt

Was mit dem Entwurf einer neuen Kommunikationsstrategie geschieht, ist ein Löschauftrag für alle Werksfeuerwehren gleichzeitig, weil der alte Bau schon niedergebrannt ist und das Feuer längst auf vitale Funktionen des Unternehmens übergegriffen hat.

Kommunikation:
Der Blutkreislauf im sozialen Organismus Unternehmen

Er verbindet Kopf und Herz:

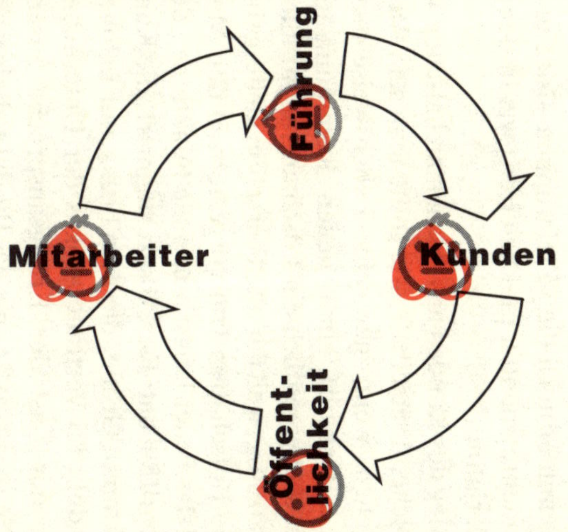

Ohne diese Verbindung kann keines der Organe im Unternehmen und im Markt arbeiten.

– und das gleich öffentlich. Damit würde revolutionär mit alten Irrtümern gebrochen – und ein gezielter Sprung in Zutrauen einer neuen Art getan, ein Sprung, der dem Spitzenmanagement viel schwererfallen wird als den Mitarbeitern. Gibt doch, wer die Richtung ändert, zumindest partiell zu, geirrt zu haben. Den Rest kann man gelassen den Umständen anlasten: Da sind Stromschnellen im Wildwasser des Wandels, wir wechseln die Schiffe, fahren jetzt Kajak statt gemächliche Ruderboote. Der erste Vertrauenszugewinn fällt den tapferen Paddlern sofort in den Schoß.

Nun geht's ans Vorzeigen des neuen Know-how. Die multilateral erfolgreiche Kommunikationsstrategie muß vorgestellt werden. Sie muß von der Prämisse ausgehen, daß Handeln und Reden nicht mehr getrennt gemanagt werden können. Damit ist jeder Arbeitsablauf im Unternehmen als Kommunikationsprozeß verstanden. Gleichzeitig wird die Herabstufung der Kommunikation zu einer bloßen Begleitmusik des »eigentlichen« Geschäfts widerrufen und korrigiert. Grundlage der Kommunikationsstrategie ist ein verändertes Bild des Unternehmens in den Köpfen: Nicht mehr die Maschine, sondern der lebende Organismus ist das Verständnismodell. Wie das zirkulierende Blut im menschlichen Organismus, so fließt der Kommunikationsstrom als Energielieferant zwischen den »Organen« des Unternehmens und seiner Umwelt hin und her.

Wer sich auf das Bild vom lebenden Organismus einläßt, bemerkt bald mit Schrecken, wie verfehlt die alten Vorstellungen von der Unternehmensmaschine waren. Das »Herz«, die zentrale Pumpstation, ein kraftvoller Muskel, der die Energie in die einzelnen Produktionsstätten, die Organe, katapultiert, ist dann durchaus nicht zwangsläufig die Führung, sondern der Großversorger von Führung und Mitarbeitern, der Kunde. Die Führungsmannschaft darf sich dann immerhin mit dem Gehirn dieses Organismus vergleichen, der Schaltzentrale, in der für alle Stationen die Pro-

Die alten Vorstellungen von der Unternehmensmaschine waren verfehlt. Das »Herz« ist dann durchaus nicht zwangsläufig die Führung, sondern der Großversorger von Führung und Mitarbeitern, der Kunde.

gramme gemacht, die Reize empfangen und verteilt, bewertet und weiterverarbeitet werden.

Gleichnisse dieser Art beleuchten die neue Managementlandschaft in lehrreicher Weise. Analogien daraus zu machen hieße, den Charme der Gleichnisse zerstören.

Was den sozialen Organismus erfolgreich macht, ist jedenfalls die ausbalancierte Kooperation – also Kommunikation – der Spezialfunktionen. Um seine Störanfälligkeit richtig zu beurteilen, taugt das Gleichnis ebenfalls. Lange Zeit verkraften große Unternehmen – wie lebendige Organismen – falschen Input, Überlastung, Unterforderung und Vernachlässigung. Sie bauen auch bei gestörtem Gleichgewicht noch Notaggregate auf (vgl. dazu das Streß-Kapitel, Seite 262), die nach außen verschleiern, daß hier bereits Notbetrieb läuft. Während die Beteiligten erwarten, daß wenigstens die eine oder andere Funktion sozusagen prophylaktisch ausfällt, um ein Warnsignal zu geben, läuft das Ganze weiter bis zum überraschenden Kollaps, den keiner versteht. Darum reagiert auch die Führung in solchen Situationen eher vorwurfsvoll als schuldbewußt. Hätte man sich bei dem Gleichnis vom lebendigen Organismus etwas länger aufgehalten, so wüßte man: Nicht der partielle, sondern der totale Ausfall steht am Ende vieler kleiner Fehlfunktionen. Keine von ihnen, für sich genommen, wäre tödlich, und genau deshalb hat man keine von den vielen kleinen Entgleisungen ernst genug genommen. Wie das Gelingen, so ist auch das Mißlingen die Summe vieler kleiner Ereignisse.

Das Bild vom lebenden Organismus ruft auch in Erinnerung, was Unternehmen in guten Zeiten leicht vergessen: daß sie hochgradig umweltabhängig sind. Leichte Veränderungen in der Landschaft ihrer Aktivitäten können sich zum tödlichen Risiko auswachsen, wenn das Unternehmen mit seinen Kommunikationsorganen nicht hellwach aufnimmt und hyperwach verarbeitet, was geschieht. Identität, die strategisches Kommunizieren erst möglich macht, ist also höchst sensibel eingespannt in das Netzwerk eigener Fähigkeiten und Erfahrungen. und die Einflüsse von außen, die das Unternehmen filtern muß nach seinen Fähigkeiten und Bedürfnissen.

Es ergibt sich ein klarer Aufbau des flexiblen Systems der Strategischen Kommunikation, wenn wir von der doppelten Qualität – Aufnehmen und Abgeben – aller Unternehmensbereiche ausgehen.

- Das Unternehmen klärt seine Identität aus Können und Wollen. Es unterscheidet anhand des Know-how und seiner Ziele, welche Informationsbereiche besonderer Aufmerksamkeit wert sind.
- Das Unternehmen definiert für sich, was es unter »Information« versteht. Ganz beliebig ist diese Entscheidung nicht. Ich empfehle Gregory Batesons auf den ersten Blick paradoxe Definition: »Information ist ein Unterschied, der einen Unterschied macht.«

Das bedeutet: Das Unternehmen muß in jedem seiner Bereiche täglich in der Lage sein, seine Bilder von der Wirklichkeit zu korrigieren, seine Wahrnehmungsfilter neu einzustellen und die aufgenommenen »Unterschiede« zu verarbeiten. Als kommunizierendes System versorgt es sich auf diese Weise täglich mit Ad-hoc-Sensibilität und Innovationsenergie.

Nicht nur der Wissensstand des Unternehmens verändert sich in diesem Prozeß, sondern sein Verhalten wird korrigiert an den Umfeldbedingungen. Morgen wird es mit leicht veränderten Wahrnehmungsschlüsseln an dieses Umfeld herangehen.

Dieses Beispiel zeigt die untrennbare Verknüpfung von In- und Output, Kommunikation als Mehr-Wege-Prozeß. Wir werden uns einer noch angemesseneren Beschreibung gleich nähern. Der eben

Das Unternehmen als kommunizierendes System muß in jedem seiner Bereiche täglich in der Lage sein, seine Bilder von der Wirklichkeit zu korrigieren, seine Wahrnehmungsfilter neu einzustellen und die aufgenommenen »Unterschiede« zu verarbeiten.

beschriebene Prozeß wäre schon wieder bedenklich nahe an der alten Gottähnlichkeit der Unternehmenssouveränität, es sei denn, wir beschrieben genauer, was sich ereignet, wenn Information mit Wahrnehmungs-Codes aufgenommen und einverleibt wird. Unterschiede wahrzunehmen, das wird ja erst möglich auf einer Basis der Übereinkünfte. Unter den Einzel-Codes der Mitspieler im Kommunikationsnetz fließt der breite Unterstrom gemeinsamer Kultur- und Geschäftserfahrungen, Deutungsmuster und längst gesicherter Verständigungsprozesse. Nur auf dieser Grundströmung ist die alltägliche Auseinandersetzung produktiv – mit dem Ziel neuer Verständigung.

Unternehmenstypisch ist die Verarbeitung der »Unterschiede«, die bereits verfügbare mit neuer Information koppeln. Sie richtet sich nach den Wahrnehmungs-Codes, die das Unternehmen für sich entwickelt hat.

Der Unterstrom an Gemeinsamkeiten erst macht Wettbewerb möglich, der in der Kommunikationsstrategie verstanden werden kann als ein ständig fluktuierender Prozeß der Aufteilung von Informationsressourcen durch die je verschiedenen Wahrnehmungsfilter der Wettbewerber. Was die Alltagssprache »Mitteilung« nennt, das teilen wir ja tatsächlich mit anderen – indem wir den für uns bedeutsamsten Teil herausfiltern, anwenden, weiterverarbeiten.

Genau das tun die Unternehmen mit entwickelter Kommunikation »strategisch«, das heißt unter Berücksichtigung aller Bedingungen ihres Handelns und Könnens und ihrer Ziele im Umfeld des Marktes. Begreifen, bewerten und zuordnen, dem Unternehmen einverleiben, eigene Kommunikationsleistungen mit den empfangenen verbinden und verarbeiten – dieses Geschehen ohne definitiven Anfang und ohne Ende beschreibt eine Spirale mit immer offenen Enden. Die Kommunikationsspirale verbindet alle im Unternehmen miteinander und alle mit allen Partnern draußen.

In dieser Strategie der bewegten Wechselwirkungen spielen natürlich Daten und Zahlen eine große Rolle. Nur können sie nie die einzigen Gestaltungselemente im Kommunikationsprozeß sein, wie sich das mancher faszinierte Informatiker auch heute noch erträumt. In der Welt der kommunizierten »Unterschiede«, wie ich sie beschrieben habe, sind Daten nur das Potential; sie bilden den kostbaren Rohstoff des Informationszeitalters.

Daten sind potentielle Information. Für die ökonomische Behandlung von Datenmaterial ist es wichtig zu wissen, daß die ungezählten Daten auf den Halden der Großrechner und Computerspeicher nichts anderes sind als Vorräte, die vielleicht einmal ins Leben treten als verwendbare, pulsierende Information, die für irgend jemanden den produktiven Unterschied zwischen gestern und heute Verstandenem und Verwendbarem ausmacht und damit Handlungsrelevanz gewinnt. Vielleicht wird die Mehrzahl der in den Datenspeichern der Konzerne und Banken gelagerten Kommunikationspotentiale nie in diesem Sinne zum Leben im Verständigungsprozeß erweckt. Die Kriterien der Lagerhaltung stecken hier noch in den Kinderschuhen; die Faszination ist größer als die strategische Energie, mit der diese Friedhöfe angelegt werden.

Der soziale Organismus »Unternehmen« ist also ein lebendiges Informationsverarbeitungssystem, das mit allen Vorteilen lebender Systeme arbeitet. Diese Vorteile zerstören wir, wenn wir jene Verwechslung zulassen, die so viele Datenverarbeiter in diesen Jahren fasziniert: die Verwechslung der puren Potentiale mit den lebendigen Ressourcen. Alles kommt darauf an, daß dieser Ressourcenmix dem Unternehmen gelingt: Sein flexibler Code zur Wahrnehmung und Verarbeitung von Umweltinformationen besteht in seiner Kultur – der Summe aus Wissen und Erfahrung,

In der Welt der kommunizierten »Unterschiede« sind Daten nur das Potential; sie bilden den Rohstoff des Informationszeitalters. Der soziale Organismus »Unternehmen« ist ein Informationsverarbeitungssystem, das mit allen Vorteilen lebender Systeme arbeitet.

Können und Wollen, Kreativität und Intelligenz. Nur Einzelbausteine in diesem hochsensiblen Zusammenspiel liefert die elektronische Datenverarbeitung. Ohne ihre Nutzer sind Daten tot. Wer seinem informationshungrigen Kunden Auszüge aus Datenbanken präsentiert, um zu »kommunizieren«, der gleicht einem Friedhofswärter, der gesprächsdurstige Besucher von Grabstein zu Grabstein führt, nachdem er zuvor Einladungen zu einer Party verschickt hat.

Kommunikation: Der Pulsschlag Ihrer Geschäfte

Strategische Kommunikation ist ein tragender Pfeiler verantwortlicher Unternehmensführung. Wie die Sprache schon sagt, hat Ver-Antwortung mit der Fähigkeit zu tun, Antworten zu produzieren, also zuzuhören und dialogisch zu agieren. Ver-antwortliche Kommunikationsstrategie kann nur erwartungsbezogen sein; nicht die eigenen, sondern die anderen Erwartungen werden dabei Bestandteil des Unternehmens-Codes zur Verarbeitung von Welt. Unternehmen haben bisher ihre Antworten auf Kundenfragen gern ins Produkt verlagert; Produkte als Lösungsangebote, Produkte als Gesprächsbeitrag, Produkte als Erfolgsgaranten, das ist die Vorstellungswelt des klassischen Industriekulturmarketings, wo Menschen hinter Produktbergen in Deckung gehen und der Kunde, beim Sammeln seiner Prestigepunkte durch Besitz, noch gutwilliger Mitspieler einer Welt der toten Seelen ist. Immer noch fesseln diese alten Bilder einer leicht steuerbaren Umwelt auch das Denken der Kommunikatoren; die Chancen einer neuen *Communio* aller in der Kundenkette, vom Führungszirkel bis in den letzten Winkel internationaler Märkte, wird als Fata Morgana abgetan; die Wirklichkeit sei härter, so entgegnet man, sie rechne sich mit Zahlen überdies leichter aus als mit der schwer quantifizierbaren Bindungsenergie oder Kommunikationsmacht.

Hier irren die Strategen der alten Welt. Kommunikationsmacht ist das aktuellste Managementziel der neuen Ära. Wer die Kommunikationsprozesse dominiert, kann das nur mit anderen gemeinsam

Strategische Kommunikation ist ein tragender Pfeiler verantwortlicher Unternehmensführung. Sie kann nur erwartungsbezogen sein; nicht die eigenen, sondern die anderen Erwartungen entwickeln den Unternehmens-Code zur Verarbeitung von Welt.

Kommunikationsmacht ...

... ist ein Partnerschaftsprodukt,

... sie lebt von dynamischen Rollenwechseln
... aller Partner,

... sie »begleitet« nicht Geschäftserfolg,

... sie »macht« ihn.

Kommunikation ist zugleich Kontrolle –
für alle Unternehmensprozesse.

tun, denn Kommunikation lebt vom Austausch, lädt sich täglich auf mit *Feedback* und neuem Input, jeder ist Nehmender und Gebender zugleich, die starre Rollenverteilung von Ordern, Liefern, Zahlen wird aufgesprengt wie der Kegel eines scheinbar erloschenen Vulkans. Die Lava, der Ressourcenmix von Stein und Feuer, kochendes Baumaterial für Zukunftslandschaften, verändert das Terrain, auf dem wir wirtschaften.

Die Kommunikationsstrategie macht Unternehmen erst wirklich zu kooperationsfähigen Partnern – innen und außen werden nun nicht mehr pedantisch unterschieden, sondern hier wie dort macht sich eine Verbreiterung der Kommunikationsbasis entspannend bemerkbar. Die Fragen verändern sich – eine unerwartete Wirkung der neuen »Antwortbereitschaft«. Wieviel haben wir heute verdient? hieß es früher. Heute fragt schon die interne Mannschaft exakter: *Wie* ist uns *was* heute gelungen? Wie müssen wir morgen kooperieren, um Erfolg zu haben? Welchen Partner haben wir nicht richtig verstanden, welcher Partner hat uns nicht recht verstanden?

Kommunikation als Managementfeld zieht einen hohen Anteil der Innovationsverantwortung auf sich; der Ressourcenpool, der hier vital gehalten und genutzt wird, ist nicht »neben« den rechenbaren Werten ein modisches Konstrukt für sachlich eher erfolglose Manager, sondern dieser Pool ist Quelle des unternehmerischen Erfolgs. Das Bindungsgeflecht des Unternehmens begleitet nicht, es macht Geschäftserfolg. Wenn in Krisen auch die besten Produkte erfolglos im Markt flottieren, dann wird den Unternehmen in der Regel klar, daß diese Gleichung stimmt.

Kommunikation als strategisches Managementfeld sichert die Innovationskraft im fachlichen wie im ethischen Bereich. Sie hält im Bewußtsein aller, daß beides nicht voneinander zu trennen ist: Kommunikation ist verantwortete Innovation. Nicht die Herr-

Kommunikation lebt vom Austausch, lädt sich täglich auf mit *Feedback* und neuem Input. Jeder ist Nehmender und Gebender zugleich. Die starre Rollenverteilung von Ordern, Liefern, Zahlen wird aufgesprengt wie der Kegel eines scheinbar erloschenen Vulkans.

schaft und Kontrolle über Daten, Produktwege und Erträge bringt den Erfolg, sondern die Pflege und beharrliche Nutzung der Kommunikationsgeflechte, die jeden dieser Erfolgsfaktoren umfassend absichern, ist der strategisch richtige Zugriff. Damit wird zwangsläufig unternehmerische Verantwortung in alle Einheiten des Unternehmens verlagert, denn wer sich nicht mehr im stummen Handeln verstecken kann, muß sich Information verschaffen, um mit Information auch seinerseits aufzuwarten. »Kontrolle« wird so zu einem integrativen Bestandteil der Kommunikationsprozesse.

Kommunikation, strategisch aufgebaut, ist buchstäblich zugleich Kontrolle. Wer schweigen muß, der wird sich immer entschuldigen können für Fehler; wer handelnd reden muß, kontrolliert sein Handeln und fordert andere dazu auf. Dies im Umgang mit »externen« Partnern zu praktizieren erfordert Abstandsverkürzungen jeder Art – elektronisch, geographisch und geistig, physisch, emotional. Plötzlich ist das ganze Spektrum der Marktfaktoren im Unternehmen selbst im Umlauf; denn alle diese Kräfte bewegen den Kunden auch bei seiner Entscheidung für den einen, gegen den anderen Partner. Wo Kunden erfahren, daß Kommunikation mit ihnen ein hochbewerteter Managementbereich ist, da erkennen sie eine Wertsteigerung ihres eigenen Platzes in der Wertschöpfungskette.

Weg von der Welt der toten Zahlen, hin zur wirklichen Welt, heißt das Motto der strategischen Kommunikation. Verweisen Sie die Zahlen auf ihren Platz, verlassen Sie Ihre Verstecke hinter den Balustraden der Terminals, argumentieren Sie nie mehr mit nackten Zahlen, da es bei Ihrem Kunden immer um viel mehr als Zahlen geht. Im Kommunikationsprozeß wird der Platz der Daten wieder klar: Sie sind Instrumente, um die komplexe Wirklichkeit in reduzierter Form zu beschreiben. Jeder Verkaufserfolg überholt die Zahl, jede Bindungsgeschichte, intern wie extern, ist durch

Zahlen höchstens angereichert, niemals aber ein reines Zahlenspiel. Zahlenspiele mögen Kunden locken; Kunden halten können wir mit ihnen nicht.

Strategisch kommunizieren heißt immer den Augenblick zum Anfang einer Geschichte machen. Schlechtwetterdialoge müssen in guten Zeiten geschrieben werden, sonst führt uns bei Blitz und Donner ein anderer die Hand. Kommunizieren mit strategischem Konzept, das heißt auch, im ruhigen Bewußtsein der eigenen Stärken von den Schwächen nicht schweigen; sollten sie einmal dominieren, muß sich das Unternehmen nicht grundsätzlich korrigieren, sondern es kann auf sein aufrichtiges Selbstportrait aus der guten Zeit verweisen.

Genau deshalb werden ihm Verbündete erhalten bleiben. Wer aber nur die Seite der Stärke zeigt, wird im Augenblick der Bedrohung mit Hohn von allen Partnern verlassen. Wer ein starkes Unternehmen bewohnt, lebt mit dem schlummernden, aber sprungbereiten Ressentiment aller anderen. Im ersten Schwächemoment werden diese, unbekümmert um Recht oder Unrecht, das strauchelnde Großunternehmen anfallen und zu Fall zu bringen versuchen.

Strategische Kommunikation ist Krisenvorsorge. Für Krisenmanagement taugt sie nur dann, wenn sie nicht erst im Krisenaugenblick aus dem Boden gestampft wird.

Wer aber umgekehrt in der Krise meint, nun sei es ohnehin zu spät und beim nächsten Hoch werde man sich in Ruhe um die Kommunikationsstrategie kümmern, der sei gewarnt: Schönwetterphasen machen leichtsinnig; fangen Sie lieber gleich an, zur Not auch in der Krise.

Strategisch zu kommunizieren, das ist nicht eine Aufgabe der Führungsriege, sondern ein sensibler neuer Mix von Bring- und Holschulden, auf den die Führung das ganze Unternehmen ein-

Schlechtwetterdialoge müssen in guten Zeiten geschrieben werden, sonst führt uns bei Blitz und Donner ein anderer die Hand. Strategische Kommunikation ist Krisenvorsorge, für die in der Krise selbst keine Zeit mehr bleibt.

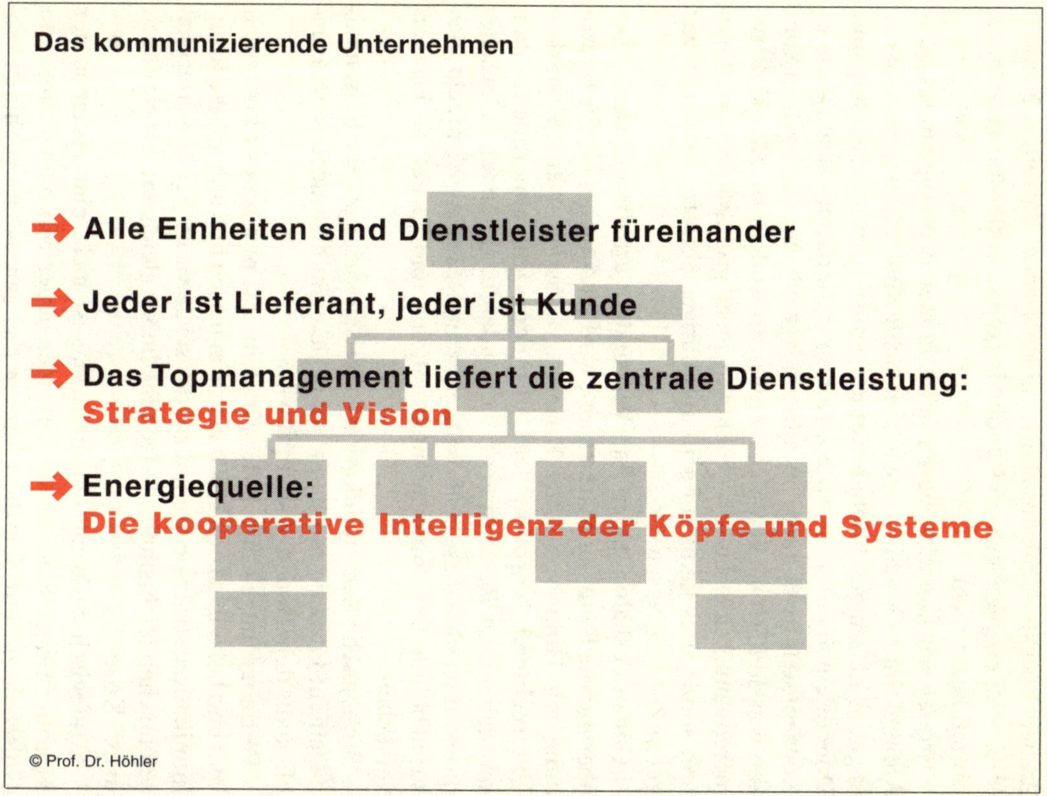
Das kommunizierende Unternehmen
Alle Einheiten sind Dienstleister füreinander
Jeder ist Lieferant, jeder ist Kunde
Das Topmanagement liefert die zentrale Dienstleistung:
Strategie und Vision
Energiequelle:
Die kooperative Intelligenz der Köpfe und Systeme
© Prof. Dr. Höhler

stimmen muß. Hier werden die ersten für die Führung unerwarteten Verzögerungen auftreten. Mitarbeiter erklären nämlich zuallererst, daß die bei ihnen eintreffenden Informationslawinen unübersichtlich, undurchdringlich und viel zu groß seien. Achtzig Prozent davon wandern in den Papierkorb. So geht die erste Aufgabe an die Führung zurück, dorthin, wo das Kommunikationsmanagement tatsächlich seinen Ausgang nehmen muß.

Information, so habe ich erläutert, ist das, was den Unterschied macht. Mitarbeiter, die haufenweise Informationen aus den höheren Etagen wegwerfen, sind überzeugt: Gelesen oder nicht gelesen – es macht keinen Unterschied. Zuerst braucht die Führung, dann das ganze Unternehmen einen Kriterienkatalog, was warum wann wichtig und in welcher Form zu bewegen ist. So erst wird aus Information Kommunikation. Müllhalden werden zum lebendigen, faktenreichen Strom. Wieder wird sich die Flucht in die Sachwerte, hier die Daten, als Ursache von Überlasten erweisen. Daten zu liefern ist leicht; Daten zu bewerten ist schwieriger.

Dulden Sie nichts mehr ohne Zusammenhang, lautet der Ratschlag an die Führung. Auch Zahlen »sprechen« erst, wenn sie für Zusammenhänge etwas leisten. Der zweite Ratschlag: Widerstehen Sie jetzt, beim ersten Stolperstein für Ihr neues strategisches Ressort, der Versuchung, dessen Aufbau an die »Spezialisten« zu delegieren. Kommunikation ist der Pulsschlag Ihrer Geschäfte; er versorgt auch Sie an der Spitze mit dem Lebensblut des Unternehmens und der Märkte. Nehmen Sie Ihre Rolle ernst, *brain power* zu produzieren; mit dem Magen oder der Leber denkt sich's schlecht, auch wenn dort eine Menge an Sachwerten verarbeitet wird. Sagen Sie sich kurzerhand: Unternehmensführung ist Kommunikationsmanagement. Dann endlich können Sie zulassen, was nun geschieht, während Sie dieses Strategiegebiet aufbauen: Die Organisation verändert sich.

Kommunikation ist der Pulsschlag Ihrer Geschäfte; er versorgt auch Sie an der Spitze mit dem Lebensblut des Unternehmens und der Märkte. Nehmen Sie Ihre Rolle ernst, *Brainpower* zu produzieren. Sagen Sie sich: Unternehmensführung ist Kommunikationsmanagement.

Überschaubare Profit Center arbeiten in hoher Eigenverantwortung und in enger Kooperation mit Lieferanten und Kunden. Das Spezialistendasein von Werbefachleuten und Marketingkönigen hat ein Ende. Die Nischen von Entwicklern und Forschern öffnen sich zur Normalität des Firmenalltags. Das dezentrale Organisationsprinzip entwickelt so ganz von selbst zentralisierende Kraft. Zum Beispiel die Kernressource Information wird zentralisiert, während wir sie zunächst in jedermanns verantwortliche Hand gegeben haben. Die verblüffende Folge: Alle haben an allem teil. Jedes Team reflektiert mit seinem speziellen Know-how dieselben Fragen, und das Puzzle der Antworten macht die komplexe, umweltgerechte Unternehmensidentität der Zukunft aus. Dabei werden alle zu Dienstleistern füreinander, greifen zu auf zentrale Datenpools, auf zentrale technische Dienste, Logistik und Konzepte zur Unternehmensentwicklung – und bewegen sich damit im internen Markt als Kunde und Anbieter, doppelt definiert.

Markt ist innen; endlich wird das für alle handgreiflich erfahrbar. Verkaufen muß man ebenfalls schon innen, wenn man marktfit werden will. Gut einkaufen kann man intern auch bereits – Informationen und Kontakte, Daten und Know-how von den anderen. Ein florierendes Bündnisklima bewegt alle in der offenen Spirale der Kommunikation und öffnet die Türen nach draußen. War der, mit dem man eben verhandelt hat, ein Kunde von draußen oder von drinnen? – Gleichviel, Markterfolg ist überall. Wenn nicht innen, so auch draußen bald nicht mehr.

Topmanagement wird in diesem lebendigen Strom der kommunikativen Leistungen zur zentralen Dienstleistung. Ein gewöhnungsbedürftiger Gedanke für die meisten Topmanager, aber erfolgsdienlich, und sobald das verstanden ist, werden sich Manager auf ihn einlassen. Die besten Standards werden nämlich gerade unter diesem Motto zur Grundforderung des Unternehmens an sich selbst. Wenn der Topmanager ein Dienstleister in seinem Unternehmen ist, dann müssen die Partner hochqualifiziert sein. Plötzlich erhält die Personalpolitik einen neuen Qualitätsschub – als Ergebnis Strategischer Kommunikation.

Was für die kooperative Intelligenz der Köpfe gilt, das gilt nun auch für die Intelligenz der Systeme. Welche Software, welche Hardware – wieviel Systemintelligenz zentral, wieviel dezentral? Und nun stellt das Unternehmen sich selbst die Frage, für die es sich gerade im Sinne seiner Kundenkette fit macht: Wer ist der Partner mit der höchsten kommunikativen Kompetenz, um uns bei diesen und anderen Fragen zu beraten? Das Kriterium, an das mancher Topmanager gestern noch nicht glauben mochte, legt man nun selbst an Kooperationspartner an.

Eigentlich haben Spitzenmanager schon immer auf die kommunikative Kompetenz gesetzt – nur in einem zu engen Rahmen. Seit Jahren ist nämlich dokumentiert, daß Topmanager 60 Prozent ihrer Zeit aufwenden, um – zu kommunizieren, bisher mit ihresgleichen, also Topmanagern. Der weiße Fleck im Auge des Topmanagers wurde dabei natürlich eher größer als kleiner, denn Angehörige der gleichen Kaste haben gleiche Stärken und Defizite. Strategisch kommunizieren heißt auch, diese Chancen vergrößern und diese Schwächen ausgleichen: Andere im Unternehmen wissen anderes, können anderes und liefern anderes als der Topmanager. Vorn stehen heißt, gekonnter profitieren vom Know-how der anderen; wahrscheinlich ist diese Fähigkeit sogar der häufigste Motor für den Weg nach oben. Auswählend kommunizieren – die eigene Karriereformel muß nur ein wenig abgewandelt werden, und schon werden aus Topmanagern die ersten Dienstleister ihrer Unternehmen.

Ein florierendes Bündnisklima bewegt alle in der offenen Spirale der Kommunikation und öffnet die Türen nach draußen.

Topmanagement wird in diesem lebendigen Strom der kommunikativen Leistungen zur zentralen Dienstleistung.

VI

Synergie durch Spielgenuß

Manager – das spielende Rudel

Der Blick der Spitzenmanager auf ihre Strategieskizzen und Szenarien gleicht dem des spielenden Buben vom Sandkastenrand auf seine Burg mit ihren Zugbrücken und Innenhöfen, Turmzinnen und dicken Mauern. Die Theorie, in der sie sich bewegen, beflügelt beide dabei eher, als daß sie stört. Beide, der spielende Junge wie der »spielende« Stratege in der Unternehmensplanung, haben keine andere Möglichkeit, als die beschriebene, die »innere Welt«, die sie fesselt, in Bilder zu bringen – der Knabe erprobt Allmacht, indem er im Kleinen aufbaut, was er im Großen nicht beherrschen darf; der erwachsene Mann nimmt seine Macht wahr, indem er das Große, Verteilte und Komplexe auf einer Metaebene »im Kopf« ordnet und in abstrakten Zeichen auf ein Blatt zwingt. Das spielerische Vergnügen, Komplexität zu bändigen, ruht zum Beispiel in dieser Leistung; die Geographie zu bezwingen, den Faktor Zeit zu domestizieren, die tausend Details im Alltagsbetrieb, die Gebäude, Menschen, Produkte, Transporte und Nachrichten zu reduzieren auf eine faßliche Botschaft – sie überschaubar und planbar zu machen.

Die Welt im Kopf – ein Riesenspielvergnügen für Denker, Manager und Wissenschaftler – ein Spielbrett, auf dem die Schwerkraft überwunden, der Globus von allen Seiten zugleich betrachtet werden kann und Gestern, Heute und Morgen zu strategischen Gegenwartsstoffen werden.

Die spielerischen Elemente des Wettkampfs werden im abstrakten Reich des Spitzenmanagements wie Tabustoff behandelt. Keiner stört das Debattenritual durch Bemerkungen, die das gemeinsame Spielvergnügen zum Gegenstand der Debatte machen. Auch hier gilt: Den Wettkampf als Spiel zu verstehen führt keineswegs zu einer Verrohung der kaufmännischen Sitten; im Gegenteil: Die erfolgreichsten Manager und ihre Firmen haben viel mehr spielerische Züge als die hart kämpfenden, weniger erfolgreichen Unternehmen und Topmanager, die von dieser spielerischen Note ihres Tuns ängstlich Abstand nehmen. Wer weiß, daß er spielt, ist entspannter und einfallsreicher; wer zugibt, daß er Vergnügen empfindet, ist wagemutiger. Kampf taucht im alten Angelsächsischen und im älteren Deutsch auf als »Kampfspiel«. Das erinnert daran, daß zum Spiel der Spiel-Ernst gehört, die Konzentration auf Feld und Regel und Handwerkszeug, die Spielstrategie. Wer den Wettkampf als einen Aspekt unter anderen des Lebens begreift, als ein Spiel, an dem man teilnimmt, nicht mit der vollen Existenz, sondern begrenzt nach Kraft und Zeit, der kann vom Ausscheiden aus diesem Spiel nicht so vernichtend getroffen werden, wie es heute bei vielen Managern geschieht, wenn sie aus dem Business ausscheiden.

Von der Essenz des Wettbewerbs begreift man tatsächlich am meisten, wenn man die Spielqualität der Wettkämpfe im Markt einmal ernst nimmt. Spiel und Kampf verbindet derselbe Ernst, aber auch derselbe Erprobungs- und Risikocharakter; sie brauchen eine Arena, die von den Alltagsfunktionen abgetrennt ist – das heißt aber: Wettkampf im Markt ist nicht identisch mit Alltagsleben, sondern die Arena in dessen Mitte, um die sich alle als Bieter, Wettspieler und anspornende Zuschauer versammeln. Spiel und Kampf sind essentiell verbunden durch das Erproben der Geschicklichkeit, das Messen der Kräfte.

Für die Innovation der Wettbewerbskultur in diesen Jahren ist es entscheidend, daß wir uns daran wieder orientieren:

Die Welt im Kopf, ein Riesenspielvergnügen für Denker, Manager und Wissenschaftler – ein Spielbrett, auf dem die Schwerkraft überwunden wird und das Gestern, Heute und Morgen zu strategischen Gegenwartsstoffen werden.

Wettkampf ist Spiel – sein Ziel ist nicht das Produkt oder der Profit, sondern: das Spiel selbst.

Spiel macht nur Vergnügen, wenn alle die Regeln einhalten.

Spiel klärt Rangordnungen

Spiel beflügelt die Phantasie

Spiel optimiert Einsätze durch Rivalität

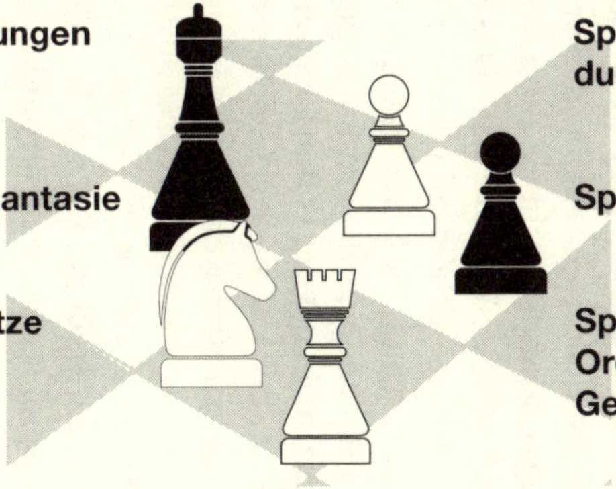

Spiel sichert Fitness durch Konkurrenz

Spiel begünstigt Rituale

Spiel befriedigt das Ordnungs- und Gerechtigkeitsbedürfnis

Das Wettspiel im Markt hilft allen Mitspielern, ihre Fitness zu überprüfen und Spielverderber auszuschalten.

Die Triebfeder des Wettbewerbs ist nicht das Produkt oder die Methode oder die Qualität, sondern die bewegende Kraft, die alle zueinander in Beziehung setzt: *dynamis,* die Dynamik der Konkurrenz.

Immer wieder haben auch Managementstrategien das verlokkende Mißverständnis in die Mitte des Strebens gestellt: auf die Technik, auf die Produktqualität, auf die Sachressourcen, die Fertigung, den Vertrieb und die Verkaufsnetze komme es eigentlich an – statt die Kraftquelle für alle Unternehmensfunktionen zu erkennen, dort, wo die Reibung am heftigsten, der Gegner am nächsten ist und der Kunde seine spontanen Partnerwechsel vornimmt oder seine Treuebindung genießt: in der Konfrontation mit dem schnellen Wettbewerb.

Der offene, spielerische Kampf ist das Prinzip der sozialen Marktwirtschaft. Wer die softe Variante will: Freundlichkeit statt Wettkampfgeist, der hat auch die Dienstleistungskultur nicht verstanden: Freundlichkeit ist nur als konkurrierende Tugend vitaler Faktor des Wettbewerbs. Plötzlich ist alle Beschaulichkeit des Teestubenmanagements verflogen: Die Kampfspiele mit der Konkurrenz sind ständig doppelt besetzt, und die weichen Sohlen der Dienstleister sind ein trügerisches Ideal, wenn die, die sie tragen, dem Wettkampfgeist das Lebenslicht ausblasen.

Wie zentral für alle Gesellschaften das Kampfspiel war, zeigt die Bedeutungsbreite, die »Spiel« und »Kampf« immer schon abgedeckt haben. »Spiel« ist religiöser Ritus genauso wie Zweikampf und Schlachtgetümmel; »Spiel« ist auch die Jagd. Alle diese offenbar immer schon als zentral erlebten Kulturfunktionen werden zeremoniell überhöht und festlich aufgewertet. Der Wettbewerb in der Marktwirtschaft ist nichts anderes als eine späte Variante dieses Spiel- und Kampfzusammenhangs, der offenbar nicht wegen seiner Nützlichkeit, sondern wegen seiner lebenserhaltenden Funktion

Der offene, spielerische Kampf ist das Prinzip der sozialen Marktwirtschaft. Die weichen Sohlen der Dienstleister sind ein trügerisches Ideal, wenn die, die sie tragen, dem Wettkampfgeist das Lebenslicht ausblasen.

und kulturschöpferischen Macht die gesamte Menschheitsgeschichte begleitet. Aber die Kampf- und Spielrituale sind älter als der Mensch; sie regieren bereits die Welt der Kreaturen, bevor der Mensch sich langsam aus deren Gemeinschaft löst.

Manche Balgerei zwischen Business-Konkurrenten oder Aspiranten auf einen Spitzenplatz im Management läßt sich gelöster beurteilen – und besser entscheiden! –, wenn die Beschauer und Mitbewerber dabei auch einmal augenzwinkernd an Führungswechsel im Wolfsrudel denken, die sich natürlich nicht abwickeln lassen ohne das Wettspiel der Bewerber, das die Rangordnung neu klärt. Die Entscheidung um solche Platzwechsel hat auch unter Menschen durchaus rituellen Charakter. Bleibt sie undurchsichtig, so herrscht Unzufriedenheit, und die kommentierende Zunft macht sich zäh auf die Suche nach Indizien für Balgereien, Kraftproben und Wettläufe, die man vielleicht übersehen hat – um die Verdrängung des einen Spitzenmannes oder Topunternehmens durch den anderen oder das andere auch in den Köpfen der Zuschauer der Spielregel zuzuordnen.

Das Ordnungsbedürfnis »spielt mit«, wenn Konkurrenzen laufen; mit der erwünschten Ordnung ist nicht nur die nachvollziehbare, sondern die optimale Ordnung von Rängen gemeint – und optimal ist eine Hierarchie, wenn der Beste auf dem ersten Platz steht. In diesem Wunsch aller Wettbewerbsbeobachter und -teilnehmer drückt sich Gerechtigkeitsverlangen aus. Keine Spielverderber an die Spitze! möchten sie den Konkurrenten zurufen. Daß es nicht um Kampf auf Leben und Tod geht, zeigt das Wort »Konkurrenz« deutlich: Wettbewerber sind und bleiben alle, sie laufen miteinander auf Ziele zu, *con-currere* sagt es. Die Rangordnung wird immer wieder neu bestimmt, und die Chancen, an die Spitze zu kommen, bleiben für jeden erhalten.

Natürlich hat auch das Wettbewerbsspiel als Ganzes eine Rangordnung und verschiedene Sparten. Wer sich im falschen Wettbewerb auf die Strecke wagt, weil er seine Kräfte überschätzt, nicht richtig rechnet, was er sich und seinen Leuten zutrauen kann, nicht studiert hat, wer die Gegner sein werden, kurz: Wer den Markt und und die Mitspieler, Konkurrenten wie Kunden, nicht in Beziehung gesetzt hat zur eigenen Kraft, der scheitert im Wettspiel nicht an den Konkurrenten, sondern an sich selbst. Platz eins im passenden Wettstreit mit Know-how auf dem Spielfeld, auf dem man antritt, kann Platz hundert in einem anderen Wettspiel bedeuten, das vielleicht morgen oder übermorgen für den erstarkten Bewerber passend sein wird.

Die Wettbewerbsgesellschaft als eine Spielgemeinschaft mit unterschiedlichen Einzelwettkämpfen und Regelwerken zu verstehen macht manche zupackende Frage selbstverständlicher – zum Beispiel:

- Sind wir fit für diesen Wettkampf, oder haben wir uns verirrt in ein falsches Feld?
- Kennen wir die Spielregel, nach der die anderen spielen?
- Haben wir Ressourcen, die für dieses Spiel taugen?
- Was ist das Spielziel, können wir es gewinnen?
- Wie ist das Umfeld zu beurteilen?
- Wer wird unser Spiel stören?
- Haben wir Spielverderber in den eigenen Reihen?
- Macht uns die Sache genug Spaß?

Plötzlich entfällt die Flucht in komplizierte Spezialdebatten, wo die Analysen sich als Ersatzhandlungen anbieten. Plötzlich auch stehen die großen Debattenredner in der Geschäftsführung ohne Stoff da, weil die Dinge übersichtlich und handlungsnah diskutiert werden. Auch die Zögerer haben nun kein leichtes Spiel mehr. Die Entscheidungswettspiele laufen draußen und drinnen zugleich, keine Nische bleibt Reservebank; für jeden heißt die Devise: Dein

Das Ordnungsbedürfnis »spielt mit«, wenn Konkurrenzen laufen; damit ist nicht nur die nachvollziehbare, sondern die optimale Ordnung von Rängen gemeint – und optimal ist eine Hierarchie, wenn der Beste auf dem ersten Platz steht.

Platz ist draußen und drinnen. Kein Spiel gelingt zwischen hohen Mauern, wo der Lärm des Publikums unhörbar wird. Wie Unternehmen Ansehen und Marktwert »verspielen«, wenn sie sich einmauern, um ihre Qualität zu sichern, dafür gab es in den Rezessionsmonaten Anfang dieser neunziger Jahre genug bestürzende Beispiele.

Auch das Abzäunen des Business gegen andere Lebensbereiche, ein ganz offiziell anerkannter Schachzug der Wohlstandskultur, fügt den Spielern drinnen wie draußen Schaden zu. Wirtschaft, so meint die Mehrheit heute, das ist wirklich Wettbewerb. Da geht es hart zu, Leistung zählt, Ergebnisse rangieren vor Lebensgenuß, Risiko ist täglicher Begleiter, und Sicherheit wird teuer erkauft. Dagegen nimmt sich die Behörden- und Bürokratenwelt wie ein beschaulicher Lustgarten aus; ein bißchen ergebnisarm zwar, aber dafür sicher umzäunt. Ihr Erfolgsprinzip heißt nicht Laufen, sondern Warten. Erfolgsmedium ist nicht die Leistung, sondern die Zeit. Wer sich auch hier noch überfordert fühlt, läßt sich fallen ins soziale Netz. Hier hat das Prinzip Nehmen das Äquivalent »Geben« ganz ausgelöscht. Man teilt sich die Arbeit; andere geben, darum kann man nehmen.

Das Stichwort »Privatisierung« ist in den letzten Jahren zum Schlüsselwort eines Erkenntnisprozesses geworden, dessen Wege ins Handeln so weit sind wie die Wege von der Behördenwelt in die Leistungswelt des Wirtschaftswettbewerbs. Aber begriffen haben wir etwas: daß die Stillegung des Wettbewerbsvergnügens so schlechte Ergebnisse bringt wie der Entzug der Spielregel beim Spiel der Kinder. Plötzlich ist die Spannung heraus – und das Vergnügen auch. Jeder versteht das, niemand protestiert, das Vergnügen müsse bleiben: Man sieht ein, hier verläßt jeder den Spieltisch und sucht sich eine interessantere Beschäftigung.

Die leistungsferne Behörde ist in diesem Sinne ein »Spielverderber«. Sie rechnet mit Menschen, die auch dann noch um die Wette laufen, wenn es keine Rolle spielt, wer zuerst ankommt. Diese Menschen werden weniger und weniger erzogen in einer Kultur, wo auch der Verzicht keinen Eigenwert mehr besitzt.

Die Wirtschaft als den Sonderraum für Wettkampf abzutrennen heißt, Menschen in anderen Lebensbereichen eine der begehrtesten Quellen für Lebensvergnügen und Selbstwertgefühle wegzunehmen. Wettkampf ist nicht eine wirtschaftstypische Kategorie, sondern eine »primäre Lebenskategorie«, die Menschen und Tiere verbindet. Weil dies so ist, sind auch andere Vereinfachungen falsch, etwa jene, Management sei eine von Logik und Intelligenz beherrschte Tätigkeit. Männer legen Wert auf diese Feststellung, weil sie den Schutz dieser Ideale brauchen. Nirgendwo aber war jemals ein Manager mit nackter Logik und purer Intelligenz erfolgreich. Es gehört zur Spielregel, daß über die Erfolgsmischung männlicher Managementbegabungen nur mit geschlossenem Visier gesprochen wird. Zur Spielregel gehört auch, daß die meisten Männer ihr eigenes Visier nicht mehr selber öffnen können: sie haben den Schlüssel verloren. Die Frauen haben ihn.

Spiel und Wettkampf sind primäre Kategorien – das heißt immerhin: Wer im Business unterwegs ist, bewegt sich in einer Welt, die den urtümlichsten Spielregeln unserer Existenz noch die Ehre gibt. Wird deshalb in jenem Sektor die Antriebsenergie für den Wohlstand unseres Jahrhunderts entwickelt? Werden deshalb immer dort, in der Wettbewerbswelt, neue Chancen zuerst aufgegriffen, *Turnarounds* vollzogen, ehe es zu spät ist, hohe Einsätze von Menschen geleistet, die anderswo ihre Arbeitskraft nur knausrig und kalkulierend zur Verfügung stellen? Nein, die Triebfeder ist nicht das Geld, denn die *Feedback*-Schleifen sind in der Wirtschaft eher länger als der Atem junger Menschen heute. Aber vieles, was zu den ursprünglichen Bedürfnissen der Kreaturen gehört, wird im

Spiel und Wettkampf sind primäre Kategorien – das heißt immerhin: Wer im Business unterwegs ist, bewegt sich in einer Welt, die urtümlichsten Spielregeln unserer Existenz noch die Ehre gibt. Hier gelten noch Risiko, Abenteuerlust und Neugier.

Bereich der Wirtschaft noch nicht so gestutzt wie anderswo: das Risiko, die Abenteuerlust, die Neugier auf das eigene Potential, die Lust, sich zu strapazieren und an anderen zu messen. Mittelbar und abgefedert mag das woanders auch noch gehen; in der Wirtschaft ist aber auch der laue Wettbewerber umgeben von frischem Wind, den die anderen machen: Er spielt mit, er darf aufs Spielfeld. Er darf erleben, daß die Welt sich dreht.

Die Wurzel des Spiels ist nicht der rationale Trieb, die Welt zu ordnen, auch nicht die Vernunft, die Welt bewohnbar zu machen. Damit sind viele Irrläufe des wirtschaftlichen Fortschritts auch erklärt. Und das Tun der Manager erscheint in einem neuen Licht, an das sich die meisten von ihnen erst gewöhnen müssen (denken Sie an den verlorenen Schlüssel!): Endlich wird die Passion erklärbar, mit der viele Manager ihre Bindung an das Wagnis und die Chance des Business beschreiben. Klartext, den keiner von ihnen redet, wäre: Wir bewegen uns in der schönsten aller Welten, der Welt des Spiels, die wir mit Löwen und Wölfen, mit Vögeln und Delphinen teilen. Nur deshalb schaffen wir es, soviel Engagement und strategische Leidenschaft zu mobilisieren, weil wir uns auf dem ursprünglichen Boden aller Kreaturen bewegen, wo Motivation zusammenfällt mit Erfolgsgenuß, weil der Zusammenhang von unvermittelter Lust und »vernünftiger« Funktion unseres Tuns noch stimmt.

Ein verblüffender Schluß: die Wirtschaft, getrieben von der Dynamik urtümlicher Antriebe. Und was sich folgern läßt, ist ebenso alarmierend: das Bild des Managers als eines leistungsfreudigen Wettspielers, dessen Antriebspotential aus dem vitalen Vorrat der »vorvernünftigen« Bewegungsmuster aller Kreaturen kommt – nur oberflächlich verfremdet durch die abstrakten Gegenstände, die alle Spielfreude in seinen Kopf verlagern. Streß kommt nur dann auf, wenn Manager bei diesem Spiel die eigene

Antriebsenergie einseitig ausbeuten, ohne auf den »spielerischen« Wechsel zwischen Anspannung und Entspannung zu achten. Im gleichen Mißbrauchsprozeß geht auch die Spielfreude verloren. Man tut nur noch, »als ob« es Spaß machte, man wird ein Gefangener der Simulation von Spielvergnügen. Das Bild schließt sich. Derselbe Mißbrauch der Spielbalance ist von Machtpositionen aus mit den Ressourcen anderer und ganzer Systeme möglich; im Streßkapitel habe ich diese Zusammenhänge verfolgt (vgl. Seite 261–269).

Das »Spiel im Kopf«, das heute das Business dominiert, ist zwar abgeleitet, wenn wir auf spielende Tiere und spielende Schmetterlinge schauen. Genauer betrachtet, ist es aber schon im Spiel der Tiere nur das Ergebnis instinktgelenkter Prozesse, was wir als äußere Bewegung beobachten. Die strategische Runde von Managern hat das Spiel eigentlich nur wieder zurückgeholt an seinen Ausgangspunkt, in den menschlichen Geist. Die simulierte Welt im Kopf wird virtuell bereist, Stützpunkte werden probehandelnd errichtet, Märkte durchgespielt und Wettbewerber auf ihre Spielfelder gesetzt. Bis man wirklich handelt, muß alles durchgespielt sein mit allen Alternativen. »Szenarien« sind Spielentwürfe von Wettkämpfern, weil die Probe im Leben faktisch unbezahlbar würde.

Wer aber glaubt, die Kategorie »Ernst« sei geeigneter, die Welt des wirtschaftlichen Wettbewerbs zu beschreiben, der mache eine einfache Probe: Er leugne beide, um zu sehen, welches Prinzip überlebt. Dabei zeigt sich: Der Ernst läßt sich leugnen, das Spiel nicht. Damit nicht genug: Das Spiel der Kräfte erreicht zwar Ziele, die bestmögliche Versorgung von Menschen zum Beispiel, wie sie der Ethiker der Wirtschaft aufträgt. Aber in diesen Zielen beruht nicht ihr Sinn. Darum ist der wirtschaftliche Wettbewerb angemessen nur mit dem Urmotor »Spiel« zu erfassen: Sein eigentlicher

Endlich wird die Passion erklärbar, mit der viele Manager ihre Bindung an das Wagnis und die Chance des Business beschreiben. Klartext wäre: Wir bewegen uns in der schönsten aller Welten, der Welt des Spiels.

Leistungsgesellschaft als Spielgemeinschaft

Die großen Spielverderber: Behördengeist und staatliche Überbetreuung

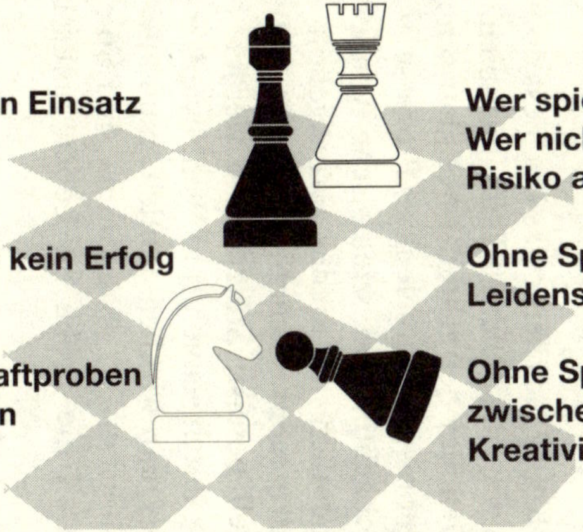

Ohne Wettbewerb kein Einsatz

Wer spielt, akzeptiert Risiko. Wer nicht spielen darf, wehrt Risiko ab.

Ohne Spielvergnügen kein Erfolg

Ohne Spielerlaubnis keine Leidenschaft

Ohne spielerische Kraftproben keine Entwicklung von Kompetenz

Ohne Spiel kein Bündnis zwischen Intelligenz und Kreativität

»Der Mensch ist nur da ganz Mensch, wo er spielt.« (Friedrich von Schiller)
Das spielerische Element sichert die Humanität im Wettbewerb.

Gegenstand ist nicht materiell, auch wenn die Wirtschaftsdebatten dies immer vortäuschen.

Gegenstand des Wettspiels ist der Wettbewerb selbst; er hat Effekte wie Geschicklichkeit, Übung, Vermehrung der Kräfte; aber alle diese Effekte sind zugleich auch Medien für die Wettbewerbsteilnahme und für den Erfolg. Da ist sie wieder, die runde Arena, in der das Spiel um des Spiels willen jeden Tag neu begonnen wird. Plötzlich wird aus dem Geist des Wettbewerbs selbst klar, warum Wettbewerbsvorteile ebenfalls nicht zu verankern sind im Stofflichen, Materiellen; auch sie haben nur materielle Effekte (Profit), die zugleich wieder Medium für Spielstärke im Wettbewerb sind. Die Wurzel der Wettbewerbsvorteile aber ist nichtstofflich: Vertrauen zur Kampfkraft der Spieler, das sich beim Kunden entwickelt, Selbstvertrauen in dieser Treuebeziehung, das auch Führung und Mitarbeiter verbindet wie jede gute Mannschaft im Sport. Sobald sich die Ziele der Mitspieler aber ganz auf den materiellen Erfolg verengen, geht Spielfreude verloren. Der Wettstreit selbst ist die Erfolgsquelle, und der Wettkampfgeist ist der strategische Faktor, der den Unterschied macht zwischen ersten und ferneren Plätzen.

Topmanager sollten das bewußt vor Augen haben – nicht nur für sich selbst, sondern auch für ihre Mitarbeiter und Kunden: Sinn des Wettstreits im Markt ist zuerst der Wettkampf selbst. Er ist eine grundlegende Vitalkraft für Leben in jeder Form. Danach erst lohnen Ergebnisdebatten – die niemals den Geist des Wettbewerbs zerstören –, das heißt: die Laune der Spieler verderben dürfen.

Der Wettbewerb ist nicht ein Mittel, sondern Ziel der Marktwirtschaft. Er ist Kraftaustausch, Ideenkreislauf in der offenen Spirale – ein Optimierungsprozeß, dessen verläßlicher Motor das Spielvergnügen ist. Aus diesem Blickwinkel läßt sich begreifen, wie dra-

Gegenstand des Wettspieles ist der Wettbewerb selbst; er hat Effekte wie Geschicklichkeit, Übung, Vermehrung der Kräfte; aber alle diese Effekte sind zugleich auch Medien für die Wettbewerbsteilnahme und für den Erfolg.

matisch die Störungen sind, die durch Plan, Subvention und Bürokratismus in diesen selbstzündenden Prozeß gedrückt werden. Der Staat als Lähmer des Wettbewerbs durch Regulierung ist ein Spielverderber wider Willen, weil er die Regeln, nach denen dieses Spiel Erfolg bringt, nicht begreift. Seine Institutionen sind nach einem anderen als dem Spielprinzip organisiert, und ihre Leistung ist daher mäßig – *output* von Spielern, die nicht spielen dürfen. Drängt man dieses Behördenprinzip der Wirtschaft auf, so ist der Bremseffekt fatal bis tödlich. Kein Staat, der das Wettspiel im Markt als primäre Lebenskategorie verstanden hat, könnte als Zimmermann der Bande, die das Spielfeld rahmt, die Spieler zusammenpfeifen, während sie gerade in vollem Lauf ihr Bestes geben – und dies immer wieder, bis jede Spielstrategie zerstört ist.

Auch die staatliche Ordnung ist nach Spielregeln gebaut, die in Ritualen gefeiert werden: Das Rechtswesen ist durchwoben von solchen Ritualen, der Staatsdienst und seine Institutionen leben von ihnen. Respekt der Bürger vor ihrem Staat wird durch verläßlich wiederkehrende Formen seines Auftritts und seiner Bewährung als Schutzmacht und Rechtswahrer genährt. Die liturgischen Rituale der Kirche zeigen uns, daß der Kult die Heimat dieser ausstrahlenden Handlungsrhythmen ist. Der Kult »spielt« im ernsten, ursprünglichen Sinne eine höhere, die geistige Ordnung des Lebens durch – seine Sinnordnung, die nicht handgreiflich gemacht, sondern nur spielend erlebt werden kann.

Etwas von diesem Ernst ist in staatliche Rituale übergegangen und hält sich dort, weil der »heilige Ernst« des Spiels nicht entbehrlich wird. Auch das beweist: Das Spiel nach Regeln ist eine Lebensfunktion, die nicht aufgegeben oder eingetauscht werden kann. Kultur hat ihren Ursprung im Spiel, das Handwerk, die Musik, die Wissenschaft sind wie Recht und Ordnung, Verkehr und Wirtschaft, angetrieben vom Geist des Spiels. Alle Jahrhunderte haben kundgetan, daß ihnen dies bewußt war: das Leben eine Rennbahn, eine Bühne, ein Traum: Bei all diesen Bildern ist das Spielerlebnis dominierend, wie es Friedrich von Schiller knapp formuliert hat: »Der Mensch ist nur da ganz Mensch, wo er spielt.«

Auch die staatliche Ordnung ist nach Spielregeln gebaut, die in Ritualen gefeiert werden. Das Rechtswesen ist durchwoben von solchen Ritualen, der Staatsdienst und seine Institutionen leben von ihnen. Das Spielen nach Regeln ist zentrale Lebensfunktion.

Das Spiel mit der Macht

Die achtziger Jahre waren die Epoche der Weichzeichner. – Managementtheorien wurden soft und geschmeidig, die Härte sollte weggespült werden aus dem Wettbewerb. Die Feminisierung aller Handlungsprofile schien ein starker Trend zu werden. Die Götterdämmerung der Rezession erfaßte auch diese schöne neue Welt der weichen Werte. Nur ein Mißverständnis hält sich hartnäckig, weil niemand es bemerkt: die Vorstellung, der Wettbewerb im Markt um Vorteile und Vorsprünge habe mit Kampf entschieden mehr als mit Spiel zu tun – das Spielerische sei eher eine Freizeitkategorie.

Nicht das Gegenteil ist richtig, sondern Wettkampf ist Spiel. In früheren Jahrhunderten finden wir gar keine scharfe Trennung zwischen beiden; was moderne Friedensfreunde erschrecken mag. Das Waffenklirren und das priesterliche Schreiten vorm Altar, das unbeschwerte Ballspiel und der tödliche Zweikampf sollen ein und dasselbe sein? Da werden doch die entscheidenden Größen vernachlässigt, Lust und Gefahr. Eben die aber, so wissen wir auch, gehören eng zusammen. Wo sie dauerhaft getrennt werden, kann das eine nicht mehr bestanden, das andere nicht mehr intensiv gefühlt werden.

Vieles, was Wettbewerber – und Manager – tun, wird erst verständlich, wenn wir begreifen, daß es sich um ein lustvolles, häufig auch recht gefährliches, manches Mal sogar tödliches Spiel mit hohem Risiko handelt. Der Wettbewerb ist ein großes Spiel, sein

Spielbrett ist die Welt, zerteilt in viele kleinere Feldeinheiten, die Einsätze werden in allen Währungen und allen Produkten dieser Welt geleistet, und der Katalysator des Geschehens ist die Dienstleistungsqualität der Spielpartner und Wettbewerber weltweit.

Dabei gilt eine Verabredung, die schon der Junge im Sandkasten mit seinen Kameraden einhält – ja sogar der hinzutretende Erwachsene spontan erfüllt: die stillschweigende Übereinkunft, daß das Spiel Ernst ist. Sehr merkwürdig, muß der unbefangene Beschauer sagen, daß gerade dies, was doch das Spiel vom Leben unterscheidet, als Motto über lustvollen Spielen steht – ein Spiel-Ernst, der die Motivation der Spieler sichert und ihre Spielleistung anspornt.

Leicht verstehen wir das beim sportlichen Wettkampf. Jeder, der in ein Skirennen hineinspränge mit der Fanfare: »Das alles ist nur Spaß, nichts gilt, hört auf!« hätte den Zorn – buchstäblich nicht weniger als den Zorn der Mitspieler und Zuschauer auf seiner Seite. Er wäre ein Spielverderber im ernsten Sinne, weil das Spiel nur fesselt, wenn es – »ernst« ist. Und mehr: Es funktioniert nur, wenn es ernst ist. Das »Als-ob« ist tatsächlich die wichtigste Essenz, die Spiele lustvoll, spannend, lehrreich und erfolgreich – für das Leben macht.

Jene leicht hingeworfenen Bemerkungen, nach denen im Mann das Kind steckt, das spielen will (Nietzsche), nicht nur von Feministinnen mißverstanden, leitet auf eine wichtige Fährte, wenn man den Wettkampfgeist als eine »männliche« Handlungskategorie verstehen will. Die Rivalität im Wettkampf als eine Antriebsquelle von hohem Rang in der Marktwirtschaft zu verstehen mag vielen selbstverständlich sein. Die spielerische Lust aber zu stimulieren, um Wettbewerb attraktiver zu machen, das ist zumindest in Deutschland fast ein unseriöser Vorschlag. Schon gar in »ernsten« Zeiten, wenn statt der prallen nur eine leicht verhangene Konjunk-

Jeder, der in ein Skirennen hineinspränge mit den Worten: »Das alles ist nur Spaß, nichts gilt, hört auf! « – wäre ein Spielverderber im ernsten Sinne, weil das Spiel nur fesselt, wenn es – »ernst« ist. Das »Als-ob« ist seine wichtigste Essenz.

tursonne scheint, greift das Tabu, das alle heimlich vergnügten Spieler in die Lage versetzt, ihre lustvollen Risikoszenarien im langen Schlagschatten seriöser Sorge auf- und umzubauen – wie Buben im Sandkasten, wenn Sommergewitter aufziehen: Wehe dem, der jetzt nicht genug »Gewitterfestigkeit« durch eifriges Gießen mit Wasser, wie es gleich vom Himmel prasseln wird, in sein Sandkunstwerk eingeknetet hat. Krisenfestigkeit durch Krisenprophylaxe mittels Material aus dem Krisenszenario – auch für das Sandkastenspiel der Kinder stimmt die Gleichung.

Wer sich an dem ausgegebenen Tabu vorbeischiebt in die heimlichen Spielfelder der Männer, an ihren inszenierten Ritualen in Schwarz und Dunkelblau ohne die erwünschte Zerknirschung vorbei bis in die verschlossenen Billardzimmer ihres eigentlichen strategischen Spielvergnügens, der hat die Chance zu begreifen, was den staatlichen Ermunterungsrufen fehlt, wenn sie denn wirklich zum gesteigerten Wettbewerbsvergnügen locken wollen.

Was lockt erwachsene Männer in die Spielfelder der Macht? – Eben nicht die Macht allein, sondern – das Spiel mit ihr. Das Spiel mit Möglichkeiten, die Strategie, fesselt Spitzenmanager weit mehr als die fertige Erfolgsbilanz. Erfolge sind dazu da, übertroffen zu werden – von morgigen Erfolgen. Geschäftserfolg ist allenfalls kurzfristiger Triumph, er ist gut für die Außenwirkung, und er ist natürlich Grundlage für höherfliegende Pläne im nächsten Abschnitt. Das eigentliche Vergnügen aber ist das spielerische. Schnell zeigt sich auch, daß Machtlust oder Spielfreude überhaupt keine Gegensätze darstellen, sondern: Der Junge im Sandkasten wird via Spielentwurf zum mächtigen Herrscher. Nicht von ungefähr entsprechen die Kategorien der Spielregeln denen des Kampfes: Man »schlägt« Gegner, gleichviel, ob mit Murmeln oder Holzfigürchen oder Setzsteinen gespielt wird. Man errichtet Verteidigungsbastionen, sinnt über Listen nach, setzt viel oder wenig ein, verliert Figuren oder macht Gefangene – das Vokabular des Krieges vermischt sich ganz selbstverständlich mit dem des Kampfes.

Auch die Manager, die ihre Stützpunkte auf der papiernen Weltkarte mit kleinen bunten Nadeln oder Fähnchen markieren, stehen am »Sandkasten« und sind mächtig. Mächtiger als in einer Mitarbeiterversammlung, wo dreihundert Köpfe das Unternehmen nur sehr partiell repräsentieren. Da fehlen die virtuellen Beziehungen, die Kraftlinien, wie sie die strategische Planung, der *Forecast* zeichnet, der Börsenkurs vermittelt. Da fehlt so viel Abstraktes, das den Manager seine Machtfülle fühlen läßt, weil es so weit abgeleitet ist, Filtrat aus allen Unternehmensfunktionen. Dies ist einer der Gründe, warum Spitzenmanager Versammlungen ihrer Mitarbeiter viel zu selten veranstalten und fast nie genießen: Strategisch ist das kein Genuß, weil nicht abgeleitet genug. Das Konkrete dieser Menschenansammlung wärmt ein wenig zu sehr; die Dramatik des Unternehmensprozesses ist ein viel kühleres und heißeres Vergnügen zugleich: Da schießen die Vektoren in den Raum, da stapeln sich Erfolgsjahre und Mißerfolgssträhnen übersichtlich auf, man kann den Sinn ermitteln, die neue Strategie darauf aufbauen, Fehler erkennen, Korrekturen anbringen, Adrenalin abrufen beim Gedanken an verpaßte Chancen, riskante Verhandlungen und schwebende Großdeals. Nicht nur der Kunde stört bei diesen Spielen, auch der Mitarbeiter. Alles Erdnahe und Konkrete stört. Die Wirklichkeit der Märkte ist im Konzept nach Raum und Zeit mit einem Blick erfaßbar, die Welt des Handelns auf den Begriff gebracht, das fasziniert den Kreis der Topmanager. Alles Ausschnitthafte bringt sie leicht aus dem Konzept. Wer sie zur Nahsicht auf Kundenmentalität und Mitarbeitermotivation nötigt, stört ihr Spiel.

Erst wenn das verstanden ist, wird deutlich, daß die neue Aufgabe, Kundenbindung mit Leidenschaft zu pflegen, eigentlich ein

Was lockt erwachsene Männer in die Spielfelder der Macht? Eben nicht die Macht allein, sondern – das Spiel mit ihr. Das Spiel mit seinen zahllosen Möglichkeiten, die Strategie, fesselt Spitzenmanager weit mehr als die fertige Erfolgsbilanz.

Das Spiel mit der Macht

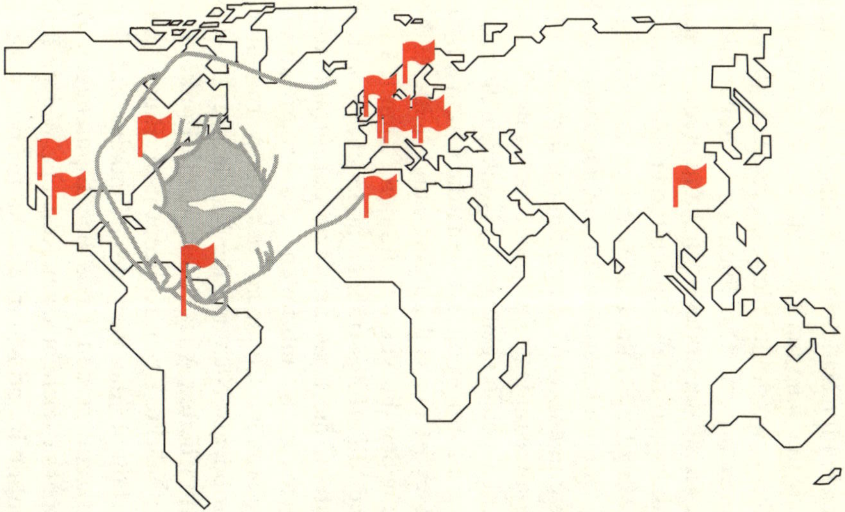

Das strategische Vergnügen wächst mit dem Abstand von den Zufällen des Nahbereichs.

Spielregeln schützen die Mitspieler
Die wichtigste Regel: Der Spiel-Ernst muß von allen Mitspielern eingehalten werden
Spiel-Ernst sichert Hingabe und Konzentration
Spiel-Ernst schafft Vertrauen zwischen den Spielpartnern im Markt
Spiel-Ernst verbessert die Ergebnisse
Ziel des Spiels ist immer eine Vision, die nicht materiell ist
Der Sinn des Spiels liegt im Gelingen: im richtigen Spielfeld die passenden Ressourcen zum Erfolg zu nutzen
© Prof. Dr. Höhler

verfehlter Appell an Spitzenmanager ist. Die notwendige Qualifikation des Spitzenmanagers ist gerade das strategische, das virtuelle Vergnügen an der abstrakten Unternehmensgestalt im Kern aller konkreten täglichen Geschäftsgänge. Spitzenmanagement ist der Blick vom Feldherrenhügel über das Schlachtgetümmel – auch wenn dies ein friedlicher Wettkampf geworden ist. Im Kopf der Manager übrigens geht es dabei immer noch recht blutig zu, weil Verdrängungswettbewerb und *unfriendly take over,* Produkt- und Imagekampagnen nicht Einladungen zum Tee sind, sondern Spiele um die besten Plätze. Die Spielregel sorgt dafür, daß der Spiel-Ernst gewahrt bleibt – weil nur er den Spaß aller am Spiel lebendig hält.

Manager kümmern sich keineswegs darum, daß ihr Spielvergnügen bekannt wird. Im Gegenteil: Sie halten sich an die still verabredete Spielregel, daß alle so tun, als sei es einer der ernstesten Plätze, auf dem man in einer Gesellschaft sitzen kann: der Platz an der Macht, wo das Spielbrett die Welt ist.

Es gibt eine Menge Rechtfertigungen für diese Diskretionsvereinbarung. Sie einzuhalten ist zweckmäßig und spielfördernd. Wichtiger noch: Es fördert den Ergebnis-Ernst und die Ergebnisqualität, wenn mit Hingabe gespielt wird.

Europa und die USA haben in diesen Jahren erlebt, welche schweren Irritationen ausbrechen, wenn Spielfelder und Spielregel – und, dramatisch, zusätzlich noch der Wettbewerbsgrund – verlorengeht: beim Riß der Eisernen Vorhänge in Osteuropa. Nun sollen die zusammen spielen, die als Gegner Statur gewonnen hatten. Die Grenze zwischen den gegnerisch konfrontierten Hälften des Spielbretts, das die Welt ist, soll nicht mehr gelten. Augenblicklich war alle Spannung aus dem Spiel verpufft. Die reichen Bürger der freien Länder begannen zu nörgeln, die armen Bürger der befreiten Länder ebenfalls. Der lange Atem fehlte, weil die große Linie fehlte. Treffen der Spielgegner von einst verlaufen seither spannungslos; man tauscht Artigkeiten aus. Die Kinder aus dem fremden Garten, wo immer schmutzige Wäsche hing, sind in den Garten der wohlgekleideten reichen Kinder gekommen. Oft hat man am Zaun »im Spiel« die Grenze niedergeträumt. Nun, da sie wirklich niedergetreten ist, fehlt der Stoff zum Träumen.

Spieler brauchen den Schutz ihrer Regeln und die Verabredung, alles sei todernst. Genau dies sind die Bedingungen für jene sittliche Verantwortung, die wir dem Manager zusprechen: Er befreit sich durch die strategische Bereinigung seiner Planungsfelder – in Zahlen, Graphiken, Charts, *Mission-Statements* – von den Zufällen des täglichen Geschäfts, die die großen Linien verschleiern. Er wird frei für das Wesentliche; das ist zugleich die Grundlage für unternehmerischen Mut und strategische Klarheit. Wer den Blick auf die Zufälle heftet, wird nie in der Lage sein, konzeptionell zu planen. Der Sinn für den virtuellen Raum der abgefilterten Fakten im Kern der Unternehmensprozesse qualifiziert den Spitzenmanager. Sein Dilemma: daß genau diese Fähigkeit ihn wenig begeisterungsfähig macht für das operationale Geschäft.

Aus diesem Spielvergnügen ist auch viel besser zu verstehen, was die Manager gelegentlich den Kritikern ihrer hohen Bezüge sagen: Sie arbeiteten nicht des Geldes wegen. Hohngelächter ist regelmäßig das Echo auf dieses Bekenntnis. Man hält es für unaufrichtig. Was der Manager in aller Regel nicht vorbringen kann, weil er es selbst nicht durchschaut, sondern nur erfolgreich praktiziert, ist die hohe *Feedback*-Qualität des erfolgreichen Spiels. Tatsächlich geschieht im spielerischen Abstrahieren der strategischen Linie aus dem Knäuel der Alltagsfunktionen mehr als pure Selbstbehauptung, die dem Beschauer oft am deutlichsten ins Auge fällt.

Die Erfolgsvision des »spielenden« Managers ist wirklich nicht materieller Natur, sondern immaterieller. Der Sinn des Spiels näm-

Manager kümmern sich nicht darum, daß ihr Spielvergnügen bekannt wird. Sie halten sich an die still verabredete Spielregel, daß alle so tun, als sei es einer der ernstesten Plätze, auf denen man sitzen kann: der Platz an der Macht, wo das Spielbrett die Welt ist.

lich liegt im Gelingen – das heißt: im geglückten Wiedereintritt der strategischen Handlungskonzepte in die Realität der Märkte – und dies mit Erfolg. Was eigentlich befriedigt, ist der erfüllte »Sinn« des strategischen Spiels bei seiner Anwendung auf die Wirklichkeit. Daß diese Sinneffekte auch Nutzen materieller Art mitführen, ist selbstverständlich; die höchste Quelle des Spielvergnügens ist es nicht – ganz entsprechend dem verlegenen Managerstatement, eigentlich täten sie das, was sie so passioniert tun, nicht für Geld ...

Eigentlich eine gute Grundlage für Spielfreude in der Dienstleistungskultur, dieses Spielvergnügen an der Spitze. Denn die infantilen Lustquellen sind schon seit dem Ende der achtziger Jahre auch bei jedermann nicht mehr so tabuisiert wie in den Jagdjahrzehnten der materiellen Aufbauzeit. Jeder spielt offener, Männer und Frauen als Privatpersonen zumindest. Aber die Unternehmen ächten das Bekenntnis zum spielerischen Charakter der Projektarbeit und der unternehmerischen Mitverantwortung weiterhin. Ist der Spielgenuß an der Spitze so etwas wie ein Privileg, ein priesterliches Vorrecht, das man hütet, indem man seine Existenz bestreitet? Jedenfalls scheinen die Manager entschlossen, es der allgemeinen Proletarisierung aller Vorrechte nicht zu opfern.

Nicht nur den verhinderten Spielern, auch dem Wettbewerb selbst gäbe es aber neuen Schwung, wenn wir in diesen Jahren um die Jahrtausendwende die Rehabilitation unserer heimlichen Leidenschaft, des Spiels, auf die Tagesordnung unserer täglichen Geschäfte setzen könnten.

Spieltraining für Dienstleister

Vom »Spiel der Kräfte« reden wir gern, vom Spiel der Menschen mit diesen Kräften weniger. Ein »Spieler«, das ist ein Süchtiger oder ein Luftikus, der nichts ernst nimmt. Das Tabu um die Spielfreude im Business ist zuverlässig wirksam. Jeder hält sich an die – »Spielregel«, daß vom Spielvergnügen beim Wettkampf nicht geredet werden darf – außer im Sport, aber der Sport ist ja nicht das »wirkliche Leben«.

Probieren Sie's einmal aus. Sagen Sie einer in ihre Rituale vertieften Männerrunde: »Ein schönes Spiel, das ihr da ausgedacht habt.« Sie werden als übler Spielverderber disqualifiziert und vor die Tür gesetzt. Die Verachtung aller Spieler aus der Runde ist Ihnen für alle Zeit sicher.

Die Sprache zeigt, daß wir das Spielen an Sachen und an minderwertige Menschen delegieren, wenn es im Erwachsenenleben Platz finden soll. Jemand spielt einem übel mit, eine Frau spielt mit einem Mann, einer spielt sich auf, man verspielt Chancen und Prestige, lauter negative Bedeutungsfelder für das Spiel, von dem Friedrich von Schiller sagte, es mache den Menschen erst wirklich zum Menschen. Dinge dürfen spielen, ohne daß wir sie verdächtigen. Da spielt sich nicht einer nach vorn, sondern etwas spielt sich ein; etwas anderes spielt eine Rolle für uns, spielende Winde, Tiere und Wellen sind zugelassen wie spielende Kinder.

Medien fangen den abgeklemmten Spieltrieb auf niedrigstem Niveau wieder ein: mit Gameshows, Wettspielen, Neckspielen,

Ist der Spielgenuß an der Spitze ein Privileg, ein priesterliches Vorrecht, das man hütet, indem man seine Existenz bestreitet? Die Manager scheinen entschlossen, es der allgemeinen Proletarisierung aller Vorrechte nicht zu opfern.

Verwirrspielen und Glücksspielen. Heruntergekommen zur Fratze vegetiert eine der edelsten kulturschöpferischen Funktionen, die Spielfreude, in solchen TV-Spektakeln dahin.

Spielerische Elemente sind es aber im Grunde, die der Dienstleistungskultur ihren unwiderstehlichen Charme geben. Wenn es gelingt, ein Zusammenspiel von freundlich gestimmten Menschen zu gestalten, ist immer Spielvergnügen »im Spiel«, denn mit dem puren Kalkül geht jede Dienstleistungsaura in die sichere Vereisung. Alle Qualitäten, die eine motivierte, phantasiereiche und sensible Bindungskultur braucht, sind auch Merkmale des Spiels – nämlich: Spannung und Gleichgewicht, Abwägen und Auslösen, Kontrast und Variation, Bindung und Auflösung, Einsatz und Gewinn, Kontakt und Distanz, Zauber in Fesselung und Freiheit.

Rhythmus und Harmonie, die Grunderfahrungen einer guten und dauerhaften Bindung, gehören auch zum geglückten Spiel. Das Spiel, das Menschen im Beziehungsmanagement gemeinsam gestalten, hat vor allem aber jene faszinierende Qualität, die vom Druck der Notwendigkeit und vom Zwang des Kalkulierens befreit: Es ist nützlich und nutzlos zugleich. Was uns an der guten Geschäftsbindung genauso wie an der Vertrauensbindung zwischen Lehrer und Schüler, Arzt und Patient festhalten läßt, ist genau dies: die Verschmelzung von trivialem Nutzen und beglükkendem Selbstzweck. Dienstleistungskultur ist in diesem Sinne die Verabredung zu einer wechselseitigen Steigerung der Daseinsfreude durch gemeinsames Spiel, in dem niemand unachtsam die Figuren umstößt oder die Regel mißachtet – oder das Spielfeld zum falschen Zeitpunkt verläßt.

Höflichkeitsregeln, wie sie für die Dienstleistungskultur wiederbelebt werden müssen, sind ebenfalls Spielregeln. Das Vergnügen an ihrer Einhaltung überträgt sich auf alle Mitspieler, weil ein Klima der Berechenbarkeit entsteht. Es beruht darauf, daß alle Mitspieler die Regeln kennen – und eine stille Verabredung gilt, sie zu befolgen. Darauf wiederum verläßt sich jeder in der Spielgemeinschaft – man fühlt sich geschützt und weiß, was die Bedingung für den Schutz durch die anderen ist: die Einhaltung der Regel, die niemanden abstürzen läßt.

Im euphorischen Aufstieg aus den Reglements der autoritären Väterkultur hat die Protestgeneration der späten sechziger Jahre viele von diesen schützenden Übereinkünften geopfert. Zögernd beleben sich die meisten heute wieder, weil jeder sich im Dschungel der Zufälle schlechter fühlt. Dienstleistungskultur hat auch mit diesem Verlust zu kämpfen; und Scharen von »Benehmensberatern« sind unterwegs, um die jungen Aufsteiger aus dem Niemandsland der antiautoritären Kinderstuben in diesen wichtigen Schonraum des Beziehungsmanagements einzuführen, den unsere Voreltern »Höflichkeit« nannten – was zeigt, daß auch sie schon Erben dieser Regelwerke aus einer anderen Welt waren.

Das Dienstleistungs-Know-how eines Unternehmens als spezielle Qualifikation für das Spielerische aufzufassen, hat viele Vorteile. Spiel ist immer freiwillig. Unter Zwang spielt niemand mehr wirklich. Spielräume gehören dazu – und schon wird die Forderung an die Führung, den Mitarbeitern Entfaltungsraum zu geben, den sie im Zusammenspiel mit dem Kunden füllen, von jedem falschen Sozialpathos befreit. Denn genau diese Qualität wünschen wir ja für die neue Kundenbeziehung: Freiwilligkeit, Entlastung vom Nutzendruck, Energieaustausch und Optimierung der gemeinsamen Ergebnisse. Gewinne also für beide Seiten sind die Bedingung der guten Kundenbeziehung. Der Beweis, daß dieses Beziehungsmanagement als ein gemeinsames Spiel am besten beschrieben werden kann, liegt in den Eigenschaften des Spiels selbst:

- Das Spiel sucht nicht nur Zwecke, sondern Sinn.
- Es nimmt Energieüberschüsse auf.

Dienstleistungskultur ist die Verabredung zu einer wechselseitigen Steigerung der Daseinsfreude durch gemeinsames Spiel, in dem niemand unachtsam die Figuren umstößt oder die Regel mißachtet – oder das Spielfeld zum falschen Zeitpunkt verläßt.

- Es erlaubt, den Nachahmungstrieb zu befriedigen.
- Es liefert Entspannung.
- Es erlaubt das Training in Selbstbeherrschung.
- Spiel macht Lernen leichter.
- Spiel erlaubt, die Kräfte zu messen.
- Es fördert faire Konkurrenz.
- Spiel befriedigt Aktivitätsdrang.
- Spiel macht es möglich, das Leben ernsthaft zu spielen, ohne mit ernsthaften Sanktionen belegt zu werden, wenn man verliert.
- Das Spiel, und dies macht seine Glücksqualität aus, dient nur sich selbst. Es läßt den Spielern ihre Freiheit. Sie können gehen und wiederkommen. Sie können immer wieder neu beginnen. Anders als im wirklichen Leben.
- Eines geglückten Spieles erinnert sich auch der Verlierer mit Zufriedenheit.

An dieser Skala von Spielqualitäten ist leicht abzulesen, wie produktiv die Spielidee für unsere Kontakte in den Märkten ist: Nicht nur das Wettbewerbsvergnügen kommt im Spiel auf seine Kosten, sondern auch die Wettbewerbstugenden werden gepflegt, die der täglichen Entartungsgefahr entgegensteuern. Das ist schon bemerkenswert genug und wird uns eigens beschäftigen müssen. Noch weniger beachtet als die Spielnatur des Wettkampfes ist aber der Spielgenuß in guten Dienstleistungsbeziehungen.

Der Kunde erprobt häufig die Spielgewandtheit seiner Partner, ohne daß diese es bemerken. Er bricht zur Probe Spielregeln – durch unverschämte Reklamationsforderungen zum Beispiel – und ist enttäuscht, wenn sein zum Gegenspieler gemachter Mitspieler, der Anbieter, nicht interessanter reagiert als mit laschem Rückzug vor dieser Unverschämtheit. In jedem Falle wird dieser Kunde nicht wiederkommen; seine Geschichte mit dem Anbieter hat zu peinlich begonnen. Die Spielfähigkeit der Teams im Unternehmen wird immer da auf ihre härteste Probe gestellt, wo das grenzüberschreitende Teamwork beginnt: das Spiel mit dem Kunden. Der Kunde spielt – oft wäre genau dieser Zugang zu unverstandenem Kundenverhalten der einzig taugliche. Der Kunde spielt und sucht Partner, die mitspielen. Mitspielen heißt nicht kapitulieren vor der Spielerlist des Kunden, es heißt auch nicht aussteigen aus der gemeinsamen Spielregel, nur weil der Kunde an ihr rüttelt. Mitspielen heißt, der Spielregel – zum Beispiel bei Garantien, Serviceangeboten und Qualitätsfragen – zur Geltung verhelfen, um das Vertrauen des Kunden in die Verläßlichkeit seiner Spielpartner zu stärken – nicht für heute allein, sondern für die Zukunft des Bündnisses. Unter dem Vorzeichen einer gemeinsamen Spielregel, die beide bindet und beiden Vertrauen ermöglicht, können Anbieter leicht lernen, daß der Rückzug vor einem fordernden Kunden die schlechteste aller Lösungen ist. Erst die geduldige Erörterung der Spielregeln, die beide Seiten verbinden, schafft Kundenvertrauen. Eiliges Nachgeben, servile Eilfertigkeit verblüfft den Kunden zwar zunächst, provoziert aber bald seine Verachtung. Er spürt die Schwäche seines Partners; er wird nicht wiederkommen.

Hingegen profitieren beide, auch an Spielfreude, wenn das Spiel gelingt. Der Rhythmus der Kontakte will sensibel gefunden werden. Der Ton muß individuell gewählt und flexibel den Stimmungen angepaßt werden. Nicht von ungefähr berührt sich hier die Sprache der Verkaufsphilosophen mit der der Musik: Tonlage, Stimmung und Tempo, Rhythmus und Zusammenspiel, das sind Merkmale eines wohlklingenden Konzertes – das ebenfalls ein Spiel ist, bei dem jeder auf den anderen achtet. Die Instrumentierung des Zusammenspiels mit dem Kunden bedarf der Dienstleistungskompetenz. Wer diese Harmonisierung des Zusammenspiels aber als eine rational-logistische Pflicht auffaßt, wird häufig am Kunden vorbei agieren, einmal zu intensiv, ein andermal zu lau

Der Kunde erprobt die Spielgewandtheit seiner Partner. Er bricht Spielregeln – durch unverschämte Reklamationsforderungen zum Beispiel – und ist enttäuscht, wenn der Anbieter, sein Gegenspieler, nicht interessanter reagiert als mit laschem Rückzug.

Fitness für die Dienstleistungscrew
Beziehungsmanagement als spielerische Herausforderung

Spielpartner: das Management, der Kunde, die Öffentlichkeit

Sichern Sie die Balance von Zweck und Sinn!
Pflegen Sie Rhythmus und Harmonie des Zusammenspiels!

Üben Sie das Vergnügen an Höflichkeit ein!

Machen Sie die Freiheit des Spiels spürbar!

Fördern Sie den Energie-Austausch zur Optimierung der gemeinsamen Ergebnisse!

Öffnen Sie Spielräume, die den Mitspieler überraschen!

Rechnen Sie mit der Erprobung Ihrer Spielgewandtheit durch die Partner!

Steigern Sie auch beim Kunden den Respekt vor der Spielregel!

Verdeutlichen Sie das gemeinsame Ziel: Spielfreude! Sie wird es sein, die den Kunden zur Wiederholung der Begegnung anregt.

auftreten, oft den Ton verfehlen und häufig mit Lustlosigkeit zu kämpfen haben – auch bei den eigenen Leuten.

Hingegen die Verabredung zu einem lustbetonten Spiel zu treffen: Das macht Dienstleistung zu einem Managementfeld, auf dem sich die Kreativsten tummeln, Motivation kein kalkulatorisches Thema mehr ist, sondern ein *Feedback* aus dem Spielgenuß. Eine also auch aus der erwünschten Ökonomie der Kräfte ganz ideale Lösung. Und mehr: Was Spiel ist, das darf man unbefangen üben. Nicht mehr das öde »Training«, sondern die Spielerlust durchzieht jetzt die gemeinsamen Fitness-Programme. Fit für Dienstleistungen – wie wird man das? Eine ganz neue Dynamik kommt in die bis dato eher »soften« und deshalb von klassischen Strategen verachteten Managementprogramme der Dienstleistungscrews aus Marketing, Vertrieb und Verkäufern. Nicht mehr der Streichelkurs unter dem Motto: Wie packe ich meinen Kunden in Watte?, sondern das Krafttraining für Geist und Sinne beherrscht den Kurs für »Bindungsenergie«, für »Servicepower«, den die Mitarbeiter durchspielen und laufend selbst verbessern.

Das Spielfeld der Dienstleistungen hat von Branche zu Branche verschiedene Spezialfelder – eine Größe aber bleibt immer gleich: der Mensch als Spender und Empfänger, als Kommunikationspartner für Dienstleistungsqualität. Wie intensiv er an der Qualität der Bindung selbst mitwirkt, wird nur unter dem Spielmotto klar: Spiel macht nur Spaß mit gleichberechtigten Partnern; Spiel bringt nur Erfolg, wenn für beide dieselben Spielregeln gelten. Das verblüfft auf den ersten Blick – denn der Kunde ist doch wirklich auf einem anderen Platz als der Anbieter – meint man. Wirklich? Der Kunde ist ebensogut Anbieter wie sein Gegenüber. Jeder von beiden bietet etwas Verschiedenes; Wert und Gegenwert wechseln den Partner. Für das Gelingen im Augenblick und für die Zukunft von diesem Augenblick an ist aber nicht entscheidend, welche Sachwer-

Nicht mehr der Streichelkurs unter dem Motto »Wie packe ich meinen Kunden in Watte?«, sondern das Krafttraining für Geist und Sinne beherrscht den Kurs für »Bindungsenergie«, für »Service-Power«, den die Mitarbeiter laufend selbst verbessern.

te ausgetauscht und aufgewogen werden, sondern was an Dienstleistungsenergie und Bindungswärme »mitspielt«. Gute Produkte, immer wieder muß man sich erinnern, haben andere auch.

Das Gewinnspiel – der Preis: Vertrauen – läuft um die Sachwerte und um das Geld herum. Insoweit sind beide Partner erwartungsvolle Anbieter und Abnehmer zugleich. Was sie gleichstellt, ist die Spielregel und der Wunsch nach einem umfassend guten Ergebnis, das den ausgetauschten Sachwert weit übertreffen soll. Erst wer diesen komplexen Austausch voll im Bewußtsein trägt, wird ein wirklich interessanter Partner für seinen Kunden. Spielregeln von Dienstleistungen spielerisch trainieren, das heißt, unbeschwert üben, wiederholen, eingewöhnen, ins Unterbewußtsein einspeisen, was zur Spielergeschicklichkeit in Sachen Bindungsenergie gehört. Wo ehemals Ressentiments der Mitarbeiter sich auftürmten, wenn so spontane Szenen »geübt« werden sollten, Dialoge einstudiert, Gesten geschult, Bewegungen kontrolliert und Mimik fremdbestimmt werden sollte: Unter dem Motto des Spiels sehen wir solche »Zumutungen« völlig anders.

Spielen Sie den zornigen Kunden, den mißlaunigen Kunden, den unverschämt fordernden Kunden, wird man zunächst den immer noch mißtrauischen Mitarbeitern sagen. Benehmen Sie sich einmal so schlecht, wie der schlimmste Kunde in seiner unbeherrschtesten Minute. Spielen Sie die ärgerlichste Szene nach, die Sie je erlebt haben. – Warum war sie ärgerlich? Weil auch dem geschulten Verkäufer die Spielregel entfiel, weil er ausfallend wurde wie sein Kunde und sich sehr schlecht fühlte, daß er sich das Niveau des unfairen Spiels diktieren ließ. Solche Szenen sind schwerer Streß, weil sie Aggression aufbauen, die man nicht voll abreagieren darf. Bringen wir zunächst diese angestauten Potentiale in Ordnung – und nehmen wir dabei in Kauf, daß auch interne Flops, mißlungene Auftritte von Vorgesetzten dabei auf den Spielplan kommen.

Verstehen Sie dieses Vorspiel als die Lockerungsübungen vor dem neuen Training, das riesiges Vergnügen bereiten soll. Sind die internen Spannungen groß, muß ein externer Helfer diese Lockerungsphase betreuen – nicht die hausinterne Führung. Er, der Gast von draußen, wird auch in der Lage und genötigt sein, der Führung ihre Fehltritte klarzumachen, ohne den Schutz der Mitarbeiter zu gefährden.

Nehmen wir an, die Lockerungsübungen wären geglückt. Die Mannschaft tritt erwartungsvoll in ein ganz neues Selbstverständnis und eine neue Welt der Kundenbeziehungen ein.

Nun wird geübt ohne Ressentiments gegen Formeln und Wiederholungen, wie ein Tennisspieler seine Schlagkraft, ein Surfer seine Sensibilität für Windrichtungen und Wellenbewegungen übt. Niemand findet das demütigend. Endlich wird begriffen, daß Üben, Wiederholen und der Zugriff auf fertige Lösungsmuster, wie das Einüben von Handgriffen, die »im Schlaf« funktionieren müssen, nicht entwürdigend, sondern im Gegenteil streßreduzierend und entspannend wirkt. Bald wird man sich keine überraschende Situation mehr vorstellen können, in der man falsch reagiert, weil in der Erregung und Verblüffung nur noch Streßreaktionen zur Verfügung standen. Eingespielte Standards überstehen auch Streßsituationen; konditioniert für die entspannte Reaktion, sind Mitarbeiter zur Entschärfung von Krisen in der Lage, die nicht nur für die Kundenbindung gefährlich würden, sondern auch für das Kräfterepertoire beider Partner: ihren Organimus, ihren Geist und ihre Psyche. In diesem Sinne ist spielerisches Dienstleistungstraining auch ein Dienst an der Gesundheit von Mitarbeitern und Kunden.

Was macht das Spiel so faszinierend, wenn der Verkäufer nicht »gewinnen« darf auf Kosten des Kunden? wird mancher fragen. Daß beide immer gewinnen, und zwar etwas Verschiedenes, das

Was macht das Spiel so faszinierend, wenn der Verkäufer nicht »gewinnen« darf auf Kosten des Kunden?, wird mancher fragen. Daß beide immer gewinnen, und zwar etwas Verschiedenes, das macht die Faszination des Dienstleistungsspiels aus.

macht die Faszination des Dienstleistungsspiels aus. Denken wir zurück: Spiel verbindet Nutzen für uns selbst mit Zweckfreiheit. Wer »um etwas« spielt, meint immer auch das Spiel selbst als einen zweckfreien Raum, in dem man seine Kräfte mißt. Spiel spendet und erhält Freiheit; wo Spieler unfrei werden, ist das Spiel zu Ende, und die Sucht beginnt.

Die Standards, die wir übend erwerben, um im Spiel erfolgreich zu sein, leisten beim Dienstleistungsspiel etwas Wichtiges für unsere Partner: Sie machen uns berechenbar. Das Auftreten eines Unternehmens braucht unverkennbare Stilelemente, wiederkehrende Standards, auf die der Partner sich verlassen kann. Das gilt auch unter Individuen, die sich gemeinschaftlich betätigen. Ein solcher Kodex von Spielregeln sind die Standards für Höflichkeit, die Konventionen des Alltags zwischen Bürgern. Auch da geht seit dem Kahlschlag der unruhigen sechziger Jahre vieles für alle schlecht, und Dienstleistungskultur ist das Großprogramm zur Bereinigung auch der privaten, lebenserleichternden und freudespendenden Konventionen. So kann die Wirtschaft in den Märkten wieder einmal *Trendleader* werden: Die Kultur der freundlichen und durchdachten Begegnungen reduziert den kollektiven Streß und vermindert die Gesamtfehlerzahl unserer Alltagshandlungen – zum allseitigen Nutzen.

Übungsprogramme für Dienstleistungsstandards unter dem Motto »Synergie durch Spielgenuß« müßten also ganz anders aussehen als die Lernfibeln der Dienstleister bis heute. Sprache, Mimik und Gestik können nicht als Offensivset von Formen der Attacke auf den Partner einstudiert werden, ohne daß die zugehörigen rezeptiven, also die Empfangsorgane geschärft werden. Reden geht nicht ohne Zuhören, Schauen nicht ohne das Studium des Blicks, dem wir begegnen; Mimik und Gestik sind nur dann kommunikative Spielsignale, wenn sie im Wechselspiel mit Mimik und Gestik des Spielpartners eingesetzt werden. Das Zusammenspiel, nicht unser Spiel von der einen Seite entscheidet über den Erfolg. Die Sensibilität von Reden und Schweigen, von Bewegung und Ruhe, von schneller und langsamer Spielregie ist entscheidend – wobei auch der Regiestuhl abwechselnd von den beiden Partnern besetzt wird. Ein anspruchsvolles Spiel, allerdings. Mit dem Einstudieren von Gesprächsführungstechniken ist es nicht mehr getan, weil die Führung ständig wechseln wird. Aber das Vergnügen wird größer, und dies muß mit ganz anderen Vergleichen deutlich gemacht werden, als sie bisher in Verkaufstrainings verwendet wurden.

Nun lernen wir, geschmeidig den Ball aufzunehmen, den der Kunde uns zuspielt. Wir spielen zurück und fordern seine Stärke heraus, die uns Kritik bringen könnte – statt, wie bisher, seine Kritikbereitschaft einzuschläfern. Wir spielen auch selbst harte Bälle zu ihm hinüber, fordern seine Fachkompetenz und Phantasie heraus, spielen offen und zeigen unsere technische Fertigkeit, um ihm zu zeigen: Wir halten unseren Kunden für hochinformiert, wir möchten unsere Ideen zur Diskussion stellen; er soll sie prüfen.

Spielerisch wird nun auch Schnelligkeit trainiert, nicht beim Abfertigen, sondern beim Wettlauf mit schnellen Kunden, die uns etwas abverlangen, womit wir nicht rechnen. Spielvergnügen macht beide Seiten besser, wenn der Qualitätswettlauf erst einmal rollt – die kreativen Träume des Unternehmens mit den unbekümmerten Ansprüchen des Kunden ausgetauscht werden und ein Repertoire der gemeinsamen Zukunftsprojekte entsteht.

Zu hoch gegriffen? Keinesfalls; und vor allem: Endlich gewinnt Routine ihren Reiz zurück. Niemand würde einen immer wieder siegreichen Spieler verachten, weil er so unterschiedlichen Anforderungen gewachsen ist. Allenfalls würden wir ihm stärkere Gegner wünschen. Alltagsroutine, Spielroutine bei dem, was wir

So kann die Wirtschaft in den Märkten wieder einmal Trendleader werden: Die Kultur der freundlichen und durchdachten Begegnungen reduziert den kollektiven Streß und vermindert die Gesamtfehlerzahl unserer Alltagshandlungen – zum allseitigen Nutzen.

Das Wettspiel mit dem Kunden

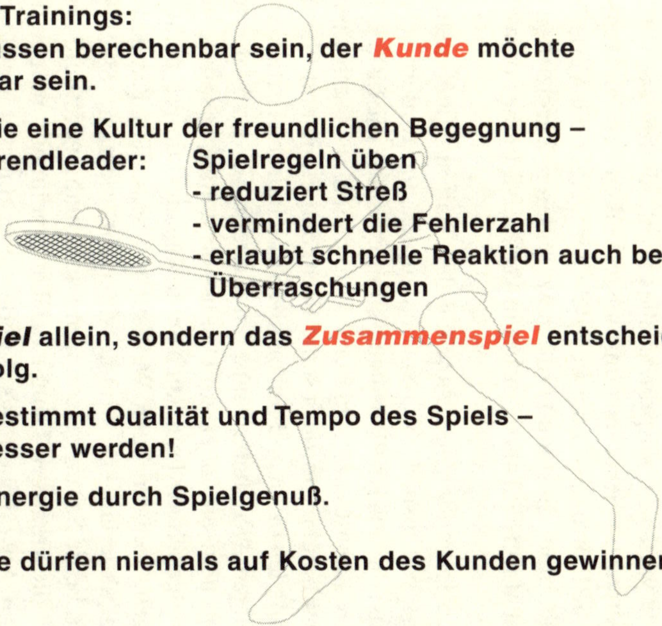

Der Sinn des Trainings:
Anbieter müssen berechenbar sein, der ***Kunde*** möchte unberechenbar sein.

Entwickeln Sie eine Kultur der freundlichen Begegnung –
Werden Sie Trendleader: Spielregeln üben
- reduziert Streß
- vermindert die Fehlerzahl
- erlaubt schnelle Reaktion auch bei Überraschungen

Nicht nur ***Spiel*** allein, sondern das ***Zusammenspiel*** entscheidet über den Erfolg.

Der Kunde bestimmt Qualität und Tempo des Spiels – und er will besser werden!

Ihr Motto: Synergie durch Spielgenuß.

Achtung: Sie dürfen niemals auf Kosten des Kunden gewinnen!

wirklich beherrschen, schafft besonders großes Vergnügen, weil wir entspannt an die Aufgaben herangehen können: Die Sache ist eingespielt, wir sind in allen Winkeln dieses Spiels zu Hause und freuen uns auf jede neue Runde. Dahin aber führt ein langer Weg aus Wiederholungstrainings, Belastbarkeitsübungen und Fitnesstests, den die Lernprogramme des Unternehmens pflastern müssen. An seinem Anfang steht die Sammlung von Erfahrungen, die die Mitarbeiter in Erfolg und Mißerfolg gemacht haben. Ein Spielmeister sollte helfen, diese Erfahrungen zu einer neuen Fitnessfibel zusammenzustellen, in der alles, was danebenging, analysiert und beherrschbar wird, alles, was glückte, aber beileibe nicht als fester Besitz, sondern als spannungsreiches Trainingsprogramm von allen erobert wird.

Die Selbsterkundung schon bedarf der sorgsamen Führung. Sie wird Fragen folgen müssen, die zum Beispiel so aussehen:

- Wo und wie findet bei uns – drinnen und draußen – Kundenbegegnung statt?
- Sind wir uns dessen bewußt?
- Was glückt am besten, was geht am häufigsten daneben?
- Wissen wir in beiden Fällen warum?
- Wo weichen wir regelmäßig aus?
- Stützen uns Standards, oder müssen wir dauernd improvisieren?
- Erleben wir häufig Tempounterschiede, die die Kommunikation mißlingen lassen und einen oder beide Partner enttäuschen?
- Wo sieht der Einzelne bei uns die größten Defizite?
- Hat irgend jemand von uns das Gefühl, an einem hochvergnüglichen Spiel mitzuwirken?
- Haben viele den Eindruck, dieser Gedanke sei ganz und gar verfehlt, ja unzulässig?

Wir lernen, geschmeidig den Ball aufzunehmen, den der Kunde uns zuspielt. Wir spielen zurück und fordern seine Stärke heraus, die uns Kritik bringen könnte – statt, wie bisher, seine Kritikbereitschaft einzuschläfern. Der Kunde als Spielpartner ist auch Controller.

- Wer kommt beim Spielen, hier und in seinem Privatleben, nicht auf seine Kosten?
- Wer weiß schon gar nicht mehr, daß er das Spielvergnügen für ein erfolgreiches und erfülltes Leben braucht – und ernster: daß alle Partner es bei uns suchen?

Die Liste der Fragen wird je nach Branche Varianten haben und beliebig lang werden, je länger wir einander fragen. Was dann erarbeitet wird, ist ein Spielplan, der jede Form der Kundenbegegnung lustvoll auszugestalten erlaubt. Initialsignal wird immer ein Lächeln sein, nicht das zupackende, explosive Strahlen eines brutalen Geschäftemachers, sondern das »Dienstleistungslächeln«, dessen Bedeutung für die Leistungsfähigkeit auch des Lächelnden selbst wir glücklicherweise seit kurzem auch hirnphysiologisch beweisen können (vgl. das Kapitel »Lächeln Sie mal wieder!«, Seite 401). Kein Mitarbeiter wird mehr gegen die Konvention des Lächelns auftreten können, seit wir über diese Ergebnisse verfügen. Und kein Topmanager wird am vermeintlichen Privileg der bedeutend-finsteren Miene festhalten können, seit wir wissen, daß selbst »dienstliches« Lächeln unserer Gesundheit nützt.

Das »Spielverständnis« für unsere Arbeit ist aber auch unter ernsteren Gesichtspunkten von grundlegender Bedeutung. Wo es gelingt, den »Spiel-Ernst« bei unseren Aufgaben wieder zu stimulieren, da gelingt auch »spielend«, was in den achtziger Jahren mit mühsam herbeigezogenen Argumenten für die »Motivation«, die soziale Zumutbarkeit von Leistung und die Belohnung im Führungsgeschehen gesagt und getan wurde. Das Spiel, so fanden wir, hat seinen Lohn in sich selbst. Vorsicht: es erspart der Führung darum nicht etwa die Sorgfalt in der Mitarbeiterfürsorge, aber es bildet einen Zugang zu einer komplexen Form von Profit, wie er bei der geteilten Diskussion über Erträge und Begleiterscheinungen von Arbeit niemals möglich war.

Im Spielplan für Dienstleistermentalität gehören nämlich nun Herausforderung und Entlastung zusammen; Spaß und Ernst schließen einander nicht mehr aus, sondern bedingen sich gegenseitig; die Freude am eigenen Können wird hinübergespielt zum Partner, der sich besser fühlt und besser wird, wenn das Gegenüber locker agiert. Gut spielen, das verlangt auch Disziplin, die sich jeder leidenschaftliche Wettspieler selbst abverlangt. Auch sie ist also keine separate Forderung mehr im Führungskatalog. Die Spitzenleistung fällt für spielerisch trainierte Leute mit dem Spitzenvergnügen zusammen; nicht mehr eine eigens aufgestellte Sonderforderung, die mühselig auf »Soft« getrimmt werden muß. Spielerisch agierende Unternehmen haben überhaupt kein Problem mehr mit Soft-Management-Theorien, weil sie erleben, daß nur das Vitale, Hochkarätige und Durchgeprobte Spaß macht. Halbe Sachen bringen weder Profit noch Spaß; die Märchenbücher der Softpower-Jünger werden unter einem völlig unerwarteten Motto zugeschlagen: dem des unerschöpflichen Arbeitsvergnügens durch Spielkultur.

Spiel ist eine durchaus geheimnisvolle Quelle für Lebensvergnügen geblieben, weil wir den produktiven Widerspruch nicht auflösen können: daß es zugleich Ausdruck und Quelle von Lebensfreude und Vitalität ist. Und nun entdecken wir eine ganze Kette solcher Paradoxa, die den Zauber des Spiels erklären mögen: Es befreit und bindet; es verlangt Ernst und erlöst von ihm; es lebt von Regeln und Grenzen und erfreut doch nicht eigentlich durch diese beiden, sondern durch die Loslösung beider vom pragmatischen Zwang der Wirklichkeit.

Nehmen wir den Kunden in einen »Spielraum« mit, so werden wir immer auch diese Dankbarkeit bei ihm stimulieren: daß bei uns nicht Regellosigkeit (die ängstigt), nicht Grenzenlosigkeit (die mißtrauisch macht), sondern eine höhere, freundlichere und be-

Wo es gelingt, den »Spiel-Ernst« bei unseren Aufgaben wieder zu stimulieren, da gelingt auch »spielend«, was in den achtziger Jahren mit mühsam herbeigezogenen Argumenten für die »Motivation« von Mitarbeitern getan wurde.

kömmlichere Form der Wirklichkeit herrscht als im unübersichtlichen Leben draußen.

In der Dienstleistungskultur üben wir genaugenommen dieses Spiel: uns gegenseitig von den Unregelmäßigkeiten und Widersprüchen der Wirklichkeit »draußen« zu befreien und uns den immer wieder nutzbaren Zugang zu einer gemeinsam geordneten Welt zu sichern. Das gemeinsame Spiel der Dienstleistungspartner ist also eine Kulturtechnik für unübersichtliche Zeiten, die es erlaubt, geschützte Räume zu schaffen, in denen wir angstfrei kommunizieren können. Die neue Partnerschaft im Markt als ein Fair play nicht der verbissenen, sondern der entspannten, starken Spieler: sie ist der Spielplan der neunziger Jahre.

VII

Wie der Kopf das Herz verschleißt: Systeme unter Streß

Streß – ein getarnter Killer

Was die Partner im Markt gemeinsam erreichen wollen, bestimmen sie auf der Grundlage ihrer Ressourcen. Gewöhnt, unter diesen Quellen, Vorräten und Potentialen Sachwerte und Finanzen zu verstehen, die gemeinsame Reichweite also eher technisch und bürokratisch zu bestimmen, so daß sie sich in Zahlen festhalten läßt, hat man im Erfolgsrausch der Industriejahrzehnte die schwerer kalkulierbaren Größen unbeachtet gelassen. Meist bleiben sie unkalkulierbar, weil kein forschendes Interesse sich ihnen zuwendet. Die »Ressource Mensch« tauchte erst schrittweise aus dem Organisationskalkül auf und machte sich als hochkomplexe Mischung von Erfolgsfaktoren und Erfolgshemmnissen geltend. Seither füllen die Führungstheorien viele Bände, und jede Rezession bringt die Frage nach dem Potential der Menschen im Unternehmen und im Markt wieder ganz nach vorn auf die Agenda der Strategen.

Führung und Mitarbeiter, Unternehmen und Kunden, Bürger und Politiker, Kinder und Erwachsene, Männer und Frauen in den vielstimmigen Kulturen der Marktwirtschaft gehen aber auch jeder mit ihren eigenen Ressourcen um – und wer führt, erzieht und pflegt, trägt auch Verantwortung für die Ressourcen anderer. Diese Ressourcen sind Lebenszeit und Vitalität, Gesundheit, Belastbarkeit und Emotionalität – ein oft widersprüchliches Gemisch von Wollen und Können, von Wissen und Ignoranz, von Sorgfalt und Vernachlässigung. Dieses Spiel des Kraftverzehrs und der Energieumwandlung läuft überall mit, wo Menschen gemeinsame oder getrennte Ziele verfolgen, Strategien ersinnen, einander Aufträge geben und Vertrauen fassen, wo sie lustvoll oder nachlässig, leidenschaftlich oder gleichgültig an ihr tägliches Tun, an ihre Kontakte mit anderen, immer aber an den fortschreitenden Verzehr ihrer Lebenszeit und ihrer Lebenskraft gehen.

Auch Organisationen leben in Zyklen von Aufstieg, Zenit und Niedergang; auch Strukturen erkranken, auch Bürokratien entwickeln maligne Wucherungen oder befreiende Selbstheilungskräfte. Die Organisationen spiegeln damit nur wider, was Menschen mit ihrer steigenden oder erlahmenden Kraft, mit ihrem Berge versetzenden oder verzweifelnden Glauben an die eigene Leistungsfähigkeit ihnen aufprägen.

Unternehmen als lebendige Organismen zu verstehen, als soziale Geflechte von komplexer Energie aus vielen Leben, das hilft auch, ihre Erkrankungen besser zu verstehen und bei deren Heilung Bedingungen zu schaffen, die primär Menschen und erst sekundär künstliche Strukturen wieder leistungsfähiger machen. Auch die Qualitätsfrage ist unter der Perspektive der menschlichen Ressourcen für qualitativ wertvolle Leistungen, die im Produkt eingefangen werden und im Markt ein angereichertes Leben führen – durch *added value,* den symbolischen Mehrwert –, viel produktiver und ergebnisorientierter zu erörtern als in der verengten Perspektive auf den Sachwert allein. Gesellschaften, die sich anstrengen, um bestimmte Ziele – meist sind es Zustände aus der Vergangenheit, die man »wieder« erreichen will – möglichst rasch zu erreichen, geraten unter Streß. Auch der Einzelne, der sich in angespannter und ungeduldiger Verfassung auf ein selbstgesetztes Ziel zubewegt, gerät in Streß. Ganze Volkswirtschaften, Staaten, Weltteile geraten unter bestimmten Bedingungen unter Streß und produzieren Streßsymptome, von denen hier gesprochen werden soll. Ökologisch gesehen, ist für unabsehbare Zukunft der ganze

Auch Organisationen leben in Zyklen von Aufstieg, Zenit und Niedergang. Auch Strukturen erkranken. Unternehmen als lebendige Organismen zu verstehen, hilft auch, ihre Erkrankungen besser zu verstehen. Grundlage jeder Therapie.

Kosmos, in dem wir leben und arbeiten, in einen Strudel von wahrscheinlich tödlichem Streß geraten.

Wettkampf produziert Streß, gleichviel, ob wir zu dem Ergebnis kommen, es handle sich um vertretbaren, verkraftbaren Streß. Diese Frage müssen wir noch etwas aufschieben. Das Wettspiel der Marktwirtschaft, der Wetteifer beim Lösen von Problemen, beim Einfahren von Erfolg, beim Aufbau schützender und ertragsstarker Strukturen und Systeme, der Wettkampf um die besten Plätze, ob in Wirtschaft oder Politik, alle diese Spielformen zur Optimierung der Lebensbedingungen produzieren Streß. Ohne Reibung, Funkenschlag und Lärm von Auseinandersetzungen um das beste Ergebnis werden alle Lösungen mittelmäßig – und was näher ans Zentrum führt: Selbst wenn sich eine Community zur Favorisierung mittelmäßiger Lösungen entschlösse – wofür es in Ermüdungsphasen der Kultur, in Wohlstands- und Bequemlichkeits-Triumphen immer wieder Symptome gibt –: Die Mitspieler klagen über mangelndes Vergnügen beim Wettstreit, wenn kein Streß mehr entsteht.

Streß – eine magische Vokabel der frühen Wohlstandsjahrzehnte, ist nicht ein abgeschlossenes Kapitel, in dem man Nachkriegsherzinfarkte und die Verbissenheit der ewigen Verlierer sauber abgetrennt vom eigenen beflügelten Joggerschritt durch ein faszinierendes schnelles Leben ins Regal stellen könnte. Je aufgeklärter wir sind, desto eher glauben wir auch, die Störfälle, die wir mental begriffen haben, aus unserem eigenen Leben fernhalten zu können. Immer weniger Manager haben Übergewicht. Immer weniger Männer rauchen. Immer mehr Manager bewegen sich systematisch und lernen die heimlichen Kreuzfahrten ihrer Psyche zu akzeptieren. Immer mehr Männer verstehen etwas von Frauen – sie verbuchen das unter Streßreduktion: Es geschieht nicht mehr so vieles, was sie nicht verstehen.

Das kollektive Erwachen zum Thema Streß, die Besinnung auf die optimale Nutzung der eigenen Ressourcen hat, so glaubt die Mehrzahl der Manager, die Streßgefährdung reduziert. Wer stolpert schon ignorant in einen Herzinfarkt? Das waren die Väter, die Großväter – die Gründerväter. Wo gehobelt wird, da fallen Späne. Die Verschleißprozesse kennen, hieße ihnen entkommen, so glaubt die Mehrheit. Jeder redet von Leberwerten, fast jeder kennt den schwankenden Forschungsstand zum Cholesterin, und alle sind sich einig: Es trifft immer nur die anderen. Eliten verdrängen, so möchten sie gern glauben, durch Wissen die Gefahr. Der Herzinfarkt, tatsächlich, wandert in die mittleren Etagen.

Was wir bei all dem Angstmanagement versäumen, ist die richtige Einordnung der Streßphänomene. Streßfolgen sind viel mehr und viel längerfristig vorbereitet als ein Unfall; Streßsignale sind viel früher lesbar als die meisten Hochleister wissen; massive und irreversible Streßfolgen melden sich, wie alles in der organischen Welt, erst dann, wenn es zu spät ist. Das System unseres Organismus erhält so lange als irgend möglich das Zusammenspiel der abgerufenen Funktionen aufrecht. Solange irgend Energie verfügbar ist, gehorcht der Organismus dem Gehirn, führt seine Befehle scheinbar störungsfrei aus – jedenfalls ist die Störung so klein, daß der Bewohner dieses Systems, abgelenkt und »gestreßt«, wie er ist, nicht bemerkt, was sich anbahnt. Dies nicht zu bemerken, was sich anbahnt, der Kardinalverlust der Sensibilität für Erschöpfung und Überforderung, ist geradezu die Wachstumsbedingung für Streßfolgen. Das heißt aber immerhin: Während das Debakel sich aufbaut, arbeitet der Organismus, kommandiert vom fordernden Gehirn, mit aller Energie daran, das, was sich ankündigen möchte, zu verbergen.

Genau dies ist ein wesentliches Merkmal von Streß. Ehe wir uns seinen Signalen dennoch widmen, um Schadensbegrenzung sozu-

Das Wettspiel der Marktwirtschaft, der Wetteifer beim Lösen von Problemen, der Wettkampf um die besten Plätze, ob in Wirtschaft oder Politik, produzieren Streß. Streß ist nicht ein abgeschlossenes Kapitel, sondern täglicher Begleiter.

Streß: Die verlorene Balance

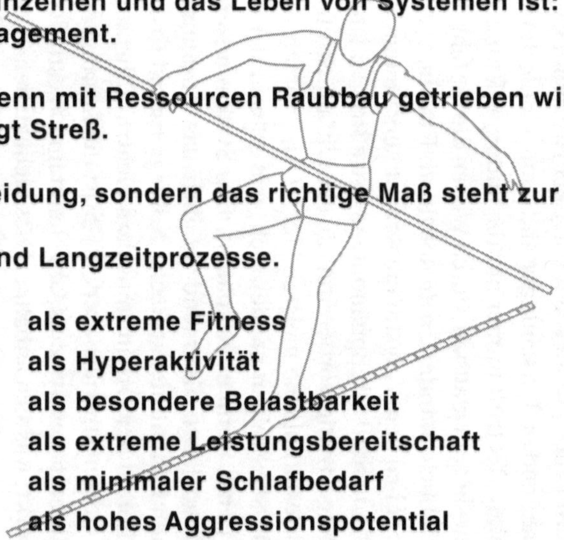

Das Leben des Einzelnen und das Leben von Systemen ist: Ressourcen-Management.

Streß entsteht, wenn mit Ressourcen Raubbau getrieben wird. Wettkampf erzeugt Streß.

Nicht Streßvermeidung, sondern das richtige Maß steht zur Debatte.

Streßprozesse sind Langzeitprozesse.

Streß tarnt sich:
- **als extreme Fitness**
- **als Hyperaktivität**
- **als besondere Belastbarkeit**
- **als extreme Leistungsbereitschaft**
- **als minimaler Schlafbedarf**
- **als hohes Aggressionspotential**

sagen lernbar zu machen, noch ein Blick auf die Großsysteme unter Streß. Als die Einbrüche bei führenden Industrien in Deutschland begannen, signalisierte schon das Wort, daß man vor allem die Plötzlichkeit der Kollapse nicht verstand. Es war, als fahre ein Tanker auf hoher See gegen eine Mauer, die plötzlich aus dem Ozean autaucht – das unwahrscheinlichste aller Ereignisse. In Wirklichkeit vergliche man die Vorgänge aber besser mit Eisbergkollisionen: Lange schon gleitet der Kiel über tief unten schwimmendes Eis. Längst hat man den Fuß des Eisbergs, Teile seines Hanges passiert, da kracht es. Die Gefahr war früh beschrieben, schon Ende der achtziger Jahre kannte man die Einflußgrößen und rechnete: Die Krise der Automobilindustrie in Deutschland kommt 1993. Sie kam. Niemand war vorbereitet, alle hatten es gewußt. Wieder einmal hatte man Wissen als sichere Reserve gegen den Absturz aufgefaßt.

Wie wirkungsreich die Spätfolgen von Systemstreß in der Marktwirtschaft sind, welche folgenschweren Einflüsse auf Mitglieder der Leistungs- und Konsumkette Balancestörungen im Zusammenspiel der Kräfte haben, das haben unter anderem auch die Deutschen im letzten Jahr studieren dürfen. Ziehen wir aber die richtigen Folgerungen? Bauen wir Streß der kollapsbewirkenden Art ab oder eher neuen auf? Gibt es jetzt nicht erst recht Gründe, auf Strapazen nicht zu achten, jedes Signal der Überanstrengung von Systemen und Strukturen zu überhören? Es sieht ganz so aus, denn wir verlagern Streß, dem die Wirtschaft nicht gewachsen war – Wohlstands- und Anspruchsstreß – auf die Sozialsysteme des Staates – mit dem Argument, da es die einen nicht mehr machen, müßte es nun der andere tun – ganz ohne Rücksicht auf die wichtigste Grundlage der Streßreduktion: die Balance der Kräfte und ihre Nutzung.

Nun kompliziert sich das Problem. Der Wohlstandsstaat betreibt

Als die Einbrüche bei führenden Industrien in Deutschland begannen, signalisierte schon das Wort, daß man vor allem die Plötzlichkeit der Kollapse nicht verstand. Es war, als fahre ein Tanker auf hoher See gegen eine Mauer.

tatsächlich Streßreduktion für seine Mitglieder. Er nimmt ihnen die Daseinsvorsorge weitgehend ab. Er versäumt, das Gleichgewicht von Input und Output, nach dem jeder gesunde Organismus funktioniert, gebieterisch zu erhalten. Er läßt sich, wie der gestreßte Organismus eines achtlosen Individuums, trotz deutlicher Mangelsymptome zum »Funktionieren um jeden Preis« überreden. Der Schaden am Gesamtsystem, bei dem das Verhältnis von Geben und Nehmen schließlich so schwer gestört ist, daß kein spontaner Entschluß – übrigens auch keine tätige Reue – mehr zur Umkehrung der angestoßenen Prozesse führen kann, erlaubt es schließlich auch nicht mehr, einzelne Funktionen zu bereinigen (die Standortfrage stellt sich deshalb!), weil alle in die Balancestörung des Gesamtorganismus hineingezogen werden.

Diese Parallelen sind es, die das Thema »Streß« zu einem Schlüsselthema machen. Im Umgang mit der Streßgefahr, die eine Verkennung der eigenen Vorratslage zur Grundlage hat, zeigt sich der Umgang mit dem Thema Ressourcen generell. Und die Bilder des Mißbrauchs gleichen sich: Der eigene Organismus, die sozialen Organismen unserer Städte und Unternehmen, die Verkehrssysteme und schließlich das große Spielfeld, auf dem sich alle Wettkämpfe im Ressourcenverbrauch – voran die knappste Ressource, die Zeit – abspielen, der Erdball, sie alle sind einem mehr oder weniger institutionalisierten systemimmanenten Streß ausgesetzt, den zu verstehen nicht heißt, ihn zu verlassen.

Die Führungsaufgabe lautet dennoch: Der Umgang mit Ressourcen – denen, die das klassische Management kennt, und denen, die es unter Krisendruck kennenlernt – ist die in allen Maßnahmen und Entscheidungen verborgene Aufgabe der Führung. Wer Streß »bearbeiten« will, muß Näheres über seine Wachstumsbedingungen wissen. Daß es dabei nicht allein um den pfleglichen Umgang mit der eigenen und anvertrauter Gesundheit geht, wurde schon deutlich. Es geht um die Organisation von Erfolg. Denn regelmäßig kollabierende Systeme sind nicht erfolgreich; ebensowenig wie ein durch Streßfolgen abrupt beendetes Leben erfolgreich genannt werden kann. Der Heldentod durch Streß in Spitzenpositionen hat glücklicherweise viel von seiner Aura eingebüßt. Wir lernen, das verspielte Potential aus dem Katalog unserer Vorbilder auszusortieren. Anders muß man es machen, so darf es nicht enden, sagen die jungen Mitarbeiter. Und wichtig, nie aus dem Auge zu verlieren: Wir sind mit verschiedenen Ressourcen unterwegs; eine der wichtigsten Aufgaben für den Einzelnen wie für die Führung in Organisationen ist es, das spezifische Potential, mit dem man wirtschaftet, möglichst bald zu erkennen und möglichst angemessen – wirtschaftlich und effizient – zu nutzen.

Regelmäßig kollabierende Systeme sind nicht erfolgreich; ebensowenig wie ein durch Streßfolgen abrupt beendetes Leben erfolgreich genannt werden kann. Der Heldentod durch Streß hat glücklicherweise viel von seiner Aura eingebüßt.

Von der Macht zur Machtlosigkeit – Wie aus Tätern Opfer werden

Streß als Statussymbol hat aber dennoch bis heute überlebt. Wer in Business-Kreisen auf die erwartungsvolle Suggestivfrage, er sei doch sicher extrem beschäftigt, mit einem gelassenen Lächeln »nein« antwortet, gerät in Pleiteverdacht. Zwar hat sich die Streßfrage in neuem, dramatisiertem Kostüm wieder in die Medien geschlichen: Streßfolgen heißen jetzt *»burn-out«*. Nicht schlecht, wenn man in den entsprechenden Beiträgen des Fernsehens nicht überwiegend Aussteiger und alternative Sonderlinge sähe, die, eher durch einen abweichenden psychischen Rhythmus als durch objektive Verschleißprozesse bewogen, ihren Weg in Nischen antraten.

Diese »alternative« Spielart von Streßdiskussion verstellt erneut den Blick dafür, daß nicht die subjektive Überlastung, das Sinnlosigkeitsgefühl, der Überdruß die Hauptkriterien für ein herannahendes elementares Unglück im Organismus sind, sondern daß durchaus Objektives sich ereignet, das wir kennen sollten, um in frühen Stadien dem verhängnisvollen Prozeß auf die Spur zu kommen.

Der ganze Organismus, das Ressourcensystem, aus dem wir unsere körperliche, geistige und seelische Kraft schöpfen, ist betroffen, wenn »Streß« entsteht. Was aber muß geschehen, damit so vieles auf einmal aus dem Lot gerät: Herz und Kreislauf, Magen-Darm-System, Immunsystem und das, was wir die Psyche nennen: ein geheimnisvolles Zentrum für Vitalität, Stimmung und Gedächtnis, Schlaf und Denkvermögen, Problemlösungsenergie? Wer sich bewußtmacht, daß alle diese Funktionen, die wir gern auf verschiedene Relais im Körper verteilt diskutieren, in hohem Maße des psychischen Gleichgewichts bedürfen, um gut zu gelingen, der wird vorsichtiger mit abschätzigen Urteilen über seelische Funktionen. Zumal Spitzenmanager sollten nachdenklich prüfen, ob sie beim jahrelangen Bemühen, ihre Psyche wie eine Störquelle wegzuplanen, nicht, ohne es zu wissen, Hand an ihre kostbarsten Ressourcen gelegt haben. Meist hat das Folgen auch für die Gesundheit der Systeme, in denen solche Selbstverstümmelungskünstler regieren. Andererseits wird man bei dieser Skala der psychischen Funktionen auch hellsichtiger mit dem Urteil über Fehlleistungen von Menschen beim Denken, im Antriebsverhalten und in der Grundstimmung, vorsichtiger auch mit der vorschnellen Ungeduld vor ihrem mangelnden Problemlösungsvermögen. War das von Anfang an alles eher schwach ausgebildet, so bleibt nur die Frage übrig, ob diese Menschen in unser Leistungsfeld passen. Hat sich dieser Zustand aber erst nach und nach hergestellt, so haben wir es nun mit einer anderen Frage zu tun: Was setzt diesen oder jenen Menschen unter Dauerstreß? Ist es die Arbeit im Unternehmen, oder sind es Probleme in seinem privaten Leben?

Die Grenzen aber sind fließend. Oft ist Unlust, die einer beim Arbeiten empfindet, die *Ursache* für Streß, nicht aber schon sein *Ergebnis*. Dennoch: Wo Unlust herrscht, wird ungenauer und nachlässiger gearbeitet; meist auch langsamer, eben »streßvermeidend«, mit schwächerem Ergebnis, mit weniger Lob; und schließlich entsteht Streß – im Regelfalle sogar für beide Seiten, den Auftraggeber (Führungskraft) und den Ausführenden. Fortan können beide sagen: In diesem Team entsteht Streß. Der Schuldige ist stets der andere, die objektive Antwort aber müßte lauten: Da ist jemand mit schwacher Antriebslage unterwegs, seiner Motivation

Spitzenmanager sollten sehr nachdenklich prüfen, ob sie beim jahrelangen steten Mühen, ihre Psyche wie eine Störquelle wegzuplanen, nicht, ohne es zu wissen, Hand an ihre kostbarsten Ressourcen gelegt haben: Der Streßprozeß beginnt – wer stoppt ihn?

müßte sehr bewußt nachgeholfen werden. Dafür fehlen bei seiner Führungskraft Lust und Sinn.

Dies Beispiel zeigt: Streß ist vor allem deshalb so schwer domestizierbar, weil er sich tarnt. Streßsymptome können sich eben deshalb über lange Zeit ungestört und unerkannt entwickeln. Bis es zum vollen Krankheitsbild kommt – und plötzlich rückwirkend alles stimmig wird, was zu diesem Ergebnis geführt hat –, stehen unzählige Möglichkeiten zur Umdeutung des Streßprozesses bereit. Symptome früh erkennen heißt den Prozeß – bei entschiedenem Willen – unterbrechen, für einzelne Menschen, für Teams, für ganze Abteilungen und schließlich: für Firmen und Großkonzerne. Fast alle Unternehmen, die scheitern, verkennen über Jahre ihre Streßsymptome.

Wachsamer werden, um die Warnzeichen zu erkennen: Das ist im Interesse der gemeinsamen Arbeitsverantwortung schon wichtig genug. Es ist aber auch als Vorübung für den Umgang mit Ressourcen jeder Art unerläßlich, weil der Verlust von Augenmaß, die Selbstüberforderung und Selbstüberschätzung die sicheren Zugänge zur tödlichen Gefahr darstellen: für den Einzelnen, für die Gruppe, für das Unternehmen – übrigens auch für den privaten Lebenskreis, wo ein einziger Mensch unter Streß unheilbare Verwüstungen anrichten kann – und schließlich für die kosmischen Ressourcen des Wirtschaftens.

Streß ist der unmerkliche, weil schleichende Übergang von der Macht zur Machtlosigkeit. Darum ist es besonders widersinnig, daß unter Topmanagern die Fremdbestimmung, der Streß, einen so hohen Prestigewert liefert. Erklärlich wird das erst, wenn man begreift: Wo soviel symbolischer Mehrwert produziert wird, da hat man's nötig. Der Gejagte macht sich, weil er nicht entkommen kann, selbst zum Ideal. Aus dem Gejagten wird der »Gefragte«, nach dem sich alle Hände ausstrecken – eine Schmeichelei für die

Eitelkeit, aber im Grunde ein Armutszeugnis für die Führungsfähigkeit. »Ich werde geführt«, gibt die Führung damit zu erkennen. »Ich manage nicht mein Zeitbudget, sondern ›es‹ managt mich.« Würde das allen Betrachtern dieser Form von Imponiergehabe klar, so wäre der größte kollektive Mißbrauch des Streßthemas schnell zu Ende.

Mißbrauch muß verharmlosen, und genau das geschieht hier. In der Welt der hohen Geschwindigkeiten, des Qualifikations- und Wettkampfdrucks ist es aber entscheidend für jeden Einzelnen und für jede Organisation, Streß in seinen Anfängen zu erkennen – also an seinen ersten Symptomen –, und schließlich ein Gespür für seine Ursachen zu entwickeln. Diese Ursachen sind zwar individuell verschieden, aber ihre gemeinsamen Merkmale sind bestechend einfach – wenn man sie einmal kennt.

Symptome finden, während Streß sich tarnt: Man erlebt etwas, das man bisher nur von anderen kannte – jetzt aber wird gerade dies zum entscheidenden Umdeutungsvehikel: Man schläft öfter schlecht. Eigentlich schon recht häufig. Man erlebt Anfälle von extremer Schwäche – Kreislaufschwäche, na ja, das hört man von anderen auch. Je länger diese Störungen anhalten, je öfter sie auftreten, desto mehr »inkorporiert« man sie; nun gut, sie gehören zum eigenen Leben. Man identifiziert sich. »So bin ich eben.« Bald findet man steinalte Menschen, die ihr Leben lang genau diese Leiden hatten. Und man findet andere, die eruptionsartig von Leiden gepackt werden und fallen. Man richtet sich ein – in Wirklichkeit mit der Langsamkeit von Streßsymptomen, die als Warnsignale ihren Appell aussenden: Vorsicht, dein Ressourcenhaushalt gerät aus dem Lot. Die Appelle bleiben ungehört. Wenn sie unüberhörbar werden, ist es für wirkliche Rückwege zu spät.

Eine wichtige Rolle beim Verdrängen spielt auch die Schauseite, die man der Umwelt zeigen möchte: Fitness als »Must«. Das stö-

Streß ist der unmerkliche Übergang von der Macht zur Machtlosigkeit. Daher ist es widersinnig, daß unter Top-Managern die Fremdbestimmung einen so hohen Prestigewert liefert. Der Gejagte macht sich, weil er nicht entkommen kann, selbst zum Ideal.

Streß: Wie aus Tätern Opfer werden

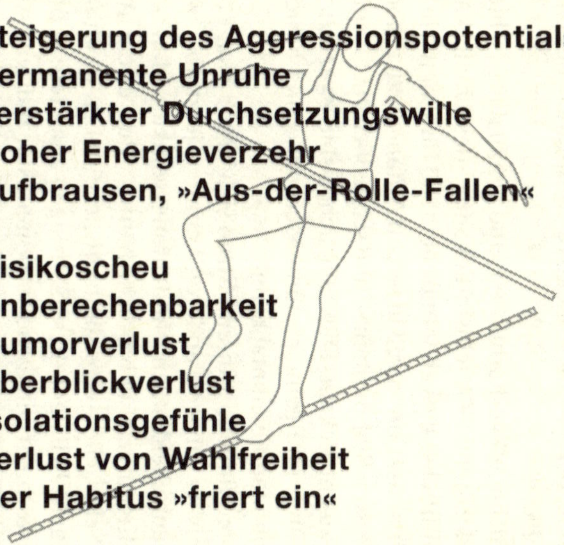

1. Stadium:
- Steigerung des Aggressionspotentials
- Permanente Unruhe
- Verstärkter Durchsetzungswille
- Hoher Energieverzehr
- Aufbrausen, »Aus-der-Rolle-Fallen«

2. Stadium:
- Risikoscheu
- Unberechenbarkeit
- Humorverlust
- Überblickverlust
- Isolationsgefühle
- Verlust von Wahlfreiheit
- Der Habitus »friert ein«

rungsfreie Funktionieren kostet noch einmal Kraft über das Verdrängen hinaus. So wird auch verfahren, wenn Organisationen von Streß erfaßt werden: Innere Kündigung der Mitarbeiter, Abwanderung von Kunden und Verlust an Tempo und Qualität sind die Symptome, die der Rebellion einzelner Organe im Organismus des einzelnen Menschen unter Streß entsprechen. Wie der Einzelne, so steht die Firma unter Statusdruck; die knapp gewordenen Energieressourcen werden nun darauf verwandt, die Ausfälle umzudeuten, herunterzuspielen und zu beschönigen – im Endziel: sie wegzudiskutieren. Währenddessen geht der Streßprozeß ungestört weiter.

Menschen – und Organisationen – unter Streß verlieren den Rhythmus zwischen Anspannung und Entspannung. »Zu angespannt, um auszuruhen, zu müde, um zu arbeiten«, das ist der Zustand der Balancestörung zwischen Aktion, Reaktion und Regeneration. Was heißt das für Organisationen? Ein System, in dem gearbeitet wird, muß buchstäblich auch »atmen«, es muß Anspannung und Entspannung, Konzentration und Ergebnisfreude täglich abwechselnd spürbar machen. Kein Team bleibt erfolgreich, wenn dieser Wechsel von Input und Output über längere Zeit gestört wird. Eine faszinierende Aufgabe: Das Atmen der Teams, der Mannschaften als lebenserhaltende Funktion leistungsfähiger Organismen im Unternehmen lesbar zu machen, das heißt dann ja: positiv beeinflussen zu können. Wie oft haben die Mitarbeiter einer Gruppe an einem Tage Spannung, wie oft Entspannung empfunden? Wie oft alle Kraft zusammengenommen und wie oft für den neuen Anlauf, körperlich oder geistig, mit erleichtertem Ausatmen »losgelassen«? Fielen die *Relaxations*-Phasen nur in die Pausen zum Essen oder Rauchen? Gab es sie erst beim Nachhausegehen, nach dem Schritt durch das Werkstor? Dann ist die Organisation unter Streß, der Menschen und Abläufe schädigt – langsam, unmerklich, aber sicher.

Auch die Firma steht unter Statusdruck; die knapp gewordenen Energie-Ressourcen werden nun darauf verwandt, die Ausfälle umzudeuten, herunterzuspielen und zu beschönigen. Währenddessen geht der Streßprozeß ungestört weiter.

»Zu angespannt, um zu ruhen, zu müde, um zu arbeiten«, das ist die Dissonanz von Ohnmacht und Unruhe, die der Organismus als Leib-Geist-Seele-Ensemble bald mit einer Fülle von zusätzlichen diskreten, »leisen« Aufschreien verstärkt. Die Unruhe wird zum Dauerzustand; man schluckt sedierende Mittel und hält sich für »hochaktiv«, für antriebsstark, man hat eben mehr »Power« als andere.

So schmeichelt man sich – und gibt diese Lesart auch für Beschauer aus, so daß die Warner, die man hätte, schweigen. Das aggressive Potential steigt an; eine Streßfolge, die ausgegeben wird als Indiz für Kraft und Stärke. Ein durchsetzungsfähiger Typ sei man eben, erklärt man der Mitwelt. Die absurde Konstellation von Streßquellen und Statusquellen führt zu einem paradoxen Ergebnis: Streßfolgen sind statusfördernd. Der rastlose Spitzenmanager mit einem Minimum an Schlafleistung, einem Übermaß an innerem Druck verbessert sein Hochleistungsimage durch Signale, die eigentlich die umgekehrte Lesart verdienen: Sie sind Symptome der Ohnmacht – und erscheinen als Insignien der Macht.

Um diese öffentliche Rolle durchzuhalten, braucht der Streßgeschädigte bald immer mehr von der Kraft, die er verwenden müßte, um die Kehrtwendung zu vollziehen – wenn er die Zeichen lesen könnte, die ihn vor anderen »auszeichnen«. Viele, die in der *business-community* ausgezeichnet werden, sind in Wahrheit »Gezeichnete« in diesem Sinne.

Die Irritationen werden dichter, wenn der Streßprozeß weitergeht. Selbstzündende Zirkel entstehen, Verbergen und Vermeiden werden verwechselt. Der Energieverzehr wächst, Konzentration bereitet bald Schwierigkeiten, man »fällt zuweilen aus der Rolle«, braust auf, hat Wutausbrüche, die eine Spur zu unbeherrscht sind, um taktisch noch Sinn zu machen. Entscheidungen belasten mehr als früher, Risiken erscheinen größer, und Zukunft wird generell als unberechenbar eingeschätzt. Nach und nach ergreift der Streßerkrankte nun doch weniger Initiativen, sein Auftritt wird unbestimmter, weniger bestimmend und prägend. Der Humor verläßt ihn, ein Zeichen von Distanzverlust. Das bedeutet aber: Auch der Überblick leidet nun Schaden, die Urteilsfähigkeit nimmt ab; das Subjekt wird zum Objekt, der Täter zum Opfer. Er und seine Umwelt sind weit davon entfernt zu verstehen, was da geschieht. Der vormals – und schon aufgrund von Streß! – so angriffslustige Vorbildtypus wirkt nun immer öfter müde und kontaktscheu. Er fühlt sich isoliert. Nun erst wird ihm klar, daß er schon länger weniger private Runden suchte, daß er seine Freizeit von Bürostunden aufzehren ließ, die Urlaube immer schmaler schnitt, vom Tennis mehr sprach, als er spielte, vom Jogging als Rauschdroge abschätzig redete und vom Surfen sprach, als habe er gestern noch auf dem Brett gestanden – während doch schon fünf Jahre ohne diesen Sport vergangen sind. Was erkannt wird, kann aber nun nicht mehr gehandelt werden: Die Wahlfreiheit ist verlorengegangen. Der Habitus »friert ein«.

Für Organisationen lautet diese Streßfolge: Die Struktur erstarrt, verharscht und steht im Dauerfrost. Wer sich gegen die Strukturmuster bewegt, verletzt sich. Das Krankheitsbild des einzelnen Streßopfers kann auf die Organisation, den »sozialen Organismus« Unternehmen, leicht übertragen werden. Streßsymptom Konzentrationsverlust: Das bedeutet ja, das Wesentliche vom Unwesentlichen zu unterscheiden. Unternehmen, die unter Streß stehen, irren in fremden Geschäftsfeldern umher, überschätzen ihre Kraft. Sie zeigen Imponiergehabe wie der hyperaktive Manager, der seine innere Unruhe und Schlaflosigkeit kompensieren muß. Das Unternehmen wird »schlaflos«: Es kauft mehr, als es verdauen kann, oder es baut mehr, als es amortisieren kann – es läßt sich auf übermächtige oder viel zu schwache, verzehrende Partner

Der rastlose Spitzenmanager verbessert sein Hochleistungs-Image durch Signale, die eigentlich die umgekehrte Lesart verdienen: Sie sind Symptome der Ohnmacht – und erscheinen als Insignien der Macht. Alle spielen mit.

Streß: Der unmerkliche Übergang von der Macht zur Machtlosigkeit

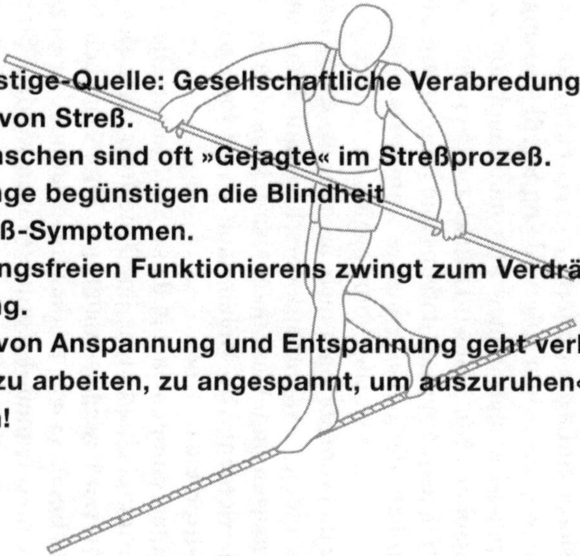

- »Streß« als Prestige-Quelle: Gesellschaftliche Verabredung zur Steigerung von Streß.
- »Gefragte« Menschen sind oft »Gejagte« im Streßprozeß.
- »Fitness«-Zwänge begünstigen die Blindheit gegenüber Streß-Symptomen.
- Ideal des störungsfreien Funktionierens zwingt zum Verdrängen von Erschöpfung.
- Der Rhythmus von Anspannung und Entspannung geht verloren.
- »Zu müde, um zu arbeiten, zu angespannt, um auszuruhen«: Streß-Symptom!

ein. Risikobereitschaft artet in Kühnheit aus, Besonnenheit in Feigheit. Handlungskompetenz wird übermütig demonstriert, während die Handlungskraft zurückgeht.

Fehler unterlaufen, jeder entschuldigt sich. Die Strategie wird diffus; das Management wird laut und autoritär, der Ton nach außen rücksichtsloser. *Selffulfilling prophecy* wird erprobt: Dem Unternehmen geht es gut, so meldet die Führung nach draußen. Alle drinnen wissen es besser – und fühlen sich schlechter dabei. Die Kräfte laufen auseinander. Während man nach außen Stärke demonstriert, greifen drinnen Mißtrauen und Angst um sich. Verbergen als Vermeiden zu praktizieren, das kann nicht gelingen, so wissen alle. Aber keiner sagt's, denn jeder denkt an seinen eigenen Kopf.

Die Vitalität eines Organismus mit seinem Kreislauf von Ideen und Plänen, seinem Herzschlag von Führungsleitlinien und seinen zahlreichen Produktvarianten, die »angewandte Kraft« sind, mit seinen unterschiedlichen Organleistungen, die ein hochkomplexes Zusammenspiel von Know-how verschiedener Art unterhalten, diese Vitalität gerät aus der Balance. Organe schränken ihre Leistung ein; Gefäße, die Information befördern sollen, verengen sich, der Herzschlag, den die Führung produziert, wird unregelmäßig, mal hektisch, mal zu langsam. Das Unternehmen hat Appetit- und Verdauungsstörungen; es wählt falsch aus, was ihm bekommt, und belastet sich mit unverdaulichen Brocken.

Die nächste Stufe gleicht der fortschreitenden Streßerkrankung beim Einzelnen ebenso verblüffend: Es gibt nun Überreaktionen. Bei Fehlern ertappt, spielt das Management sich auf; die Glaubwürdigkeit gewinnt dabei nicht, sondern sie verliert sich. Nun driften auch die Stimmen im Hause auseinander; widersprüchliche Meldungen geistern durchs Haus und durch die Presse. Entscheidungen werden autokratisch gefällt und unerwartet widerrufen.

Die Vitalität eines Organismus mit seinem Kreislauf von Ideen und Plänen, seinem Herzschlag von Führungsleitlinien und seinen zahlreichen Produktvarianten, die »angewandte Kraft« sind, mit seinen unterschiedlichen Organleistungen, diese Vitalität gerät aus der Balance.

Intern hat das Management Probleme, verkraftbare Risiken von unzumutbaren zu unterscheiden. Einigung wird schwieriger. Die Zukunftsprognosen werden strittig. Also wird die Führung vorsichtig, das bedeutet aber: langsam. Sie verpaßt Entscheidungschancen und grenzt sich ab. Die Kluft zu den Mitarbeitern aller Ebenen vertieft sich. Isolation der Einheiten und Gruppen drinnen ist der Spiegel der äußeren Isolation, die das Unternehmen nun umzingelt. Ohne Partnerschaften, ohne verläßliche Kundenkontakte ist es »abschußreif«. Den Streßprozeß hat niemand detailliert beobachtet; die Deutungen des Niedergangs bleiben daher so ungenau wie die Wahrnehmung unterwegs. Erst recht aber die Ursache: Streß bleibt weiter rätselhaft und unberechenbar, weil es weder die Opfer noch die Zuschauer jetzt noch interessiert, sie zu verstehen.

Zur Streßvermeidung, falls sie möglich ist, muß aber genau sie, die Ursache: Streß, in den Mittelpunkt unserer Aufmerksamkeit.

Die multifunktionale Panik managen

Streß liefert ein komplexes Krankheitsbild, das sich fortschreitend verändert. Der Versuch, ihm zu entkommen, verschärft ihn. Auch hier verblüfft die Gleichartigkeit von Symptomen bei einzelnen Menschen und in ihren Organisationen. Man spürt die Störung einzelner Funktionen – ein mittelfristiges Streßsignal – und tritt nun, um sich – oder das System! – zu therapieren, in die nächste Generation von Streßfolgen ein: Alles auf einmal soll gelingen. Man reagiert mit »multifunktionaler Panik«, fängt vieles an, bringt nichts zu Ende, macht alles zugleich und ungenau statt hintereinander und vollständig, koppelt Aufgaben zusammen, die sich gegenseitig ausschließen – und verspielt damit jede Lösung. Im besten Falle reagiert die erschrockene Umwelt mit der Diagnose »kreatives Chaos«, was der totalen Verkennung eines nun schon dramatischen Aufschreis aller körperlich-geistigen und seelischen Funktionen gleichkommt.

Im Unternehmen verteilt sich diese Phase multifunktionaler Hektik und Panik auf mehrere oder viele Menschen, die Ergebnisse aber sind dieselben: Nichts wird zu Ende gebracht, nichts wirklich durchdrungen, weil die Kommandos von der Spitze widersprüchlich und in viel zu kurzen Takten wechselnd kommen. Die Unterscheidung des Wichtigen vom Unwichtigen wird unmöglich, der rote Faden nirgends mehr gefunden; der Wettbewerber gerät völlig aus dem Blick; das Unternehmen ist in sich gefangen. Die Hyperaktivität gaukelt allen vor, man sei beim Krisenmanage-

Streß liefert ein komplexes Krankheitsbild, das sich fortlaufend verändert. Der Versuch, ihm zu entkommen, verschärft ihn. Auch hier verblüfft die Gleichartigkeit von Symptomen bei einzelnen Menschen und in ihren Organisationen.

Streßfaktoren

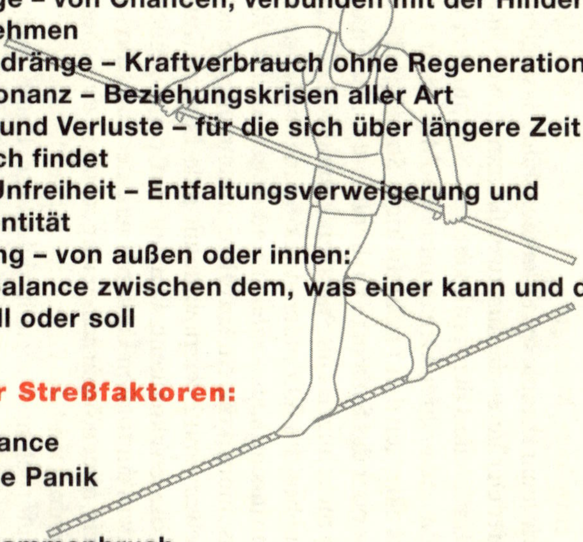

1. Dichte, Menge – von Chancen, verbunden mit der Hinderung, sie wahrzunehmen
2. Enge und Gedränge – Kraftverbrauch ohne Regeneration
3. Soziale Dissonanz – Beziehungskrisen aller Art
4. Niederlagen und Verluste – für die sich über längere Zeit kein Ausgleich findet
5. Zwang und Unfreiheit – Entfaltungsverweigerung und Raub der Identität
6. Überforderung – von außen oder innen: Verlust der Balance zwischen dem, was einer kann und dem, was einer will oder soll

Die Spirale der Streßfaktoren:

- Verlust der Balance
- Multifunktionale Panik
- Notbetrieb
- Plötzlicher Zusammenbruch

ment; in Wahrheit schaufelt man Krisenstoff heran, den keiner mehr wird wegschaufeln können. Zugleich wird das Unternehmen – ganz wie Individuen in dieser panischen Multisymptomphase – überempfindlich. Auf Kritik wird überreagiert, was das Mißtrauen der Beschauer verstärkt und ihre Unbarmherzigkeit anheizt. Auf das stürzende Wild werfen sich nun alle Jäger gleichzeitig.

Auch einzelnen Managern, die vor dem Multistreßsyndrom schließlich kapitulieren, ergeht es so. Einer von ihnen, erschöpft ausgeschieden, hat es genauso beschrieben: »Wer Schwäche zeigt, wird angefallen und liegengelassen.«

Wer alles dies vor seinen Augen vorüberziehen läßt, hat nicht mehr viel Sinn für den Mißbrauch des Streßbegriffs, der die Alltagskonversation bestimmt. Unabweisbar ist auf jeden Fall: Wir brauchen nicht nur das hier gelieferte Repertoire an Diagnose-Hilfen gegenüber den Symptomen von Streß; wir brauchen vor allem auch zuverlässige Kategorien, die seine Ursachen offenlegen.

So verschieden die Streßmilieus auch sein mögen: Tatsächlich haben sie verwandte Merkmale, die sich im privaten Beziehungsghetto genauso erkennen lassen wie in der Zitadelle des Topmanagers; in der Arena der Karrierewettläufe von Nachwuchskräften ebenso wie in der Werkshalle oder Kantine eines Unternehmens. Und so einfach sind die Grundmuster der Streßentstehung:

Die Streßfaktoren

① Dichte oder Menge – von Chancen und Möglichkeiten, verbunden mit der Hinderung, sie wahrzunehmen. Was zuerst entsteht, ist Frustration, Vergeblichkeitsgefühl. Was folgt, ist Ohnmacht, verquickt mit Zerrissenheit. Halten solche Lebensbedingungen länger an, beginnt der Streßprozeß.

Alle Jäger werfen sich gleichzeitig auf stürzendes Wild. Auch einzelnen Managern, die vor dem Multistreß-Syndrom schließlich kapitulieren, ergeht es so. Zitat: »Wer Schwäche zeigt, wird angefallen und liegengelassen.«

② Enge – Gedränge und Gewühl, die nicht Ziel, sondern Durchgangsstation zu Zielen sind. Quantitäten, die nicht in Qualität münden, verbrauchen Kraft, ohne Kraft zu generieren. Streß entsteht.

③ Soziale Dissonanz – ob man sie nun »Mobbing« nennt oder Beziehungskrise: Die dauerhafte Störung des sozialen Zusammenspiels von Menschen bei Kooperationen jeder Art erzeugt Streß. Der eigentliche Auslöser ist auch hier die ansteigende Gewißheit, keinen Einfluß mehr auf den rollenden Prozeß zu haben. Das erklärt, warum selten beide Seiten einer dissonanten Interaktion erkranken. Solange tätiges Problemlösungsverhalten oder aggressive Auseinandersetzung das Handlungsmuster für den eigenen Part ist, kommt nicht das Opfergefühl auf, das für den Sturz in den Streßprozeß entscheidend ist.

④ Niederlagen und Verluste, für die sich absolut und über längere Zeit kein Ausgleich findet. Oft zeigt sich erst anläßlich eines solchen *breakdowns,* daß der Lebensbau eines Menschen – oder die Erfolgsstruktur eines Unternehmens – auf zu wenigen oder nur einem einzigen Pfeiler ruhte.

⑤ Zwang und Unfreiheit. Entfaltungsverweigerung und Identitätsraub, zwei zentral verletzende Zugriffe auf den Kern der Würde eines Menschen – oder von Menschengruppen –, erzeugen unweigerlich Streß.

⑥ Überforderung, von außen oder von innen – also die Störung der Balance zwischen dem, was einer kann, und dem, was er muß (oder glaubt, sich abverlangen zu sollen), verursacht Streß. Die verfügbaren Ressourcen werden maßlos angefordert und rücksichtslos verbraucht. Gegenwehr des Organismus: Streßsymptome.

Alle diese Streßauslöser haben einige grundlegende Eigenschaften gemeinsam. Wer diese im Auge behält, wird Streß zuverlässig vorausberechnen können – früh genug, um dem Einzelnen zumindest Rat und Warnung, der streßgefährdeten Organisation Hinweise zur Ausschaltung der Streßfaktoren geben können.

Die einfache Grundstruktur der Streßfaktoren hat damit zu tun, daß die Streßursachen und Streßreaktionen selbstverständlich nicht, wie viele glauben, eine Errungenschaft der modernen Industriegesellschaft sind, sondern daß sie ihren Platz im Überlebenskampf der Menschen und Tiere von Anfang an hatten. Kurzzeitige Aktivierung aller Kampf- und Fluchtimpulse, Bereitstellung von überdurchschnittlicher Energie zur Einschätzung der Situation, zum Entscheiden, welche Reaktion die beste Chance bietet, gehören dazu. Kampf oder Flucht werden von Erregung, Schärfung aller Sinne, Sensibilisierung der notwendigen und Verdrängung der störenden Empfindungen begleitet.

Was beim Streßprozeß in Gang gesetzt wird, gehört eigentlich zur Flucht- und Kampfsituation. Der Körper geht im ganzen in Alarmbereitschaft.

Physisch:

- Die Gefäße in Muskeln, Netzhaut und Lunge weiten sich, die Muskeln sind gespannt.
- In Magen, Darm und Leber verengen sich die Gefäße: Alle Prozesse werden arretiert.
- Etwa ein Liter Blut wird umverteilt.
- Neue Erythrozyten (rote Blutkörperchen = Sauerstofftransporteure) werden aus Milz und Knochenmark freigesetzt.
- Das Gerinnungsvermögen des Blutes steigt.
- Das Herz schlägt stärker, schneller, bestimmter, steuerbarer.
- Pulsfrequenz und Blutdruck steigen.
- Die Pupillen öffnen sich.
- Die Atmung wird schneller, die Bronchien öffnen sich.

Streß-Ursachen und Streß-Reaktionen sind selbstverständlich nicht eine Errungenschaft der modernen Industriegesellschaft, sondern hatten von Anfang an ihren Platz im Überlebenskampf der Menschen und Tiere. Streß macht kampf- und fluchtfähig.

Psychisch:

- Emotionen motivieren,
- Affekte bündeln sich zu großer Anstrengungsbereitschaft,
- Endorphine heben die Schmerzschwelle.

Stoffwechsel:

- Hormone werden von Nebennierenmark und -rinde ausgeschieden.
- Enzyme steuern die Freisetzung von Leberglykogen (gespeicherte Energie), Verbrennung von Zucker und Fett, über die Nebennierenrinde sogar von Eiweißen.

Ergebnis:

Körpertemperatur, Stoffwechsel und Biotonus steigen, Sauerstoffmangel tritt ein:

- Milchsäure in den Muskeln,
- Kohlensäure im Blut.

Was hier geschieht, kann mit dem Anspringen von Notaggregaten verglichen werden. Dieses Übersoll an Leistungen von Organen, Herz und Kreislauf – und in der Kommandozentrale, dem Gehirn, ist nur für kurze Zeit und nicht beliebig oft abrufbar. Länger oder öfter angefordert, führt das Ensemble dieser Notfunktionen zu schweren Schäden für das Gesamtsystem aus Körper, Geist und Seele. Der prolongierte Notfall – Überreaktion, die Höchstleistungen ermöglicht, als Dauerzustand, das ist »Streß«. Zentrale Merkmale für die Auslösung dieses Großalarms im Einzelorganismus und im sozialen Organismus, dem Unternehmen, sind, wenn der Streßprozeß beginnt, eben nicht einmalige und durch Kampf oder Flucht zu lösende Konfliktlagen oder zurückzuschlagende Angriffe. Zeitlich begrenzt, würde der Aufwand aller Ressourcen von beiden Organismen verkraftet und die verlorene Energie schnell ersetzt.

Wenn aber die Alarmsituation nicht endet, die Glocken weiterschrillen, Tag für Tag und Nacht für Nacht, dann beginnt der überforderte Organismus mit Warnsignalen, um Hilfe zu rufen; schließlich durch Ausfälle einzelner Funktionen seine Kündigung anzudrohen; irgendwann »steigt er aus«; das überforderte System bricht zusammen. Wo ist die Grenze zwischen hohen Arbeitsbelastungen und Streß? Wichtig: Sie ist nicht quantitativ, sondern qualitativ. Hohe Anforderungen, auch zeitintensive, konzentrierte Arbeit, selbst dann, wenn sie voller unerwarteter Anforderungen steckt, wird erst dann zum Streß, wenn sie weder beherrschbar noch beeinflußbar erscheint und zugleich kein Entkommen möglich ist. Sogar Streßsituationen mit allen Merkmalen, die beschrieben wurden, werden abgemildert, wenn drei wichtige Kriterien erfüllt sind:

- Vorhersagbarkeit (Ankündigung, Warnung),
- Beeinflußbarkeit (Abschwächen, Aufschieben) und, als Ergebnis dieser beiden Faktoren, ein Rest an
- Kontrolle (Subjekt bleiben statt Opfer werden).

Mit diesen Kriterien läßt sich sehr gut ordnen, was bei Beobachtern oft zu Rätseln über die Streßbedingungen und dann zu dem vorschnellen Schluß führt, es gebe keine objektiven Bedingungen für Streß: daß mancher bei höchstem Arbeitspensum entspannt und frisch wirkt, dynamisch und ausgeglichen zugleich; ein anderer hingegen bei gleicher oder geringerer Belastung gequält und zerrissen, ein Gejagter. Der eine Täter, der andere Opfer. Der eine freudig erregt über die Fülle seiner Leistungen, der andere panisch verfolgt von der Menge der einstürmenden Ansprüche.

Streß, so formuliert man häufig, ist an das innere »Nein« zu den Anforderungen gebunden. Genauer läßt sich aber sagen: Streß entsteht aus dem Verlust an Kontrolle. Die Ursachen dafür können verschieden sein, wie ich gezeigt habe. Verlust an Kontrolle bedeu-

Wo ist die Grenze zwischen hohen Arbeitsbelastungen und Streß? Wichtig: Sie ist nicht quantitativ, sondern qualitativ.

Streß ist an das innere »Nein« zu den Anforderungen gebunden. Genauer: Streß entsteht aus dem Verlust an Kontrolle.

Faktoren für Streß-Management

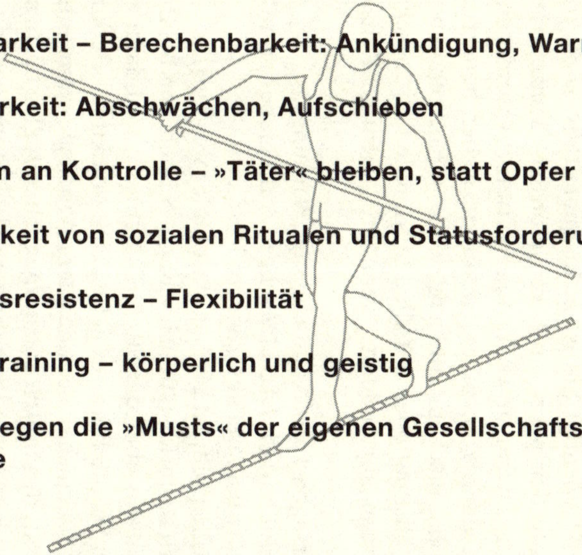

1. Vorhersagbarkeit – Berechenbarkeit: Ankündigung, Warnung
2. Beeinflußbarkeit: Abschwächen, Aufschieben
3. Ein Minimum an Kontrolle – »Täter« bleiben, statt Opfer werden
4. Unabhängigkeit von sozialen Ritualen und Statusforderungen
5. Gewohnheitsresistenz – Flexibilität
6. Belastungstraining – körperlich und geistig
7. Immunität gegen die »Musts« der eigenen Gesellschaftsklasse oder Gruppe

tet Verlust an Einfluß auf das Geschehen; Ohnmachtsgefühle stellen sich ein.

Wer sich vielen Ritualen beugt und vielen sozialen Rangordnungen, Zwängen und Konventionen unterordnet, hat praktisch eine kürzere Strecke übrig, bis der Streß beginnt. Wer ausgeruht mit wenig Statusängsten lebt, sich Dichte, Menge und Enge nur dann zumutet, wenn sie unausweichlich sind, hat eine höhere Streßresistenz. *Newcomer* aus der Provinz, Leute »vom Lande« sind daher oft ihren städtisch vorbelasteten Wettbewerbern überlegen; ihre Fähigkeit zum Rückzug ist ausgeprägter, weil besser geschult; ihre »Streßvergangenheit« ist weniger dicht – und das bedeutet immerhin: Im Lebensprozeß geschieht so etwas wie eine Konditionierung auf stärkere oder schwächere Streßabwehr. Die Immunlage des Geist-Körper-Seele-Systems wird geprägt durch Stimulanzien, die in der Biographie knapp oder im Überfluß verfügbar sind.

Zur Streßimmunität tragen bei: innere Unabhängigkeit von sozialen und berufstypischen oder gruppenspezifischen Zwängen; die Fähigkeit, zwischen Gruppenstil und Vereinzelung entspannt zu pendeln – Eigenständigkeit also.

Noch wichtiger: Wer dazu neigt, sich Gewohnheiten und Regelwerken anzuvertrauen, wird »störanfälliger« – das heißt aber: streßgefährdet! Auf Organisationen angewandt, heißt das: Die starre Organisation mit eingefrorener Struktur, festgelegten Ritualen des Verhaltens, einem enggezurrten »Comment« für die Mitglieder erzeugt Streß! Sie gefährdet damit nicht nur die Mitarbeiter, sondern auch das Gefüge selbst, denn: Gewohnheitsabhängige Menschen scheuen die Veränderung – eben weil ihre Streßschwelle niedrig geworden ist. Um Streß abzuwehren, neigen sie dazu, kleine Veränderungen der Umgebung »wegzuretuschieren«, zu »übersehen«. Motto: Man kennt sich aus und läßt sich durch kleine Abweichungen nicht aus dem Text bringen.

Wer sich vielen Ritualen beugt und vielen sozialen Rangordnungen, Zwängen und Konventionen unterordnet, hat praktisch eine kürzere Strecke übrig, bis der Streß beginnt. Sich Gewohnheiten anzuvertrauen, heißt aber, »störanfälliger«, streßgefährdet zu werden.

So bahnen sich die Stürze der Riesen an. Die Sicherheit, die sie gewähren, ist trügerisch. Sie schläfert das Sensorium für kleine Abweichungen ein, wie ein gleichmäßig geheiztes Zimmer die Toleranz für wechselnde Temperaturen. Ein Unternehmensorganismus, der sich durch perfekte Regelsysteme absichert, schwächt also im Grunde seine Immunabwehr. Denn auch für die Großen fängt der Absturz mit ganz kleinen Veränderungen an, deren Wahrnehmung den im Ritual Geborgenen nicht mehr gelingt – weil sie Streß bedeutet.

Daraus ergibt sich nun die fesselnde Frage, ob Streßresistenz trainierbar ist. Ganz offensichtlich ja. Und es verwundert, daß die Unternehmen, die aus der Feuerprobe der Rezession recht versengt hervorgegangen sind, sich immer noch nicht mit dem Straucheln ihrer Organisationen im vermeidbaren Dauerstreß befassen – und es verwundert noch mehr, daß sie nicht mit Hochdruck – freudig und streßfrei, wenn die passenden Köpfe darangehen –, an Trainingsprogrammen arbeiten, die ihre Mitarbeiter und Topmanager »streßimmun« machen könnten.

VIII

Fitness-Strategien

Wettbewerb: Begeisterte Zustimmung findet er überall, wo das Publikum auf überschaubaren Spielfeldern, Pisten oder Sprintstrecken, in überschaubaren Zeiträumen miterlebt, wie Kämpfer ihre Kräfte messen. Das Vergnügen ist riesengroß, die Spannung stimuliert, die Anteilnahme ist begeistert, einhellig und selbstverständlich. Wettspiele, wohin man schaut: auf den Quizbühnen der Fernsehsender, in Gameshows und Wettspektakeln und hautnah in allwöchentlichen Fußball-, Handball- und Golfturnieren rund um die kleinen und großen Städte. Wettbewerb ist fraglos akzeptiert als ein immenser Massengenuß – für die, die mitwirken, und für alle, die zuschauen. Die Identifikation ist hoch. »Wir spielen«, sagen die Zuschauer von einem Fußballmatch, dem sie zuschauen. »Wir« haben gewonnen, berichten sie von einem Skirennen oder Schwimmwettkampf bei internationalen oder städtischen Meisterschaften, auch wenn sie selbst noch nie auf Skiern gestanden haben oder durch ein Becken geschwommen sind.

Die Akzeptanz des sportlichen Wettkampfs ist gigantisch zu nennen; diskutiert werden Entartungen, die Gefahren bergen, nicht aber die Sache selbst: daß Sprints ihre Sieger haben, wird gefeiert mit der überschwenglichen Zustimmung, die anerkennt, daß Leistungen verschieden sind und einer der Beste, Schnellste, Stärkste oder Geschickteste ist – jetzt und hier. Wahrscheinlich morgen auch noch, aber vielleicht übermorgen schon nicht mehr. Dann wird es ein anderer, eine andere sein, und das Publikum wird jubeln, seine

Sympathie wird den nachlassenden Sieger von gestern begleiten und seine Begeisterung den neuen Sieger schon auf seinem Weg zum Erfolg beflügeln.

Niemand käme auf die Idee, den Wettkampf zu einer Art sozialer Agentur umzudefinieren, im Namen der Schwachen und Langsamen, der Schwerfälligen und Unkonzentrierten, die weder trainieren noch die Spielregel oder die Strecke kennen, ein neues Reglement zu fordern, durch das die Verlierer nicht mehr gekränkt, die Zweiten und Dritten bis Zehnten nicht mehr mit ihrer Platzziffer bekanntgemacht würden – mit der Begründung, schließlich trage niemand die Schuld daran, daß seine Beine nicht so lang sind wie die des Stabhochspringers, sein Mut nicht so ausgeprägt wie beim Skischanzenspringer, sein Ballgefühl nicht so kultiviert wie beim Tennismeister, und deshalb seien einfach alle Teilnehmer am Wettbewerb gleichmäßig zu begünstigen. Niemand wäre für diesen Gedanken zu begeistern. *Fair play*, das ist doch gerade dies, so wissen wir alle: Die Regel gilt für alle, und die Ergebnisse sind verschieden. Jeder mißt seine Kräfte an jenen der andern, und alle unterwerfen sich der Spielregel.

Gewiß, kann man einwenden, so muß es sein im abgezäunten Sonderraum des Sports, wo eben Spiel und nicht Ernst gilt. Nun ist in diesem Buch vom überlegenen Ernst des Spiels und des Wettkampfs einiges gesagt worden (vgl. Teil IV, »Synergie durch Spielgenuß«), das nicht mehr zuläßt, etwa ein Sportghetto einzuzäunen, in dem wir Wettkampf gelten lassen und Sieger feiern. Was aber noch wichtiger ist: Zum Wettspiel gehört eben nicht nur die trainierte Muskulatur, die disziplinierte Ernährung, die erprobte Kondition und die Kenntnis der technischen Bedingungen der Sportart, die man betreibt. Der Sportler ist eben kein Ballingenieur oder Sprintergonom, kein Geschwindigkeitstheoretiker oder Windkanalforscher, um in seiner Sportart erfolgreich zu sein. Im Gegen-

Fair play, das ist doch gerade dies, so wissen wir alle: Die Regel gilt für alle, und die Ergebnisse sind verschieden. Jeder mißt seine Kräfte an jenen der anderen, und alle unterwerfen sich der Spielregel.

teil: Er mag die technischen Bedingungen seiner Disziplin, ihre Spielregeln und Details so gut beherrschen wie nur denkbar, er mag die gewärmten Muskelpakete auf den Platz bringen, die windschlüpfrigen Anzüge tragen und den rasierten Kopf als Nullwiderstand ins Schwimmwasser tauchen – das alles hilft ihm nicht zum Sieg, wenn im Kopf, in der Schaltzentrale, etwas nicht stimmt. Was immer ihm gefehlt haben mag – die Lust, der Mut, der Kampfgeist, die Entschlossenheit, der Zorn, die Angriffslust, das Selbstvertrauen, die Siegeszuversicht, der Glaube an die eigene Überlegenheit: er kann nicht siegen im Wettbewerb, obwohl »alles« stimmt, das Training, die Vorbereitung, das Timing, das Material, die Gegner. Alles wie erwartet und kalkulierbar. Nur eines fehlt – und alles scheitert: die mentale Kondition.

Im Kopf, so diskutieren wir dann, ist etwas schiefgegangen. Mental, so liest man in der besorgten Presse, war der Kämpfer nicht in Hochform. Lange Analysen befassen sich mit den unsichtbaren, untastbaren, hochabstrakten Ursachen für sein Scheitern am Ball, an der Latte, am Absprungbalken, am Hang oder am Reck. Das kleine Einmaleins des Sports ist das nicht mehr; eben nicht am Gegner ist er gescheitert, nicht am Wind, am Trainingsrückstand, an der besseren Mannschaft auf der anderen Seite – sondern an sich selbst. Experten werden befragt, Ärzte, Psychologen, Soziologen schreiben Abhandlungen, um das Debakel zu erklären. Das Publikum ist weit davon entfernt, über solche Mystifizierung der Leistungswelt zu lachen; es liest mit brennendem Interesse die Analysen, hört und schaut im Bildmedium, wie der gescheiterte oder der erfolgreiche Held selbst erklärt, ob mentale Stärke zu seinem Sieg beitrug und wie die Störfeuer von Selbstzweifeln, Privatsorgen oder Selbstüberschätzung zu seinem Versagen vor der Herausforderung beigetragen haben.

Wettkampfstärke, so setzen alle Beteiligten bei diesen Diskussionen um Sportler voraus, hat nur zum Teil mit den technischen *skills* zu tun, die das Sprunggelenk elastisch, die Schultermuskulatur kräftig oder die Schlaghand sicher machen. Alles Training wird außer Kraft gesetzt, wenn »mental«, im Kopf, etwas falsch läuft oder blockiert.

Beim sportlichen Wettspiel geht es um Siege, auch darüber sind sich alle einig. »Dabeisein ist alles«, das Motto der Olympischen Spiele, versammelt Spitzenleister, Ausnahmetalente, die sorgsam gefördert wurden. Die Leistungsbereitschaft der Sportler, die bis Olympia vordringen, ist hoch; ein ganzes Set von Eigenschaften, so spiegelt sich auch die tägliche Sportdebatte in den Zeitungen und Bildmedien wider, macht den leistungsbereiten Wettkämpfer aus: Disziplin und Konsequenz, Geduld, Ausdauer und Enttäuschungsresistenz gehören dazu. Kampfgeist ist aber auch Teamgeist, Fairness, Toleranz und Belastbarkeit in der Niederlage. Selbstdistanz, Abstand vom eigenen, ausgeprägten Ego macht solche Haltungen möglich.

Dieses Zusammenspiel von Eigenschaften, Trainingseffekten und Lernerfolgen macht den idealen Wettkämpfer aus – der mit Recht Bewunderung für diese ausgewogene Mischung von Qualitäten erregt. Auf dem Leistungsfeld Sport fällt es allen Beschauern leicht, Kampfgeist zu bewundern und Sieger zu feiern. Wer ohne Tricks und Doping Spitzenerfolge erzielt, löst Begeisterung und Zustimmung aus, ja mehr: Eine große Gemeinschaft aus Bewunderern trägt ihn zur nächsten Höchstleistung. Das Lob beflügelt ihn, die Anerkennung stärkt sein Selbstvertrauen. Und alle wissen: diese Steigerung der mentalen Stärke ist erfolgsentscheidend – das Know-how in der speziellen Sportart ist nur die Grundlage, kaum mehr.

Auch der Wettbewerb der freien Marktwirtschaft folgt diesem Erfahrungsprinzip: Das Messen der Kräfte bringt die Besten nach

Wettkampfstärke hat nur zum Teil mit den technischen *skills* zu tun, die das Sprunggelenk elastisch oder die Schlaghand sicher machen. Alles Training wird außer Kraft gesetzt, wenn »mental«, im Kopf, etwas falsch läuft.

vorn und optimiert kontinuierlich die Ergebnisse, sprich Produkte im Markt. Wird es durchgehalten, so kann dieses Wettkampfprinzip noch mehr versprechen: Der Zusatz »sozial« zeigt es. Die erstklassigen Ergebnisse einiger Spitzenstars des Wettbewerbs tragen ganze Mannschaften; sie nehmen auch schwächere mit zu den erwirtschafteten Vorteilen. Im Grunde heißt das: Die unterschiedlichen Ränge der Wettläufer stehen für unterschiedliche Beiträge zum Gesamtgeschehen – wie das Feld der Marathonläufer ganze Stadtviertel mit dem Erlebnis des Marathonlaufs versorgt, so verzweigt sich der Wettkampf auf den Märkten in viele Nischen und Winkel – und gibt damit vielen verschiedenen Talenten Erfolgsraum.

Daß die Sieger Erfolgsgaranten und Stimulatoren auch für Zweit- und Dritt-, ja Zehntplazierte sind, ist im Sport selbstverständlich, im Showquiz ebenfalls. Kein Mißtrauen oder Tadel trifft den schnelleren Läufer, weil er andere deklassierte – solange er die Spielregel einhält. Entsteht der Verdacht, daß er den Sieg erschlichen, seine Fitness mit Drogen gesteigert hat, stürzt der Sieger. Das betrogene Publikum reagiert besonders zornig, weil es ihm, als er siegte, besondere Gratifikationen an Begeisterung und Zuspruch gegeben hat. Der Zorn der Zuschauer hat vor allem diese Ursache: daß sie Engagement und Eifer, ja Einsatz mobilisiert haben, um den Favoriten zu stärken – und daß er diese Einsätze mißbraucht hat. Die Empörung ist in aller Regel weniger eine objektiv moralische, sondern eine subjektive nach vergeblichem Einsatz von *Goodwill* und Vertrauen.

Daß die Zustimmung zum Wettkampfprinzip in der Wirtschaft viel schwereren Störungen ausgesetzt ist als die allgemeine Begeisterung für sportlichen Wettbewerb, hat sicherlich mit dem Mangel an satter Sinnlichkeit zu tun. Wenn Bilanzen in kryptischen Zahlenreihen daherkommen, Erfolge ebenso kompliziert zu erläutern sind wie Mißerfolge, wenn die Abstraktion regiert und nicht Handgreifliches, Anschauliches geboten wird, dann macht dieser Wettbewerb nur Spezialisten Spaß. Das Fatale aber: Wo Zuschauer und Wettkampfteilnehmer, die alle Kunden im Markt und von den Ergebnissen der Wettbewerber auf der Anbieterseite abhängig sind, sowenig vom Wettspiel selbst beurteilen können, da entstehen Mißtrauen und Vorurteile.

Mit dem zweifelnden »Wer weiß ...?« unterwegs, begegnet jeder Marktteilnehmer bald jemandem, der »mehr weiß«; Gerüchte und Legenden machen die Runde, und das Wettbewerbsvergnügen wird zerstört durch mangelnde Einsicht in die Regeln, nach denen gespielt wird. Diese komplexe und abgeleitete Form des Wettbewerbs verlangt, so wissen alle Marktpartner seit Jahren, mehr Entwirrungsbemühungen zwischen den Partnern. Wo endet das Spielfeld? Wie lautet die Regel? Wer spielt eigentlich mit? Was macht der Sieger mit seinem Preisgeld – und vor allem: Wer ist der Sieger? – Das sind die täglichen Fragen, die spekulativ beantwortet werden, weil die Wissenden immer noch zu sparsam mit Erklärungen sind.

Kommunikation als Schlüssel zum Wettbewerbsvergnügen, nicht nur zum Wettbewerbserfolg – ein Leitsatz für die neunziger Jahre. Aber die Analogie zum Sport fängt jetzt erst richtig an. Das Training von Führungskräften wird, in einer Art Kurzschluß, zwar immer häufiger mit Sport angereichert – zögerlich zwar überall dort, wo Topmanager, aus einem sportfreien Leben erstmals im Business-Trainingscamp in die *Nike*- oder *Puma*-Schuhe gezwängt, mit Turnhosen verkleidet und auf diese Weise unter schweren Streß gesetzt werden. Der Kurzschluß, der diesen Versuchen zugrunde liegt, entsteht aus der ungenauen Vorstellung, daß physische Fitness mit geistiger Leistungsfähigkeit in irgendeinem näher nicht bekannten Verhältnis stehen müsse. Natürlich hat das Team, das

Das Training von Führungskräften wird immer häufiger mit Sport angereichert – zögerlich überall dort, wo Top-Manager aus einem sportfreien Leben erstmals mit Turnhosen verkleidet und auf diese Weise unter schweren Streß gesetzt werden.

sich trifft, auch sportlich erfahrene Mitglieder. Deren Erfahrungen klingen so, als sei Sport ein guter Ausgleich für die immobile Lebensweise der Geistesarbeiter. Und natürlich bieten Veranstalter, die es doch etwas genauer wissen, Sport und körperliche Belastung als Seminarlektionen an. Sportmediziner und vor allem junge Absolventen von Sporthochschulen, die zusätzlich Sportmedizin studiert haben, möchten am liebsten Topmanager in ein kombiniertes Training nehmen: sportliche Belastung als Medium zur mentalen Stärke.

Sportliche Fitness: Erfolgsfaktor für das Management

Was wir im Sport selbst als gefestigtes Wissen anerkennen, das sollten wir endlich auch auf die Schulung und Beurteilung von Management-Talenten übertragen. Das Set der Eigenschaften hat es schon gezeigt: beim Hochleister, gleichviel wo sein Platz ist, sind die fachlichen Kenntnisse und Fertigkeiten nur die Grundlage für Erfolgsfähigkeit – die sich erst bewähren kann, wenn ein Pool von berufsunabhängigen Merkmalen hinzutritt. Der gute Ingenieur oder Betriebswirt, Finanzwissenschaftler oder Jurist ist also erst am Anfang, wenn er seine berufsqualifizierenden Abschlüsse in der Tasche hat. Nicht nur am Anfang seiner »Praxiserfahrung«, wie man höchst ungenau sagt, sondern am Anfang eines gezielt aufzubauenden Lernprozesses, den nicht die Praxis von selbst anbietet, sondern der konzipiert werden muß am Beispiel der bislang nur im Leistungssport ohne alle Einwände anerkannten Erfahrung: »Mental« muß gelingen, was im Handeln glücken soll. Im Kopf geht zuerst daneben, was auf dem Feld der internen und externen Wettbewerbe scheitert.

Management-Trainings gehen noch viel zu sehr von der Annahme aus, die Leistungsfelder der Wirtschaft seien besonderen Bedingungen unterworfen und man könne daher von den trivialen Erfahrungen vordergründiger Bereiche wie des Sports absehen. Daß es keineswegs trivial und durchaus nicht leicht beherrschbar ist, wenn ein Athlet »zu seiner Form nicht findet«, obwohl er seine Leistung eigentlich bringen kann, akzeptieren alle Beobachter der

Management-Trainings gehen noch viel zu sehr von der Annahme aus, die Leistungsfelder der Wirtschaft seien besonderen Bedingungen unterworfen und man könne daher von den trivialen Erfahrungen vordergründiger Bereiche wie des Sports absehen.

sportlichen Szene ohne Zögern. Beim Versagen von Business-Spitzenmannschaften dagegen drücken wir uns gern vor einer klaren Diagnose. Da tritt kein Trainer auf, der den Topzirkel ins Trainingscamp schickt; Topmanager haben *per definitionem* ausgelernt. Zwar widerspricht das auch ihrer eigenen täglichen Botschaft an Mitarbeiter und Öffentlichkeit, das Unternehmen sei im rasanten Wandel, aber die Signale der Spitzencrews sind immer noch, wie in der Schwerindustriezeit, auf Ankunft gestellt statt auf Durchstarten.

Was wir im Sport längst wissen, was uns dort begeistert und beflügelt, das läßt sich vorzüglich nutzen für ganz neue Entwürfe von Toptrainings und Führungscamps, in denen nicht mehr das strudelnde Wildwasser, sondern der Strudel im eigenen Leistungsstrom den Widerstand ausmacht, der bezwungen wird. Wer nach den Regeln der sportlichen Fitness seinen Geist und Körper trainiert, seine Willenskraft schult und sein Zeitmanagement kultiviert, der wird auch mit der täglichen Streßgefahr (vgl. Teil VII) besser fertig. Wer Unternehmerteams – und das sind alle Einheiten im Unternehmen* – belastbar machen will, ohne ihren Kräften die Balance zu nehmen, der kann aus dem Feld des Sports zwei Erfolgsquellen nutzen: zunächst die klare Rückkoppelung von Einsatz und Leistung; und zweitens die überzeugende Erfahrung, daß der Umgang mit physischen Ressourcen in engem Wechselbezug mit geistiger Fitness geschieht. Damit ist das wichtige Stichwort aller Bemühungen zur Leistungsorganisation gefallen: Ressourcenmanagement. Es gilt für den Einzelnen, für das Team, für das Unternehmen und für die Wettbewerbskultur im ganzen. Was diese »geistige Fitness« im einzelnen ausmacht, wird uns hier noch beschäftigen.

Das Training von Leistungsteams im Unternehmen hat zum Ziel

---

* Gertrud Höhler, Spielregeln für Sieger, ECON, Düsseldorf 1991, 12. Auflage 1994

die Wettbewerbsstärke. Die Orientierung am Mitbewerber und seiner Fitness-Bemühungen spielt also eine wichtige Rolle für das Leistungscamp. Im Team selbst gelten dieselben Antriebsenergien: Teams sind Wettbewerbsgemeinschaften, in denen Konkurrenz und Kooperation einander ergänzen. Jeder sucht seine Bestleistung, jeder wetteifert mit den andern im Team.

Teams befriedigen das Bedürfnis nach Zugehörigkeit und nach Rangfolge. Beide Prinzipien sind offiziell anzuerkennen und einzuüben – physisch wie geistig. Auch im Team spielt der Wunsch nach Anerkennung eine große Rolle – die Zustimmung der Gruppe und die Zustimmung der Leitfigur sind Ziel jedes Einzelnen. Gleichzeitig läuft der unaufhörliche Optimierungsprozeß bei der Rangfolge. Wer heute führend ist, wird vielleicht morgen von einem andern abgelöst – durch Leistung und Zustimmung, nicht durch Dekret von oben.

Das Team ist auch der Raum für Selbstvergewisserung. Jeder gibt sich zu erkennen und zeigt, was er kann. Die Dynamik der Aufgaben gibt diesem Bedürfnis und seiner Befriedigung zeitliche Tiefe: Team heißt Entfaltungschance – für jeden im Zusammenspiel mit den andern. Und das Team bindet, fesselt, verpflichtet – manchmal sogar bis zur Sucht.

Der Trainer im Führungsteamcamp stimuliert und katalysiert die Abgrenzungs- und Kooperationsprozesse. Er hat es leicht, wenn die Teilnehmer es zulassen, daß er ihnen Waldläufe oder Kletterpartien zumutet, sie unter die kalte Dusche und in die heiße Sauna schickt. Die Dramatik geistiger Erschöpfungs- und Konfliktfolgen löst sich oft in strahlende Erleichterung auf, wenn nur die Temperatur gewechselt, dem rastlosen Kreisen der Gedanken physische Bewegung als Kontrapunkt entgegengestellt wird.

Bei spielerisch-sportlicher Betätigung können ganz nebenbei Grundqualifikationen für die Managementaufgaben trainiert

Was wir im Sport längst wissen, läßt sich vorzüglich nutzen für neue Entwürfe von Trainings-Camps, in denen nicht mehr das strudelnde Wildwasser, sondern der Strudel im eigenen Leistungsstrom den Widerstand ausmacht, der bezwungen werden soll.

werden, die im sterilen Innenraum, theoretisch vorgetragen, die mentale Blockade der gut qualifizierten und selbstbewußten Führungskräfte eher verstärken. Ausgangspunkt ist nicht das Fachwissen, mit dem die Karrieren der Teilnehmer gemacht wurden. Startplatz ist aber auch nicht ein verblasener Defizitgedanke, wie ihn die Esoterik-Seminare zugrunde legen (siehe Seite 306 ff.). Es geht nicht um stille Sehnsüchte nach dem ganz anderen, sondern um die praktische Einübung von ausgeglichenem Ressourcen-Management als Quelle für Bestleistungen und für das zugehörige Leistungsvergnügen.

Geistige Arbeit, wie sie das Management tut, macht die Messung von Krafteinsatz und Konzentration nicht unmittelbar meßbar. Erfolg oder Mißerfolg werden erst verspätet sichtbar, die Zuständigkeit für beide läßt sich dann nicht mehr zuverlässig entwirren. Das wirkt auf alle Manager demotivierend und führt zur Überschätzung taktischer Maßnahmen bei der Karriereabsicherung. Wer andern einen Stein auf die Sprintstrecke rollt, wird dagegen im Sport nicht erfolgreich; die *Feedback*-Schleifen sind kürzer und zuverlässiger. Wenn wir die mentale Stärke von Sportlern als Leistungsquelle ernst nehmen, dann akzeptieren wir damit stillschweigend auch den umgekehrten Zusammenhang: Wer seinen Geist in den übersichtlichen *Feedback*-Schleifen sportlicher Erfolgstugenden trainiert – und es wird ihm nicht möglich sein, seinen Körper ohne seinen Geist fit zu machen –, der gewinnt Managementqualifikationen und übt sie krisenfest ein.

Die Liste der »mehrwertigen« Qualifikationen von Sport und Management ist beeindruckend. Sie taugt zur Grundlage für eine ganz neue Spezies von Toptrainings, deren Geldwert besser kalkulierbar sein dürfte als bei herkömmlichen, die den »guten Rat« nicht unmittelbar erfahrbar machen können.

Sportliche Erfolgsregeln sind Erfolgsregeln für das Management. Was für den Teamgeist beispielhaft dargestellt wurde, gilt für alle anderen Grundtugenden des Managements auch.

Wettbewerbserfolg in Sport und Management fußt auf folgenden Fitness-Merkmalen:

- körperliche Kondition und Belastbarkeit
- Reaktionsvermögen
- geistige und physische Widerstandskraft
- Konzentrationsfähigkeit
- Fairness
- Kenntnis der Spielregel
- Kenntnis des Spielfeldes
- Achtung vor beiden: Spielregel und Spielfeld
- strategisches Denken innerhalb der Spielregeln
- wirtschaftlicher Umgang mit den eigenen Reserven an Kraft und Mitteln
- Konzentration auf das Ziel
- Beobachtung des Spielgegners
- Zusammenspiel mit den Spielpartnern
- konditionierte Reflexe bei plötzlicher Gefahr oder Chance
- Ausdauer
- besonnener Umgang mit Risiken
- schnelle Einschätzung der Situation
- koordiniertes, rasches Handeln
- Erkennung von Ablenkungsmanövern und Angriffen

Da alle diese Merkmale auf dem geglückten Umgang mit gegebenen Ressourcen und mit deren Vitalisierung fußen, kann auch das Leistungsvorfeld für Manager in produktiver Parallele zum sportlichen Ertüchtigungsprozeß trainiert werden. Die Früherkennung von Streß ist dabei so wichtig, daß ihr in diesem Buch ein ganzes Kapitel gewidmet wurde (vgl. Seiten 262–290):

- Ernährungsgewohnheiten bewußtmachen und ggf. ändern.

Die Liste der »mehrwertigen« Qualifikationen von Sport und Management ist beeindrukkend. Sie taugt zur Grundlage für eine ganz neue Spezies von Top-Trainings, deren Geldwert besser kalkulierbar sein dürfte als bei herkömmlichen.

- Arbeits- und Lebensrhythmus prüfen und ausbalancieren – auch hier gibt das Streß-Kapitel die entscheidenden Hinweise.
- Bewegungsmangel entschlossen ausgleichen. Zeitmangel kann nicht als Verweigerungsgrund für diese Korrektur gelten.
- Einseitiges Training (partielle Über- oder Unterforderung, Fehlforderung) korrigieren.
- Analyse der Ursachen für Versagen in der Wettkampfsituation – falsches Training?
- Die Muskeln aufwärmen! Das Gehirn spielerisch in Gang setzen – Anspannung und Entspannung abwechseln!
- Nur mit den vorhandenen Ressourcen kann Leistung geplant werden! Besteht Einigkeit über diese Ressourcen?
- Leistungskontrolle! Wie hoch ist das gegenwärtige Potential? In welcher Richtung kann es gesteigert werden?

Das Ziel dieser Kontrollen und Vorbereitungen ist die Verfügbarkeit von Leistungsgipfeln im Moment der Anforderung.

»Persönlichkeitsseminare«, die zur Selbstversenkung aufrufen, gehen an den verfügbaren Erkenntnissen und Erfahrungen des Leistungssports achtlos vorüber. Nicht allein die Potentiale spielen eine Rolle für erreichbare Leistungsstandards, sondern ihre Präsenz, ihre Verfügbarkeit auf Abruf ist oft für Manager – wie für Spitzensportler – im Wettkampf entscheidend. Was einer »könnte, wenn«, interessiert niemanden, wenn er es im Moment der Anforderung nicht kann. Manche Kritik heftet sich an diese Unerbittlichkeit der Leistungsabforderung im gegebenen Moment – der unvorhersehbar sein kann. Aber zu Führungspositionen wird niemand gezwungen. Wer sie erreicht, hat auf dem Wege dorthin die Spielregeln immer wieder mit den eigenen Ressourcen zu vergleichen. Und genau dabei sollte gegenwärtige Führung der künftigen systematischer helfen als bisher.

Was unter Fitness verstanden werden muß, ergibt sich aus den aufgezählten Fertigkeiten und Fähigkeiten. Trainingserfolg für Topmanager bedeutet, daß der unmittelbare Zugriff auf die psychische und mentale Bestleistung gelingt, wenn er angefordert wird. Das heißt auch: Negative Begleiterfahrungen und -empfindungen müssen steuerbar werden. Das läßt sich trainieren und ist wichtige Voraussetzung für Entscheidungskraft. Jede Fehleinschätzung der eigenen Ressourcen und Fähigkeiten kann fatale bis katastrophale Folgen haben. Viele Unternehmenshavarien dieser Jahre beruhen auf verfehlter Selbsteinschätzung und Lagebeurteilung der Topmanager – vermeidbar, so scheint es, wenn man systematisches Training gerade dieser mentalen Stärken betrieben hätte. Um sich im Augenblick der großen Belastung fit zu machen, können Topmannschaften ebenfalls in die Fitness-Fibel der Sportler schauen:

Vor dem Wettkampf:

- Entspannen, spielerisch ablenken.
- Positive Verstärkung suchen: Zuspruch, Ansporn im Team.
- Check-up des praktischen Know-how und der Instrumente des Handelns; Rekapitulation der Wettkampfsituation (Spielfeld, Gegner, Spielregeln).
- »Warmlaufen«: nicht nur physisch, auch psychisch.
- Keine neuen Kommandos! Keine plötzlichen neuen Verhaltensregeln!
- Mentales Durchspielen der Strategie, ihrer Alternativen und der möglichen Wettkampfvarianten.

Karriere-Fitness: Mit diesem neuen Instrumentarium läßt sie sich zuverlässiger aufbauen, gründlicher und objektiv kontrollieren und zielgenau für die Zukunft anreichern.

Nicht allein die Potentiale spielen eine Rolle für erreichbare Leistungsstandards, sondern ihre Verfügbarkeit auf Abruf.

Was einer »könnte, wenn« interessiert niemanden, wenn er es im Moment der Anforderung nicht kann.

Trainingscamps für Wolkenschieber: Psychoseminare

Rezession schafft Läuterung. Die Dschungel- und Wüstenseminare der achtziger Jahre finden nicht mehr auf der äußeren, sondern auf der inneren, der Psycholandkarte statt. »Persönlichkeitsstärke« und »Wiedergeburt«, »Überwindung eigener Grenzen« werden nun in geschlossenen Räumen angeboten, bei Meditation und esoterischen Ritualen. Das ist kostengünstiger, in der Tat, wenn nicht geographisch die Erfahrungsgrenze überflogen, durchschwommen oder überklettert werden muß, wenn nicht reale Wüstenhitze Durst zur körperlichen Qual macht, nicht das Auge der Wildnis den verängstigten Abteilungsleiter anschaut, sondern das eigene innere Chaos Verstörung anrichtet, die durchlitten werden muß, bis man ins Licht der neuen Persönlichkeitsstärke robben kann – auf Teppichboden statt im Wüstensand, in den Duschkabinen eines Lehrcenters statt unter tropischem Monsunregen.

Auch die Freizeitabenteuer dieser Jahre zeigen es: Der Stil der Wagnisse ändert sich. Statt Wildwasserfloß und strategischem Rudern nun Bungee-Jump, der Sturz aus den Wolken – als krisenadäquate Mutprobe. Der Sprung in die Tiefe – ein Gleichnis für den Absturz der Wohlstandskultur in die magere Tiefebene.

Die *Lean*-Kultur, so kann der Wohlmeinende folgern, hat auch die Outdoor-Trainings in bescheidene Indoor-Meetings verwandelt. Ohnehin ist das größte Chaos ja immer zuerst innen, ehe wir es draußen anrichten, mag der wendige Seminarleiter argumentieren. Und die jüngste Rezession hat es bestätigt, daß die Wüsten mitten in der Zivilisation ihren Treibsand anlagern, daß Dschungel im Großkonzern zur täglichen Erfahrung wird, wenn Optimismus und Selbstvertrauen die Manager verlassen. Warum also in die Ferne schweifen? Beschäftigungslose Psychotherapeuten, vom Gesundheitsstrukturgesetz auf Hungerkost gesetzt, warten schon auf neue Klienten; die Firmen greifen dankbar nach kostengünstigeren Trainings, die ihrem schulungsdurstigen Management auch ohne Fernostflug oder Florida-Camp die Orientierung im Urwald der eigenen Seele, in den Wüsten des eigenen Gefühlslebens erleichtern wollen.

Amüsant ist es schon: Die Outdoor- und Exotiktrainings gehören zu den Boomjahren wie die Abenteuerurlaube und Abenteuerspielplätze. Als die Rezession hereinbrach, war Wildwasser plötzlich überall. Die Tabula rasa bankrotter Unternehmen präsentierte die heimische Wüste, aus der man nicht mehr ausreisen konnte in die Wüstenkulisse Arizonas. Verbrannte Erde war plötzlich mitten im Managementalltag; man brauchte gar nicht aufzubrechen nach Lanzarote; der Vulkanausbruch fand zu Hause statt.

Die Übungen in Urangst, Urschrei und Wüstendurst, früher mit viel Aufwand simuliert, wurden plötzlich frei Haus geliefert. Nun erfuhr mancher im heimischen Büro, wie man sich als Ertrinkender, als Felskletterer im Absturz fühlt. Grenzerfahrungen wurden billiger; für viele gab und gibt es sie zum Nulltarif.

Auf diesem Wege erfuhren wir, daß Extremtrainings und Überlebenscamps eine Kompensation der Schönwetterlage sind, Auslauf für unausgelastete Mannschaften und Surrogat für Bedrohungspotential, das im florierenden Firmenalltag einfach nicht geliefert werden konnte. »Fit für die Krise« war freilich allzuselten das Motto solcher Outdoor-Trainings; jedenfalls fehlt bislang die Meldung, daß die Krisenfestigkeit der Manager aus dem Tiefleuchtlehrgang oder dem Streßkurs zum Rettungsanker in der Rezession gewor-

Auch die Freizeitabenteuer dieser Jahre zeigen es: Der Stil der Wagnisse ändert sich. Statt Wildwasserfloß nun Bungee-Jump, der Sturz aus den Wolken – als krisenadäquate Mutprobe, als Gleichnis für den Absturz der Wohlstandskultur.

den sei. Fest steht: Seit es zu Hause hohen Wellengang in schwerem Wetter gibt, ist der Bedarf an inszenierten Stürmen auf fernen Atollen rückläufig. Die freie Wildbahn hat sich mitten in die Marktwirtschaft zurückgemeldet. Wer im Wirtschaftszoo der reichen Westländer gefrustet vor sich hin gähnte, muß sich nun auf alte Wild- und Jägertugenden zurückbesinnen, um nicht über Nacht zur Beute wacherer und jagdstärkerer Rudel zu werden.

Daß Reisen nicht unbedingt zur Krisenkondition beiträgt, haben manche Firmen beim nachdenklichen Durchblättern der Seminarprogramme aus den fetten Zeiten gelernt. Also werden die Reisen kürzer, die Spesenbudgets schmaler und die Ferntrainings gestrichen. Was bleibt, wenn die handfesten Rezepte – Klettern, Dürsten, Rudern, Laufen, Schwimmen – ihren Nimbus eingebüßt haben, ist das Esoterische. Exotik seelisch, eine Trainingspolitik der kurzen Wege und des äußerlich geringen Aufwands – an Reisekilometern und physischer Kraft –, ist die neue Attraktion für irritierte Krisencrews.

Die Gleichung fasziniert: In Zeiten abstrakter Produkte ein Training, das nicht mehr die Physik des Industriezeitalters – Klettern, Laufen, Springen – zugrunde legt, sondern die unsichtbaren Problemlösungen, wie sie die Mikroelektronik um den Erdball schickt, als Vorbild für den Zugriff auf die menschliche Lösungskompetenz wählt. Unsichtbare Prozesse, nicht schnöde Muskelarbeit sind die Zauberformeln der neuen Esoterikseminare. Innen aufräumen, nachdem draußen alles außer Takt geriet, das klingt verlockend und erlaubt die Flucht vor der brutalen Vordergründigkeit der aktuellen Tagesprobleme.

High-Tech im menschlichen Gehirn als Zugriffspunkt, das verspricht ganz neue Qualifikationswunder, schon weil niemand messen kann, was da geschieht und ob es greifbaren Nutzen bringt. Wer eben im eigenen Unternehmen das Scheitern der alten Kostenrechnung erlebt hat, wer mit dem Schrecken des *Lean*-Prozesses in allen Gliedern in solche Psychotrainings stolpert, der bringt eine hohe Glaubensbereitschaft mit. Viele Manager genießen es, hier endlich einmal für etwas zu bezahlen, was ihnen später niemand vorrechnen kann, weil das Produkt nicht kalkulierbar, die Qualität Ermessenssache und der Kundennutzen anheimgestellt ist. Solchermaßen erlöst aus der Welt der käuflichen Werte, trauen krisenenttäuschte Manager dem neuen Angebot zur psychischen Fitness nahezu alles zu – ja, sie sind auch dann beglückt, wenn sie sich aus dem Würgegriff von Kosten-Nutzen-Rechnungen hier vorübergehend ganz befreit sehen.

Die Selbsttäuschung, daß nun endlich Lösungen winken, die bei früheren Gruppentrainings nicht zu holen waren, wird gezielt gefördert durch den Trend zur Einzelprägung unter dem Motto »Persönlichkeit«, »Stil«, »mentale Stärke« – lauter Individualfaktoren, die das eben erst erlernte Teamideal wegdrängen zugunsten der Aufforderung zu einem hemmungslosen Egotrip. Die Adepten der neuen Mischung von Psychotherapie und Sektierertum, durchsetzt mit esoterischem Geschwafel, werden zur Flucht vor objektiven Problemen via Selbstversenkung ermuntert – was vielen angesichts der eben erst gelandeten Flops als willkommene Trostform erscheint.

Das Psychoseminar als Fluchttunnel – wenn nicht zu neuer Hochform, dann wenigstens zu einer Topdiagnose, die den Karrieresturz in der faszinierenden neuen Formel vom *»burning out«* nobilitiert.

Wer nicht mehr fit zu machen ist für den Alltag, der macht sich hier fit für Sonderrollen, die es erlauben, das eigene Performance-Defizit als überlegene Problemschau auszugeben.

Daß die Psychotrips als Führungstraining so attraktiv sind, erklärt sich nicht aus ihrer Qualität. Vielmehr ist die Trivialität der

Das Psychoseminar als Fluchttunnel – wenn nicht zu neuer Hochform, dann wenigstens zu einer Top-Diagnose, die den Karrieresturz in der faszinierenden neuen Formel vom *»burning out«* nobilitiert. Das Performancedefizit wird Problemszenario.

einzelnen Lektionen oft so überraschend, daß die Akzeptanz solcher Angebote nur so erklärt werden kann: Auch Topmanager haben ausgedehnte Kompetenz-*Lags* – und je weiter das Lehrgebiet von ihrer eigenen Alltagskompetenz entfernt liegt, desto weniger sehen sie ihr eigenes Revier gefährdet. Sie sind bereit, zu bewundern und gelten zu lassen, was ihren eigenen Jagdgrund so wenig berührt. Nur so erklärt es sich, daß erfahrene Führungskräfte demütig Allerweltsweisheiten entgegennehmen vom Kaliber »Schauen Sie sich morgens im Spiegel freundlich an« oder: »Üben Sie aktives Zuhören« oder: »Sprechen Sie den letzten Satz Ihres Dialogpartners nach mit dem Zusatz: Und das macht Ihnen Sorgen.«

»Eigene Grenzen zu überwinden« wird als willkommene Ausweichstrategie für all jene verlockend, die an den Grenzen der realen Möglichkeiten gescheitert sind. Hoffnungsvoll vertraut sich der Manager mit dem erschütterten Selbstvertrauen dem Versprechen an, seine Wahrnehmungsmuster ließen sich grundlegend verändern und seine verschütteten Traumata, heimliche Quellen des Versagens, könnten durch Atemtechnik oder neue »Körpererfahrung« aufgegraben und ausgeschaltet werden.

Die Falle, in die viele Manager laufen, wenn sie sich solchen Mogelpackungen anvertrauen, ist die eigene Unerfahrenheit im Umgang mit psychischen und emotionalen Faktoren. Auch die anspruchsloseste Kost auf dieser *Terra incognita* nehmen sie willig und erwartungsvoll auf, weil ihnen jeder Qualitätsmaßstab fehlt.

Ein wenig gleicht das Geschehen immer dem Triumphzug des Kaisers ohne Kleider: unter 20 Zuhörern ist vielleicht nur einer, der plötzlich seinem Ärger Luft macht, weil ein Rest an Zutrauen zur eigenen Urteilsfähigkeit ihn ermutigt, seinen Eindrücken recht zu geben statt dem verwirrten Schweigen aller anderen Teilnehmer. Solche Ausbrüche aus dem Psychoghetto sind bei wachsamen Trainern der neuen Couleur natürlich eingeplant. Der Abweichler wird als »Fall« behandelt und auf einem exponierten Therapie-Rang plaziert, wo alle von seinem Aufbegehren profitieren können: So ungeschickt wie er wird es keiner von den andern anfangen ...

»Selbsterfahrung«, wie sie die Seminarveranstalter mehr und mehr anbieten, fehlt im Arbeitsalltag der meisten Manager zwar nicht, sie ist aber einseitig, solange der führende Manager überwiegend anordnet und kontrolliert. Rückmeldungen, die ihm den Wert seiner eigenen Persönlichkeit oder auch nur die Qualität seiner Arbeit bestätigen, sind selten. Mitarbeiter wagen nicht, ihre Vorgesetzten zu loben, und übergeordnete Führungskräfte sind ebenso sparsam mit Anerkennung, wie es das eigene Lobdefizit vorzeichnet: Wer lobt schon Topmanager? Im Glücksfalle Topmanager. Und wieviel wiegt dieses Lob? So viel, wie das Rivalenmißtrauen des Gelobten zuläßt.

In langen Jahren zur Konzentration auf Funktionen erzogen, fühlen viele Manager beim Appell an ihre »Privatpersönlichkeit« Furcht und Hoffnung zugleich. Sie kommen mit diesem Gefühlsgemisch in die Seminare wie einer, der allen Mut zusammennimmt, um weiße Flecken auf der Landkarte zu erforschen. Oft richtet daher die Pseudopsychotherapie der Dilettanten im esoterischen Training mehr Unheil an, als die schwache Qualität des Angebotes ahnen läßt. Kurios genug: Die erfahrenen Manager, die sich die Entlarvung der Scharlatane auf dem Trainingsmarkt nicht zutrauen, werden nicht nur Opfer »blinder Flecken« im eigenen Auge. Sie scheitern auch an dem Gesetz, auf das sie beruflich vertrauen: dem autoritären Stil. Präsentiert ein Seminarpriester seine Botschaft mit autoritärem Anspruch, so sind genau die Manager am wehrlosesten, die sich bei der eigenen Führungsaufgabe autoritär verhalten.

Erst diese Erkenntnis, daß sie in die Falle der eigenen Defekte tappen, könnte, abseits vom Veranstalterziel, das Seminar zu

Die erfahrenen Manager, die sich die Entlarvung der Scharlatane auf dem Trainingsmarkt nicht zutrauen, scheitern auch an dem Gesetz, auf das sie beruflich vertrauen: dem autoritären Stil. Ihm sind sie wehrlos ausgeliefert.

einem Erfolg machen. Tatsächlich gibt es solche ungewollten Nebeneffekte, deren Lernwert unschätzbar ist; denn was wir gegen Widerstände lernen, das macht uns wirklich stark. Vielleicht wird mancher autoritäre Personalmanager selbstkritisch beim Erlebnis der Esoterikautoritäten. »So ähnlich wirke ich vielleicht auf meine Mitarbeiter«, könnte er sich sagen. Oft sind die Lernerfolge »gegen den Strich« die wirksamsten.

IX

Management of Change

Lean is beautiful

Die Unternehmen haben sich verspätet – beim Epochenideal des schlanken Organismus. Die Frauen sind schon seit Jahrzehnten schlank – jedenfalls die Trendsetterinnen sind es; der schlanke Manager ist auch schon eine Weile ein Ideal. Er ißt nicht mehr zu Mittag – außer einen schlanken Salat mit spartanischem Dressing –, er raucht nicht mehr. Er joggt und weiß längst: Die mentale Stärke drückt sich auch im disziplinierten Körpergewicht aus.

Nur die Organisationen, in denen diese schlanken Menschen arbeiten, schreiben noch eine ganz andere Epoche: Industriebarock. Sie tragen ihre Wohlstandsbäuche schwerfällig zum Markt – und verlieren an Erfolg, was sie an Übergewicht behalten.

Die *Lean*-Debatte ist zwar schon eine Weile im Gange, aber die Manager der Industrieära favorisierten zunächst lange – und bis heute? – ein Mißverständnis: Sie »rechneten ihre Unternehmen schlank«, statt sie schlank zu organisieren. Wo die Zahl regiert, wird auch der Innovationsappell zunächst in Zahlen umgerechnet – die allenfalls das Skelett der Aufgabe darstellen – leblos ohne Muskeln, Blutgefäße und ein pochendes Herz, das dem Entscheidergehirn die Sauerstoffzufuhr liefert.

Bei den Bewohnern der fettleibigen Unternehmen, den Mitarbeitern, kam der Schlankheitstrend ihrer Organisationen durch diesen Mißbrauch der Idee schnell in Verruf; wo immer das Wort *»lean«* nun auftaucht, reagieren Mitarbeiter mißtrauisch; nur Topmanager lächeln schlau, weil sie sicher sein dürfen, den rechten

Ton zu treffen, wenn sie von »*Lean*-Management« reden – und was sie in ihren Häusern tun, steht auf einem anderen Blatt. Manches Spitzenteam nutzt die aktuelle Botschaft *»Lean-Management«* zur phantasielosen, radikalen Kostenreduktion – und wird schon morgen die überstürzt gekappten Ressourcen zurückwünschen. Gestörte Balance, wie sie übergewichtige Unternehmen erfahren, ist, wie beim Einzelorganismus auch, niemals monokausal. Sie muß als eine Störung vieler Einzelfunktionen und ihres Zusammenspiels sensibel und mit komplexen Maßnahmen bekämpft werden.

So hat sich das harmonische Bild des schlanken Managers im schlanken Unternehmen etwas verspätet. Aber die neunziger Jahre stellen Lösungen nicht mehr frei; sie erzwingen sie – spätestens beim Anstieg aus dem Rezessionstal in die neue Allianz mit dem Kunden. Was die schlank gewordenen Manager aus ihrer eigenen Lebensgeschichte wissen, das gilt auch für ihre Organisationen, wenn das *Lean*-Programm gelingen soll: Es ist ein umfassendes Programm, das die Organisation neu zu leben lehrt, nicht nur neu und anders zu konsumieren und zu produzieren. Es ist außerdem ein Programm, das den täglichen schlechten Kompromiß, der die Dicken dick erhält, nicht duldet.

Das *Lean*-Programm muß allen Einheiten im Unternehmen gelten. Es bedeutet den Abschied von Merksätzen, die für die Massenfertigung der Industrieära Schlüsselsätze waren – zum Beispiel: der Stückkostenpreis von Produkten sei desto niedriger, je länger (Faktor Zeit) und je zahlreicher (Faktor Quantität) sie gefertigt werden.

Dieser Merksatz ist ein typischer Industriekultursatz, weil er vortäuscht, die Erfolgskurven von Unternehmen seien eindimensional und linear darstellbar. Daß wir diese Darstellung in der Fläche bevorzugen, weil sie willkommene – und manchmal auch vertret-

Der schlanke »Ideal«-Manager joggt und weiß längst: Die mentale Stärke drückt sich auch im diszipliniertem Körpergewicht aus. Nur die Organisationen dieser schlanken Menschen schreiben noch eine ganz andere Epoche: Industriebarock.

bare – Vereinfachungen zuläßt, heißt noch lange nicht, daß solche linearen Modelle die mehrdimensionalen Prozesse von Erfolg und Versagen auch in komplexen Zeiten noch zureichend abbilden könnten. Der steile Absturz auch hochintelligenter Unternehmen in die Rezession der frühen neunziger Jahre zeigt an, daß solche »Wenn- dann«-Modelle weder unser Scheitern noch unsere Siege in einer multikausalen Wirtschaftswelt zu beschreiben vermögen.

Wer das Signal *»lean«* im Unternehmen ernst nimmt, wird auch dort sofort zu einem neuen Verständnis der Multifunktion »Unternehmen« gezwungen. Nicht mehr die Teilung der Aufgaben bleibt jetzt der Schlüssel für Verbesserungen, sondern die Kooperation der verschiedenen Bereiche. Nicht die zahlenmäßige Verkleinerung der Mannschaften allein, sondern die Kombination von bewährten und neuen Maßnahmen bringt den Erfolg. Die Fertigungsmenge tritt als kostensparender Faktor jetzt in neue Zusammenhänge, die eigentlich alte sind, die man überwunden glaubte: Variantenreichtum der Produkte, Variantenvielfalt bei den Qualifikationen und Aufgaben für die Mitarbeiter, Elemente der handwerklichen Welt, bringen dem Großunternehmen die Kundennähe zurück, die es durch selbstherrliche Anbieterhaltungen verspielt hatte.

»Lean« meint also, in verblüffender Parallele zum lebenden Organismus: gemischte Tätigkeiten, gemischte Kost. Dies alles auf dem Spielfeld der eigenen, nicht fremder Erfahrung – mit eigenem, nicht fremdem Know-how.

Das *Lean*-Konzept bringt also – ganz im Gegensatz zu seiner Skelett-Version cost-cutting – Produktion, Mitarbeiter und Kunden ganz dicht zusammen. Die *»market-driven company«* kann nicht anders als schlank auftreten, sonst wird sie schwerfällig und produziert alsbald am Kunden vorbei. Synergie wird mit dem Kunden gemeinsam erwirtschaftet, und zwar nicht durch Niveauverlust via Massenfertigung, sondern durch Niveaugewinn unter Führung des qualitätsorientierten Kunden.

Spitzenqualität zu vertretbaren Preisen und mit integriertem Spitzenservice: Das klingt nach Luxus eher als nach *»lean«*, sagen traditionell erzogene Industriemanager. Es stimmt, und der Manager persönlich weiß es eigentlich auch: Schlanksein ist eigentlich Luxus, während allenthalben gedankenlos konsumiert wird. Der Luxus besteht in der mentalen Kultur, in der Arbeitsdisziplin und der bedingungslosen Qualitätsorientierung bei allen Prozessen im Unternehmen. Unternehmen, die nicht mehr bedenkenlos Zeit, Geld und Energie – auch Energie der Köpfe, *brain power!* – leerlaufen lassen, leisten sich den Luxus, schlanker, effizienter, ökonomischer mit all diesen Ressourcen umzugehen. Das Controlling überflüssig zu machen ist in diesem Sinne sowohl Luxus als auch kostengünstig. Sparta und Schlaraffenland, zwei gegensätzlicher kaum denkbare Regionen, berühren sich. Wer den Einsatz von Arbeitskraft und Arbeitszeit optimiert, der minimiert augenblicklich auch die Kosten. Plötzlich paßt dann harmonisch zusammen, was die Industriegesellschaft auseinandergerissen hatte: Kunden- und Prozeßorientierung, Optimierung der Wertschöpfung und Qualitätsverbesserung bei den Produkten.

Schlanke Leute sind schneller – schlanke Unternehmen auch. Wer Mittel und Menschen in effizienteren Prozessen arbeiten läßt, dezentralisiert von selbst, kommuniziert automatisch besser und schneller, flacht Hierarchien ab, nicht weil das »in« ist, sondern weil es sich bei hoher Informations- und Abstimmungsdichte von selbst so ergibt. Es kostet Zeit und Energie, wenn im Unternehmen, zwischen den Bereichspartnern, mäßige Qualität die Prozesse bestimmt, während dem Kunden draußen *high quality*-Management geliefert werden soll. Zeitsparend und ökonomisch ist es, auch drinnen, zwischen den Abteilungen, höchste Qualitätsan-

»Lean« meint also, in verblüffender Parallele zum lebenden Organismus: gemischte Tätigkeit, gemischte Kost. Die *»market driven company«* kann nicht anders als schlank auftreten, sonst wird sie schwerfällig und produziert am Kunden vorbei.

LEAN-MANAGEMENT

Der mißverstandene Schlankheitstrend
– Nicht schlankrechnen, sondern schlankorganisieren!

Erfolgskurven von Unternehmen sind nicht linear darstellbar.

Die Multifunktion »Unternehmen« verlangt multifunktionale Lean-Prozesse.

Ziel: **Spitzenqualität**
zu vertretbaren Preisen
mit integriertem Spitzenservice

Lean bezeichnet den Luxus effizienter, ökonomischer und kontrollarmer Prozesse.
Lean bringt Prozeßorientierung und Kundenorientierung zusammen.
Lean heißt: Transparenz und Tempo.
Lean -Management ist High-Quality-Management.

sprüche zu verwirklichen: Widerspruchsfreiheit entlastet alle und macht die Prozesse transparenter. In diesem Sinne vergißt das schlanke Unternehmen sehr bald die Differenzierung zwischen Außen- und Innenkunden: Jeder Arbeitspartner ist als Kunde der eigenen Leistung, als Qualitätspartner zu verstehen. Nur so lernt das ganze Unternehmen, den Kunden als einen Mitwirkenden im Qualitätsprozeß zu verstehen. Näher zusammenrücken: Das Motiv der flachen Hierarchie bezieht den Kunden ein in das manövrierfähige, »leichtfüßige« Unternehmen, das seine überflüssigen Speckschichten abgeworfen hat.

Nun lassen sich, wie beim abgespeckten menschlichen Organismus, auch die einzelnen Muskelpartien wieder erkennen: Die Arbeit des Unternehmens wird transparenter, das Vertrauen der Partner in die Unternehmensleistung nimmt zu. Wer einen Fettklotz auf der Aschenbahn vorbeikeuchen sieht, nimmt nichts wahr als wippende Fettpakete; die eigentliche Lauffunktion ist nicht mehr ablesbar. Wir werden mit Recht unsicher über den Erfolg eines solchen Laufprozesses, wenn wir nicht mehr erkennen können, mit welchen Muskelgruppen sich der Laufende fortbewegt. Ganz entsprechend erleben Partner und Kunden ein Unternehmen. Wenn es leichtfüßig daherkommt, mit kurzen Antwortwegen reagiert und klare Bewegungsmeldungen aussendet, dann festigt sich das Vertrauen. Übrigens auch das Selbstvertrauen aller, die zum Unternehmen gehören – auch der Kunden. Jetzt erst lassen sie sich auf eine so enge Partnerschaft ein.

Täuschen wir uns aber nicht: Partnerschaft lebt von Persönlichkeiten; sie ist nicht ein »Selbstgänger«. Projekte brauchen, zumal in Phasen der Veränderung – hier: Verbesserung – aller Prozesse, die verläßliche Größe, an die jeder sich während aller Entwicklungen halten kann. Diese verläßliche Größe ist der Manager mit weitem Verantwortungsspielraum. Er wirkt auch als Beschleuniger der

In einem schlanken Unternehmen lassen sich, wie beim abgespeckten menschlichen Organismus, die einzelnen Muskelpartien wieder erkennen: Die Arbeit des Unternehmens wird transparenter, das Vertrauen in die Unternehmensleistung nimmt zu.

neuen, komplexeren Abläufe; was ehemals hintereinander geschaltet war, läuft jetzt synchron und gleichzeitig ab, weil jeder Mitarbeiter in Kontaktnetzen arbeitet: seiner Abteilung zugehörig und in Abstimmungsnähe zu den Arbeitsprozessen anderer Abteilungen. Der Knotenpunkt dieser sich kreuzenden Kommunikationslinien ist der verantwortliche Projektmanager.

Führung wird also keineswegs überflüssig – im Gegenteil gerät sie in eine Belastungsprobe, die frühere Fehler offenlegt. Die besten Teams sind vor allem gutgeführte Teams (vgl. das Kapitel über Teamkultur, Seite 423), denn das gute Zusammenspiel wird erstklassig durch den hochkarätigen Dirigenten.

Das schlanke Unternehmen ist ein Prozeßoptimierer, auch was die Leistungsfähigkeit der Teams angeht. Qualifikationen werden breiter, die Flexibilität kann daher größer werden, und die Kommunikationsfähigkeit muß gesteigert werden, damit der erweiterte Horizont auch allen Nutzen bringen kann. Die neue kommunikative Kompetenz wird Karrieristen in Konflikte stürzen: Sie müssen mehr kooperieren und die Sachziele über ihre persönlichen Interessen stellen – profitabel für das Unternehmen und vorteilhaft für die Führungskultur.

Wer *Lean*-Management nur im Bereich der Materialflüsse und der Kosten diskutieren möchte, sieht sich also mitten in die klassischen Managementbereiche Führung, Teamkultur und Kommunikation zurückgeholt. Schlanke Produktion ist natürlich nicht allein material- und kostenorientiert zu erreichen, sondern menschenorientiert.

Business – that's people. Wer in diesen Jahren noch die Flucht in die Sachfragen fortsetzt, wird zu den Verlierern gehören; denn Markterfolg, das ist in letzter Instanz immer Erfolg bei Menschen, gleichviel, wie machtvoll sich Systeme vor und zwischen diese Menschen schieben.

Auch die Sachmittel sind Ergebnisse menschlicher Kompetenz. *»Lean«* managen, das heißt also auch, Umwege auslassen: den Umweg zu den Menschen über die »Fakten« und »Sachzwänge« zum Beispiel. Die schlanke, bewegliche Company hat überall menschliche Adressaten, drinnen wie draußen. Sie setzt auf *brain power,* weil dort die Konzepte für erfolgreiches – und die Irrtümer für weniger erfolgreiches Handeln entstehen. Wer weiß, daß er Kopfinhalte managt, hat weniger Mühe, den Ursprungsort von Fehlentwicklunngen zu finden: Es ist immer der menschliche Kopf – in dem auch das Herz, die Emotion große Areale besetzt hält. Die schlanke Company managt *brain power,* weil sie auch beim Kunden den Kopf gewinnen möchte, nicht nur das Portemonnaie.

Die schlanke Firma kommuniziert nicht durch taube Fettschichten mit Markt und Mitarbeitern, sondern durch gut durchblutete Bewegungsapparate. Die flexible Mitarbeiterschaft ist Schlüsselgröße für das *Lean-Manufactoring*, das viele Manager als reines Sachproblem diskutieren und lösen möchten.

In Wahrheit verbinden sich hier optimale Personalkonzepte mit durchdachtem Zeitmanagement, Qualitätskontrolle und flexibel eingesetzter Automatisierung. Auf das Verhältnis der beherrschten Systemfunktionen zueinander kommt alles an. Der Erfolg ist ein Ergebnis geglückter Balance.

Lean production hat dann folgende Merkmale:

- Kundenerwartung und Qualitätsanspruch dominieren das Gesamtgeschehen
- Zuerst organisieren – dann automatisieren
- Just-in-time-Prinzip mit dicht vernetzten Parallelprozessen
- Teile immer nach Bedarf bereit, bei »schlankem« Flächenbedarf

Das schlanke Unternehmen ist ein Prozeßoptimierer, auch was die Leistungsfähigkeit der Teams angeht. Denn Markterfolg, das ist in letzter Instanz immer Erfolg bei Menschen – gleichviel wie machtvoll sich Systeme vor diese Menschen schieben.

- Einfache und sichere Prozesse brauchen weniger Kontrolle
- Kurze Wege, optimale Gruppierung der Maschinen im Arbeitsfeld
- Flexible Einsätze im Team und an der Maschine erhöhen die Aufmerksamkeit und Motivation
- Null-Fehler-Strategien als Ziel prophylaktischer Qualitätskontrollen
- Kleine Serie, disponible Werkzeuge
- Prozeßverantwortung von A bis Z bei einem Team
- Flexible Fertigungspolster für Personalausfälle
- Perfekte Überwachung des Qualitätsprozesses zur schnellstmöglichen Fehlerortung
- Reduktion der Teilevielfalt bei hauseigenen, spezialisierten Maschinen

In weniger Zeit mit weniger Material bei weniger Flächenbedarf fehlerärmer zu produzieren – ein Prinzip zur Qualitätssteigerung durch schlankere Prozesse. Hier stimmt also: »Weniger ist mehr.« Dieses »Weniger« hat auch quantitative Aspekte; viel schwieriger zu managen sind aber die qualitativen. Das gilt vor allem dort, wo es um die Organisation der *brain power* geht: der Energie von Menschen. Wer da noch glaubt, ein betriebliches Vorschlagswesen sei das zeitgemäße Feigenblatt für eine verhuschte Personalpolitik, hat die Effizienz der konzentrierten kleinen Schritte noch nicht erfahren. *Lean*-Management spart überall das Überflüssige – bei Produkten, Verfahren und Bedingungen des Arbeitens. Auch Teams sind anfällig für schlechtes Zeitmanagement, für Niveauverlust und für Gewohnheiten des Denkens und Handelns. Gewohnheiten machen Teams langsam, dynamisches Know-how mit variablem Einsatz aller macht Teams schneller.

An die Personalmanager stellt *Lean*-Management also nicht nur die Aufgabe, mit dem Rechenstift über Tarifvereinbarungen und

Gehaltslisten zu sitzen, sondern die Qualität der Ressource Personal voll zu entwickeln.

Das heißt im einzelnen:

- Vermitteln Sie die Werte, die das schlanke Unternehmen fit halten:
- Teamgeist mit hoher Dynamik des Einzelnen
- Starke Führungspersönlichkeiten für die Teams
- Transparente und fordernde Kommunikationssysteme – »Geben und Nehmen«
- Führung durch Beteiligung, Beratung und Förderung
- Kompromißlose Kundenorientierung: Kundenerfolg ist Unternehmenserfolg
- Anreize durch Erfolgsbeteiligung – informieren und Tantiemen zahlen
- Umfassende Lernangebote
- In Weiterbildung und Rekrutierung wird nicht die Funktion, sondern die Person und ihre Leistungsfreude in den Mittelpunkt gestellt

Schlankheitskuren sind für Unternehmen mindestens so anstrengend wie für einzelne Individuen. Sie erfordern gebündelte Entschiedenheit, umfassende und kontinuierliche Information und Führungsbotschaften, die für diesen Prozeß begeistern.

Wer da noch glaubt, ein betriebliches Vorschlagswesen sei das zeitgemäße Feigenblatt für eine verhuschte Personalpolitik, hat die Effizienz der konzentrierten kleinen Schritte noch nicht erfahren. *Lean-Management* spart überall das Überflüssige.

Quantensprung in schlanke Systeme

Es ist gut, wenn die Fallgruben auf dem Wege in eine schlanke Zukunft allen Beteiligten bekannt sind.

Die kurzfristige Gewinnorientierung ist ein Hemmnis für den *Lean*-Prozeß. Sie rechtfertigt sich mit Erfolgen der Vergangenheit, die als Auguren an allen Wegen in die Zukunft stehen: Moden überspringt man, Alternativen unterläuft man, sagen die erfahrenen Manager aus der Industriekultur – und für ihre Ära haben sie recht. Als Anwälte des Wandels werden aber auch die Erfolgreichen heute noch einmal vor neue Aufgaben gestellt. Die Höhe der Treppenstufen, auf denen wir aufwärtsstürmen, hat sich verändert – und das Tempo der Wettbewerber ebenfalls –, während wir die höheren Stufen, übergewichtig, wie die Unternehmen sind, langsamer nehmen möchten.

Da ist die Neigung, sich durchatmend umzuschauen, groß: Das alles haben wir schon geschafft – in der Ferne rauchen noch die Ruinen des Zweiten Weltkriegs; die älteren Manager können sie noch genau erkennen. Schon wer sich lange umschaut, verspätet sich; der Trimmtrab der schlanken jungen Unternehmen wird auch für Großkonzerne zum Vorbild. Genau diese Pionierfirmen mit dem zügigen Trab sind auch für Konzerne die richtigen Vorbilder: Viele schlanke, flexible Einheiten mit eigenen Know-how- und Informationskreisläufen, integriert in den großen Blutkreislauf des Unternehmens, machen Riesenunternehmen fit. Lauter Schnellboote ersetzen einen Riesentanker – aber ihr Kommunikationssystem muß hochsensibel sein, ihr Teamgeist erstklassig – und ihre Führung auf allen Plätzen von ansteckender Qualität.

Der Optimierungsdruck, den das *Lean*-Konzept entfaltet, könnte europäische Manager gewinnen; da finden sie sich wieder zurecht mit ihrer Gewinnorientierung und ihrem Wettkampfgeist. *Lean* ist die Gewinnsteigerungsformel für kostenbewußte Unternehmen – unter einer Bedingung: daß sie begreifen und akzeptieren, daß es um die Qualität aller Prozesse und Ressourcen im Unternehmen geht – mit unmittelbaren Auswirkungen auf die Quantitäten. *Lean*-Management ist nichts anderes als *Management of Change.* Im vorgerückten Erfahrungsbesitz noch einmal zu einem *Manager of Change* zu werden – welchen Unternehmer fasziniert das nicht? Noch einmal ausprobieren, ob man flexibel genug ist, auf das schnelle Boot zu springen und allen Ballast der satten Jahre abzuwerfen: Topmanager müssen als »lernende Führung« das »lernende Unternehmen« entwickeln.

Konsistentes *Lean*-Management ist vielleicht sogar nur sehr erfahrenen Managern möglich, da es mehr Besonnenheit als Übermut erfordert – den die jungen Mitarbeiter dann schon beisteuern. Der Sinn für Synergien muß voll entwickelt sein, die Sensibilität für »kleine« Optimierungseffekte ausgeprägt. Es wäre nur logisch, daß diejenigen, unter deren Leitung die großen Unternehmen fett und satt geworden sind, den Entschlackungsprozeß – durchaus im Sinne einer Begleichung selbstverursachter Rechnungen – am entschlossensten durchsetzen könnten. Auch die Neigung zur Vogelschau, wie sie erfahrene Manager entwickeln, bewahrt vor spezifischen Fehlern beim »Schlankmachen« der Unternehmen: Schlanke Einzelbereiche können mit verfetteten anderen nicht erfolgreich kooperieren. Puzzlesteine zu sanieren macht das Gesamtbild nicht stimmiger. Ganz oder gar nicht – diese klare Strategie wird überblicksgewohnten Managern gefallen. Die Erfahrensten neh-

Lean-Management ist nichts anderes als *Management of Change.* Noch einmal ausprobieren, ob man flexibel genug ist, allen Ballast der satten Jahre abzuwerfen: Topmanager müssen als »lernende Führung« das »lernende Unternehmen« entwickeln.

men die Jüngeren ins Boot – um sich dann aber nachhaltig von deren Unternehmergeist anstecken zu lassen. *Lean*-Management ist also auch ein Konzept für die Kooperation der Generationen.

Wie gefährlich der Etikettenschwindel werden kann, wenn brutales *costcutting* als »*Lean*-Management« beschönigt wird, wird nun klarer. Überstürztes Kostensenken hat zwangsläufig keine durchdachte Proportion. Es zerstört Motivation, erzeugt Angst und zerschlägt die strategische Linie – ohne sie zu ersetzen. Kostenreduktion ist ein Ergebnis von *Lean*-Management; in dieser Zuversicht kann jedes Unternehmen sich auf die Trimmstrecke für eine schlankere Zukunft begeben. Wie für den Einzelnen die Frage: »Was brauche ich wirklich?« zu einer neuen Kosten- und Konsumstrategie führt, so auch für die Organisation aus lauter Einzelnen, die nebenbei auch Kostenfaktoren, in erster Linie aber Erfolgspartner sind. Ein Kunde, der *»lean«* denkt und handelt, kann ein verfettetes Unternehmen als Partner überhaupt nicht mehr gebrauchen!

Das ist es, worauf auch die Führung beim Lernprogramm *»Lean«* achten muß: Nicht auf dem Papier beginnt das *Lean*-Zeitalter, sondern in den Köpfen. Wer seine Mitarbeiter nicht zum *Lean*-Denken bewegen kann, hat keine Aussicht auf Erfolg mit Maßnahmen. Wer beim Kunden mit längeren Lieferfristen, schmaleren Servicekatalogen und weniger Gesprächsruhe auftritt unter dem Motto, das sei nun das *Lean*-Zeitalter, der hat das »schlanke Unternehmen« völlig mißverstanden. *Lean* ist nicht das abgemagerte, knauserige Unternehmen, dem die Phantasie für Qualität ausgeht, sondern das entspannte Unternehmen, das Ballast abgeworfen hat – um lauter Gewinne zu machen, die weitergegeben werden: bei Qualität und Transparenz, bei Zeit und Preisen. »Weniger ist mehr«, so erfährt es auch der Kunde.

Anfangs erscheint die Zahl der Fallgruben auf dem Wege zur

schlanken Company größer als die Zahl der Erfolgserlebnisse. Gut ist es, wenn alle Mitglieder des Prozesses von Anfang an mit einem Merkblatt der vorhersehbaren Störungen unterwegs sind – um dann mit viel Humor abhaken zu können, in welche Grube sie stolpern und welche sie auslassen. So bleibt die Motivation für den *Lean*-Prozeß erhalten.

① Blinder Eifer schadet nur. Fragen Sie zuerst: Wo sind unsere Stärken, wo unsere Schwächen? – ehe Sie sich Hals über Kopf ins neue Programm stürzen. Die Alltagsarbeit muß weitergehen. Führung und Mitarbeiter sammeln zunächst die Vorschläge aller Bereiche für die eigene Fitness-Steigerung. Daraus wird ein harmonisch proportioniertes Modell mit Zeitplan gemacht.

② Die Teamkultur des Hauses kommt auf den Prüfstand. Sie wird einem Qualitätsprozeß unterworfen, der den Anforderungen des *Lean*-Managements entspricht. Die Teamleiter tragen herausgehobene Verantwortung.

③ Die Qualitätsbereitschaft aller Manager und Mitarbeiter muß auf einen neuen Stand gebracht werden. Bedingungslose Verpflichtung auf augenblickliche Fehlersuche und Konsequenz am Ort des Fehlers gilt nun für alle Mitarbeiter wie für die Führung. Vertuschen und Weiterschieben von Fehlern wird geächtet; Delegationsgewohnheiten werden gekappt. Qualitätsbereitschaft dieser Art verlangt dreierlei: besser vorsteuern, Werkstoff und Produkt besser beobachten und Fertigungsvorgänge kompromißlos prüfen. Alles nach dem Prinzip: »Jetzt und hier, nicht später – bei mir, nicht bei anderen.« Fehler zu finden wird nicht als Niederlage, sondern als Erfolg bewertet. Fehler abzustellen wird belohnt. Das »schnellere« Arbeitsklima strengt zunächst an. Bis es der Führung gelingt, den höheren Anspruch als Chance für höheres Selbstwertgefühl spürbar zu machen.

***Lean* ist nicht das abgemagerte, knauserige Unternehmen, dem die Phantasie für Qualität ausgeht, sondern im Gegenteil das entspannte Unternehmen, das unnötigen Ballast abgeworfen hat. »Weniger ist mehr«, so erfährt auch der Kunde.**

④ Auch mit Partnern von draußen entstehen leicht Konflikte. Das *»lean«*-orientierte Unternehmen zwingt den Lieferanten zu höheren Qualitätsstandards. Es will längerfristig und kostenbewußt kooperieren und den wechselseitigen Nutzen gemeinsam planen. Im Idealfall schlägt das schlankere Unternehmen vor, einen Teammix zu praktizieren, um gleich zu gemeinsamen Strategien zu kommen. Dichter zusammenrückend geben damit beide Partner Bewegungsspielräume auf und driften in Gefahrenräume: Aufeinander angewiesen, müssen beide sich dennoch Orientierungsspielräume für Schwächephasen offenhalten – ein sensibles Balancespiel, das deutlich macht: die Qualitätskontrollen müssen beiderseits wachsam fortgesetzt werden, damit auf Schwankungen sofort reagiert werden kann. Blindes Vertrauen schadet. Auch geprüfte Bindungen bedürfen der wachsamen Kontrolle.

⑤ So vom eigenen Optimierungsprozeß fasziniert, könnte das Unternehmen den Kunden aus den Augen verlieren. Sich ohne Kontakt zum Kunden fit zu machen, ist bereits ein Irrweg. *Lean*-Management hebt kosten- und zeitintensive Abstände auf – nicht nur zu den Lieferanten, sondern natürlich auch zum Kunden. Er rückt dem Unternehmen also näher, während es »abspeckt«. Der Wunsch, sein prüfendes Auge erst später zuzulassen, muß bekämpft werden – denn wann ist »später«? – »Wenn wir fertig sind«, sagt mancher Mitarbeiter spontan. Der Wunsch hinter solchen Sätzen ist verständlich: Irgendwann soll es wieder ganz ruhig werden. Er ist unerfüllbar, glücklicherweise. Lebendige Unruhe ist das Idealklima für Qualitätsprozesse. Darum ist es so wichtig, daß die Menschen in diesen Prozessen zuverlässig sind. Sie geben einander Halt im Strom.

Halt im Strom geben einander auch die Menschen in der Kundenkette, die das Unternehmen im Inneren, mit Händlern und

Zulieferern, mit Großhandel, Einzelhandel und Endkunden verbindet. *Lean*-Management ohne Marktbeobachtung wäre Blindflug. Wettbewerber und Kunden, Anteilseigner und Partner sind Mitspieler und Nutznießer des Entschlackungsprozesses, den die schwerfällig gewordenen Unternehmen sich zumuten müssen. Wo *Lean*-Strategien Servicequalität aufzehren, ist das ganze Konzept falsch verstanden. Wo sie Kundentreue kosten (vgl. das Kapitel Seite 162), zählen auch vermeintliche »Innenerfolge« nicht. Nichts gilt ohne Ihren Kunden. *Rien ne va plus,* wenn der Kunde auch nur den kleinsten Nachteil hat. *Lean*-Management ist ein Innovationsruck zugunsten des Kunden. Wer es anders argumentiert, hat den Kundenerfolg aus dem Zentrum der Unternehmensziele an den Rand gedrängt. Er wird diesen Irrum teuer bezahlen. Denn nicht der Kunde bezahlt Unternehmensirrtümer; er kann den Partner wechseln, schon heute. Er wartet nicht, bis Unternehmen ihre Fehler revidieren. Der Kunde ist der unerbittlichste Controller im *Lean*-Prozeß. Schon deshalb: Suchen Sie seine Nähe!

⑥ Die anspruchsvolle Parallelschaltung von Prozessen kann mißlingen. Hier müssen Menschen zusammenwirken, die bisher ihre Energie aus Gegnerschaften gezogen haben.

Traditionelle Geringschätzung zwischen den Bereichen flackert nun auf in den gemischten Teams, die beim *Simultaneous Engineering* synchrone Laufruhe vorlegen sollen. Die Führung solcher kontrastgeladenen Teams aus F- und E-Spezialisten, die von der Kreativinsel im Unternehmen kommen, erfordert höchstes Fingerspitzengefühl und großes Organisationstalent. Da treffen F- und E-Artisten aus der kreativen Subkultur des Unternehmens mit Realos zusammen; das Orbit von Entwicklung und Design wird in den Staub genötigt; da begegnet der Marketingstar dem nüchternen Key-account-Manager, der

Vom eigenen Optimierungsprozeß fasziniert, könnte das Unternehmen den Kunden aus den Augen verlieren. Sich ohne Kontakt zum Kunden fit zu machen, ist bereits ein Irrweg. Der Kunde rückt dem Unternehmen näher, während es »abspeckt«.

hochkarätige Fertigungsingenieur dem arroganten EDV-Akrobaten, der philosophisch veranlagte Topcontroller dem Streetworkertyp eines Verkäufers. Endlich wird das Unternehmen bunt! würde ein gutgelaunter *Newcomer* sagen. Aber es brodelt untergründig kräftig. Jeder war es gewohnt, was schiefging, auf andere Konten zu schreiben. Auf einmal ist jedermanns Sündenbock Mitglied des Teams, und die Führung könnte alle in diesem Initial-Joke zusammenführen: jeder jedermanns Sündenbock. Das alte Spiel ist aus.

Dieses Kapitel ist vielleicht das schwerste auf dem Wege zum schlanken Unternehmen: Simultanprozesse planen und in Gang setzen, kontrollieren, wo's klemmt, wo's bremst – und optimieren. Was dazu gehört, ist in Deutschland ziemlich rar: Humor – Selbstdistanz, ein entspannter Abstand von der eigenen Vortrefflichkeit. Der schärft den Sinn für die Vortrefflichkeit anderer. Und schon lebt er: der Teamgeist. Gelingt dieser innovative Team-Zuschnitt, beginnt das Herz des *lean*gemanagten Unternehmens zu pochen.

Und plötzlich wird klar: *Lean*-Management schafft nichts Geringeres als – ein anderes Unternehmen, ein neues Unternehmen.

⑦ Wer das einmal akzeptiert hat, der wundert sich nicht mehr, daß die komplette Umwälzung weitergeht: Beim Transparenzprozeß, der ja im gemischten Kernteam für *Simultaneous Engineering* eingeleitet wurde, stolpern nun alle im Organisationsdickicht über die Stolperdrähte der alten Berichtswege und Abstimmungskomplexe. Verwaltungseinheiten erscheinen plötzlich ebenso unternehmensfremd wie einzelne Fertigungsstufen, die man nun gelassen an Partner delegiert, um die Arbeit im Kernunternehmen auf das Wesentliche in der Wertschöpfungskette zu konzentrieren. Dienstleistungen im Unternehmensalltag wie Kantine, Abfallentsorgung, Wartung der ständig benötigten Anlagen und Reinigung, Kontrolle einfacher Dauerprozesse im sozialen Firmenalltag: alles das wird nun mit leichter Hand delegiert, um Übersichtlichkeit und Konzentration auf die Qualität des Know-how zu schaffen, das den Kundenerfolg garantieren soll. Kundenerfolg ist auch Prozeßsicherheit; das begreifen komplex organisierte Unternehmen erst anläßlich des großen Abenteuers »*Lean*-Management«.

⑧ Die Qualitätsorientierung schmelzt viele Arbeitsabläufe auf ein stringentes *step-by-step* ein, und mit den Speckpolstern des Unternehmens schmilzen auch Arbeitsplätze dahin. Das ist der kritisch beleuchtete Aspekt von *Lean*-Prozessen, ein Ergebnis, das häufig für das Ganze genommen wird. Häufig ist das Wegschmelzen von Arbeitsplätzen im Qualitätsprozeß die Antwort auf frühere Fehler der Unternehmensleitung. Schon deshalb muß sie zu ihrer Verantwortung bei diesen schmerzlichen Ergebnissen des Verbesserungsbemühens stehen. Das zwiespältige Verhältnis vieler Mitarbeiter zum Thema *Lean*-Management hat natürlich diese Wurzel: *»Lean«* kostet viele den Kopf, so hört man. Arbeitgeber gehen nicht immer geschickt mit diesem Problem um. Keiner von ihnen wagt es bisher, den Kampf um die verlorene Qualität von Produkten und Prozessen auch als eine längerfristige Vorsorge für leistungsfähige Unternehmen darzustellen. Wie jeder Innovationsprozeß, so bringt auch die Bereinigung der Organisationen durch die *Lean-Diät* Konflikte. Sofern sie zwischen Betriebsräten und Management ausbrechen, kosten sie den Prozeß Tempo und die Mitarbeiter wie die Manager viel Energie – die eigentlich für die Qualitätsrevolution im Unternehmen gebraucht würde.

⑨ Die neue Teamkultur fächert Verantwortung auf, das ist deut-

Häufig ist das Wegschmelzen von Arbeitsplätzen im Qualitätsprozeß die Antwort auf frühere Fehler der Unternehmensleitung.

Wie jeder Innovationsprozeß, bringt auch die Bereinigung der Organisationen durch die *Lean*-Diät Konflikte.

lich. Wer dabei als »Verlierer« dasteht, das sind oft Manager im mittleren Management, die einen starken Revierinstinkt entwickelt hatten: Sie fühlen sich nun wie Könige ohne Land und haben keine Flexibilitätsreserven, um im neuen variablen Kompetenzenmix noch eine führende Rolle zu spielen. So erweist sich *Lean*-Management auch als ein stiller Controlling-Durchgang für Führungskräfte: Wer lernt die Lektion, wer nicht? Wer hat nach der Erosion seines früheren Zitadellengeländes noch einen starken Auftritt in Reserve? Mancher Mittelmanager hatte geglaubt, sich aus dem Team auf immer verabschiedet zu haben. Nun steht ihm das Team plötzlich wieder ins Haus. Er muß nicht nur »umdenken«, wie es im Jargon heißt, sondern er muß umsteuern – sich und seine Leute. Gelingt ihm das, wird er ganz neue Autorität gewinnen; versagt er, könnte auch ihn die »Freisetzung« treffen.
Nicht wenige Manager tauen ihr vereistes Verhaltensspektrum noch einmal gründlich auf und werden zu *Teamleadern* von überraschender Frische. Sie selbst berichten von diesem Eintritt in eine neue, realitätspralle Arbeitsepoche mit amüsiertem Kopfschütteln – so als wäre ihnen um ein Haar die schönste Chance eines Managerlebens entgangen – die, aus der Erstarrung auf einem einsamen Führungsposten noch einmal zum wirklichen Leben zu erwachen.

⑩ *Lean*-Management hat eine Konsequenz, die langsamen Mitarbeitern und Führungskräften zu schaffen macht: Alle Prozesse werden dichter. Dichte wird erlebt als Schnelligkeit. Pro Zeiteinheit wird mehr – und das auch noch genauer! – erledigt. Effizienz heißt Konzentration, punktgenauer Einsatz von Kraft und Zeit verlangt paßgenaue Qualifikation – die zugleich flexibel und variabel sein soll. Geht das alles überhaupt mit Menschen, die an fehlerfreundlichere Abläufe gewöhnt sind?

Die Belastbarkeit der Teams wird ein Thema des *Lean*-Managements werden. Belastbarkeit meint nicht nur Leistungsstärke, sondern auch Zähigkeit, unbeugsamen Erfolgswillen, starke Identifikation. Wenn es zugleich großen Spaß macht, dabeizusein, werden alle diese Qualitäten wie selbstverständlich mitproduziert; wenn aber nicht, dann werden Menschen schneller müde, verzögern den fein abgestimmten Arbeitsprozeß und verspielen so den Erfolg des *Management of Change*.

Schlanke Unternehmen brauchen also Trainingsprozesse für gemächliche Mitarbeiter; sie werden ihre Rekrutierungsmaßstäbe überarbeiten und eher Konzentrationstests, Tempoübungen und Belastbarkeitskontrollen an die Stelle der klassischen Erkundungen in Schulzeugnissen und Diplomen setzen. Die Arbeit im Team wird unter neuem Motto trainiert werden müssen: Nicht das Modell »Teestubengemütlichkeit«, sondern das Vorbild Sportmannschaft wird die Grundlage bilden. Der Wettbewerbsgeist ist Voraussetzung und Produkt des *Lean*-Managements.

So erweist sich das Konzept für schlanke Unternehmen als ein starker Motor für Management des Wandels – das seit Jahren auf der Tagesordnung der Unternehmen steht. Das schlanke Unternehmen zeigt sich überraschend als ein komplettes Modell für Veränderungskompetenz von Organisationen. Es ist damit die Erfolgsformel für die Epoche, in der *Challenges, Chances* und *Changes* alle in Atem halten, die Verantwortung tragen.

Lean-Management ist nicht ein Spezialfall für Experimentierfreudige, es ist das Gebot der Stunde für Unternehmen im Wandel. Dem Wandel entziehen kann sich kein System, das in den Märkten der neuen Partnerschaften mitspielen will.

Nicht wenige Manager tauen ihr vereistes Spektrum noch einmal gründlich auf und werden zu Teamleadern von überraschender Frische. So als wäre ihnen bislang um ein Haar die schönste realitätspralle Chance eines Managerlebens entgangen.

Der Future Deal

Sind schlanke Unternehmen behagliche Arbeitgeber? Mit weniger Mitteln mehr erreichen – ein Ziel, das keine Ressource des Unternehmens auslassen kann, wenn man es ernst meint. Viele große Firmen in den USA praktizieren es bereits – das schlanke, kühle Arbeitsverhältnis nach dem Prinzip: *Work harder but in a new way* – und frage niemals nach der Sicherheit deines Arbeitsplatzes. Die alte Rechnung – Loyalität gegen *Job security* – gilt nicht mehr. Zunächst haben viele Unternehmen sie außer Kraft gesetzt – eine Führungsentscheidung, deren Tragweite für die Einsatzbereitschaft der Mitarbeiter erst Schritt für Schritt erkannt wird. Zugleich aber läuft ein Lernprozeß bei den Mitarbeitern ab. Wer überraschend seinen Arbeitsplatz verliert, braucht eine gewisse Zeit, bis er begreift: Die Lockerung der Bindung an die Mitarbeiter, die bei Unternehmen üblich wird, könnte auch für diese Mitarbeiter Vorteile bringen. Die selbstbewußteren von ihnen wollen möglichst schnell nach den neuen Spielregeln mitspielen. »Sag mir, was die Firma mir bietet und wie die neue Partnerschaft aussieht, dann entscheide ich, ob sie mich haben kann«, meint ein junger Ingenieur munter. »Wer mir den neuen Deal, abgesehen von Gehalt und Versorgung, nicht schmackhaft machen kann, bekommt eben nicht mich, sondern zweitklassige Leute.«

Das neue Selbstbewußtsein scheint auf den ersten Blick absurd. Angesichts einer unsicheren Beschäftigungsaussicht widerspricht es scheinbar allen bisher gefestigten Erfahrungswerten. Auf der

Seite der Unternehmen aber gibt es das paßgenaue Signal, das bei den leistungsstarken Bewerbern wie ein Anreiz wirkt und sich auf diese Weise überraschend als Stimulans für die besten Nachrücker auswirkt.

Wie sieht dieser *»New Deal«* zwischen Unternehmen und Mitarbeitern aus, wenn er sich als Qualitätsschleuse erweist? Die neue Botschaft lautet etwa so: *»Job-Security* gibt es nicht mehr. Bei uns wird jeder so lange beschäftigt, wie er – oder sie – für die Firma Erfolg holt. Wie es der einzelne Mitarbeiter erreicht, für die Firma Erfolge zu holen, muß er ständig selbst herausfinden und verantworten. Umgekehrt hat dieser Mitarbeiter das Recht, interessante und wichtige Arbeitsgebiete zu fordern, dazu die Freiheit und die Ressourcen, diese Arbeiten gut auszuführen, eine Bezahlung, die seinen Leistungen entspricht – und die Chance, Erfahrungen zu sammeln und Lernfortschritte zu machen, die ihn auch anderswo empfehlen.«

Eine Revolution der Beschäftigungsverhältnisse bahnt sich damit an – ein *Turnaround* im Denken muß ihr vorausgehen. Die neue Rechnung wirkt gerecht und ausgewogen, sie stellt das Verständnis von intakten Arbeitsverhältnissen vom Kopf auf die Füße – wenngleich die eingeschliffenen Erwartungen an die einseitig garantierte Sicherheit – die Firma gibt, der Mitarbeiter nimmt – unerfüllt bleiben. Nicht nur Firmen, auch viele Mitarbeiter im Markt erleben das neue Konzept für ihre Beziehungen zueinander und ihre Erwartungen aneinander als eine Entlastung, ja Befreiung. Ein verblüffender Nebeneffekt: Die Firmen brauchen plötzlich weniger Kontrolle, weil der Vertragsinhalt für beide Seiten klar ist. Mehr noch: Die Teams können unter der neuen Prämisse tatsächlich ohne äußere Überwachung arbeiten und ihre Ergebnisse selbst vertreten: Jeder weiß, daß sein eigener Platz mit der Qualität dieser Ergebnisse steht und fällt. Alte Machtpositionen von Arbeit-

Viele große Firmen in den USA praktizieren bereits das schlanke, kühle Arbeitsverhältnis nach dem Prinzip: *Work harder but in a new way* – und frage niemals nach der Sicherheit deines Arbeitsplatzes. Die alte Rechnung – Loyalität gegen *Job security* – gilt nicht mehr.

gebern könnten so umgekehrt werden: Der selbstgewisse Anbieter von früher wird zum Werber um anspruchsvolle Kräfte. Die amerikanischen Unternehmen, die den Schritt in die neue Mitarbeiterbeziehung gewagt haben, sehen sich plötzlich unter Druck: Sie müssen Phantasie und Energie aufbieten, um für Topmitarbeiter attraktiv zu werden. Was als Notlösung geplant war, entwickelt sich unter der Hand zu einem Instrument für *Qualitäts-Controlling* – nicht nur für Mitarbeiter, sondern für die Firma selbst.

Die Qualitätseffekte treffen alle: mehr Verantwortung für die eigenen Ergebnisse verbindet sich mit mehr Karriereverantwortung bei den Mitarbeitern. Das ist das Aus für die alte Autoritätsbeziehung zwischen dem väterlich schützenden Unternehmen und dem kindlich aufschauenden Mitarbeiter. Erwachsene Unternehmen stehen erwachsenen Mitarbeitern gegenüber, und beide erproben einander. Nicht die lebenslange Loyalitätsbindung trägt diesen Austausch, sondern kürzere oder längere Begegnungen und Streckenabschnitte, herausfordernd für beide, fördern den wechselseitigen Erfolgsweg. Nicht jeder Mitarbeiter sieht die Chance so faszinierend. Wer viel zu bieten hat, jung und beweglich ist, ein klares Qualifikationsprofil mitbringt, den mag die neue Mobilität auch der potentiellen Partner kaum schrecken. Genau dieser Typus ist es aber, der die etwas älteren ängstigt, weil er ihnen die neuen, kühlen Chancen wegschnappt.

Unter nicht mehr ganz jungen Leuten wirkt der neue Zuschnitt der Arbeitsverhältnisse daher eher erschreckend. Und niemand vermag heute zu sagen, was den Sieg davontragen wird: Erfahrung oder brandneues Wissen? – Am besten beides, aber der erfahrene Kopf reagiert anders auf neues Wissen als der unerfahrene *Newcomer.* Das hieße aber: Nicht nur beides, sondern beide werden gebraucht – der junge Feuerkopf und der erfahrenere Verarbeiter von neuem Wissen.

Die Unternehmen, die sich auf das neue Terrain vorgewagt haben, notgedrungen und schließlich überzeugter, berichten von einer neuen Form der Leistungsbereitschaft. Jeder weiß nun, daß die Leistung für die Company zusammenfällt mit der Arbeit an der eigenen Karriere. Zugleich bestreitet niemand, daß die Temperaturen in den Beschäftigungsverhältnissen fallen. Wärme, Familiarität und Loyalität verflüchtigen sich; Treue wird zum Fremdwort. Die Schicksalsfrage für die Unternehmen stellt noch niemand: Wie wollen sie Kundentreue liefern und auslösen bei so hoher Fluktuationsbereitschaft im Führungsprozeß? Der *New Deal* zwischen Führung und Mitarbeitern müßte dem Kunden als eine neue und höhere Qualitätsgarantie erklärt werden. Das Leistungsprinzip als Treuegrundlage wird Kunden nicht in die Flucht treiben; das Beziehungsmanagement selbst wird bei rascher wechselndem Personal im Unternehmen klarer formuliert werden müssen – so klar, daß jeder neue Mitarbeiter die Leitlinien der Kundenbindung sofort zu seinen eigenen machen kann. So führt die Flexibilitätsanforderung zu größerer Stringenz der *Identity* – ein unerwartetes Ergebnis für alle, die Kontinuität der Unternehmenspolitik gleichgesetzt haben mit Erstarrung in der Mannschaft.

»Vielleicht finden Sie schon morgen einen andern Manager als Ihren Gesprächspartner; immer aber werden Sie auf einen Manager treffen, der mit aller Energie und Leidenschaft für Ihren Erfolg arbeitet« – so etwa müßte die neue Botschaft der *New-Deal*-Unternehmen an ihre Kunden lauten. Der Geist der Firma ist mehr als ihre Menschen – er überdauert Einzelkarrieren und ist die Kontinuitätsgarantie für den Kunden –, eine Message, die wahrscheinlich die nächste Dimension der Kundenbindung um die Jahrtausendwende skizziert.

Für die Stallwärme der Teestubenteams aus den achtziger Jahren ist es der große Kälteschock, der hier heranrollt. »Kalt und kalku-

Die amerikanischen Unternehmen, die den Schritt in die neue Mitarbeiterbeziehung gewagt haben, sehen sich plötzlich unter Druck. Was als Notlösung geplant war, entwickelte sich unter der Hand zu einem Instrument für Qualitätscontrolling.

lierend« erscheint das Auftreten der neuen Hochleister ohne lebenslange Jobgarantie all jenen, die unter einem andern Motto in die Firmen eingetreten sind: »interessante Arbeit und lebenslange Arbeitsplatzgarantie«, das ist das Ideal der heute ergrauenden Mitarbeiter aus den fetten Jahren. Der »alte Deal« gilt für sie, der *New Deal* erschreckt sie. So zu kämpfen, das wollen und können sie nicht mehr lernen. Dennoch: Der *Future Deal* führt genau genommen zu einem Prinzip zurück, das eigentlich in der Marktwirtschaft gelten sollte: daß man täglich seinen Platz neu verdient, daß man die eigene Leistung weiterentwickelt und das Erfolgspotential des Unternehmens mehrt. Daß jeder unternehmerisch mitdenkt, statt nur zuzuschauen. Daß jeder Mitarbeiter mindestens so flexibel ist, wie die Company im ganzen es heute sein muß. Wie schwierig ist dieser eingeschliffene Kontrast durchzuhalten: flexible Firmenpolitik mit beharrungswilligen Mitarbeitern! Eigentlich ein eklatanter Widerspruch – den man kompensieren kann, solange die Zeiten gut sind.

Nicht nur die *Identity* wird stimuliert durch die neue Wandlungsgeschwindigkeit der Mannschaften; auch die Kommunikationssysteme, in den achtziger Jahren mehr diskutiert als innoviert, haben jetzt ihre Stunde. Nicht mehr Mitarbeiter mit Bleibegarantie versammeln sich jetzt in Abstimmungsmeetings, sondern Hochleister, die keine Zeit verlieren wollen. Die einfache Gleichung: Auch die Company verliert nun keine Zeit mehr – anders als früher, als Langzeitangestellte in den Meetings die Zeit totschlugen, die sie ohnehin, so oder so, in der Firma verbringen mußten – gleichviel, ob effizient oder ineffizient. Jetzt sind lauter Erfolgsjäger unterwegs in den *New-Deal*-Firmen, die heute und sofort ihre Bestleistung abliefern wollen: für Talkrunden ohne Ziel haben sie weder Zeit noch Lust. Sie brauchen die Kommunikationsnetze, um möglichst schnell möglichst viel über die Firma zu erfahren – ihr

Motto heißt ja: Das Beste für die Company ist das Beste für die eigene Karriere.

Der *New Deal* sorgt also für Tempo – und dabei dürfte Reibungswärme entstehen, die den Kälteschock vertreibt. Der alte Loyalitäts-Sicherheits-Pakt ist tot – so lautet heute schon die Losung der innovationsfreudigsten Unternehmen in den USA. Natürlich hängt es vom Mut der Spitzenmanager ab, ob sie schon Klartext mit ihren Leuten reden. Viele versuchen, sich über Soft-Versionen der neuen Cool-Formel an ihre Mitarbeiter heranzuschleichen, was deren Mißtrauen steigert und den alten Kontrakt zerfallen läßt, ohne daß man offen darüber redet. Was soll mit den Fluchtnischen der Versager geschehen? Wie baut man Sozialapparate zurück, in denen sich Rechte angehäuft haben, während Pflichten verkümmerten? Die üblichen Methoden zur Ghettobildung um unproduktive Mitarbeiter können nicht von heute auf morgen aufgegeben werden; denn gerade die leistungsunlustigen Mitarbeiter bleiben in diesen toten Büros sitzen und erobern sich keine neue Betätigung mehr; die Sackgasse entspricht ihrem Naturell. Und die Firma zahlt. Unter Umständen lebenslänglich.

Wer für sich selbst Beständigkeit sucht – lebenslange Bindung und Sicherheitsgarantie im gleichen Haus –, der hat naturgemäß kein Interesse an innovativen Veränderungen des Unternehmens. Das bedeutet: Das Sicherheitsdenken der Mitarbeiter alter Schule fördert die Erstarrung von Firmenstrategien. Die Erfolgsgarantie für den eigenen Platz im Unternehmen – angepaßte Zustimmungsbereitschaft – wird zur Untergangsmelodie für die schnellen neunziger Jahre. Altes Denken bei Mitarbeitern nagelt Unternehmen fest bei uralten Strategien.

Dies in Bewegung zu bringen, sagt ein New Yorker Banker, ist ein ähnliches Vorhaben, wie den Felsen von Gibraltar zu verschieben. Wer lange im Unternehmen ist, hat auch sein Privatleben in feste Bah-

Der *Future Deal* führt zu einem Prinzip zurück: daß man täglich seinen Platz neu verdient und die eigene Leistung weiterentwickelt. Der *New Deal* sorgt für Tempo. Er setzt den alten Loyalitäts-Sicherheits-Pakt außer Kraft.

nen gelenkt. Alle Zeichen stehen auf Ankunft, keins auf Aufbruch. Selbst wenn sie wollten, könnten viele der Mitarbeiter über 45 nicht mehr neu beginnen. Weder für sich selbst noch für andere – etwa ihre Kunden – würden sie die Gangart wechseln. »Sie sind emotional und intellektuell blockiert«, sagt ein Personalmanager aus einem New Yorker Bankhaus. Wer dennoch seinen Job verliert, kommt zu »seiner« Company zurück und verlangt die Vermittlung eines anderen, so als wäre das selbstverständliche Pflicht der Firma.

Bei AT&T hat es zehn Jahre und radikale Bereinigungsprozesse gekostet – 100 000 Arbeitsplätze –, bis ganz langsam die neue Botschaft sich einprägte: Mitarbeiter sind verantwortlich für ihr eigenes Überleben, lautet sie. Wer gute Erfolge bringt, kann sich nicht zurücklehnen, sagt ein Mitarbeiter, und jeder weiß jederzeit: Morgen kann es dein Platz sein, der ins Risiko geht. Was nun zustande kommt, ist eine ständige Job-Rotation auf diesem neuen Hintergrund: »Wenn du ein Projekt zu Ende gemacht hast, mußt du sehen, ob es einen andern Platz in der Firma für dich gibt, wo du in ein Projekt einsteigen kannst«, sagt ein Ingenieur bei AT&T. »Ein paar Monate hast du Zeit dafür; findest du nichts, mußt du gehen. Das Ergebnis: Während ein Projekt läuft, sucht man fieberhaft nach einem anderen. Das macht zwar Streß, aber man gewöhnt sich daran.« – »Keiner zwingt mich, fünfzehn Jahre in die Zukunft zu schauen«, sagt ein Informatiker, »aber was der Microchip, an dem wir arbeiten, in einem Jahr können muß, ist klar. Und wann wir ihn fertig haben müssen, ist ebenfalls klar. Aber die Sorge um den Anschlußauftrag begleitet alle, die hier arbeiten. Jeder macht sich nebenher fit für andere Aufgaben, besucht Trainings, die AT&T uns anbietet; lernt an Wochenenden und versucht selbst, den Bedarf von morgen abzuschätzen, um seinen Platz im vorhinein zu erkennen.« – »Vor fünf Jahren spielten wir Basketball auf den Sportplätzen der Company in unserer freien Zeit«, sagt ein

Manager aus dem Mittelfeld. »Unsere Loyalität zur Firma war kein Thema – wir hatten *Job security.«*

Die neue Botschaft klingt so: »Das Unternehmen schuldet euch nichts. Es ist nicht dafür da, euch emotional aufzubauen und zu motivieren; es schuldet euch keine Karriere. Die Arbeit eines Tages wird bezahlt mit dem Entgelt eines Tages. Das ist so in Ordnung.« – Die Mitarbeiter sind schockiert. Die Drohnen geraten in Panik und halten nach jemandem Ausschau, der ihnen rät, was zu tun sei. »Die Besseren halten nach neuen Jobs Ausschau«, sagt eine Personalmanagerin. »Wer überlebt, tut es, weil er begriffen hat, daß er sich um sich selbst kümmern muß. Wer sieht, wo er gebraucht wird, muß dafür kämpfen und sich durchsetzen. Wenn ich heute etwas Besseres sehe, arbeite ich tagsüber in meinem laufenden Projekt weiter und arbeite mich in das andere, bessere Projekt ein – an den Wochenenden und nachts . . . Mache ich das nicht, kann ich mich nicht beschweren, daß ich nichts dazulerne . . .«

Die gesamte Erfolgsverantwortung geht also an die Mitarbeiter selbst über. Auch ihre Motivation können sie niemand anderem mehr abverlangen: Ihre Sache gut zu machen liegt nun im klar definierten eigenen Interesse. Aus für die kindliche Trotzreaktion gelangweilter Mitarbeiter, die sich dachten: »Geschieht meinem Direktor recht, wenn die Sache nicht läuft; warum gibt er sich nicht mehr Mühe mit mir?« –

Wer sich nun keine Mühe gibt, schadet nur noch sich selbst. Also ergibt sich ein neues Splitting der Motivation: Teilweise sucht man sich fit zu machen für einen denkbaren nächsten Job und teilweise wetteifert man mit den eigenen Kenntnissen von gestern, um sie heute zu übertreffen – weil das den Platz in der Company sichert. »Es ist, als liefe ich Marathon und versuchte, meine eigene Zeit zu unterbieten«, sagt eine junge Computerspezialistin zu ihrem neuen Lebensgefühl.

Aus für die kindliche Trotzreaktion gelangweilter Mitarbeiter, die sich dachten: »Geschieht meinem Chef recht, wenn die Sache nicht läuft; warum gibt er sich nicht mehr Mühe mit mir?« – Die *New Dealer* akzeptieren eigene Erfolgsverantwortung.

Schon spüren die *New Dealer,* daß sie freier sind als früher. »Früher mußte man sich richtig kleiden und den Vorgesetzten nach dem Munde reden«, sagt Mary, eine junge Bankerin. »Oft vergifteten Intrigen das Arbeitsklima. – Heute dagegen weiß ich: Wenn ich hart arbeite, finde ich einen Platz für mich. – Ich schulde meiner Firma nichts.« – Die neue Gleichung gilt also auch umgekehrt; Mitarbeiter und Unternehmen sind keine Schuldner mehr füreinander. – Und wie sieht es zwischen den Mitarbeitern aus? Schleicht sich hier jetzt das Gift des Mißtrauens ein? Junge Firmen haben es am leichtesten, so weiß man zum Beispiel in Silicon Valley, wo ganze Crews aus Mitarbeitern verschiedener Firmen zusammenfinden. Keiner von ihnen kommt mit der Hoffnung auf lebenslange Sicherheit. Keine Vorgeschichte zu haben hilft Firmen gleich zu einem klaren Deal mit ihren Leuten. »Aber wir müssen viel miteinander sprechen«, sagt ein Intel-Manager, um unseren Mitarbeitern rechtzeitig neue Karriereentscheidungen zu ermöglichen. Dafür wird spezielles Training angeboten, und die Mitarbeiter werden frühzeitig unterrichtet, wenn die Nachfrage auf ihrem Fachgebiet nachläßt. »Wir ermutigen und wir bieten Training an«, sagt der Personalchef bei Intel, »aber die Botschaft ist glasklar: ›Du bist selbst verantwortlich für deine Verwendbarkeit. Niemand nimmt dir diese Verantwortung ab.‹«

Das ist ein Schritt weiter aus der alten Kultur der Arbeitsverhältnisse heraus. Früher sagte ein Unternehmen wie Intel: »Du bist verantwortlich für deine Karriere.« Das meinte: Dein Weg führt nach oben, so oder so. Am Tempo kannst du mitwirken, aber der Weg führt durch das vertraute Gelände deiner Kenntnisse und Qualifikationen. Heute kann nichts von alledem mehr garantiert werden. Obendrein ist die Hierarchie so flach geworden, daß »Aufstiege« im alten Sinne gar nicht mehr realisierbar sind. Wer längere Zeit dasselbe tun will, muß bereit sein, sehr mobil zu leben. Die

Agentur Reuters hat bei florierenden Geschäften eine radikale Neuordnung der Prioritäten angesetzt. Die Mitarbeiter waren empört, erzählt die Managerin für Mitarbeiterprogramme, Celia Berk. »Wir waren überzeugt, daß es nicht ausreicht, den Erfolg der Agentur nur in Zahlen zu messen«, sagt sie. Heute mißt das Unternehmen seinen Erfolg in der Rangfolge: Kundenzufriedenheit, Mitarbeitereffektivität und -zufriedenheit, Effizienz im operationalen Geschäft und Vorteilen für die Anteilseigner.

»Mitarbeiterzufriedenheit steht keineswegs an der Spitze der Prioritätenskala«, fügt Celia Berk hinzu. »Man könnte sagen, daß IBM seine Mitarbeiter zufriedengestellt hat. Aber das ist offenkundig nicht genug.« Bei Reuters spürt man jedoch das Problem, Mitarbeitern keinen wirklichen Ersatz für die gewohnte Sicherheit anbieten zu können. »Was soll an deren Platz treten?« fragt sich das Topmanagement. Man druckt Broschüren mit Aufgabenkatalogen für die Manager im Mittelfeld. »Stoßen Sie kontinuierliche Verbesserungsprozesse an«, steht da, und: »Gewöhnen Sie sich das Kurzfristdenken ab.« Die Manager auf höheren Rängen sollen »Innovation in Gang setzen« – »Strategien über einen Zeitraum von mehr als 12 Monaten entwickeln«. Die Großkunden von Reuters, Zeitungen, Rundfunkanstalten und Bankhäuser, erhielten plötzlich Besuche von Reuters-Mitarbeitern: Sie sollten die Kunden beim Umgang mit den Lieferungen der Agentur beobachten. Die Defizite der eigenen Nachrichtenlieferungen wurden so offengelegt.

Die innere Unruhe zum Thema *Job Satisfaction* wurde so umgesteuert in eine produktive »Beunruhigung« um das Wohl des Kunden: sensible Strategie in einem hochsensiblen Geschäft mit störanfälligen Produktzyklen. In diesem Prozeß der Innovation von Kundenbeziehungen verloren einige Mitarbeiter ihren Arbeitsplatz. »Das schulden wir den anderen Mitarbeitern«, sagt Celia Berk. »Jeder weiß, wo die Faulenzer sitzen, und Mitarbeiter beob-

Schon spüren die *New Dealer*, daß sie freier sind als früher. Die neue Gleichung gilt auch umgekehrt; Mitarbeiter und Unternehmen sind keine Schuldner mehr füreinander. Die neue Botschaft ist glasklar: Du bist selbst verantwortlich für deine Verwendbarkeit.

achten sehr genau, wie gut die Führung das Haus im Griff hat und wie schnell sie reagiert.«

Viele Unternehmen täuschen sich über ihre Möglichkeiten, Versager und Drückeberger zu entlassen. Die übrigen Mitarbeiter erwarten das sogar, sagen die Personalchefs amerikanischer Firmen. Entledigt man sich nicht der Leisetreter und Intriganten, so leidet die Moral der ganzen Mannschaft. »Mitarbeiter wollen keine absolute Sicherheit«, sagt der Personalmanager eines New Yorker Bankhauses. »Aber wir haben das Problem, die bewährten Mitarbeiter nicht so belohnen zu können, wie wir das gewohnt waren – weil unsere Bewertungssysteme nicht mehr greifen.«

Welche Bewertungs-Skala soll für die höhere unternehmerische Anforderung an die Mitarbeiter gelten? Soll Mobilität nun eigens belohnt werden, während sie den Mitarbeiter aus der Firma wegführt? Wie überhaupt den Faktor Zeit, der früher zur linearen Optimierung von Karrieren und Gratifikationen geführt hat, neu definieren? Wie Mitarbeiter auszeichnen, wenn ihre Verweildauer im Unternehmen ungewiß, ihr hier erworbenes Potential nur nach wenigen Prozent zu rechnen und ihre Kernqualifikation das Verdienst des Wettbewerbers ist?

Wie belohnt man einen Marathonläufer, der darum kämpft, seine Zeit von gestern zu verbessern – um morgen bei einem andern Unternehmen neu auf die Strecke zu gehen? Wenn die *Feedback*-Prozesse nur in den Zirkel der selbstgesteuerten Karriere einfließen, gerät das Gegenüber, die Company, in unerwartete Schwierigkeiten, wenn sie ihre Beziehung zu dem Einzelkämpfer ausdrücken will. Da sie jeden Wettkämpfer zum Kampf um seine eigene Erfolgsgeschichte anhält, sieht sie sich um die Chance betrogen, sich bei den einzelnen Läufern auf der Strecke angemessen zu bedanken. Aber das Team saugt teilweise die Funktionen auf, die früher das Unternehmen im ganzen für seine Leute hatte. Im Team findet sich der Karriereselbstversorger mit hochkarätigen Mitbewerbern zusammen, die er braucht und die ihn brauchen – um gemeinsame Ziele zu erreichen.

Hier kehrt ein wenig von der verlorenen Wärme zurück. Selbständig erweitern die Teamworker ihren Kreis in Richtung auf ihre Zulieferer von Know-how und Dienstleistungen, um dieses Gefühl der Zusammengehörigkeit zu erleben: Piloten der Southwest Airlines greifen aus eigenem Impuls mit zu, wenn ihre Flugzeuge gereinigt werden – um den dort arbeitenden Teams zu zeigen: Ohne euch können wir das Flugzeug nicht fliegen. »Was ich früher meiner Company gegeben habe an Loyalität, das gebe ich jetzt meinen Teampartnern«, sagt eine junge Ingenieurin. »Ihnen verdanke ich meine Motivation, und unsere gemeinsamen Ergebnisse sind für jeden von unseren Arbeitsplätzen wichtig. Den Managern schulde ich keine Loyalität, aber meinen Teampartnern gebe ich sie freiwillig.«

Die neue Unverbindlichkeit führt viele junge *Risktaker* in die Unternehmen. Schon spüren einige Firmen, daß sie nicht alle Plätze ausfüllen können, die vorher von erfahrenen älteren Mitarbeitern besetzt waren. Langfristiger Erfolg für die Firma scheint dann plötzlich doch mit der Verweildauer von Mitarbeitern im Unternehmen verbunden. Freilich müßten sie gleichzeitig so flexibel sein wie die jungen. Vielleicht muß man über das Mischungsverhältnis nachdenken, grübeln nun die Personalchefs einiger Pioniere des *New Deal.* Was die Firmen brauchen, ist tatsächlich ein Widerspruch in sich, und die Idee liegt nahe, künftig verschiedene Grade der Bindung an die Firma vorzusehen und sich eine Kernmannschaft hochdotierter, an das Haus gebundener Leute zu leisten, um die herum das fluktuierende Personal gruppiert wird. Diesen Kerntrupp vor Erstarrung zu bewahren wird sicherlich das nächste Thema in den kommenden Jahren sein.

»Mitarbeiter wollen keine absolute Sicherheit«, sagt der Personalmanager eines New Yorker Bankhauses, »aber wir haben das Problem, die Mitarbeiter nicht so belohnen zu können, wie wir das gewohnt waren, weil die Bewertungssysteme nicht greifen.«

Einige Firmen, wie zum Beispiel American Express, glauben inzwischen, wenigstens die Kompensationsformel für den Verlust der Sicherheitsgarantie gefunden zu haben. Sie lautet: freie Zeit, und die im Überfluß. Freiheit statt Sicherheit heißt das vorerst neueste Kapitel des *New Deal.* Amexco überläßt es vielen Mitarbeitern bereits völlig, wie sie ihre Zeit einteilen. Auch Weiterbildungstrainings können frei gewählt werden. Die Leistungen, so stellt man fest, haben keineswegs nachgelassen.

Intel arbeitet mit *Sabbaticals,* also langen Freiperioden, die alle sieben Jahre wahrgenommen werden können. Elf Wochen vollbezahlter Zeit zur eigenen Verwendung. Das ist keine Patentlösung, aber immerhin ein Anreiz und eine bescheidene neue Quelle für einen Abglanz der alten Loyalität.

Nicht jeder Mitarbeiter ist belastbar genug, die Überlebens-Strategien der Wirtschaft selbst zu überleben. Mitarbeiter erwarten nicht mehr das Unmögliche, so beobachtet man in den USA, aber das Mögliche muß ihnen ausführlich erklärt werden. Dann, so hoffen die Optimisten, wird zwischen einzelnen Kämpfern auf dieser sich rasch wandelnden Weltbühne des Wettbewerbs doch wieder so etwas wie Loyalität entstehen.

X

Adding value

Dienstleistung – das Produkt der Zukunft

Brauchen wir keine Produkte mehr? Weg vom Produkt, hin zu den Dienstleistungen – laß andere produzieren, wir exportieren Dienste – Hardware ist out, es lebe die Blaupause –, so klingen die einfachen und aufregenden Botschaften dieser Jahre, drohend fast für deutsche Ohren, für Ingenieure beunruhigend, für klassische Verkäufer beängstigend. Was ist los auf der Strecke zur Dienstleistungsgesellschaft? Die einen meinen mit Dienstleistung Computerpower, die andern *brainpower,* die einen hoffen weiter auf die Maschinenwelt, die den Menschen zum Versteckspiel einlädt, die andern holen ihn hervor aus dem Versteck im Maschinenpark und fordern ihn heraus: Der Dienstleister, das bist du, nicht dein System!

Dienstleistungskultur, das ist die Gesellschaft, in der immer weniger Menschen mit Produzieren von Waren beschäftigt sind – Waren im alten Sinne, muß man hinzusetzen, Sachen, Dinge. Denn wer Dienstleistungen verkauft, produziert auch etwas – oder kauft es ein, nur ist es nicht in Schachteln oder Dosen, nicht Ding oder handgreiflicher Gegenstand, sondern Kopfprodukt – wenn erstklassig, dann sogar ein Mischprodukt aus Kopf und Herz. *Brainpower* ist der Grundstoff der Dienstleistungskultur.

Brainpower ist auch mit steigenden Anteilen in den Produkten dieser Jahrzehnte enthalten. Darum ist es folgerichtig, daß die Begleitmelodie für erfolgreiche Produkte aus Dienstleistungspower besteht: Immer mehr abstraktes Können wandert »unsichtbar«

in die Produkte, und die Dienstleistung schafft den Brückenschlag vom intelligenten Kopfprodukt zur Kopf und Herz verbindenden Lösung.

Dienstleistung holt den Faktor Mensch ins Produkt zurück. Seit Anfang der siebziger Jahre sinkt in Deutschland der Prozentsatz der Menschen, die in der Produktion beschäftigt sind. Der Aufbruch in die Dienstleistungs-Ära ist also, technisch gesehen, schon zwanzig Jahre alt. Aber Menschen brauchen Zeit, bis sie anfangen, die »Zeichen der Zeit« zu deuten. Längst hat der Prozeß begonnen, der die Dienste auslagert aus den Firmen – und die Illusion aufrechterhält, es gäbe auch erfolgreiche Produkte ohne Dienstleistung.

Das gesamte Beschäftigungs- und Wertschöpfungssystem driftet stetig in Richtung Dienstleistung. Immer weniger Menschen arbeiten, genau betrachtet, am Produkt selbst. Heute ist es nicht einmal mehr jeder Dritte. Zwei Drittel der arbeitenden Menschen kümmern sich um Planung, Konzeption, um Wartung, Verkauf und Weiterentwicklung jener *packages*, die auch Produkte im alten Sinne enthalten, Dinge zum Sehen und Anfassen, verpackt in Dienstleistungen, begleitet von Dienstleistungen, vorbereitet durch Dienstleistung und gefolgt von Dienstleistung. Auch die »Klassiker der Dienstleistung«, Planung, Konzeption und Verkauf, setzen in den Augen der ideenreichen Serviceentwickler unserer Tage bereits dicke Staubschichten an: Dienstleistung ist ein schneller Sektor geworden, der genau das produziert, was in den High-Tech-Produkten durch Tempo verlorengegangen ist: Wärme, den Herzschlag in die vereisende Logik der computergestützten Köpfe.

Schon sind es achtzig Prozent in den »alten« Ländern der deutschen Republik, die Dienstleistungen produzieren – Leistungen, die einen Kreislauf sichtbar machen: Aus Produkten für Produkte

Dienstleistungskultur, das ist die Gesellschaft, in der immer weniger Menschen mit dem Produzieren von Waren beschäftigt sind. Waren im alten Sinn. Wer Dienstleistungen verkauft, produziert auch etwas. *Brainpower* ist der Grundstoff der Dienstleistungskultur.

Dienstleistung ist Mehrwert in Aktion

Die Dienstleistung ist

... der Stoff zu Ihrer Geschichte mit dem Kunden

... Vertrauensmanagement

... erlebter Kundenvorteil

Der Dienstleister ist

... der Erfolgsmanager des Kunden

zu neuen Produkten führend, lagern sie sich dort an, wo der höchste Bedarf entstanden ist, und erzeugen zugleich neuen Bedarf:

- Der Rahmen des Handelns wird immer flexibler und schwerer berechenbar. Orientierung durch Dienstleistung heißt die Devise.
- Neue Anforderungen brauchen neue Standards, um Sicherheit zu geben und die tägliche Entscheidungsmenge zu reduzieren: Dienstleistung entwickelt und sichert Standards.
- Dienstleistung für und von den Unternehmen ist auch der sichernde Rundblick auf Themen, denen niemand sich entziehen kann, gleichviel, was er produziert: Neue Vollmachten, neue Berufsbilder sorgen für ökologische und kommunikative Vernetzung der Unternehmen.
- Neue Aufgaben erzwingen ganze Betriebseinheiten, ja Konzerntöchter, um nach innen und außen erfüllt werden zu können. Nicht nur Finanzdienstleistungen lagern sich so als Konzernteile an die produzierenden Unternehmen an, auch Informationsdienste, Speicherkapazitäten und Rechnerleistungen werden gebündelt, ausgelagert und wieder angelagert, im besten Falle mit dichten Netzwerken in die Mutterfirma und in die Märkte, um die Qualitätskontrolle unter der Hand beim Wettbewerber abzurufen. Hier stehen noch Lernprozesse auf der ungeschriebenen Tagesordnung der Unternehmen; aber Topmanager lesen Zukunftsstoffe dieser Art nur in ganz kleinen Dosen. Dienstleistungs-Profitcenter dürften ein großes Thema in der nahen Zukunft werden. Ihre Funktion ist viel mehr als eine praktische: sie sind die Wächter für Marktstimmungen und die Fitness-Centren der Unternehmen.
- High-Tech als die eigentliche Wurzel der Dienstleistungskultur: Dieser Ursprung der abstrakten Lieferungen an Freundlichkeit, Wärme, Schnelligkeit, Achtung, Ideen und Phantasie macht

Auf der ungeschriebenen Tagesordnung der Unternehmen stehen noch Lernprozesse; aber Topmanager lesen Zukunftsstoffe dieser Art nur in ganz kleinen Dosen. Dienstleistungs-Profitcenter dürften ein großes Thema in der nahen Zukunft werden.

Dienstleistung verändert die Produkte

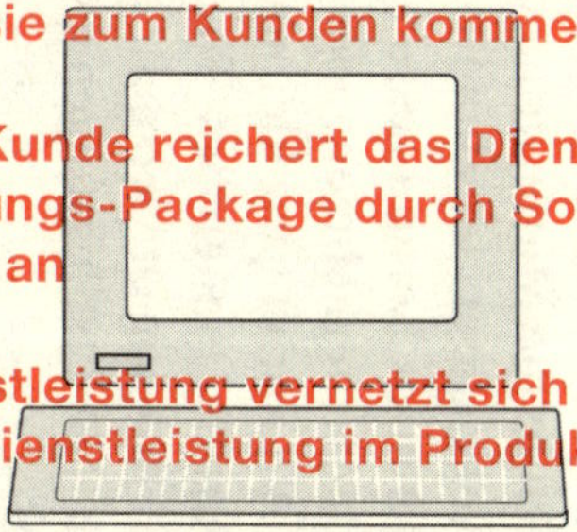

High-Tech-Produkte sind vollgepumpt mit Dienstleistung, ehe sie zum Kunden kommen

Der Kunde reichert das Dienstleistungs-Package durch Software an

Dienstleistung vernetzt sich mit Dienstleistung im Produkt

Der Nutzer wird integrierter Gestalter dieses Systems

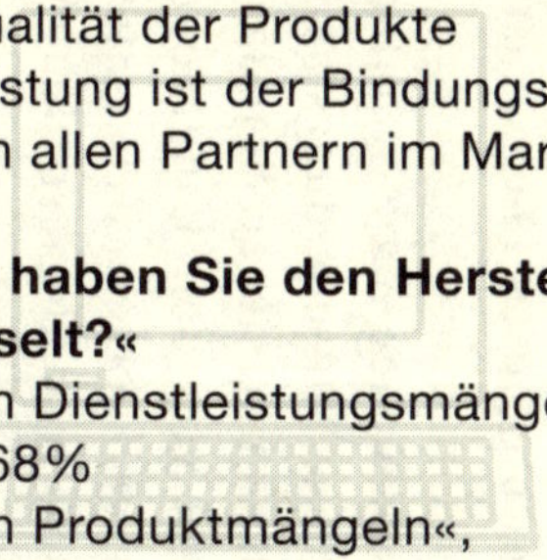

Dienstleistung als Produkt:
Der erwünschte Ausgleich für die Serienqualität der Produkte
Dienstleistung ist der Bindungsfaktor zwischen allen Partnern im Markt

»Warum haben Sie den Hersteller gewechselt?«
- »Wegen Dienstleistungsmängeln«, sagen 68%
- »Wegen Produktmängeln«, sagen 14%

deutlich, daß beide eng zusammengehören: das hochabstrakte Produkt der mikroelektronischen Ära und sein ebenso abstrakter Begleitschutz für den Geist und alle Sinne – aber auch für die Psyche des Nutzers. Zuerst bläst Technik den Produkten die störanfällige Seele heraus, dann bringt der Mensch als Dienstleister Gefühl, Genuß und Sinnenfreude zurück. Ein geglücktes Zusammenspiel von Ratio und Kreativität.

- Dies Kapitel freilich müssen wir in diesen Jahren von den jungen Pionieren des Dienstleistungsgewerbes lernen: daß Dienstleistung Kreativität verlangt – nicht nur, wie der pflichtbewußte Deutsche gern möchte, Akkuratesse und Perfektion, Pedanterie gar oder Drill. Dienstleistung findet, wo sie gelingt, das wohlausgewogene Verhältnis zwischen intelligenter Lösung und emotionalem Genuß.
- Nicht nur die Endprodukte der High-Tech-Ära rufen nach Dienstleistungen; schon ihre Entstehung verlangt nach ihnen. Die Integration der Dienstleistung ins Produkt, die wir beim Kunden liefern müssen, wird schon im Produktionsprozeß geübt. Dienstleistung »bedient« bereits den Produktionsprozeß im Unternehmen; kein High-Tech-Produkt kann entstehen ohne eine üppige Aura aus Dienstleistungen.
- Das verblüffende Fazit: Dienstleistung wird zuallererst einmal für die Entstehung der Produkte im Fertigungsprozeß gebraucht – und der Bedarf, dem sie hier folgte, meldet sich draußen wieder: wenn wir dem Kunden die Ergebnisse betriebsinterner Kooperation von technischem und Service-Know-how erklären und nutzbar machen wollen. Auch die Dienstleistungskette beginnt also mitten im Unternehmen – nicht vor seinen Toren. Und sie läßt sich nicht delegieren nach draußen, weg vom Produkt.
- Damit haben wir die Antwort auf die Eingangsfrage: Dienstleistung heißt nicht »weg vom Produkt«, sondern sie reichert Pro-

Zuerst bläst Technik den Produkten die störanfällige Seele heraus, dann bringt der Mensch als Dienstleister Gefühl, Genuß und Sinnenfreude zurück. Ein geglücktes Zusammenspiel von kristalliner Ratio und eruptiver Kreativität.

dukte an – schon während sie hergestellt werden –, um sie wieder kompatibel mit der Welt der Laien zu machen.

- Von immer weniger Menschen produziert, werden Produkte mit immer mehr integrierten Diensten aufgeladen – für Tauglichkeit bei einem Käufer, der unverändert mit uraltem Sinnensystem unterwegs ist –, nicht mit Elektronenmikroskop und Lautverstärker, nicht mit Physikstudium und Chaostheorie, ohne Weltraumteleskop und ohne alle neuesten Lehrsätze der Physik, Chemie und Mathematik, die allesamt in Alltagsprodukten ihren Erfolgsweg bei Menschen antreten – Menschen, die nur durch den Filter der Dienstleistung unbefangen und vertrauensvoll mit diesen ihnen weit überlegenen Produkten umgehen können.
- Die Formel der Zukunft heißt also nicht: Dienstleistungen statt Produkte, sondern: integrative Produkte – kein Produkt mehr ohne integrierte Dienstleistung.
  Die Produkte selbst verändern sich dabei:
- Auch die Dienstleistung wandert nun in eigene Produktelemente, in Disketten oder Videotapes, in Booklets oder Notebooks. Das Notebook selbst ist schon prall von lauter Dienstleistung, wenn es »leer« in die Hand des Besitzers kommt. Er speist nun Software ein, die ihn lehrt, das Notebook mit Information zu füllen. Dienstleistung vernetzt sich mit Dienstleistung im und am Produkt, und der Nutzer wird integrierter Bestandteil dieses Systems. Auch er trägt bei zu dem Dienstleistungsnetz, das im und ums Produkt die Dienstleistergeschichte dieses Produktes bei seinem Nutzer erst möglich macht.
- Dienstleistung als Produkt – das ist: der abgespeicherte Ingenieur mit seiner Beratungsleistung und die auf ein handliches *package* abgefilterte, portionenweise abrufbare Dienstleistung auf Disketten oder in traditionellem Print oder in audiovisueller

Form. In den nächsten Jahren wird die Phantasie der Marktführer herausgefordert werden: Dienstleistung als Produkt anzubieten, das die teuerste Ressource, die Arbeitskraft von Menschen, substituiert und zugleich die Qualität menschlicher Zuwendung noch spüren läßt.

- Dienstleistung: Das ist auch die Kompensation des Problems Serienfertigung. Das Selbstwertgefühl der Kunden fußt auf individuellen Auswahlentscheidungen. In einer Welt »immer gleicherer« Produkte kommt dieses Bedürfnis regelmäßig zu kurz – es sei denn, Dienstleistung durchwirkt das Produkt und entwikkelt es individuell weiter. Diese Weiterentwicklung des Produktes durch Dienstleistung ist meist immaterieller Natur – und deshalb besonders befriedigend. Sie schafft nun Ausgleich für zweierlei: für die Verwechselbarkeit der Produkte und für ihren käuflichen Charakter. Kunden suchen ja eigentlich etwas über die Ware hinaus, das nicht käuflich ist.
- Dienstleistung ist der Bindungsfaktor zwischen Hersteller, Lieferant, Produkt und Kunden. Sie ist es ja, die den Kunden aus der Konfrontation mit dem »toten« Produkt, dem Sachwert, in eine menschliche Begegnung holt. Wie wichtig diese Bindungsenergie bereits heute geworden ist, zeigt die Umfrage einer kanadischen Managementvereinigung: Auf die Frage, warum sie den Hersteller gewechselt haben, antworten 68 % der Kunden: wegen Dienstleistungsmängeln. Nur 14 % der Kunden geben an, mit dem Produkt selbst nicht zufrieden gewesen zu sein.
- Dienstleistung ist nicht eine zusätzliche Gratifikation, »die Sahne auf dem Kuchen«. Für immer komplexere Produkte ist sie unentbehrlich. Der Zugang zum Produkt wird erst durch Dienstleistung geöffnet. Dienstleistung schlägt Brücken vom Expertenwissen zum Durchschnittswissen. Im Produkt ist Expertenwissen gespeichert. Um es abzurufen, braucht der Laie die

Dienstleistung als Produkt – das ist: der abgespeicherte Ingenieur mit seiner Beratungsleistung und die auf ein handliches Package abgefilterte, portionenweise abrufbare Dienstleistung. Sie als Produkt anzubieten, wird die Phantasie der Marktführer herausfordern.

Dienstleistung – das Produkt der Zukunft

Dienstleistung bringt die Wärme zurück – gegen die High-Tech-Vereisung durch Computer-Intelligenz

Dienstleistung gehört nicht nur zum Endprodukt – sie ist die Begleitmusik bei der Fertigung

Dienstleistung ist der Sensor für veränderte Stimmungen und Bedarfslagen im Markt

Dienstleistung verbindet Kreativität mit Intelligenz – die Logik mit der Vision

Dienstleistung macht Produkte mit Laien kompatibel

Dienstleistung holt den Faktor Mensch ins Produkt zurück

Dienstleistung des Experten. Und natürlich ist der Idealfall die Integration dieser Dienstleistung ins Produkt – denn auch der Kunde hat wenig Zeit.

- High-Tech erobert alle Produktbereiche. Die High-Tech-Services werden bis zur Jahrtausendwende in Westeuropa verdreifacht sein. Osteuropa holt derweil auf; High-Tech-Services werden ihren wichtigsten Markt nach der Jahrtausendwende in Europa haben. Die Computerhersteller reagieren mit revolutionären Anpassungsbewegungen an diese Neuverteilung der Aufgaben – für sie heißt das: zwischen Hard- und Software. Alle andern Hersteller, Händler und Anbieter werden in dieses Wachstum des Dienstleistungsbedarfs einbezogen – weil immer mehr Produkte an diesem Prozeß der High-Tech-Aufladung teilnehmen.
- Währenddessen schreitet die Schrumpfung der deutschen Produktion fort.
  Exodus der Produktion in preisgünstigere Fertigungszonen bedeutet natürlich auch Exodus von Know-how. Durch integrierte Dienstleistungen müßte, mit dem Marktvorteil, auch eine gewisse Bremswirkung gegen den Ausverkauf deutschen Know-hows ins Ausland erreicht werden können – angesichts der deutschen Verspätung bei den Dienstleistungen eher eine schöne Illusion. Die Balancestörung zwischen aus- und einwandernden Investitionen ist schon heute dramatisch: mehr als 28 Milliarden Mark Auslandsinvestitionen der Deutschen stehen 6 Milliarden ausländischer Investitionen in Deutschland gegenüber. Die Amerikaner ziehen nicht nur militärisch, sondern auch geschäftlich immer mehr »Truppen und Stützpunkte« aus Deutschland ab.
- Warum ist das gefährlich für die Dienstleistungskompetenz der deutschen Hersteller? Weil Dienstleistungen sozusagen im Windschatten der Produktion segeln – im Idealfall als integrativer Bestandteil der Produktion.

Durch integrierte Dienstleistungen müßte eine gewisse Bremswirkung gegen den Ausverkauf deutschen Know-hows ins Ausland erreicht werden können. Die Balancestörung zwischen aus- und einwandernden Investitionen ist schon heute dramatisch.

- Damit wird nun unmißverständlich deutlich: Dienstleistung ist nicht irgendeine Nebenkompetenz für Softies im Luxusbusiness. Sie ist integrativer Bestandteil der Wettbewerbskultur; nicht nur weil sie wettbewerbsfähig *macht,* sondern weil sie erst *möglich* wird in einer wettbewerbsstarken Wirtschaft. Wer den Exodus von Produktion zuläßt, reduziert auch seine Chance, ein guter Dienstleister zu werden. Während man sich schmeichelt, ja »nur« ein Stück Industriekultur aus der Hand zu geben, wenn mehr und mehr im Ausland produziert wird, gibt man zugleich den Schutzschirm für eine wettbewerbsfähige Dienstleistungskultur auf. Wertschöpfung ist schon heute mit einem dynamischen Wachstumsanteil Dienstleistung verbunden.
- Mobilität von Gütern mobilisiert auch die Dienstleistungen. Wer heute noch glaubt, »Dienstleistungskultur« sei das Stichwort für die Ausweitung einer neuen *leisure-class* gegen hundert Prozent, der hat den Leistungsaspekt in der Dienstleistungskultur noch nicht verstanden. Aus diesem kardinalen Mißverständnis werden täglich in den Märkten von mißlaunigen Kunden Dienstleistungen eingefordert – die nur so lange zur Verfügung stehen und wachsen können, wie der Energieaustausch in dieser Gesellschaft stimmt: Dienste leisten, das können auch andere nur für mich, wenn ich meine Leistung weiterhin im Dienste des Ganzen einsetze. Wenn sich die Gesellschaft in statische Blöcke von ›leistenden Dienern‹ und bedienten Leistungsverweigerern aufteilt, dann gerät das Gemeinwesen aus der Balance.
- Dienstleistung ist der Inbegriff von Flexibilität. Dienste produzieren nicht monomanisch und autoritär Nutzen, den sich jeder abholen und akzeptieren muß. Dienstleistungen orientieren sich an wechselnden Erwartungen von Kunden. Kunden aber haben das Glück, zwischen verschiedenen Anbietern wählen zu können. Das heißt für Anbieter, die dieses Wettspiel gewinnen wol-

len: Erwarten Sie die Kundenbindung nicht von Ihrem Produkt!« Der Kunde wird Ihr Erfolgspartner nur über seinen eigenen Erfolg – den Sie nur partiell mit Produkten managen können.

Kundenbindung duldet keinen Kompromiß. Sie läßt sich aber nicht zupackend von Machern managen, die ihr eigenes Know-how absolut setzen. Auch der Kunde ist Know-how-Träger; er läßt sich nicht in die Rolle des Nehmenden drängen. Die Interaktion im Markt ist das große Zukunftskapitel für alle, die bisher geglaubt haben, allein über Qualität entscheiden zu können. Der Kunde hört nicht nur mit, er redet mit. Nicht mehr der Lärm der Dampfmaschine ist die Erfolgsmusik der Jahrtausendwende, sondern das sensible Ticken der Tastaturen elektronischer Gehirne. Entsprechend muß der Stil des Managements sich verändern: Die Eisenzeit mit ihrer schwerindustriellen Managermacht ist vorbei. Die Zeit der lauschenden, spähenden und schlanken Unternehmen braucht leichtfüßige, wettbewerbsorientierte und sprintstarke Teams – und Manager an der Spitze, die keine Produktstrategie mehr zulassen ohne integrierte Dienstleistung.

Andere können für mich nur dann Dienste leisten, wenn ich meine Leistung weiterhin einsetze. Wenn sich die Gesellschaft in »leistende Diener« und bediente Leistungsverweigerer aufteilt, dann gerät das Gemeinwesen Schritt für Schritt aus der Balance.

Auge in Auge mit dem Kunden – Das Einmaleins der Kundenbegegnung

Dienstleistung geschieht ja nicht auf einem anderen Stern. Die heile Welt der Kundenbeziehung ist aber noch nicht einmal in den Köpfen der Partner, die im Markt einander begegnen. In den Köpfen lagern Feindbilder, unbenutzt, auf Abruf, die man ohne Anlaß nicht los wird. Aber der Anlaß darf klein sein. Ein falsches Wort, ein falscher Blick, und schon türmt sich Aggression, kaum verhalten, zwischen Gesprächspartnern auf, die sich eigentlich zusammenfinden, um im Puzzlespiel der Bindung Steinchen einzufügen – am Bankschalter, am Ticketcounter, in der Wäscherei, an der Supermarktkasse oder Fleischtheke, beim Bäcker, Schuhmacher, Friseur oder in der Apotheke. Das kleine Geschäft, um das es geht, wird zwar gemacht, aber der Nachgeschmack bei beiden, die hier aufeinanderprallten, bleibt übel. Der nächste Partner bekommt ihn gleich zu spüren, bei beiden. Die gute Laune ist hin, und wenn da nicht einer daherkommt mit einem Überschuß an *Wellness,* dann bleibt das Defizit den ganzen Tag erhalten.

Was ging da schief? Natürlich sind bei solchen Begegnungsflops Balancestörungen in mindestens zwei Systemen die Ursache; Streß lauert in den Köpfen und Sinnen der Menschen, die sich gegenseitig so einschüchtern und verstimmen. Streß – das heißt: Balancestörungen im Arbeitsprozeß, im Führungsverhältnis, vielleicht im ganzen Unternehmen, das der eine von beiden bewohnt, dieselben Störungen im Arbeitsleben des anderen, der gerade nach Hause eilt, und Streß im privaten Leben beider, verschärft durch Hast und

Enge, Eile, Flüchtigkeit. Beide Partner leiden unter Anspannung, Lustlosigkeit und Wärmedefizit – und fügen sich zwangsläufig genau dasselbe gegenseitig zu. Sie verstärken ihre Unlust, steigern ihre Anspannung und bestätigen einander, daß es keine wärmende Verständigung gibt. Beide scheitern mit einem gleichartigen Wunsch, dem Wunsch nach Aufheiterung, Zuspruch und Freude. Beide bleiben enttäuscht zurück.

Aber keiner von beiden macht sich klar, daß ihre Enttäuschung gleich verteilt ist. Jeder hat einen ganz anderen Eindruck gewonnen, über den sich wieder beide einig wären, sprächen sie davon: Sie hatten beide das Gefühl, einem Gegner statt einem Verbündeten zu begegnen. Sie behaupteten sich beide gegen den deplazierten Siegesanspruch des anderen, kämpften sich mit Wortwechseln nicht auf den anderen zu, sondern an ihm vorbei zu einem – nun unmöglich gewordenen Sieg.

Alltäglich läuft dieses Scheitern der Kundenkommunikation an unzähligen unbeachteten Plätzen in der Kundenkette ab: Abreagieren statt Kooperieren, Gegnerschaft statt Partnerschaft scheint die geheime Devise der Streßgesellschaft.

Was kann man gegen die täglichen Kommunikationsunfälle tun? Vorsorgen, wie im Straßenverkehr auch. Besonnen und nach Regeln zu Werke gehen, das Umfeld in Ordnung bringen, damit nicht unerwünschte Auskünfte über die angespannte Stimmung im Unternehmen Tag für Tag ungewollt als Mitarbeitermißstimmung an den Kunden gemeldet werden. »Wie der Herr, so's Gescherr«, heißt ein altes Sprichwort. Das ganze Gespann läuft so gut, wie der Kutscher auf dem Bock es führt, anspornt und zügelt.

»Spontan« geht vieles daneben, was gerade den Eindruck der Spontaneität erwecken soll. Aber selbst das spontane Gelingen kann geübt und nach Regeln erlernt werden. Nichts anderes tun wir, wenn wir Tonleitern und Etüden zum Klavierspiel zählen,

Abreagieren statt kooperieren, Gegnerschaft statt Partnerschaft scheint die geheime Devise der Streßgesellschaft.

Was kann man gegen die täglichen Kommunikationsunfälle tun? Vorsorgen, wie im Straßenverkehr auch. Den Ernstfall üben.

Der Dienstleistungs-Crash –
Die täglichen Flops im Beziehungsmanagement

Gesetze des Mißlingens:
Die Enttäuschung ist immer wechselseitig

Häufigste Ursache:
Streß = Balance-Störung im Führungsverhältnis und Arbeitsprozeß

Folgen: Der Bündnispartner wird als Gegner erlebt
Das Ziel der Begegnung – Gewinn an Freude – wird verfehlt
Statt **mit** dem anderen, siegt man **über** den anderen
Abreagieren statt Kooperieren
Gegnerschaft statt Partnerschaft

Der Ausstieg aus der Crash-Spirale: Training für Dienstleister

Spontanes Mißlingen ist tägliche Realität

Spontanes Gelingen kann trainiert werden

wenn wir Lauftraining für den Sprint und Langstreckenlauf, Springtraining für die Hoch- und Weitspringer, Balltraining für die Ballspieler und Schwimmtraining für die Wettschwimmer verordnen.

Für geistige Leistungen gilt dasselbe: Freundlichkeit kann trainiert werden. Sie muß trainiert werden, wenn sie zum täglichen professionellen Know-how werden soll. Wissen über das Produkt und die Vertriebswege ist wichtig, Informationen über die Inhaltsstoffe oder die Betriebstechnik des Produktes sind wichtig, aber der *added value,* der im Auge des Kunden die Unterscheidung zwischen den Anbietern ermöglicht, ist ein flüchtiger sensibler Stoff; er umweht die Ware und ist maschinell nicht herstellbar: Freundlichkeit, die Dienstleistungstugend.

Das Beziehungsmanagement für die neunziger Jahre hat hier ein neues Kapitel zu schreiben: Dienstleistungstraining. Nicht nur für das System die mechanischen Servicefunktionen technokratisch standardisieren, sondern bei der *brain power* der Mitarbeiter mit einem neuartigen Training für alle heute noch regelmäßig verunglückenden Kundenbegegnungen mit Fitnessprogrammen Erfolgssicherheit schaffen.

Nein, das ist nicht ein neues »Verkäufertraining«, sondern es ist die firmenweite Schulung in *Wellness,* die auf andere ausstrahlt und die Streßattacken anderer umpolt in *Goodwill.* Das ist nicht ein Training für die Randzonen des trivialen Verkaufens an irgendwelche Marktteilnehmer, die der Führung nie bekannt werden; sondern es geht um die Bindung aller an den Markterfolg durch das Medium, das alle anspornt, alle ihres Wertes vergewissert und allen Nachschub an Wärme liefert in einer kühl kalkulierenden High-Tech-Welt.

Wir sichern viele perfekte Kreisläufe hochprofessionell: Waren- und Rohstoffkreisläufe, Geldkreisläufe, Know-how-Kreisläufe

Freundlichkeit kann trainiert werden. Sie muß trainiert werden, wenn sie zum täglichen professionellen Know-how werden soll. Das

Beziehungsmanagement für die 90er Jahre hat hier ein neues Kapitel zu schreiben: Dienstleistungstraining.

und Informationsnetzwerke. Was uns dabei täglich tausendfach mißlingt, sind die Kreisläufe von Zuwendung und Interesse aneinander. Der Mangel ist bereits dramatisch; die Störung im Wärmekreislauf der Gesellschaft, die vor ihren berechenbaren Terminals sitzt und vor der Unberechenbarkeit der »nackten« menschlichen Begegnung zurückweicht, ist zum Motivationshemmer ersten Ranges geworden.

Die Gleichung für das neue Kapitel im Beziehungsmanagement ist denkbar einfach: Da wir einander mehr als Know-how im Unternehmen, mehr als Profitziele, mehr als Autos oder Zahnbürsten verkaufen, müssen wir auch mehr als unser Produkt-Know-how aufwenden, um miteinander erfolgreich zu sein. Natürlich hat die Scheu vor diesem Trainingsthema Gründe. Was sein Inhalt wäre, läßt sich nicht so leicht standardisieren wie die technische Empirie. Wo soviel Unberechenbares im Spiel sei wie bei menschlichen Begegnungen, da wolle man doch lieber nicht reglementierend eingreifen, meinen viele Manager. Insgeheim sind sie aber der Überzeugung, daß Leistungen, die sich der Kalkulation entziehen, nicht erfolgsentscheidende Bedeutung haben könnten. »Die Chemie«, wie sie dann doch mit einer Fluchtbewegung in die Naturwissenschaft sagen, stimme eben entweder, oder sie stimme nicht. Wenn aber zwischen vielen im Unternehmen – und folgerichtig zwischen dem Unternehmen und den Kunden – »die Chemie« nicht stimmt, dann hängt plötzlich alles von der Qualität dieser mißglückten Bindung ab. Nichts geht mehr, auch wenn alle Räder sich drehen.

Auge in Auge mit dem »Erstkunden«: das ist der Alltag der Führung mit den Mitarbeitern. Auge in Auge, Seite an Seite managen alle gemeinsam ihre Beziehungen, ohne darüber zu reden – häufig auch, ohne darüber jemals nachzudenken. Auge in Auge mit dem Kunden – ein tägliches Geschehen, das sich auf zahlreichen Stationen bis zum Endkunden wiederholt. Viel *Goodwill* läuft auf, viel

Verdruß schafft sich Raum. Auch die Übellaunigen wünschen sich heimlich, sie könnten es besser – ihnen fehlt das Training in Freundlichkeit. »Lächeln Sie mal wieder«, möchte man manchmal den Dienstleistern zurufen (vgl. dazu das Kapitel auf Seite 401), die, im Käfig ihrer Geschäftsmienen eingeschlossen, auf den Gegner, den Kunden, warten. Und ihn auf Distanz halten mit ihrer professionellen Kühle.

Das Training in Freundlichkeit für Dienstleister hat als ersten diesen Abschnitt:

① Trennen Sie sich von Ihrer Professionalität. Nein, nicht durch Vergessen, aber durch Lockerung Ihrer Attitüde. Daß Sie Profi sind, werden Sie bestimmt noch zeigen können. Nicht jetzt, nicht schon auf Abstand, daß der Kunde gar nicht wagt näherzukommen. Warten Sie mal ab, wieviel von Ihrer Professionalität er abruft.

② Verpacken Sie Ihre professionelle Überlegenheit in unprofessionelle Manieren. Sprechen Sie unbedingt zunächst von etwas ganz Alltäglichem, das Sie mit dem Kunden verbindet. Vergessen Sie nicht: Sie managen seinen Vorteil – und zwar auf der ganzen, nicht nur auf der Produktlinie. Stauchen Sie seinen Vorteil nicht auf Produktformat zusammen.

③ Ermuntern Sie auch den Kunden zu einem Wort jenseits der technischen Prozesse. An der Kasse eines Supermarktes: Welches Signal geben Sie dem wartenden, dem hektisch packenden, dem Geld suchenden Kunden? In der Regel gar keines. »Keine Zeit«. Aber Sie haben die Zeit zum Warenschieben, zum Preiseintippen oder -Abtasten – und natürlich die Zeit für ein Wort, einen Blick, ein ermunterndes Nicken, ein freundliches »Guten Tag« und ein heiteres »Auf Wiedersehen«. Nur: Es wird Ihnen zuviel, es macht Sie nicht froh, sondern müde. Solange Sie nicht schauen, wie der Kunde Rückmeldung gibt. Neun von zehn Kunden werden gelöst und heiter – und geben Ihnen mindestens hundert Prozent

Was uns täglich tausendfach mißlingt, sind die Kreisläufe von Zuwendung. Sie zu beheben, gelingt nur durch Training und Interesse aneinander. Die Störung im Wärmekreislauf der Gesellschaft ist zum Motivationshemmer ersten Ranges geworden.

Ihres Einsatzes zurück. Aufatmen und Entspannung auf beiden Seiten. Der Kunde wird dieses Erlebnis verwundert zur Kenntnis nehmen, und er wird es wieder suchen.

④ Stellen Sie sich gegenüber dem Produkt auf den Kundenstandpunkt. Auch Sie hatten Fragen an das Produkt, auch Sie gehen anders als andere damit um – genau wie der Kunde. Er will nicht Serie sein bei seinem Umgang mit dem Serienprodukt. Für Sie der eigentliche Sinn des Produktes: die leeren Flächen, wo der Kunde zum Gestalter wird.

⑤ Wagen Sie den Sprung mitten in den zerstreuten Mißmut des Kunden. Offensive Freundlichkeit ist ein sehr sensibles Instrument, aber sie lohnt sich. Lassen Sie ihm ein wenig Luft, seine Züge zu glätten, sprechen Sie fast an ihm vorbei, aber heiter, unbeschwert, so, als ob Sie seine böse Laune nicht bemerken. Er wird der Ansteckung schon aus persönlichem Stolz nicht ausweichen. Und schon ist er gefangen: Es geht ihm besser, auch wenn er genau dies nicht wollte.

⑥ Schauen Sie immer blitzschnell in das Gesicht des Kunden, um seine Lage aufzunehmen. Braucht er einen Sprung aus der gesamten Situation? Lehnt er Freundlichkeit ab? Ist er nicht nur gestreßt, sondern traurig? Wagen Sie dann einen zupackenden Satz wie: »War die Woche anstrengend?« oder: »Wird Zeit für das Wochenende, nicht wahr?« – oder: »Das Wetter soll gut werden (gut bleiben)! Schön, nicht wahr?«

Diese wenigen Alltagsbeispiele zeigen, daß es natürlich ein kleines Einmaleins der Kundenfreundlichkeit gibt, das jeder eigentlich zu kennen meint. Aber es gibt auch die Hohe Schule, die nicht bei Techniken der Höflichkeit, weit außen also, beginnt, sondern im Kopf des Dienstleisters, dort, wo die Modelle für Freundlichkeit gemacht werden.

Die Hohe Schule der Freundlichkeit

Tag für Tag mißlingen überall Begegnungen, obwohl es niemand will. In der Regel mißglücken sie, weil die Ressourcen der Partner für eine gute Begegnung nicht ausreichen. Am deutlichsten fühlen die Partner meist die vordergründigsten und augenblicksgebundenen Ressourcenprobleme: Es fehlen Zeit und Gelassenheit; man hat keine Chance zur Hingabe an den Augenblick.

Diese als Gründe für Mißlingen erlebten Handicaps sind aber ihrerseits schon Symptome, nicht primäre Quellen für das Scheitern von Alltagsfreude und gemeinsamem Erfolg. Wer glaubt, er habe keine Zeit, hat immer einerseits recht, andererseits unrecht, auf jeden Fall aber fühlt er Unbehagen – das ihm und anderen auf die Dauer schadet. Wer angespannt lebt, strahlt Anspannung aus. Er ist nicht im ausgeruhten Besitz seiner Kräfte, sondern fremdgesteuert – von Knappheit oder Überfluß an Antrieben und Zeit. Ergebnis: Unbehagen. Auf die Dauer wird es ihn schädigen – und seine Partner auch (vgl. dazu Teil VII über Streß).

Entscheidend für das Gelingen wird also ein ausgeglichener Umgang mit dem, was man kann, weiß und will – nur so ist man fähig, sich auf Können, Wissen und Wollen des Gegenübers entspannt einzulassen.

Verkaufen ist die Hohe Schule der Kommunikation, nicht, wie viele Spitzenmanager glauben, Knochenarbeit für *Freelancer* und Abenteurer. Verkaufen ist der Kern und die Praxisbewährung des Beziehungsmanagements, das vom Unternehmen betrieben wird.

Wagen Sie den Sprung mitten in den zerstreuten Mißmut des Kunden. Offensive Freundlichkeit lohnt sich. Fragen Sie sich: Lehnt Ihr Kunde Freundlichkeit ab? Ist er nicht nur gestreßt, sondern traurig? Suchen Sie seinen Blick!

Freundlichkeit – Spitzenprodukt der Dienstleistungskompetenz

Verkauf ist Begegnung. Das Gelingen der Begegnung ist unabhängig vom Verkauf:

eine Investition in die Zukunft der Partnerschaft

Der Einfluß muß von Empathie bestimmt sein –
Sich an den Platz des anderen setzen

Entscheidend ist der erste Blickkontakt.
Lohnt sich die Begegnung für den Kunden?

Tempo entscheidet.
Trainieren Sie rasche und konzentrierte Wahrnehmung

Sie vertreten nicht das Produkt,
sondern das Unternehmen – seinen Geist, seine Vision

Führungsklima macht Kundenklima. Eins geht nicht ohne das andere

Ein Katalog der Verkaufstugenden ist eine Fibel der Freundlichkeit, nicht der Techniken.

Im Unternehmen sollten die Lektionen dieser Fibel von einem gemischten Kreis erarbeitet werden. Verbindliche Orientierungslinien für diese Arbeit sollten die Grundlage bilden.

Diese Leitlinien für Freundlichkeit können so aussehen:

- Verkauf ist Begegnung. Aber nicht jede Begegnung führt zwangsläufig zum Verkauf. Die Qualität der Begegnung entscheidet über Käufervertrauen – auch für die Zukunft.
- Bei der Begegnung fließen Energien hin und her. Erwartung, kritische Prüfung, Informationsbedürfnis werden stark beeinflußt von spontaner Sympathie, Antipathie, Empathie. Welche Mittel haben Mitarbeiter und Führung, diesen Energiefluß positiv zu beeinflussen?
- Die ersten Augen-Blicke sind entscheidend. Die Begegnung muß schon im ersten Moment zu einer lohnenden Begegnung für den Partner werden – ganz unabhängig von Kaufabsichten.
- Das bedeutet aber: Tempo entscheidet – wie überall in diesen Jahren. Zauderer machen auch ihre Partner unsicher. Trainieren Sie Tempo, den Sprung in die Begegnung – mit weicher Landung, denn der Kunde könnte langsam sein . . .
- Wer verkauft, steht nicht nur für das Produkt, sondern für das ganze Unternehmen. Er repräsentiert dessen Geist: Sinnlichkeit und Ethik ebenso wie das sachliche Können. Freundliche Begegnungen sind Einladungen in die Arena – Einladungen zum offenen Wettbewerb. Der Kunde soll erleben: Diese Mannschaft hält sich fit – und den Kunden mit.
- Um dazu fähig zu werden, müssen die Mitarbeiter einen stabilen Boden aus Führungsvertrauen und Freundlichkeitskultur unter den eigenen Füßen haben. Sie müssen die Stärken des Unternehmens kennen und mit den Schwächen umgehen können. Vor

Wer verkauft, steht nicht nur für das Produkt, sondern für das ganze Unternehmen. Er repräsentiert dessen Geist, Sinnlichkeit und Ethik ebenso wie das sachliche Können. Freundliche Begegnungen sind Einladungen zum offenen Wettbewerb.

allem aber: Die Führung muß den Mitarbeitern den gewinnenden *approach* zutrauen – und die Mitarbeiter münzen dies um in Selbstvertrauen.

- Wer kommunizieren will, muß in die Haut des anderen schlüpfen. Spielen sie immer wieder die Kundenrolle, jeder von Ihnen, und machen Sie sich seine Argumente zu eigen. Vergleichen Sie diese Argumente mit den Wettbewerbsvorteilen, die Sie anzubieten haben – nicht für Ihr Haus, sondern für den Kunden. Fragen Sie jeden Mitarbeiter, ob er an die Leistungsfähigkeit auch der Produkte glaubt – und wenn nein, warum nicht.
- Gehen Sie immer davon aus, daß Ihre eigene Gefühlslage ansteckend ist. Haben Sie nicht zu Ende gedacht, so zerstreuen Sie Ihren Kunden. Sind Sie lustlos, so wird der Kunde sich fragen, was er eigentlich bei Ihnen will. Sind Sie gewinnend heiter und aufnahmebereit, wird er spüren: Nur auf ihn haben Sie heute gewartet.
- Wie sitzen oder stehen Sie? Nachlässig oder angespannt? Wo ist die richtige Mitte? Sprechen Sie nicht nur mit dem Mund, sondern mit Augen, Mund und Händen. Gehen Sie auf und ab, wenn Ihnen danach zumute ist. Fangen Sie die Aufmerksamkeit Ihres Kunden durch – Aufmerksamkeit. Fragen Sie ihn, ob er stehen oder sitzen – oder umhergehen möchte. Bieten Sie Stühle, Sessel und Stehpulte an.
- Kommen Sie dem Partner entgegen mit kleinen Seitensprüngen aus der Fachunterhaltung. Zeigen Sie ihm ein wenig von Ihrer Individualität, um zu signalisieren: Vor allem sitzt/steht hier ein Mensch vor Ihnen, der sich freut, mit Ihnen Kontakt zu haben. Lassen Sie den Partner spüren, daß die Begegnung für Sie ein menschlicher Gewinn ist.
- Bleiben Sie gleichzeitig sensibel auf Distanz. Treten Sie dem Kunden nie zu nahe. Wenn er verschlossen ist, bleiben Sie offen,

großzügig und unbefangen. Vertrauen Sie spürbar, auch wenn der Kunde sichtlich nicht vertraut.

- Lassen Sie den Kunden erkennen, daß sich für Sie die Begegnung in jedem Falle lohnt. Lassen Sie ihn fühlen, daß Verkaufen für Sie Nebensache, die gelungene Begegnung dagegen ein Gegenstand Ihrer ganz persönlichen Leidenschaft ist.
- Kommunizieren Sie nicht einigungsbezogen, sondern erwartungsvoll und interessiert. Erscheinen Sie niemals zudringlich, aber immer voller Achtung und Wertschätzung für Ihren Partner. Berichten Sie unbefangen davon, wieviel Freude Ihnen Ihre Aufgaben machen und warum.
- Lassen Sie den Kunden ungezwungen auf seine Lieblingsthemen kommen – auch wenn das Reklamationsthemen sind. Folgen Sie seinen Überlegungen mit wachem Interesse. Stehen Sie nie auf der »anderen«, sondern immer auf seiner Seite. Lassen Sie ihn fühlen, daß seine Überlegungen Sie weiterbringen und klüger machen. Lassen Sie ihn erleben, daß er Ihnen viele Neuigkeiten bringt.
- Lassen Sie Nachdenklichkeit zu – bei sich und beim Kunden. Belästigen Sie den Kunden nicht durch aggressive Fröhlichkeit. Lassen Sie ihn spüren, daß Sie das Leben nicht nur durch das Guckfenster Ihrer Produkte sehen, sondern vollständig.
- Lassen Sie den Kunden erleben, daß Sie ungeteilt für ihn da sind. Er muß fühlen, daß Sie sich in diesen Augenblicken keine bessere Nutzung Ihrer Zeit vorstellen können.
- Lernen Sie, Zeitdruck niemals zum Gesetz einer Begegnung werden zu lassen. Organisieren Sie die Gesprächsatmosphäre immer so, daß der Partner niemals das Gefühl hat, Sie zu stören.
- Schauen Sie den Gesprächspartner an, aber fixieren Sie ihn nicht. Messen Sie ihn auch nicht von oben bis unten mit Ihren

Kommen Sie dem Partner entgegen mit kleinen Seitensprüngen aus der Fachunterhaltung. Lassen Sie den Kunden ungezwungen auf seine Lieblingsthemen kommen – auch wenn das Reklamationsthemen sind. Folgen Sie seinen Überlegungen.

Blicken – eine Versuchung, der vor allem Männer bei Frauen widerstehen sollten.

- Überfahren Sie den Partner nicht mit einem aggressiven »Waskostet-die-Welt-Lachen«. Für Ihr Mienenspiel ist entscheidend, ob Ihre Gedanken und Gefühle stimmen – wie beschrieben. Dann strahlt Ihr Gesicht Interesse und Freundlichkeit aus.

Wie aber versetzt man eine Crew in diese freundlich-entspannte Grundstimmung? – Indem die Führung genauso agiert, wie hier dargestellt. – Wie aber lernen Führung und Mitarbeiter diese Alltagskultur der Freundlichkeit? – Indem sie immer wieder alles durchspielen, was diese Freundlichkeit verhindert, zusammenbrechen läßt, bedroht. Damit kommen auch Fragen der privaten Lebensführung in den Blick. Ob jemand sich gezielt entspannt, ob er zu Hause Konflikte erlebt, sich überfordert fühlt, sich selbst zuviel abverlangt, ob er Angst oder Sorgen hat, falsch ißt, zuviel trinkt, zuwenig schläft, sich nicht bewegt, keinen Sport treibt – wir dürfen sicher sein: alles kommt beim Kunden an. In diesem Sinne ist der Kunde tatsächlich der Fitness-Controller für das Unternehmen.

Zwangsläufig also brauchen wir eine Freundlichkeitskultur durch alle Instanzen – bis in die private Existenz. Der Effekt solcher Aufarbeitungsprozesse: mehr Transparenz auch im Führungsalltag – und für manchen Einzelnen der Einstieg in ein viel bewußteres Leben mit den eigenen Ressourcen.

»Was kann ich für Sie tun?« – Kultur des Interesses

Die Fitness-Trainings für Dienstleister sollten in diesen Jahren auf die freiwerdenden Plätze der überflüssig gewordenen Selbstfindungs- und Verkäuferseminare rücken. Dabei entstehen nicht mehr Kosten, sondern mehr greifbare Profite – die tatsächlich bei den von Hilmar Kopper genannten 25% liegen könnten. Nicht mehr »den Kunden entwickeln« (vgl. Seite 140ff.), sondern die Dienstleistungsqualität, das ist das Motto für die neuen Trainings.

Das Wort »Training« soll ein altes Mißverständnis sprengen, das gerade zahlengläubige Manager kultivieren: Die Qualität der Kundenbegegnung sei ein so sensibles Gut, daß man sie allenfalls Überlegungen – und in festlichen Stunden auch einmal kühnen Träumen anvertrauen könne. »Trainieren« aber? Um keinen Preis! – Mit diesem Argument, was nicht rechenbar sei, sei nicht trainierbar, haben sich Topmanager nun jahrelang vor den neuen Anforderungen an ihre internen Schulungen gedrückt. Nun aber, da die Verspätung der Deutschen auf dem Dienstleistungssektor bereits international debattiert und als ein Aspekt des Nationalcharakters verbucht wird, horchen selbst Spitzenmanager schon einmal flüchtig auf, wenn von den neuen Anforderungen nicht nur gesprochen, sondern systematische Trainingsprogramme angemahnt werden.

Daß wir uns von dem Gedanken, ein strahlendes Lächeln und Willkommenssätze regelrecht einzuüben, schaudernd abwenden, hat gute Tradition. Freilich ist sie ziemlich jung, diese Tradition der

Belästigen Sie den Kunden nicht durch aggressive Fröhlichkeit. Überfahren Sie den Partner nicht mit einem aggressiven »Was-kostet-die-Welt-Lachen«. Für Ihr Minenspiel ist entscheidend, ob Ihre Gedanken und Gefühle stimmen.

Höflichkeitsverhinderer. Sie begann in den sechziger Jahren. Also ist, nach gut einer Generation, auch die Zeit für die Revision gekommen. In den sechziger Jahren wurden mit den »Autoritäten« auch die scheinbar nichtssagenden Konventionen abgeräumt, mit denen die Vorgängergenerationen ihren Alltag geregelt hatten: wie Fingerübungen beim Klavierspielen, so gehörten die harmlosen Alltagsrituale zum Heranwachsen: Grüßen, Türen öffnen, Platz nehmen und zusammen essen, reden, gute Wünsche austauschen – alles folgte lockeren Regelwerken, die auch der Kleidung galten, der Verweildauer bei Einladungen, der Abfassung von Briefen und dem Stil von Auseinandersetzungen. Im Fluß des Wandels ändern auch diese Gewohnheiten sich beständig, aber der Abräumprozeß der sechziger Jahre war gründlicher und grundsätzlicher. Er hat bis heute Spuren hinterlassen – die sich vor allem im neuen Anforderungskatalog an Dienstleister als weiße Flecken wiederfinden.

Die Schleifspur der Befreiung von Vorväterzwängen hat noch in den achtziger Jahren den satten, genußfreudigen Kunden eher amüsiert als gestört. Schließlich ist er auch nicht von vorgestern, und der lockere, zuweilen rüde Umgangston seiner Partner im Markt war als Preis der neuen Genußmoral noch akzeptabel, solange alles so fabelhaft lief, daß die Solidarität des gemeinsamen Erfolgs ein starkes Band knüpfte. Erst als Erfolgskurven brachen, ging Leichtigkeit und Lust im kühlen Marktprozeß der Erfolgspartner verloren – fast über Nacht. Plötzlich besann sich der Kunde auf Empfindlichkeiten, die er im Boom selbst belächelt hatte. Seit er sich nicht mehr alles leisten kann, wovon er träumt, hat er begonnen, die Qualität der Begleitmusik einzufordern – und seine Partner sind unvorbereitet. Wer die alten Konventionen der Bürgerhöflichkeit als »nur einstudiert« und »dummen Gehorsam« abzutun gelernt hat, der hat natürlich jetzt Probleme, das »Spontane«, das »Situative«, das »Authentische« von Stimmungen und Reaktionen, eben erst errungene Entfaltungsrechte persönlicher Unberechenbarkeit, zurückzustufen – ja, für das berufliche Auftreten ganz entschieden zu überarbeiten. Eben erst in die Rolle eines hochinteressanten Mitarbeiters eingestiegen, dessen Stolz es ist, nicht leicht führbar zu sein, bei bestem Rückenwind auf dem Egotrip, sollen ganze Mannschaften nun zurückgepfiffen werden zu den Fibeln einer neuen Ära, in der nicht mehr die Originalität und Selbstbehauptung, sondern die Aufmerksamkeit und Bindungsenergie zählen.

Ein Kurswechsel, der nicht ohne konsequente Trainingsmühen geleistet werden kann. Die Kernbotschaft ist, daß geglückte Begegnungen, von denen die Dienstleistungskultur lebt, tatsächlich zumindest auf einer Seite trainiert werden können: auf der des Dienstleisters. Sein Erfolg hängt vom täglichen hundert- oder tausendfachen Erfolg von Einzelbegegnungen ab. Nicht Topmanager treffen dort mit dem Kunden zusammen, sondern fern der Führung lebende Mitarbeiter. Sie auf den Erfolg des Unternehmens zu verpflichten ist ein riskantes Unterfangen. Besser ist es, sie auf den Erfolg jeder einzelnen Begegnung vorzubereiten und die Chance des Gelingens möglichst hoch zu treiben – nach dem Grundprinzip: »Überlassen Sie nichts dem Zufall!«

Wer hier in seinem Technokratenherzen triumphiert, der muß enttäuscht werden, wenn er den Zusatz hört: »Und agieren Sie so entspannt, daß Ihnen und Ihrem Kunden der Erfolg der Begegnung wie von selbst ›zufällt‹.«

Was Dienstleister einstudieren müssen, ist die professionelle Strategie für im besten Sinne »unprofessionelle« Dialoge.

»Nichts dem Zufall überlassen« – dieser Grundsatz hat zwei Seiten. Die eine: Erfolg für den Anbieter erfordert Planung. Flops durch Formtiefs der Mitarbeiter kann er sich nicht leisten. Die andere: Das Training soll, wie das Tanztraining den Tänzer, das

Die Kernbotschaft ist, daß geglückte Begegnungen, von denen die Dienstleistungskultur lebt, zumindest auf einer Seite trainiert werden können, auf der des Dienstleisters. Sie müssen die professionelle Strategie für »unprofessionelle Dialoge« einstudieren.

Lauftraining den Läufer, den Mitarbeiter fit machen, daß ihm ohne spürbare Anstrengung der geglückte Kontakt zum Normalfall wird. Zu viele spontane Eindrücke, zu viele äußere und innere Störquellen sind ständig wirksam, als daß wir uns dem spontanen Griff zu irgendeinem Satz, einer Miene, einer Geste anvertrauen könnten – mit der Zuversicht, unsere Sache optimal zu machen. Auch die beste Absicht ersetzt ein gutes Training nicht – das uns in Fleisch und Blut übergehen läßt, was im Einzelfall dann auch gegen vielfaches Störfeuer – übellauniger Kunde, Lärm, Kopfweh, Sorgen, Zwischenrufer, Zeitbedrängnis – spielend durchgehalten werden kann.

Wer sich der Situation ausgeliefert sieht, wird Fehler machen. Wer viele Male geübt hat, von Störquellen unabhängig zu agieren, wird belastbarer sein. Am anderen Ende der Skala erwartet ihn die gegenteilige Gefahr: Routine, die ebenso seelenlos ist wie Hektik, ebenso distanzierend wie Zerstreutheit, ebenso tödlich für die Begegnung wie die ungelernte Lektion. Perfektion beim Abwickeln eines einstudierten Höflichkeitsprogramms stößt den Kunden mindestens genauso ab wie Hilflosigkeit, Nervosität und Hast. Erwarten Sie niemals Selbstkritik von Ihrem Kunden. Auch das wird im Training begründet werden müssen: Er wird seine eigene rüpelhafte Annäherung immer in Ordnung finden (vgl. Seite 383 ff.). Er wird sich immer das Recht nehmen, seinen Streß, seine Zeitnot, seinen Geschäftsärger oder seine Feierabendmüdigkeit an Dienstleistern auszulassen. Erziehen Sie Ihren Kunden niemals spürbar. Aber der prägende Effekt eines gewinnenden Lächelns, einer kultivierten, unerschütterlichen Contenance wirkt stilbildend. Die Begegnungskultur der Dienstleister könnte ein Kulturfaktor werden, der auch den Kunden zu mehr Sorgfalt mit seinen Gesprächs- und Geschäftspartnern erzieht. Fast jeder Kunde lebt in einer Doppelrolle; auch er ist irgendwo Mitarbeiter. Was er als Mitarbeiter im Dienstleistertraining lernt, das wird er als Kunde noch eine ganze Weile verleugnen – so, als hielte er sich in der Kundenrolle für alles das schadlos, was er neuerdings dem Kunden schuldet.

Die Eröffnung der geglückten Begegnung ist der Blick-Kontakt – mit einem ermunternden Lächeln, wie besprochen (vgl. Seite 401 ff.). Blick-Kontakt heißt Augenkontakt, nicht das Mustern von Kopf bis Fuß – dem sich Frauen häufig sowohl von Frauen als auch von Männern ausgesetzt sehen. Nicht taxiert möchte sich der Kunde fühlen, sondern willkommen.

Die Verweigerung von Blickkontakt ist längst eine feste Strategie im Kanon der Dienstleistungsverzögerer in Deutschland. In Kaufhäusern meint sie: Wer nicht hinschaut, wird nicht angesprochen. Wer wegschaut, muß nicht arbeiten. Wegschauen ist die stumme Warnung an den Kunden: »Laß dich mit mir nicht ein; wage nicht, mich zu stören.« Man erreicht dadurch eine unterwürfige, entschuldigungsbereite Annäherung des Kunden, eine Lizenz zu schlechtem Benehmen, die man sich halb genommen und nun vom Kunden ganz erhalten hat. Wer hinschaut, ist »dran«. – »Pech gehabt«, sagen die ironischen Blicke der anderen Mitarbeiter. Das demonstrative Ordnen von Formularen, Sortieren von Papieren, Zählen von Geldscheinen, Computertippen oder Telephonieren – ohne einen einzigen schnellen Aufblick, ohne ein stummes Signal, ein kurzes Nicken, das jeder als Bitte um Geduld verstünde – ist eine Taktik zur Kundenentwertung, die meistens gut funktioniert. Der Kunde muß sich fügen. Er reagiert am Ende dankbar, wenn er überhaupt an die Reihe kommt – erleichtert, wenn ihm noch rechtzeitig das Billett für den eingefahrenen Zug, die Briefmarke für eilige Post oder das Abendbrötchen vor dem Busstop verkauft wird.

Blick-Kontakt – immer! –, auch wenn Sie absolut handlungsun-

Die Verweigerung von Blickkontakt ist längst eine feste Strategie im Kanon der Dienstleistungsverzögerer. In Kaufhäusern meint sie, wer wegschaut, muß nicht arbeiten, wer hinschaut, ist »dran«. – »Pech gehabt«, sagen die ironischen Blicke der Mitarbeiter.

Dienstleistungskompetenz

Überlassen Sie nichts mehr dem Zufall!
Kultivieren Sie den »gelenkten Zufall«.

Entwickeln Sie eine Kultur des Interesses:

- Zeigen Sie Anteilnahme, nicht Abwehr, wenn der Kunde Fehler kritisiert.
- Versuchen Sie nie, »recht zu behalten«.
- Denken und fühlen Sie immer vom Kunden aus.
- Beleben Sie die Welt der Möglichkeiten wieder! Benutzen Sie Fragen und Konjunktive!
- Der Kunde möchte gefragt, nicht beherrscht werden.
- Lassen Sie den Kunden fühlen, daß er für Sie in erster Linie als Individuum interessant ist – nicht als Objekt.

fähig sind; für einen Blick, einen Sekundenbruchteil der wortlosen Zuwendung, ist immer Zeit. Und die situationsverändernde Macht solcher Blicke ist unschätzbar. Sehr wahrscheinlich ist sie auch meßbar: Eine der Umfragen, die mit wenig Aufwand von wirklich entschlossenen Dienstleistern als Innovationsargument benutzt werden könnten – so schlagend wäre ihr Ergebnis. – »Schau, ich habe eine andere wichtige Arbeit« – das ist auch oft Imponiergehabe; Zeichen der Unzufriedenheit mit dem eigenen Platz und dem *Feedback* von der Führung.

Im Dienstleistungstraining muß es weniger ganze Sätze als Textgrundsätze geben – zum Beispiel: Kleiden Sie die Kontaktaufnahme in eine Frage!

»Kann ich Ihnen helfen?«
»Darf ich Ihnen etwas geben, zeigen?«
»Was kann ich für Sie tun?«
»Hatten Sie eine gute Reise?«
»Darf ich Ihnen sonst noch etwas zeigen?«
»Kennen Sie sich hier aus?«
»Darf ich Ihnen den Weg erklären?«

Lappalien, werden Sie sagen. Aber der Ton macht die Musik. Der Blick macht die Qualität des Satzes; die Aufrichtigkeit wird durch das Sprechtempo, durch den Blick-Kontakt und durch die interessierte Haltung des Fragers bestimmt. Tonfall und Gestik, die Alltagssätze »gewinnend« und überzeugend machen, können eingeübt werden. Trainingsteilnehmer können untereinander diese Glaubwürdigkeit ihres Auftretens testen.

Schwieriger wird es, wenn der Kunde mit einer sofort abgelieferten Vorgeschichte kommt. Entweder steht sie in seinem Gesicht geschrieben oder in seinen Worten. Die erste Reaktion muß immer

Der Ton macht die Musik. Der Blick macht die Qualität des Satzes; die Aufrichtigkeit wird durch das Sprechtempo, durch den Blickkontakt und durch die interessierte Haltung des Fragers bestimmt. Tonfall und Gestik können eingeübt werden.

Zuwendung sein, Interesse, Anteilnahme. »Oh, das tut mir aber leid« – ein Satz, der Offenheit anzeigt, Zuhörbereitschaft signalisiert. Das gilt auch bei verfahrenen Telephonaten, die zum drittenmal bei der Zentrale enden oder die gewünschte Auskunft nicht gebracht haben. Lassen Sie sich nicht von der Stimmung des Kunden anstecken! lautet der wichtigste Übungshinweis. Aber wie macht man das? Der Kunde ist gereizt. Man fühlt sich unschuldig. Schon mit dieser Feststellung ist der Dienstleister auf dem Holzweg. Am besten denkt er über die Schuldfrage gar nicht nach, solange sie nicht zur Rettung der Situation – des Kunden, nicht der eigenen! – beiträgt.

Vom Kunden aus denken und fühlen! lautet die Kardinalforderung für alle Dienstleistungsdialoge. Damit ist die häufigste Reaktion deutscher Dienstleister und ihrer Mitarbeiter reif zum Abräumen: die Defensive. Da Angriff die beste Verteidigung ist, geht der Dienstleister zum Angriff über, um den klagenden oder verwirrten Kunden zu erschrecken. Die Haltung, um die es geht im Zentrum der neuen Kataloge für Dienstleistungstraining, heißt Empathie. Vom Kunden aus sehen und fühlen, vom Kunden aus urteilen, vom Kunden aus Lösungen suchen. Zum Training müßte also auch die rasche Ermittlung der Signale gehören, mit denen der Kunde andeutet, wie er sich fühlt.

Neben den Fragezeichen sind die Konjunktive wiederzubeleben. »Könnte ich? – Dürfte ich?« – »Könnten Sie mir vielleicht ...?« – Dazu ein klassisches Beispiel. Am Zoll, beim Einwohnermeldeamt oder im Postamt, beim Check-in oder wo auch immer, heißt es in Deutschland mit Kommissarstimme: »Und jetzt brauch ich noch Ihren Paß (Ihre Paßphotos, die Paketkarte, den Zettel, et cetera ...)!« Das Signal ist eindeutig – und es verstimmt: »Ich brauche.« Das Unternehmen arbeitet für den eigenen Nutzen. Gegen den Kunden – denn wenn er über das Geforderte nicht verfügt, muß er unverrichteterdinge gehen. Abgeblitzt, Kunde. Pech gehabt. Du bist der Dumme. Mit all diesen zornigen Gedanken – und einem gehörigen Zeitverlust – geht er von dannen. Der gleiche Dialog in der Schweiz: »Hätten Sie vielleicht Ihren Paß?« – »Und jetzt können Sie draußen in der Kabine noch ein paar Paßphotos machen – sind Sie so gut?« – »Hier müssen wir jetzt noch einen Zetteli ausfüllen, soll ich das für Sie tun?« – Der Kunde wird auf- statt abgewertet, er erfährt Hilfe statt Demütigung; er lernt etwas, ohne sich geschulmeistert zu fühlen.

Dienstleistungskultur ist die Kultur des Interesses. Wie gelingt es mir, muß in den Trainings gefragt werden, mich wirklich für meinen Kunden, der dies vielleicht nur 2 Sekunden ist – zwei Sekunden, in denen unzählige Signale hin- und hergehen –, zu interessieren? Um zum spielerisch genutzten Repertoire zu werden, müssen die Fragesätze und Empathiesignale tatsächlich wie ein Set von Spielregeln eingeübt werden. Auch das Tempo der Situationseinschätzung spielt dabei eine Rolle. Und die Rückkehr zur Spielfreude bei kulturellen Konventionen ist ja unumgänglich, wenn Dienstleisterqualität zum Großprogramm wird.

Rituale haben Spielcharakter, das habe ich weiter oben erörtert (vg. Teil VI); zu ihrem Gelingen gehört das Spielvergnügen. Zum Spiel gehört der Spielerfolg. Was in den Trainings nicht fehlen darf, ist das Erfolgsglück: einen Kunden umgestimmt zu haben, ein Mienenspiel aufgehellt, einen Dialog zu einem heiteren Ende geführt zu haben, das ist Erfolgsglück für Dienstleister. Zugleich sind solche »Glücksfälle« ein Controlling für die Eignung der trainierenden Mitarbeiter: Wem dieses Glück nichts bedeutet, der ist hier falsch.

Weitere Grundsätze für das neue Training folgen hier auf einer Skala, die zur Konzeption der Dienstleisterfibeln anregen mögen:

»Vom Kunden aus denken und fühlen«, lautet die Kardinalforderung für alle Dienstleistungsdialoge. Damit ist die häufigste Reaktion deutscher Dienstleister und ihrer Mitarbeiter reif zum Abräumen: die Defensive. Die Haltung, um die es geht, heißt Empathie.

- Dienstleistungskultur ist Kultur des Interesses!
- Sie ist die Hohe Schule der Kundenorientierung.
- Jedes Produkt hat nur Erfolg in der Kooperation. Die integrierte Dienstleistung macht den Produkterfolg überlegen vor dem Wettbewerber.
- Ziehen Sie den Kunden in das schöne Spiel der Empathie. Er wird Sie dafür durch Sympathie und Interesse belohnen.
- Lassen Sie den Kunden fühlen: Ohne ihn läuft hier nichts. Er ist erfolgsentscheidend, und Sie wissen das. Sein Wohlbefinden ist das Erfolgsziel des Unternehmens.
- Üben Sie die telephonische Begegnung! Vertreiben Sie jede Versuchung zu Imponiergehabe und Praepotenz! Sanktionieren Sie solche Entgleisungen! Schaffen Sie dem Kunden Controllermöglichkeiten!
- Lassen Sie, wenn das Training in den Grundzügen eingeübt ist, das Spontane wieder herein: Mitarbeiter sollen bei geglückter Begegnung Spielraum für Spontanimpulse erhalten – die den Kunden überraschen und sich einprägen: ihn ein paar Schritte begleiten, ihm eine Last abnehmen, ihm einen Weg auch durch Mitgehen zeigen, ihm einen kleinen Blick in die Funktionen des Unternehmens freigeben – durch zwei, drei »Insidersätze«, die Vertrauen schaffen.
- Mache ich öfter spontan etwas falsch oder spontan etwas richtig? wird sich jeder Kursteilnehmer fragen müssen. Wer mehr falsch als richtig macht, braucht die kurze Leine des Trainings. Wer nicht weiß, ob er mehr falsch oder richtig macht, braucht ein spezielles Training – und vielleicht einen anderen Arbeitsplatz.

Spielverderber:
Die Parasiten der Märkte

Kunden kennen ihren Wert. Sie lernen es, ihre Anbieter an die kurze Leine zu legen: die Leine ihrer unerwarteten Wünsche. Wer den Kunden von gestern kennt, erlebt heute seine Überraschungen. Er arbeitet sich hinein in die Wunschlage des Kunden – und glaubt sich morgen sicher. Aber der Kunde entwischt oder taucht völlig neu kostümiert wieder auf: Er hat sich weitergebildet, hat neue Freundschaften geschlossen, eine Reise gemacht – und gründlich umgeräumt in der Welt seiner Wünsche.

Nirgends wird er oder sie mit seinen oder ihren sprunghaften Kurswechseln so hofiert, so behutsam therapiert wie in den Märkten der neuen sensiblen Dienstleister. Bescheiden hört man den interessanten Zeitgenossen zu, bewundert ihre Flexibilität beim Umschreiben ihrer Ansprüche, kommt ihnen entgegen, stärkt ihr Selbstgefühl, fragt und lauscht und vermeidet jedes vorlaute Wort.

Als unsteter, schillernder Partner hat der Kunde eine große Chance, sich aufzuwerten – bei seinen Anbietern. Sogar Unarten werden ihm verziehen. Reklamationen, die willkürlich, dreist und abgekartet sind, werden von hochentwickelten Dienstleistern geduldig und zuvorkommend entgegengenommen. Der Kunde, so weiß der Anbieter, hat immer recht. Auch wenn er unverschämte Wünsche vorträgt, wird man ihn bei harscher Reaktion verlieren. Also demütigt man sich vor diesem Querulanten und Hitzkopf. Berechenbarkeit hat man vielleicht noch bei Kollegen, in Grenzen

Als unsteter, schillernder Partner hat der Kunde eine große Chance, sich aufzuwerten – bei seinen Anbietern. Sogar Unarten werden ihm verziehen. Reklamationen, die dreist und abgekartet sind, werden geduldig und zuvorkommend entgegengenommen.

auch beim Wettbewerber. Beim Kunden erwartet man sie nicht. Er fährt mit dem Rowdy-Ticket durch die Qualitätswirtschaft und weiß: Man wird ihn überall mit Samthandschuhen anfassen. Zu Hause lacht er über seinen jüngsten Streich: Produkt probiert, die Lust verloren, gleich zurückgebracht. Haha. Ein neues mitgenommen oder Geld kassiert. Dienstleistungskultur mißverstanden, ein rohes, rücksichtsloses Gesellschaftsspiel der Gruppen, die immer Fuß fassen, wenn Verbesserungen erreicht werden: Ausbeuter des kulturellen und sozialen Fortschritts.

Nun ist der rüde Kunde pflegliche Behandlung durch seine Marktpartner gewöhnt. Er hat sich schnell daran gewöhnt, daß aggressivem Auftreten eine lammfromme, defensive Reaktion entspricht. Er ist mit einem Freifahrschein für Regelbrüche unterwegs: die Regeln des Anstands und der Höflichkeit, der Aufmerksamkeit und Solidarität sind, so erlebt er, für ihn außer Kraft gesetzt. So ist das eben in der Geschäftswelt, erklärt er seinen Freunden, das Leben ist hart. Wer gewinnen will, muß angreifen.

Nun kann der Parasit der Dienstleistungskultur nicht auf zwei Sternen gleichzeitig leben. Wer kühl die Fristen ausschöpft, um Waren nur aus Überdruß zurückzubringen, wer die Attacke als die erfolgreichste Form der Dominanz erprobt hat, der trägt zur Dienstleistungskultur auch bei seinen Mitkunden nur die Parasitenrolle bei. Hier aber, wo Kunden mit Kunden, Bürger mit Bürgern konfrontiert sind, findet der Konsument von Dienstleistungstugenden anderer nicht die bereitwillige Unterordnung, die ihn bei seinen Anbietern verwöhnte. Während er hupend um einen nur mit dem Auge ausgesuchten Parkplatz kämpft, den ein Wettbewerber, Kunde wie er, eben ansteuert, während er später mit fordernder Miene aus einer Schlange in die andere springt, um den Postschalter früher zu erreichen als seine Mitbewerber, kehrt sich das Klima für alle diese Kunden plötzlich um. Unduldsamkeit und Roheit flackern plötzlich auch aus anderen Augen; Gemurmel entsteht, Ärger macht sich Luft, schnell ist es mehr als nur der Ärger über einen, der die Verabredung zur Geduld der Herde sprengt; jeder, der demütig mitspielte, fühlt sich mit einem Male dumm und töricht: Das kann ich auch, das denke ich schon lange, schießt es vielen durch den Kopf. So muß man eigentlich auftrumpfen, wird anderen klar, und unklarer Zorn auf den einen mischt sich mit Selbsthaß, der sich in hundert ähnlichen Ohnmachtserlebnissen an Großstadtampeln, Haltestellen, Supermarktkassen und Ämtern aufgestaut hat. Der dunkle Funke springt über. Beim Parkplatzkampf hupen nach wenigen Sekunden bereits drei Autos, Passanten ergreifen Partei und spornen die Haßpartner an. Jedem fällt etwas Ähnliches ein, und jeder ist auch erschrocken: Das sind wir, die friedliche Dienstleistungsgesellschaft, die von allen ihren Partnern soviel Sorgfalt erwartet. Der überbetreute Kunde schlägt über die Stränge, weil er nicht mehr unterscheiden kann, was er anderen schuldet, während er bedenken – und oft auch schrankenlos abruft, was andere ihm schulden.

Epidemisch wie die Unfreundlichkeit eines gereizten Mitspielers greift aber auch Freundlichkeit um sich, wo sie einer mobilisiert. Der unleidliche Angreifer peitscht freilich viel mehr Adrenalin in den Adern seiner Partner und Zeugen auf als der sanftmütige Sensible, der Platz macht, Hilfe anbietet, Vorsprünge an Bank- und Postschaltern und an Bushaltestellen heiter opfert. Er erntet eher verwunderte, ja zuweilen nicht ganz haßfreie Blicke. Der laute Frechling aber regt uns richtig auf, er steigert die innere Drehzahl aller Beteiligten, darum ist es schwerer, sich aus seiner »Ansteckung« ohne einen bewußten Ruck zu befreien – der obendrein noch Mut kostet, denn nichts erzürnt zornige Leute mehr als die Ruhe und Saftmut eines andern, der es sich herausnimmt, den Zuschauer zu spielen – und in der falschen Tonart einzugreifen. Er

Wer kühl die Fristen ausschöpft, um Waren nur aus Überdruß zurückzubringen, wer die Attacke als die erfolgreichste Form der Dominanz erprobt hat, der trägt zur Dienstleistungskultur auch bei seinen Mitkunden nur die Schmarotzer-Rolle bei.

ist der Spielverderber, und so uneinig sich die Streitenden vorher gewesen sein mögen, ihre Aggression trifft den, der sich ebendieser Stimmung nicht zu überlassen die Kraft hat, mit gebündelter Wucht.

Die hohen Schutzwälle, die Bürger zwischen sich gegen die Mentalität aufbauen, von der sie bei ihren Anbietern bedenkenlos und reichlich profitieren, lehren uns die Entfernung zur Dienstleistungskultur abzuschätzen, die wir noch zu überwinden haben.

Diese Distanz von der Dienstleistungsmentalität ist in Deutschland deutlich größer als in anderen Ländern. Freilich kann es sein, daß auch die Arbeit der Unternehmen an ihrer Dienstleistungskompetenz behindert wird durch den täglichen Beitrag zum Marktklima, den Kunden und Bürger leisten, die »Dienstleistung« für eine einseitige Verpflichtung ihrer Partner halten. Was dabei herauskommt, wenn Menschen die geforderte professionelle Tugend des einen für die unbefangene Entwicklung eigener Laster nutzen – Motto: Kunde entgleist, Anbieter belohnt ihn –, nimmt schon heute Gestalt an. Das neue Marktklima, von dem alle profitieren sollen, wird gegen solche Trends aber nicht durchsetzbar; daher müssen wir heute rechtzeitig das Mißverständnis aufklären, das überall dort herrscht, wo Menschen sich als Kunden Auftritte gestatten, die sie weder ihren Partnern zugestehen noch mit wirklichem Profit für sich selbst legitimieren können.

Nun wird schlagartig die Forsetzung eines alten Fehlers klar, der die Kunden von ihren Anbietern, jene von den Händlern und alle von den Herstellern trennte: Die Industriekultur der fetten Jahre entwarf alle Prozesse in strikter Aufgabenteilung. Keine Übergänge, keine Rotation, keine Flexibilität. Einmal Entwickler, immer Entwickler; einmal Verkäufer, immer Verkäufer; einmal Kunde, immer Kunde. Einmal Chef, immer Chef. Erfahrungsdefizite wurden so festgeschrieben. Jeder sicherte sein Terrain. Was man nicht kannte, mußte man nicht mitverantworten. Drinnen und draußen waren klar geschieden. An den Mauern zwischen den Kompetenzsplittern drinnen waren alle genauso interessiert wie an den Mauern nach außen. Draußen lebte der Kunde. Drinnen organisierte man in Arbeitsteilung und streng gegeneinander abgegrenzt seinen Nutzen. Den packte man ins Produkt. Das Produkt war der Auftritt. Die Mannschaft blieb drinnen auf ihren Plätzen, der Kunde draußen auf seinem. An den Rändern der Unternehmen gab es ein paar Leute, die kannten den Kunden näher. Sie waren den andern im Unternehmen dafür etwas ferner.

Seit nun die Mauern zu bröckeln und die Grenzen zu fließen begonnen haben, ist die Wirtschaft, mit dem Schub der Krise ausgestattet, auf den Kunden zugeeilt; Aufräumen im Inneren und Umschauen draußen verquicken sich in hoffnungsvoller Weise. Neue Strategien zeichnen bereits Strukturkreise neu. – Auch hier unterlaufen im Eifer Fehler: Man tut wieder, was im Besitz von Know-how leicht unterläuft: man innoviert die eigene Kompetenz, aber man unterschätzt die Kompetenz des Kunden. Mit erneuerter Dienstleistungssorgfalt geht man ihm zwar entgegen, hat folglich mehr Kontakt mit ihm, aber die Omnipotenz der anbietenden Partner beseelt die Unternehmen und den Handel immer noch: Sie rechnen nicht mit einem wirklich erwachsen gewordenen Kunden. Vielmehr läßt man ihm, in einem Mißverständnis von Dienstleistungsgesinnung, das folgenreich werden könnte, nun alle Freiheiten.

Der Kunde als der ungehobelte Querulant und unverfroren fordernde Reklamierer hat heute mehr Chancen als früher – während doch eigentlich eine ganz andere Entwicklung gemeint war: der Aufbruch aller in eine neue Kultur der Sorgfalt und des Vertrauens, der belastbaren Bündnisse. Statt der Allianz mit dem verantwortungsvollen Marktpartner, dem Kunden, pflegen viele Anbieter

Die Industriekultur der fetten Jahre entwarf alle Prozesse in strikter Aufgabenteilung. Einmal Entwickler, immer Entwickler; einmal Verkäufer, immer Verkäufer; einmal Kunde, immer Kunde. Einmal Chef, immer Chef.

unterdessen zähneknirschend ein unterschwellig dissonantes Verhältnis zu einem unbeherrschten und launischen Marktnomaden, der mit der alten Mentalität eines Absahners unterwegs ist, während er sich seiner neuen Chancen zu überzogenen Forderungen bewußt ist – statt die neue Gemeinsamkeit der Interessen im Prozeß von Geben und Nehmen zu begreifen. Sein Partner, der Lieferant und Anbieter, läßt ihn gewähren. Der Kunde als *enfant terrible* der Märkte nutzt vielerorts die Stunde der neuen unternehmerischen Markttugenden, um sich selbst von jeder Tugendbemühung im Marktprozeß zu verabschieden. Wo ein Partner des Geschehens, der unentbehrlich ist, so ausschert, haben immer auch die Mitspieler schuld. Spielmacher sind sie zwar nur noch bedingt, die Anbieter auf den Märkten, aber für das Marktklima sind sie genauso mitverantwortlich wie ihr undisziplinierter Bündnispartner, der unsolidarische Kunde.

Er lebt ein altes Geschehensmuster weiter, das sich in satten Zeiten soft, in Entschlackungsprozessen der Volkswirtschaft eher ungemütlich weiterentwickelt: das Prinzip der Interessenspaltung und der Konfrontation. Das kardinale Mißverständnis von Wettbewerb, das die »Konkurrenten« um Marktanteile vergessen läßt, daß sie in einem System zusammenlaufen (= lat. *concurrere*), hat auch das Bewußtsein ausgelöscht, daß alle gemeinsam, Unternehmen und Kunden, im Wettbewerb um Optimierung unterwegs sind. Optimierung der Produkte, der Auftritte, der Beziehungen. Und das heißt: des gesellschaftlichen Klimas, in dem sich Wettbewerb abspielt.

»Dienstleistungskultur« kann nicht delegiert werden an eine einzige Gruppe, die stellvertretend ihre Fähigkeiten perfektioniert, mit nachlässigen und unaufmerksamen Menschen im Markt umzugehen. Die Rechnung Tugend gegen Untugend geht immer zugunsten des Minus auf, hier schlägt Minus Plus, wie in der Mathematik. Wo sich gereizte Kunden um die Plätze in der Warteschlange streiten, da wird das Vertrauenserlebnis am Ende der Schlange nicht mehr als ein schwacher Trost für erlittenen Gefühlsstreß. Verstimmung dominiert; und der verstimmte Kunde fordert Leistungen, die er bei guter Laune gar nicht hätte brauchen können. Folgerichtig bleibt er unzufrieden, wenn man das Gewünschte geliefert hat.

Verstimmung im Markt: Besonders spürbar wird sie dort, wo Überzeugungen und Meinungen geliefert, vertreten und kommentiert werden, auf dem Markt der Politik. Turbulenzen auch auf den Ideenmärkten, wo der Rohstoff der Kultur für morgen umgeschlagen wird: Wie stark sie auf das Marktklima der Dienstleistungsgesellschaft einwirken, begreift jeder, der den Kern des neuen Verständigungsprozesses ins Auge faßt: die Einigung aller auf das Projekt des Wettbewerbs nicht um Vorteile, sondern um gute Lösungen, von denen alle nehmen können, wenn alle zu ihrem Entstehen etwas geben.

Der Kunde als »enfant terrible« der Märkte nutzt oft die neuen unternehmerischen Tugenden, um sich selbst von jeder Tugendbemühung zu verabschieden. Dienstleistungskultur kann jedoch nicht an eine einzige Gruppe delegiert werden.

Der Kunde als Beute – Defizite der deutschen Dienstleistungskultur

Unternehmenserfolg als Diktator über Kundenschicksale: das ist die tägliche Erfahrung der Menschen im Markt. Die Leitlegende, als sei irgend etwas gegen den Kunden zu holen, und nun gar Unternehmenserfolg, bestimmt das Auftreten der meisten Anbieter und ihrer Mitarbeiter im Markt. Am längsten halten sich auf diesem Irrweg die Monopolisten, deren Dienstleistung der Kunde nicht anderswo kaufen kann: die staatlichen Großbehörden des Nah- und Fernverkehrs, der Post, der Telekommunikation. Bis diese Saurier der Industriekultur ihre Freßgewohnheiten verändern, werden noch viele Jahre ins Land gehen. Der formale Akt der Privatisierung verändert ja nicht über Nacht den Geist der Unternehmen; das Personal ist nach anderen Gesetzen angetreten, als sie im freien Wettbewerb herrschen; der Qualitätssprung wird daher eher zur Ballonfahrt in die nächste Generation werden.

Behördenähnlich verhalten sich aber auch die Großanbieter der Privatwirtschaft. Die gigantischen Tempelanlagen der Supermärkte und Kaufhäuser diktieren die Rituale des Götterkultes im Lande des Mammon selbstbewußt. Der Kunde muß sich fügen. Er braucht nicht Fehler zu machen, um sich hier schlecht zu fühlen; er fühlt sich spätestens schlecht, wenn er an der Schlange zur Kasse landet. Ist ihm vorher nichts Einschüchterndes zugestoßen, so hat er gewaltig Glück gehabt. Während alle von Kundennähe reden, »bearbeiten« die meisten mächtigen Unternehmen »den Markt« wie ein anonymes Kampfszenario, das man sich vorsichtshalber gar nicht von Menschen besiedelt vorstellt. Da ist der Wettbewerber, den es zu überrunden oder abzudrängen gilt; ihn ahmt man eilig nach, wenn man eine seiner Aktionen für erfolgversprechend hält. Kundenverachtung spricht aus diesen Wettläufen mit Anbietertricks viel eher als Achtung: Läßt der Kunde sich auf Billigangebote ein, wird der Anbieter morgen behaupten, mit dem Qualitätsbewußtsein der Konsumenten sei es nicht weit her – nachdem er selbst den Qualitätswunsch der Kunden systematisch zerstört hat.

Die Quelle der verfehlten Kundenkontakte ist leicht zu finden: Da betritt einer die Riesenflächen eines Supermarktes, fährt mit Rolltreppen in entlegene Stockwerke, liest auf Hinweistafeln, wo ihn was erwartet, wird im Kreis geführt statt auf kürzestem Wege, muß an Warenbergen vorbei, die nicht sein Ziel sind, verfängt sich in ausgelegten Netzen von bellend gelben oder brüllend roten Tafeln mit Appellen und Zahlenwerk –; längst ist er nicht mehr einer oder eine, sondern er oder sie sieht sich zu Hunderten unterwegs, eingegliedert in ein System, seit Betreten der Erdgeschoßhalle, seit Einfahren in die Tiefgarage Objekt, das Ticket in der Tasche, längst nicht mehr souveräner Nutzer, sondern Opfer. Der Kunde akzeptiert's mit stiller Resignation; er fühlt die Solidarität mit all den andern, die in gleicher Lage sind; das übermächtige System hat sie alle verschluckt, und daß es mächtiger ist als alle Kunden, teilt sich umstandslos mit.

Die erste klare, gültige Botschaft ist diese: Hier herrscht nicht er, der Kunde, oder sie, die Kundin, sondern hier herrscht das anbietende System. Die Kaufhäuser und Supermärkte, Möbelhäuser und Gartencenter spiegeln hier nicht nur den Zwang zur Größe, den der Kunde setzt; sie spiegeln auch, ungewollt aufrichtig, das Managementkonzept ihrer Führungsriegen. Es lautet: Der Kunde ist die Beute. Er wird gefangen, vereinnahmt, gegängelt und ver-

Die gigantischen Tempelanlagen der Einkaufszentren diktieren die Rituale des Götterkultes im Lande des Mammon selbstbewußt: Hier herrschen nicht Kunde oder Kundin, sondern hier herrscht das anbietende System. Der Kunde muß sich fügen.

führt nach allen Regeln der Kunst. Die Unternehmensstrategie, die dahintersteht, rollt die Welt nicht aus der Perspektive des Kunden, sondern aus dem Blickwinkel des Anbieters auf. Praepotent, maßt er sich an, die Welt des Kunden zu ordnen, noch ehe der Kunde sich entschieden hat. Autoritär, zerstreut er die klare Wunschvorstellung des Kunden durch streßreiche Ablenkungen, zerstört dessen Zeitmanagement, senkt seine Stimmung und hilft ihm so, den mitgebrachten Wunsch unter solchem Druck als verzichtbar einzustufen: der Kunde geht. Was bei ihm haftenbleibt, ist das Erlebnis, Zeit und Kraft vertan zu haben, vom geplanten Erlebnis durch anonyme Zwänge abgelenkt worden zu sein. Hat er versagt? – Er wird die Stätte seines Mißerfolgs so schnell nicht wieder aufsuchen.

Daß Unternehmen die Kundenwelt aus ihrer statt aus seiner Perspektive aufrollen, konnte auch bei den großen Rechtfertigungsdebatten mit Presse und Öffentlichkeit im Falle von Firmenpleiten und Bankenverlusten während der Krisenserie des Jahres 1994 beobachtet werden. Da argumentieren stolze Vorstände und Geschäftsleitungen mit dem eigenen Budget und der eigenen Bilanz; sie bagatellisieren Verluste mit Hinweis auf die eigene stolze Umsatzrate – und vergessen, wie sich ihr Problem, das sie gerade kleinreden, im Auge des Kunden spiegelt. Da er es ist, der die Gehälter im Unternehmen zahlt, darf sein Interesse nicht verwundern.

Solange Kundennähe nur die Ausbeutung seiner Schwächen bedeutet, sind wir vom Dienstleistungszeitalter weit entfernt. Solange Kunden mehr vom Firmenritual übernehmen müssen, wenn sie Kontakt mit Anbietern suchen, als der Anbieter von ihrer Weltsicht übernimmt, kommt die Bindungsgeschichte nicht ins Gleichgewicht. Es bleibt ein Herrschaftsverhältnis, das den Kunden zum Bittsteller oder gehorsamen Vollstrecker von Firmenritualen macht – ein Zustand, für den der Kunde sich bei der ersten Gelegenheit durch Unerbittlichkeit rächen wird, wenn er den dominanten Partner bei einem kleinen Fehler erwischt. Ob es ihm gut bekommt, wenn er nun auftrumpft, das hängt von seiner Furchtlosigkeit und seinem Zeitbudget ab; denn der Große spielt mit wenig Mitteln das Konzept der Kundenermüdung durch, an dem die meisten ungeübten Kunden scheitern.

Wer dem Kunden im Supermarkt, am Post- oder Bahnschalter begegnet, wer ihm im Möbel- oder Warenhaus Antworten auf seine Fragen gibt, das ist ja nun keineswegs die Unternehmensführung, sondern es sind die Außenposten des Unternehmens: Verkäufer und Verkäuferinnen, Angestellte, die den Giganten im Rücken haben und den Kunden als ohnmächtige Figur in einem Dschungel erleben, den sie selbst als parzelliertes Puzzle im Kopf tragen. Sie agieren im Bewußtsein eines Vorsprungs. Was sie von ihrem Wissen abgeben, entscheidet sich von Kunde zu Kunde. Macht will ausgespielt sein. Wann schaut man auf, wie flüchtig? Wohin schaut man bei einer – wie tonlosen – Antwort? Natürlich hängt das auch von der Tagesform ab, vom Abteilungsklima, von der Hör- oder Sichtweite des Vorgesetzten und vom Anblick und Auftreten des Kunden.

Die ganze Kette der Faktoren für die Kontaktqualität mit diesem Außenposten des mächtigen Unternehmens entspricht einer Kette von Versäumnissen bei der Führung. Die pflegt zu klagen: Wir bekommen keine guten Mitarbeiter mehr! – und bestätigt durch das *Laissez-faire* bei der Kundenbegegnung, durch das Fehlen klarer Standards und konzentrierter Trainings, wie gering sie den Wert ihrer Mitarbeiter ansetzt.

Eines ist deutlich: Die Rituale der mächtigen Anbieter, die Ohnmacht beim Kunden garantieren, müssen umgedreht werden. Hätte der Irrtum System, so wäre es dies: den Kunden nicht entdecken zu lassen, daß er es ist, der die Macht hat. Er ist dabei, dies zu ent-

Solange Kundennähe die rücksichtslose Ausbeutung von Schwächen bedeutet, ist das Dienstleistungszeitalter weit entfernt. Der Kunde wird zum Bittsteller – ein Zustand, für den er sich dann bei der ersten Gelegenheit durch Unerbittlichkeit rächen wird.

Die Hauptgleichung des Mißerfolgs:
Der Kunde als Beute

Die Dienstleistungsära setzt Lehren der Industriekultur außer Kraft:

- Die Ohnmacht des Kunden als Erfolgsgrundlage
- Mitarbeiter als Vollstrecker von Führungswillen

Folge: Der Mitarbeiter läßt den Kunden für Führungsfehler büßen:
- Der ohnmächtige Mitarbeiter zeigt dem Kunden seine Macht

Variante 1: Der Triumph über den Kunden als tägliches Etappenziel frustrierter Mitarbeiter

Variante 2: Der unzufriedene Mitarbeiter macht den Kunden zum Komplizen gegen die Führung

Ergebnis in beiden Fällen: Der Kunde bricht die Beziehung ab.

Der Kunde hat begonnen, seine Macht auszuspielen.

decken. Und er wird die Märkte der neunziger Jahre aus seiner, der Kundensicht, aufrollen. Die Zahl der Wettbewerber um seine Gunst ist groß genug geworden; die Qualität der Produkte ist breit genug gestreut; nun kann er fordern. Wenn überhaupt Dienstleistungsklima gelingt, dann nur, weil der Kunde beginnt, seine eigene Macht vor den »übermächtigen« Anbietern zu begreifen.

Der autoritäre »Behördengeist« verdirbt die Kundenbeziehung nicht nur bei Monopolisten, wenn auch dort besonders gründlich. »Behördenmentalität« greift augenblicklich um sich, wenn Mitarbeiter ihre Führung nicht mehr kennen, Entscheidungswege undurchsichtig werden, so daß Willkür häufiger scheint als gelenktes Handeln. Augenblicklich fühlt der Mitarbeiter, der dies erlebt, sich selbst zur Willkür ermächtigt. Er gibt Druck weiter – und zwar dorthin, wo er keine Sanktionen für die eigene Laufbahn fürchtet – und wo er todsichere Resonanz hat: beim interessierten Dialogpartner, dem Kunden.

Der Kunde will etwas, genau das ist der Ansatzpunkt für Rituale der Macht. Wer die eigene Führung als übermächtig erlebt, wird sich dem Kunden immer nur in einem Machtverhältnis zuwenden – das heißt mit Gesten der Überlegenheit, unter Vorbehalt von Herrschaftswissen, praepotent. Endlich hat er einen Vorsprung – der ihm im Unternehmen auf Lebenszeit verweigert wird. Der Kunde wird instrumentalisiert für dieses Erlebnis. Gibt dieser nach, läßt sich der Mitarbeiter auch zu Schauergeschichten über die Führung verleiten; er vertraut dem Kunden »Insiderwissen« an, beweist Unabhängigkeit von dem System, das ihn knechtet, und knüpft ein Vertrauensband, das mit den angestrebten Dienstleistungstugenden nichts mehr gemeinsam hat: als konspirativer Partner des Kunden kommt der frustrierte Mitarbeiter auf seine Kosten. Wenn trotzdem die Kasse klingelt, hat die Führung Glück gehabt – aber nur dieses eine Mal.

Wenn Mitarbeiter ihre Führung nicht mehr kennen, Entscheidungswege undurchsichtig werden, Willkür häufiger scheint als gelenktes Handeln, greift autoritäre »Behördenmentalität« rasch um sich – und verdirbt die Kundenbeziehung.

Die Deutschen gehen in das Dienstleistungsjahrzehnt mit denkbar schlechten Karten – das ist das eine. Sie sind schlechter präpariert; das wäre zu reparieren. Was bedenklicher ist: Sie möchten sich an einem globalen Trend vorbeimogeln und sind immer noch nicht bereit, den Zusammenhang zwischen Produkterfolg und Dienstleistung als so brisant anzuerkennen wie er ist: kein Produkt mehr ohne integrierte Dienstleistung, lautet die Devise der neunziger Jahre.

Deutschland aber verharrt in der Eisenzeit. »Made in Germany«, die Delegation aller Erfolge ans Produkt, dominiert immer noch das deutsche Denken. Dienstleistung »made in Germany« gibt es nur in Pioniernischen und bei den Großkonzernen für Topkunden. Das bedeutet: Dienstleistung gibt es in Deutschland nur gegen Aufpreis. Klingende Münze oder ein stattliches Einkaufsbudget machen den Kunden etwas mächtiger – aber wie gesagt, das Eintrittsbillett ins Dienstleistungsparadies ist teuer. Dem »Normalkunden« kommt niemand entgegen, er muß sich selbst durchkämpfen – von einer patzigen Antwort zur nächsten, von einer gelangweilten Verkäufermiene zur anderen. Folgerichtig unterlaufen ihm jetzt Fehler: Ganz auf sich gestellt, schaut er nicht nach der Größe des eingekauften Sonderangebotes. Kaum zu Hause, bemerkt er seinen Fehler, kehrt zurück – und wird belehrt: Sonderangebote – ein strenger Finger weist auf die entsprechende Gebotstafel – werden nicht umgetauscht. Dem Kunden bleibt der Einwand, niemand habe ihn beraten, im Halse stecken. Brächte er ihn vor, hätte die Verkäuferin die nächste Formel zum Punktgewinn auch schon parat: Sonderangebote mit Bedienung wären keine Sonderangebote mehr. Also wandert Hans im Glück mit seinem billigen, untragbaren T-Shirt traurig nach Hause. Zorn gegen den Anbieter keimt auf: Eigentlich wollte er gar nichts kaufen – nun hat er Geld ausgegeben und noch nicht einmal etwas Brauchbares dafür bekommen.

Die Sackgassen für den Kunden sind zahlreich. Jeden Tag scheitert er an der Sklavengesinnung derer, die sich geknechtet fühlen und ihn, den Kunden, deshalb knechten. Jeden Tag trifft er auf Leute, die sich hinter Firmenritualen vor ihm verstecken: »Tja, ich habe meine Anweisungen«; ... dagegen bist du ein ganz kleiner Wicht, geht der Satz ungehört weiter. Täglich auch muß der kleine Normalmichel für alle potentiellen Betrüger durch hochsensible Schleusen der Datensicherheit kriechen, um an sein Eigentum heranzukommen: Geld zum Beispiel. Geht er in der Kleinstadt X zu einer Filiale seiner Bank, um etwas Reisegeld nachzufüllen, dann setzt das junge Mädchen dort unter kritischen Blicken zwischen dem für ihn unsichtbaren Computerschirm und seinem noch erwartungsvollen, bald aber verängstigten Antlitz einen Datenprozeß in Gang, der vor dieser Kleinstadtblüte von 20 Jahren die kompletten Kontostände des unbekannten Kunden aufleuchten läßt. Die Großbank hat ihr System perfektioniert – zu seinem Schutz, erfährt er später daheim bei seiner Rückfrage. Zu seinem Schutz? Aber er hat sich ganz im Gegenteil ziemlich preisgegeben gefühlt bei der Erfahrung, daß nun jeder beliebige Bankangestellte seine Finanzlage röntgen kann.

Big Brother's watching you, denkt der Kunde kopfschüttelnd, und das Vertrauensverhältnis, mit dem seine Bank wirbt, erscheint ihm plötzlich als Farce. Die deutsche Dienstleistungsszene krankt an Handicaps, die den Umgang der Deutschen mit sich selbst generell belasten. Da ist die Obrigkeitshörigkeit, der autoritäre Charakter besonders häufig, einer, der sich duckt, weil er geduckt wurde, und andere duckt, um sich zu recken, wie es seine Vorgesetzten ihm gegenüber tun. Wer als Mitarbeiter den Kunden mit Rechthaberei distanziert, hat vom Dienstleistungsdialog nichts begriffen. – Hat er ihn überhaupt irgendwo gelernt? Die deutsche Fibel für Dienstleister ist noch nicht geschrieben – dies kann kein Zufall sein. Das

Die deutsche Dienstleistungs-Szene krankt an Handicaps, die den Umgang der Deutschen mit sich selbst generell belasten: Obrigkeitshörige und gleichzeitig autoritäre Charakterzüge. Einer duckt sich, weil er geduckt wurde, und duckt wieder andere.

Befehlen und Gehorchen liegt den Deutschen näher; für Dienstleistungsbeziehungen ist es tödlich – auch wenn viele Manager glauben, sie könnten das Gehorchen »einzäunen« – als eine Mitarbeitertugend für »drinnen« – und dieselben Mitarbeiter »anweisen«, draußen liebenswürdig und zuvorkommend zu agieren.

Tritt der Dienstleister nicht als Rechthaber auf, so als Rechtfertiger: Er reagiert auf jede Nachfrage mit aufwendiger Selbstverteidigung, die den Kunden zerknirschen soll. Den Dienst, den er anderen leisten soll, leistet der kämpferische Angestellte immer nur sich selbst. Offensiv geht er in Deckung. Entweder hinter seiner Firma oder hinter den Umständen und Regeln oder hinter dem eigenen Defizit an Hochachtung von seiten seiner Führung. Gesamtziel all dieser Defensivakte: den Kunden zurückschlagen; den Kunden ins Unrecht setzen; den Kunden kleinmachen, um selbst wenigstens minutenlang zu triumphieren.

Der Triumph über den Kunden als tägliches Etappenziel frustrierter Mitarbeiter – gründlicher kann Dienstleistungskultur gar nicht mißlingen. Und die Topmanager? Liegt ihnen die Dienstleistungskompetenz ihrer Unternehmen wirklich nahe genug an ihrem kühlen, strategisch arbeitenden Herzen? Oder eher als Mühlstein darauf? Was Mitarbeiter nach draußen bringen, ist ja immer nur ein Nachklang der Führungsmelodie. Daß die ein Hohelied der innovativen Kundenbeziehung wäre, kann man nur von ganz wenigen Unternehmen in Deutschland behaupten.

Grundsätzlich ist der Kunde bei uns eher Diener als Herrscher; er muß sich anpassen, einordnen und Geduld haben; seine Gesprächspartner bei den großen Dienstleistern – Fluglinien, Post, Bahn und alle staatlichen Behörden – demütigen ihn durch Dominanzverhalten: wenig Worte, stummes Fingern in Formularen, abweisende Sätze statt freundlicher Fragen; Feststellungen statt klärender Umschreibungen regieren den Dialog. Wer diesen

»führt«, muß klar bleiben: der Dienstleister, nicht der Kunde. Wer zuviel fragt, wird knapper gehalten. Wer Einwände macht, wird abgespeist. Wer Sonderwünsche hat, wird zurechtgewiesen. Das ganze Geschehen scheint auf den Erfolg der Angestellten ausgerichtet, die den Kunden domestizieren und »erziehen« wollen. Regelwerke, auf die der Dienstleister sich kühl bezieht, weisen den Kunden in die Schranken. Sein Grundgefühl an einem Tag mit vielen Dienstleisterkontakten ist Ohnmacht.

Nach dem Hermelin des sagenhaften »Königs«, der er nie sein wollte, greift der verängstigte Kunde ja gar nicht; er möchte eigentlich nur freundliche Begegnungen, guten Rat, ein Lächeln. Statt dessen sieht er sich mit Agenten einer Apparatur konfrontiert, die ihm als Gesprächspartner offenkundig gar nicht begegnen wollen, sondern sich nur als Funktion verstehen – und zwar als mächtige. Springt einmal einer heraus aus diesem Apparatschikeinerlei, durchrieselt ein Glücksgefühl den Kunden: Für Stunden fühlt er sich besser.

Im Schutze der modernen Telekommunikation hat sich ein neues Geschlecht von Riesen entwickelt. Es sind die Telephonriesen, die den Kunden nur akustisch dirigieren, abfertigen, reglementieren. Zum Beispiel jene Auskunftsdamen und -herren, die den Kunden alsbald auf der Unkenntnis des professionellen Buchstabierens ertappen: »Mit Zeppelin oder Theodor Zeppelin?« kommt die schnippische Rückfrage, nachdem der Frager einen Namen genannt hat. Verwirrt antwortet der Kunde: »Nein, Watzke –« – Nun kommt es schon ungeduldiger und mit erhobener Stimme zurück: »Ja ich frage doch: mit Zeppelin oder Theodor Zeppelin?« – »Mit Tatort«, sagt der Kunde, wenn ihn der Teufel reitet. Macht er dies in Deutschland, hängt sein Dienstleister ihn nun einfach ab. Ganz anders liefe dieser Dialog in der Schweiz, in Schweden oder Österreich, in England oder USA, Italien – oder gar überall?

Der Triumph über den Kunden als tägliches Etappenziel – gründlicher kann Dienstleistungskultur gar nicht mißlingen. Dabei möchte der verängstigte Kunde eigentlich nur einen guten Rat, ein Lächeln. Statt dessen wird er eingeschüchtert.

Warum spielen sich fremde Menschen gegenüber anderen am Telephon so auf? Zumal, wenn sie von Kunden zu genau der Leistung gebeten sind, für die sie eingestellt wurden und bezahlt werden? Sie ist ein deutsches Sondermodell, die Telephon-Unfreundlichkeit, mit der die Dienste der Telekom und viele Firmenzentralen den Kunden an seine Ohnmacht erinnern. Was er sucht, kann er nur mit Hilfe der angerufenen Vermittler oder Auskunftgeber erlangen. Also wird er sich Mühe geben. Man darf ihn schlechte Laune spüren lassen, darf ihn karg und unbeteiligt abfertigen, sein »Danke« durch Auflegen abschneiden. Aber warum sucht nicht auch der Dienstleister am anderen Ende der Leitung eine geglückte akustische Begegnung? Offenbar doch, weil er oder sie in einem Klima lebt, in dem Selbstbehauptung mehr zählt als Partnerschaft. Wo das Modell gilt: »Du oder ich.« Wo also die Formel für Erfolg überhaupt nicht begriffen ist. Denn die lautet: Nicht der Mißerfolg anderer macht uns erfolgreicher, sondern der Erfolgspartner anderer zu sein macht erfolgreich.

Von einem geglückten Einstieg in die Dienstleistungskultur sind die Deutschen noch weit entfernt. Vielleicht »liegt uns das nicht«, nur: Erspart wird es uns nicht bleiben. Einstweilen ist der Streifzug durch die deutsche Dienstleistungslandschaft immer noch einer, bei dem Kunden das Lachen, das sie mitgenommen haben, vergeht.

Warum gerade dies, das verlorene Lachen, so unentbehrlich ist, davon muß ein eigenes Kapitel sprechen. Hier folgt es.

Lächeln Sie mal wieder!

Endlich ist es da, das unwiderstehliche Argument für die Dienstleistungskultur: Lächeln macht fit! – Also nicht nur fröhlich und nicht nur andere froh, sondern den Lächler selbst. Siebzehn Muskeln mobilisieren wir, um zu lächeln – für eine zornige Miene brauchen wir 43! Wer böse aussehen will, muß sich also mehr Mühe geben – und genau das will er ja auch: Aggressionen loswerden. Das Lächeln dagegen, die sanfte Okkupation des Gegenübers, schickt für den Lächler selbst eine Kettenreaktion ins Gehirn, die stimulierend wirkt: Während um Mund und Augen Muskeln zusammenspielen, um die Signale der Heiterkeit auf das Gesicht des Lächelnden zu zeichnen, geht nicht nur diese Botschaft zum Gegenüber, sondern auch ins eigene Gehirn, wo intensivere Durchblutung in der linken Hälfte zu Glücksgefühlen führt. Die linke Hälfte ist der Sitz der Emotionen (beim Linkshänder die rechte!). Selbst das trainierte, eben das »Dienstleistungslächeln«, löst diesen Effekt aus; es macht also den zur Freundlichkeit Entschlossenen tatsächlich freundlicher – und stimmt das Gegenüber positiv ein.

Das Lächeln, als Willkommenssignal von Check-in-Schaltern dem nahenden Kunden entgegengeschickt, ist die einladende Botschaft, daß *Goodwill* und Dienstbereitschaft den Kunden erwarten. Zuviel für deutschen Angestelltenstolz? An Schweizer oder skandinavischen Countern entsteht im Gegenteil der Eindruck, daß die heitere und verbindliche Umgangsform beide ehrt, den Anbieter und den Kunden.

Lächeln macht fit! Also nicht nur fröhlich und nicht nur andere froh, sondern den Lächler selbst. Siebzehn Muskeln mobilisieren wir, um zu lächeln – für eine zornige Miene brauchen wir 43! Wer böse aussehen will, muß sich also weitaus mehr Mühe geben.

Selbst der Versuch, freundlich aufzutreten, reicht als Startsignal für den Heiterkeitsprozeß in der linken Gehirnhälfte. Dienstleister können also durchaus ein Training im klimabildenden Lächeln anbieten, das sowohl den Mitarbeitern als auch ihren Kunden ausschließlich positive, ja sogar gesundheitsfördernde Affekte verspricht. Aus ist es mit der bei Mitarbeitern beliebten Beschwerde, man könne schließlich nicht zum Lächeln gezwungen werden. »Tun Sie sich selbst den Gefallen«, kann jetzt der Werksarzt sagen, »lächeln Sie mal wieder. Es wird Ihnen danach bessergehen.«

Der amerikanische Psychologe Paul Ekman hat mit diesem Ergebnis eines der wichtigsten Instrumente künftiger Dienstleistungskulturen freigegeben zum legitimen Gebrauch: Wer nicht lächeln will, weiß künftig, daß er sich selbst schadet – ganz handfest, nicht erst mittelbar über das schlechte *Feedback,* das finsterblickende Leute von ihren Mitmenschen erhalten.

Wie aber steht es mit dem lächelnden Topmanager? Ist er die Zentralfigur der Zukunft, oder wird die logiklastige Gehirntätigkeit, der er sich verschrieben hat, durch solche Durchblutungsschübe eher behindert? Die Gewohnheit, bedeutende Leute auf wichtigen Kommandoplätzen eher ernst zu erleben, hat tiefe Spuren auch in der Erwartung der Umwelt an solche Spitzenleute gezeichnet. Der ernsthaft blickende Topmanager reagiert also auch auf eine Erwartung seiner Mitmenschen, wenn er meist ohne übertriebene Heiterkeit in die Runde blickt. Freilich tut er das in Deutschland mit mehr Effekt als etwa in England oder den USA; der strahlende Manager ist eine Leitfigur, die erst ganz zögernd auf dem europäischen Kontinent auftritt. Von Einzelfiguren abgesehen – etwa Helmut Werner bei Daimler-Benz –, halten deutsche Spitzenmanager das Lachen offenbar für eine sehr private Gefühlsäußerung; sie reservieren es für die »andere Wirklichkeit« jenseits des Business – so jedenfalls hofft der besorgte Beobachter, denn wie wir nun wissen, nähmen sie bei Totalverzicht auf das Lachen Schaden an ihrer Gesundheit. Dennoch könnte das den Mitarbeitern vorenthaltene Lachen der Führung ein wichtiger Schlüssel zu deren Auftreten beim inneren und äußeren Kunden sein.

Lachen manche Führungskräfte selten, weil sie nicht wissen, wie reich gefächert die Botschaften des Lächelnden sind? Er wirkt souverän, locker, überlegen. Er signalisiert Abstand, und damit Humor. Er zeigt, daß er nicht durch finstere Mienen imponieren muß. Überhaupt ist Imponiergehabe mit Gelächter nicht durchzuhalten. Zumal: Das Lächeln, ob spöttisch oder geringschätzig, straft den, der niemals lacht, empfindlicher, als es Worte könnten. Auslachen und Anlachen sind Varianten, mit denen zwei gegensätzliche Welten zitiert aufstehen: Verachtung und Schadenfreude lachen; Wohlgefallen und Sympathie lachen ebenfalls – und beide Welten brauchen keine Worte, um ganz verstanden zu werden.

Was aber das Lächeln in den menschlichen Beziehungen auch jenseits der Märkte leistet, macht seine Rolle für Grundvertrauen und Lebenslust deutlich: das lächelnde Gesicht der Mutter ermuntert Babys, nicht nur heiter, sondern auch neugierig ihre Umgebung zu erkunden. Lächeln ermutigt – das gilt auch zwischen Erwachsenen, die sich im Gewimmel der Straßen und Kaufhäuser begegnen. Ein Lächeln kann heißen: Bitte, überqueren Sie doch die Straße; ich warte. Es kann signalisieren: »Ich mache Platz, kommen Sie ruhig näher.« Es schickt stumme Signale der Zustimmung, des *Goodwill* zu einem fremden Gesicht – und zündet dort ein Lächeln an. Schwer, auf ein Lächeln nicht mit einem Lächeln zu antworten. Nur ernste Gründe können solche Verweigerung rechtfertigen. Ein Lächeln zu »kassieren« ohne Gegengabe ist höchst ungewöhnlich – und es fällt schwer. Spontan steigt die adäquate Antwort, das Lächeln, auf, wenn jemand uns anlächelt. Lächeln also ist unwiderstehlich und ansteckend. Kann es einfacher sein,

Lachen manche Führungskräfte selten, weil sie nicht wissen, wie reich gefächert die Botschaften des Lächelns sind? Wer lächelt, wirkt souverän, locker, überlegen. Er signalisiert Abstand und damit Humor. Er muß nicht durch finstere Mienen imponieren.

Stärken Sie Ihre Immunabwehr durch ein freundliches Lächeln

Gegen die Legende, überlegene Menschen müßten ernst sein:

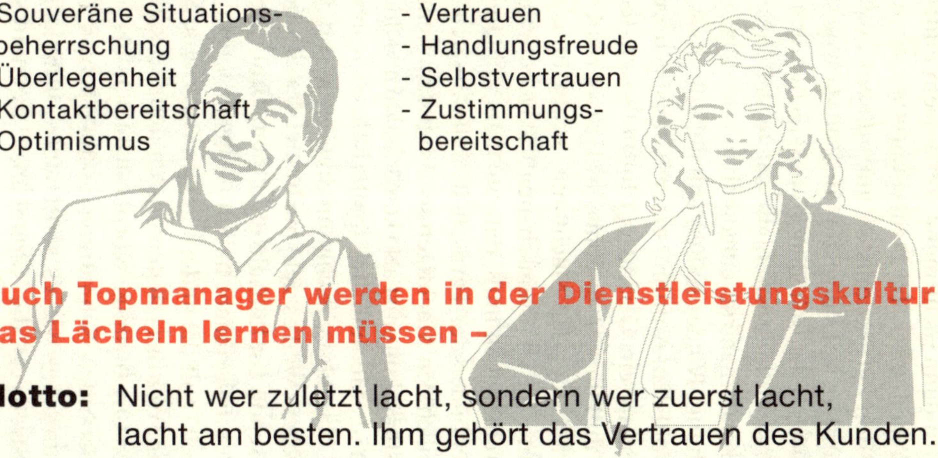

Lächeln signalisiert:

- Souveräne Situations-beherrschung
- Überlegenheit
- Kontaktbereitschaft
- Optimismus

Lächeln stimuliert:

- Vertrauen
- Handlungsfreude
- Selbstvertrauen
- Zustimmungs-bereitschaft

Auch Topmanager werden in der Dienstleistungskultur das Lächeln lernen müssen –

Motto: Nicht wer zuletzt lacht, sondern wer zuerst lacht, lacht am besten. Ihm gehört das Vertrauen des Kunden.

einen Dienstleisterkontakt auf ein Gleis des Gelingens zu stellen? Warum wird dann nicht mehr von diesem einfachsten aller Mittel Gebrauch gemacht? In Deutschland wohl, weil »erzwungenes Lächeln« den Perfektionisten unzumutbar erschien. Ob sie mehr lächeln werden, seit sie wissen, daß sie mit der Verweigerung eines Lächelns sich selbst schädigen – und nicht nur den andern?

Wie tief sich die ernste Figur des Rudelführers oder Topmannes schon in Kindergehirne eingegraben hat, zeigt eine amerikanische Untersuchung: Kinder sollten anhand von Photos erraten, welches Gesicht wohl dem Anführer einer Gruppe gehöre. Die meisten Kinder zeigten auf ein Gesicht mit finster gesenkten Brauen. Spiegelt sich darin ihr Führungserlebnis, ihr Erzieherbild? Oder haben schon sie die Erfahrung, daß Macht am ehesten behauptet werden kann, wenn Leute finster dreinschauen? Daß, wer andere distanzieren will, so dreinblicken muß, daß sie Abstand halten? Die Handlungs- und Rollenbilder der Fernseh-Trickfilme und Comics, der Videos zeigen freilich den Mächtigen so: mit zusammengezogenen Brauen. Dienstleistungskultur ist also keine Erfahrung der Kinderzimmer.

Lachen als Medium: Im spielerischen Geschehen, auf den Parties und Cocktailgesellschaften drehen sich alle Köpfe nach einem hellen Lachen, weil es sich immer aus dem Stimmengewirr abhebt. Oft zieht schon ein Lächeln über die Gesichter der andern, ehe sie den Lacher ausgemacht haben – Lachen weckt Lachen. Wer lacht oder lächelt, holt die andern in sein Boot, dessen Segel auf Heiterkeit stehen. Wer das Lachen pflegt, sorgt für Anschlußeffekte auch im eigenen Organismus: Körpereigene Opiate werden ausgeschüttet, sie betäuben Schmerzen und versetzen den Lachenden in Hochstimmung – wie es sonst die sportliche Höchstleistung tut oder der Streß (vgl. die Kapitel über Streß und Sport Seiten 262 ff., 299 ff.). Konflikte werden entschärft durch Lachen, sie erlauben plötzlich einen entspannteren Zugriff. Das gilt auch für Konflikte

Wer das Lachen pflegt, sorgt für Effekte im eigenen Organismus: körpereigene Opiate werden ausgeschüttet, betäuben Schmerzen und versetzen den Lachenden in Hochstimmung – wie sportlicher Streß. Konflikte werden durch ein Lachen entschärft.

Lachen macht fit

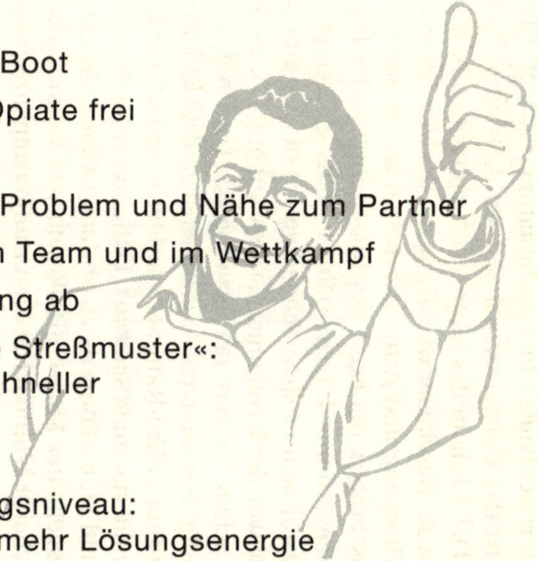

Lachen holt die anderen ins Boot

Lachen setzt körpereigene Opiate frei

Lachen entschärft Konflikte

Lachen schafft Distanz vom Problem und Nähe zum Partner

Lachen rettet den Frieden im Team und im Wettkampf

Lachen baut soziale Spannung ab

Lachen schafft das »positive Streßmuster«:
- Herzschlag und Atmung schneller
- Pupillen erweitert
- Muskeln angespannt

Lachen steigert das Erregungsniveau:
- Lachende Manager haben mehr Lösungsenergie

zwischen Gesprächspartnern. Wer es zuerst wagt, das befreiende Lächeln, der rettet beide – und die Situation.

Lächeln ist das Friedenssignal und die Aufforderung zur Entspannung. Das Lächeln des Siegers, oft mit einem Ausdruck verbunden, den die Beschauer wie »Trunkenheit« einstufen möchten – zeigt, wie Erregung und Anspannung sich in Lachen lösen. Der Pulsschlag ist erhöht, der Atem geht rascher, das Herz beschleunigt seine Frequenz, wenn wir lachen. Die Pupillen erweitern sich, und die Muskulatur spannt sich. Wir erkennen in diesem »Alarmzustand« unschwer das Erregungsmuster wieder, das auch bei Streß entsteht: Lachen steigert die Handlungsbereitschaft, es macht aktionsfreudig. Ein weiteres Argument also, dem Dienstleisterlächeln einen ganz hohen Rang als Stimulator einzuräumen.

Lachen mildert soziale Spannung, so fanden zwei Forscher (A. J. Chapman und H. C. Foot) der Universität Wales heraus. Es wäre damit ein exzellentes Mittel, die alltäglichen Belastungen im Massenverkehr, bei überfüllten Behörden, an Warteplätzen und in Menschenschlangen, in Kaufhäusern und bei allen Dienstleistern zu mildern. Das Signal eines Lächelns in der angespannten, unlustbetonten Streßsituation polt die Erregung sozusagen um; denn das Erregungsniveau ist (vgl. Streßkapitel) bereits höher als normal, wenn Menschen Enge und Zwang erleben, ihr Zeitkonzept zerstört wird und sie feststellen, daß sie keinen Einfluß auf ihre Situation haben. Wer ihnen nun lächelnd begegnet, fängt ihr hohes Erregungsniveau auf und nutzt es unmittelbar für die Lösung der Anspannung.

In solchen, jedermann bekannten, verspannten Kollektivlagen polt ein freundliches Lächeln die Gruppe psychisch um; jedermann weiß auch, daß das Lächeln im ersten Moment im verspannten und unlustbetonten Gefühlsgemisch der so »Attackierten« einen Widerstand zu überwinden hat: der Ärgerliche beharrt auf seinem Ärger. Er muß quasi »überredet« werden, ihn schnell fahrenzulas-

Lachen mildert soziale Spannung – und ist damit ein exzellentes Mittel, die alltäglichen Belastungen im Massenverkehr, bei überfüllten Behörden, in Kaufhäusern, an Warteplätzen und bei allen Dienstleistern zu mildern; wenn nicht gar abzubauen.

sen. Das gelingt nur, wenn das aufmunternde Lächeln nicht zaghaft, sondern zupackend, offensiv und unwiderstehlich ist.

Lächeln, so fanden die beiden britischen Forscher, stellt soziale Nähe her. Es läßt genug Spielraum und erzeugt zugleich ein Feld der Zustimmung – es antwortet damit genau auf den Mangel, der Menschen in der Massengesellschaft zu schaffen macht.

Tatsächlich ist die positive Wirkung des Lachens für die Gesundheit des Lachenden handfest nachweisbar und beachtlich: Die Zahl der Immunglobuline im menschlichen Organismus ist nach freudigem Lachen deutlich erhöht. Das bedeutet immerhin eine Bestätigung für Ergebnisse, die wir auch von chronisch Kranken haben: daß planvoll gesuchte Lachsituationen den Heilungsprozeß begünstigen und die Schmerzschwelle erhöhen.

Lachen braucht Partner. Es gilt in aller Regel Partnern, auch wenn einer leise vor sich hin lächelt oder plötzlich auflacht: Ein Gedanke, ein inneres Gegenüber, das geistige Bild einer Situation steht vor seinem inneren Auge. Lächeln konstituiert Partnerschaft – es schafft soziale Nähe und fördert die Handlungsbereitschaft. Dieser Handlungsimpuls bezieht den Partner des Signals ein; eine Aura der Zustimmung verbindet beide.

Es ist die Dienstleistungssituation *par excellence*, die durch Lächeln entsteht. Das »gewinnende Lächeln« ist eine Sprachfigur, die von älterem Wissen über die Macht des Lächelns zeugt. Wer sich auf Unlustsignale zurückziehen oder seine mißmutigen Auftritte als ein selbstverständliches Recht verteidigt, wird es künftig mit wissenschaftlichen Warnungen aufzunehmen haben: Vorsicht, Sie schädigen Ihr Immunsystem! Achtung, Ihre Endorphine, die körpereigenen Opiate, bleiben Ihnen vorenthalten! Und der strengblickende Manager könnte angesichts dieser Beweislage wenigstens zur Stabilisierung seiner Fitness auf ein ganz unbefangenes Lächeln aus seiner Knabenzeit zurückgreifen.

XI

Wechselspiel zwischen Chaos und Ordnung

Chaos – Aufbruch in eine neue Dimension

Was Menschen auf diesem Globus tun, ist von Anfang an dies gewesen: Chaos-Management; dem Ungeordneten eine Struktur abzuringen oder aufzuzwingen. Wie sie Kultur geschaffen haben, so dachten sie sich auch die Welterschaffung, die Schöpfung. Der Schöpfungsmythos, den die christliche Genesis aufnimmt, zeigt Gott als mächtigen Ordner des Chaos. »Die Erde war wüst und leer«, übersetzt Luther. Chaos heißt »Auflösung aller Ordnung, völliges Durcheinander« – für die Wahrnehmung des Menschen, müssen wir heute hinzufügen. Wo unser Auge, unser rechnendes Gehirn, unser folgernder Verstand keine Struktur erkennt, da sprechen wir von Chaos – was noch nicht bedeutet, daß eine Ordnung den »chaotischen« Prozessen wirklich fehlt. Genau dies ist die aufregende Entdeckung des jüngsten Jahrzehnts: Wo wir Chaos sehen, herrscht eine verborgene Ordnung. »Chaos« im neuen Entdeckungsfeld der Naturwissenschaften ist also nicht mehr Unordnung ohne Eigenschaften, Wirrnis ohne Form und Struktur.

Wir könnten die Mathematiker weiterspielen lassen, wäre ihre Entdeckung nicht so brisant für die Wirtschaft, die Staatengeschichte, die Katastrophenforschung und die Beherrschung großer Systeme generell.

Chaos: Das ist das Unvorhersehbare, Komplexe, so wissen wir heute. Seine Strukturen sind uns verborgen, wir müssen sie suchen – und stoßen dabei auf faszinierende Gesetzmäßigkeiten, die dem Chaos seine versteckte Struktur geben.

Vor einigen Jahrzehnten schon begann die Debatte über das unzulängliche »lineare« Weltbild, das an allen mehrfach bedingten Problemen scheiterte. Die Geschichte der modernen Welt ließ sich immer weniger in einer Ursachen-Folgen-Kette erfassen – und, bedrohlicher: immer weniger nach diesem Prinzip planen. Der große historische Sprung vorwärts, von der Agrar- in die Industriekultur, gelang mit diesem stark vereinfachenden Modell, das vom »Wenn-Dann«, vom »Entweder-Oder« und von klaren Kausalketten ausging.

Das Anfluten von immer mehr Wissen im sinnlich nicht mehr erfaßbaren Raum ließ bald ahnen, daß der Rest des Jahrhunderts vor der Jahrtausendwende nicht mehr mit diesen Deutungsmustern zu bewältigen wäre. Zwei Erfahrungen waren es, die den Zweifel und die Unsicherheit verstärkten: die Unfähigkeit, katastrophale Entwicklungen rechtzeitig zu erkennen, und die Unmöglichkeit, Großprozesse so vorauszuplanen und zu managen, daß ihre Entwicklung erfolgreich beherrscht werden konnte.

Immer wieder zeigt sich, daß von winzigen, anfangs vernachlässigten Details nach einer gewissen Zeit eine so durchschlagende Wirkung ausgeht, daß alle Modelle und Strategien von einem Augenblick zum nächsten gegenstandslos werden. Sehr spät erst zeigt sich, daß irgendwo am Anfang ein winziger Fehler bei einer »zu vernachlässigenden« Größe das tausendfach potenzierte Chaos bringt – ein Ergebnis, dessen Strukturen wir nicht mehr erkennen. Wo wir aber keine Strukturen erkennen, können wir nicht handeln.

Die Beschreibung erinnert nicht zufällig an die großen Unternehmenszusammenbrüche unserer Jahrzehnte, an den undurchschauten Börsen-Crash des Jahres 1989, an unerklärte Konjunkturschwankungen und Geldwertveränderungen – Verwerfungen, denen wir hilflos gegenüberstehen, weil der Faden der gedankli-

Wo wir Chaos sehen, herrscht eine verborgene Ordnung. »Chaos« im neuen Entdeckungsfeld der Naturwissenschaften ist also nicht mehr Unordnung ohne Eigenschaften, Wirrnis ohne Struktur – eine brisante Entdeckung für die Wirtschaft und die Staatengeschichte.

chen Begleitung, Modellbildung und Einordnung bei uns gerissen ist – im Kopf, nicht aber in der Wirklichkeit. Nur: Wir finden das verlorene Ende nicht wieder; und was wir nachträglich an Deutungen austauschen, entspricht dem Singen im dunklen Walde. Wir haben, müßten wir zugeben, die Sache nicht verstanden. »Durchblick« wurde ein Jugendwort dieser Zeit, weil die Beobachter, die noch nicht ganz dazugehörten, bemerkten, woran es vor allem fehlt: an Transparenz. Auch dieser Begriff wurde zum Favoriten, meist mit Aufforderungscharakter, weil wir zum Andocken unserer logischen Vernunft den Durchblick auf Strukturen brauchen. Nur sie liefern uns Information, nur an diesen entlang können wir weiterdenken – und schon machen wir den nächsten Fehler, übersehen ein Faktum, das heute so federleicht wiegt wie ein Hauch –, wie der Flügelschlag des Schmetterlings in China, der zum Paradigma für chaotische Komplexität wurde, die wir nicht meistern, jener Flügelschlag, der im fernen Amerika den Weg eines Zyklons verändern könnte ...

Alltägliche Bekanntschaft mit dem groben Raster unserer Modelle machen wir bei den Wettervorhersagen, deren Attraktion wahrscheinlich auch genau davon ausgeht, daß die immerhin vom Satelliten aus photographierten Luft- und Wolkenwirbel für unsere Wahrnehmung mehr von einer Roulette-Arena haben als von einem aufgeschlagenen Buch, in dessen Zeilen wir die Zukunft lesen. Nie gelingt es, den Ausgangspunkt eines Problems exakt genug zu beschreiben, um den Fortgang der Entwicklung zuverlässig hochrechnen zu können. Nie auch gelingt es, die unterwegs hinzutretenden Faktoren vollständig zu erfassen, um den Prozeß, der auf ungesichertem Terrain begann, erfolgreich steuern zu können. Psychologisch unentbehrlich sind daher die nachfolgenden Ursachen- und Manöverdebatten, in denen man um die Wette versucht, die Katastrophenfaktoren doch noch dingfest zu machen – um nachträglich Befriedigung für den Kausalitätsdurst zu bekommen, der die Verantwortlichen quält. Dieselbe Funktion hat die Suche nach dem Schuldigen, die wie ein Ritual, getarnt als moralische Bemühung, dem Desaster auf dem Fuße folgt.

Im Schatten der Schutzbehauptung, man suche einen »Verantwortlichen«, suchen alle im Grunde etwas ganz anderes: die Wiederherstellung von Struktur, die Beruhigung durch Ordnungen, auch wenn diese nicht mehr handlungsrelevant werden können, um der Begegnung mit dem Chaos, dem gestaltlosen Durcheinander, zu entkommen.

Der Sehnsucht nach Ordnung und Überschaubarkeit, der Entschlossenheit, das Ungenügen zurückzudrängen, das den menschlichen Geist in der Konfrontation mit chaotischen Szenarien faßt, entstammen auch die Großorganisationen, die uns in Gestalt von Weltkonzernen und politischen Riesenreichen dann durch plötzliche Stürze ins Chaos erschrecken. *»Small is beautiful«* meinte zur Zeit des Gigantenwachstums der Großkonzerne immer auch – mag sein, daß unbewußt – die Warnung, im Großsystem nicht mehr Komplexität zuzulassen, als in der ordnenden Simulation bewältigt werden kann. Alltäglich folgen wir diesem Leitspruch *»small is beautiful«,* wenn die Medien und die Politik über Wirtschaftsdaten berichten, als seien hochkomplexe Prozesse auf einen Nenner zu bringen, der »Bruttosozialprodukt« heißt oder »Geldmenge« oder »Inflation«. Auch alle, die es besser wissen, tun bei diesem Spiel mit, weil es erlaubt, Überblick zu simulieren und Teilbestände der Lage anstelle des Ganzen – das nicht darstellbar ist – zu transportieren. Je mehr Fakten, desto mehr Unruhe und desto schwieriger das Fazit.

Wer aber in Unternehmen oder Staaten Verantwortung trägt, kann sich mit diesem alltäglichen Ritual der unzulässigen Vereinfachungen nicht mehr zufriedengeben. Kurzerhand das »Chaos« zum

Nie gelingt es, den Ausgangspunkt eines Problems oder die unterwegs hinzutretenden Faktoren exakt genug zu erfassen, um den Prozeß, der auf unsicherem Terrain begann, erfolgreich zu steuern. Wo der Anfang unverstanden bleibt, gelingt auch keine Korrektur.

Managementprinzip zu machen, das beeindruckt Seminarteilnehmer, die hoffen, nun werde ihr Mangel an »Durchblick« zur offiziellen Strategie. Was die geglückten mit den weniger gelungenen Entwürfen zum neuen Chaos-Management verbindet, ist die produktive Unruhe, die das lineare Planen, Entscheiden und Kontrollieren erfaßt hat. Was ist geschehen? Und was müssen wir folgern?

Was wir oft verlegen als »Eigendynamik« von Prozessen bezeichnen, was wir mit dem Begriff »Selbstlauf« unserer Planung enteilen sehen, aber auch, was wir ehrfürchtig »Intuition« nennen, gibt Zeugnis davon, wie lückenhaft unser Verstehen von Abläufen, wie unzureichend unser Planen ist – weil unser Zugriff auf die Startbedingungen von Prozessen regelmäßig unvollständig bleibt. Da so vieles sich »von selbst« anders entwickelt, als wir es planen, hat sich für vielfältig bedingte Prozesse die vorausschauende Lockerung der Prozeßbedingungen bewährt: Wie wir das Rad eines Eisenbahnwaggons nicht nur mit Vorwärts-, sondern auch mit Seitwärtsbeweglichkeit ausstatten, damit es kleinste Abweichungen im Parallelverlauf der Schienen ausgleichen kann, so lassen wir Teams von Menschen mehr Bewegungsspielraum, um auf plötzlich eintretende Veränderungen zu reagieren, und zwar so schnell, wie deren Plötzlichkeit es verlangt.

Wieder einmal diskutieren wir diese Maßnahme vor allem als ethische Erkenntnis, weil das offenbar mehr Befriedigung schafft oder dem defensiven Situationsempfinden der Führung zumindest in Deutschland entspricht. Wahrhaftiger und interessanter wäre es, wenn man das neue Managementprinzip der »selbstorganisierten Prozesse« und Einheiten als den Erkenntnisfortschritt diskutierte, den es darstellt: Wir haben einen kleinen Schritt beim vorbeugenden Krisen-Management für Unternehmen getan, und wir lernen mit großer Faszination, die verborgenen Ordnungen im Chaos, wie sie die Computermathematik sichtbar macht, auf soziale Großprozesse und evolutionäre Entwicklungen zu übertragen.

Die Turbulenzen, in welche die Wirtschaft in den frühen neunziger Jahren geriet, finden eine Menge Teilerklärungen; die vollständige Begründung aber wurde nicht gefunden. Das heißt immerhin: Wir müssen – wie immer bisher – weitermachen mit dem fatalen Gefühl, daß uns eine vollständige Erklärung des jüngsten schweren Wetters nicht gelungen ist.

Bei der Situationsbeschreibung zu Beginn der Krise fangen die Unklarheiten an; bei ihrer zeitlichen Datierung gehen sie weiter; bei ihrem Verlauf und den hinzutretenden Faktoren verstricken wir uns vollends. Wer ankündigt, aus der Krise lernen zu wollen, spricht entweder in bester Absicht wider besseres (was hier heißt: geringeres) Wissen, oder er hat das Glück einer monokausalen Krise im eigenen Haus – die als Diagnose aber höchstwahrscheinlich falsch ist. Wichtig: Falsche Deutungen beruhigen und ermutigen.

»Chaotische Systeme«: Ihre Zahl vermehrt sich in der komplexer werdenden Weltwirtschaft und Globalpolitik täglich. Stabile Balancen, an die wir uns gewöhnt hatten, rutschen plötzlich in die Labilität; Schwingungsverhältnisse geraten aus dem Takt, Börsenkurse implodieren oder explodieren, während wir allenfalls ein, zwei Fakten greifen können, die Teilerklärungen liefern. Unser Scheitern bei der Prognose bleibt; unsere Hilflosigkeit vor dem nächsten Crash fühlen wir schon jetzt.

Der unerwartete Abschied von der geordneten Welt der Blöcke machte das Chaosthema zusätzlich attraktiv. Die neue Weltunordnung, in der nichts mehr seinen vorherbestimmten Platz hat, alle alten Strukturen vergessen werden sollen und tendenziell eine ganze Welt von Freunden und Bündnispartnern an die Stelle des Ordnungsprinzips von »Drinnen und Draußen«, trat (das auch für Unternehmen ein bewährtes Industriekulturmuster war) und das

Chaotische Systeme: Stabile Balancen rutschen plötzlich in die Labilität, Schwingungsverhältnisse geraten aus dem Takt, während wir allenfalls ein, zwei Fakten greifen, die Teilerklärungen liefern. Unsere Hilflosigkeit vor dem nächsten Crash bleibt.

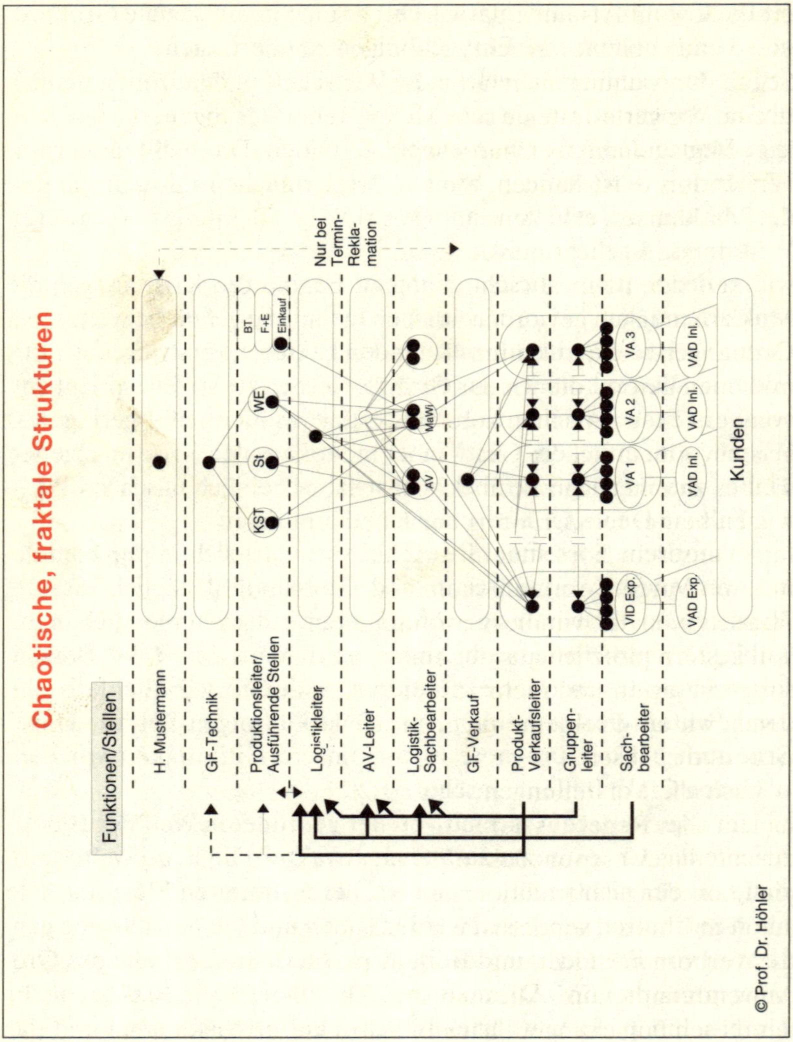
Chaotische, fraktale Strukturen
Funktionen/Stellen
H. Mustermann
GF-Technik
Produktionsleiter/
Ausführende Stellen
Logistikleiter
AV-Leiter
Logistik-
Sachbearbeiter
GF-Verkauf
Produkt-
Verkaufsleiter
Gruppen-
leiter
Sach-
bearbeiter
Nur bei
Termin-
Rekla-
mation
BT
F+E
Einkauf
WE
St
KST
MaWi
AV
VA 3
VA 2
VA 1
VID Exp.
VAD Inl.
VAD Inl.
VAD Inl.
VAD Exp.
Kunden
© Prof. Dr. Höhler

große Sowohl-Als-auch das vertraute Entweder-Oder von Freund und Feind ablöste, brachte für das Chaosproblem einen neuen Schub. Unordnung nicht nur zulassen, sondern schaffen, das könnte eine Vorwärtsstrategie sein, so meinen einige Assoziationskünstler. »Management by Chaos« wird so zum programmatischen Mißverständnis der Chancen, die wir durch die neuen Entdeckungen der Mathematik erhalten.

Ordnung ist nicht nur dort, wo wir sie wahrnehmen, so wissen wir, seit der Blick auf feinste Regelstrukturen in »chaotischen« Mustern möglich geworden ist. Um zu handeln, brauchen wir aber Ordnungen und Strukturen, Regelwerke und Netze, die uns Informationen liefern, die wir zur Grundlage von Handeln – und zuvor: von Verstehen – machen können. Daß verborgene Ordnungsstränge im vermeintlichen Chaos pulsieren, ist für Manager wichtig, weil es zu einer Korrektur des Zugriffs auf Probleme zwingt. Wir wissen heute: Die Ordnung der Dinge und Handlungsmöglichkeiten in unserem Kopf stammt aus dem »Vorratswissen«, das wir von unseren Vorgängern aufgenommen haben. Die Welt des raschen Wandels, von der wir alle flüssig reden, schlägt uns nicht nur Fakten von gestern plötzlich aus der Hand, sondern vor allem Problemlösungsstrategien und mehr: die Wahrnehmungsgewohnheiten, mit denen wir auf Probleme zugehen, um sie zu erkennen, »einzuordnen« und zu lösen.

Auch die Vorstellungen, was ein Unternehmen bedroht, stammen in aller Regel aus der Vergangenheit – um so wehrloser fällt es der nie dagewesenen Zukunftsanforderung zum Opfer. Nicht nur die Lockerung der traditionellen Netzwerke bedeutet hier »Lernen aus dem Chaos«, sondern die neue Entdeckung der Chaosforscher, die verborgene Ordnung in chaotischen Systemen, fordert zur Anwendung heraus. Alles, so lautet die demütigende Erkenntnis aus diesen Forschungen, hängt von unserer Wahrnehmung ab. Per-

Die Ordnung der Dinge in unserem Kopf stammt in der Regel aus der Vergangenheit. Ebenso die Vorstellung darüber, was ein Unternehmen bedroht. Um so wehrloser fällt es der nie dagewesenen Zukunftsanforderung zum Opfer.

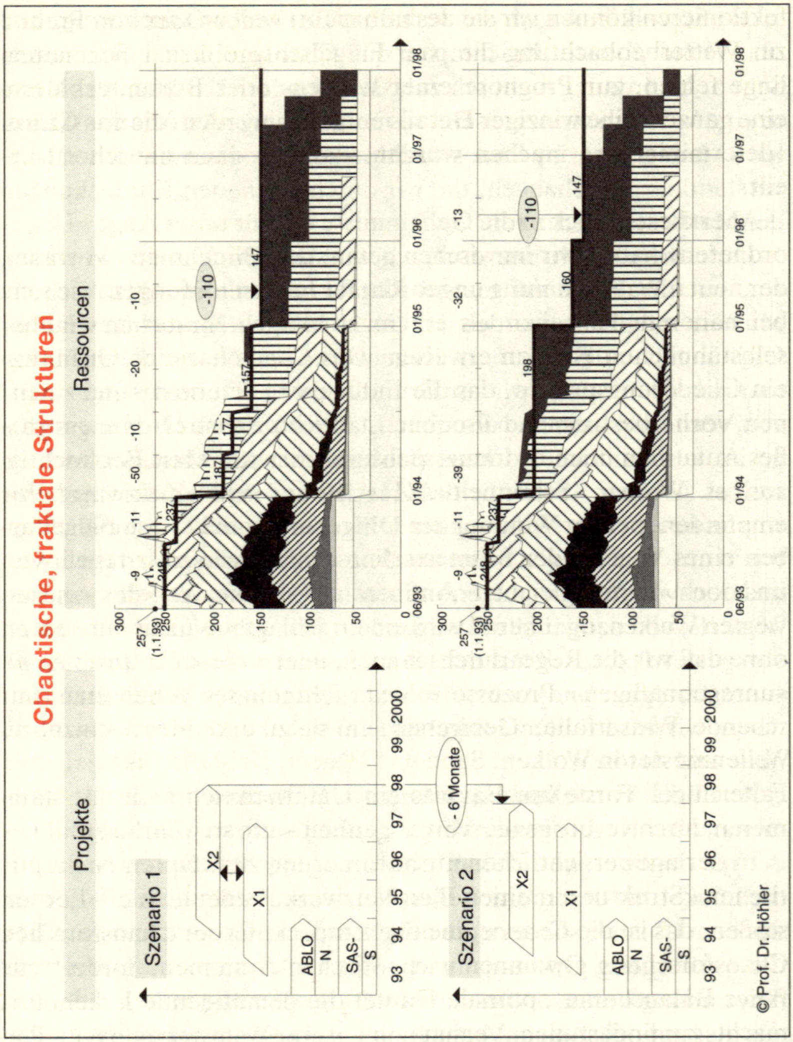

Chaotische, fraktale Strukturen
Projekte
Ressourcen
Szenario 1
Szenario 2
X1
X2
ABLO
N
SAS-
S
93 94 95 96 97 98 99 2000
- 6 Monate
257
(1.1.93)
-110
147
06/93
01/94
01/95
01/96
01/97
01/98
© Prof. Dr. Höhler

fektionieren können wir sie deshalb nicht, weil uns auch weiterhin zur Wetterbeobachtung die paar Flügelschläge ferner Schmetterlinge fehlen, zur Prognose einer Wolken- oder Börsenturbulenz eine ganze Reihe winziger Details entgehen werden, die das Chaos »determinierbar« machen würden, das uns dann unverhofft ereilt.

Aber diesen Blick in die Geheimnisse des für unser Auge »Ungeordneten« haben wir inzwischen getan: den Blick in den Vorraum der neuen Wahrnehmung ungeordneter Faktenhäufungen, die sich bei näherem Hinsehen als ein regelmäßiges Muster aus lauter selbstähnlichen Formen erweisen. Das Chaos hat eine Ordnung, ein Gliederungsprinzip, das die Entdecker »deterministisch« nennen, vorherbestimmend also, buchstäblich zufallsfrei – was ein großes Aufatmen beim ordnungssüchtigen menschlichen Beobachter auslöst. Wo wir »Schönheit«, »Harmonie« und »Zufriedenheit« empfinden, bei der Windung einer Meeresschnecke, den Flügelfarben eines Vogels oder Schmetterlings, beim scheinbar regellosen und doch »immer gleichen« Anfluten der Brandung, beim windbewegten Wolkenzug: überall wird ein Ordnungsbedürfnis befriedigt, ohne daß wir die Regel durchschauen, denen diese für unser Auge »unregelmäßigen« Prozesse folgen. Züngelndes Feuer und rauschende Wasserfälle, Gebirgsschichtungen und Meeresbuchten, Wellenmuster in Wolken, Sand und Wasser, Kristallstrukturen und Falterflügel: Farne und Baumformen, Blütenkelche: sie alle faszinieren durch verborgene, schwer entschlüsselbare Ordnungen.

In der unübersichtlichen Turbulenz einer vielschichtigen »chaotischen« Struktur auf einen Bauplan aus selbstähnlichen Teilen zu stoßen, das ist die Chance, die für komplexe Großsysteme aus der Chaosforschung gewonnen wird. Wer Unternehmenseinheiten in freier Balance ihre optimale Erfolgsgruppierung finden läßt, der macht zumindest den Versuch, im unübersichtlichen Netz der

Wo wir »Schönheit«, »Harmonie« und »Zufriedenheit« empfinden, bei der Windung einer Meeresschnecke, den Farben eines Schmetterlings, beim nur scheinbar regellosen Anfluten der Brandung: überall wird ein Ordnungsbedürfnis befriedigt.

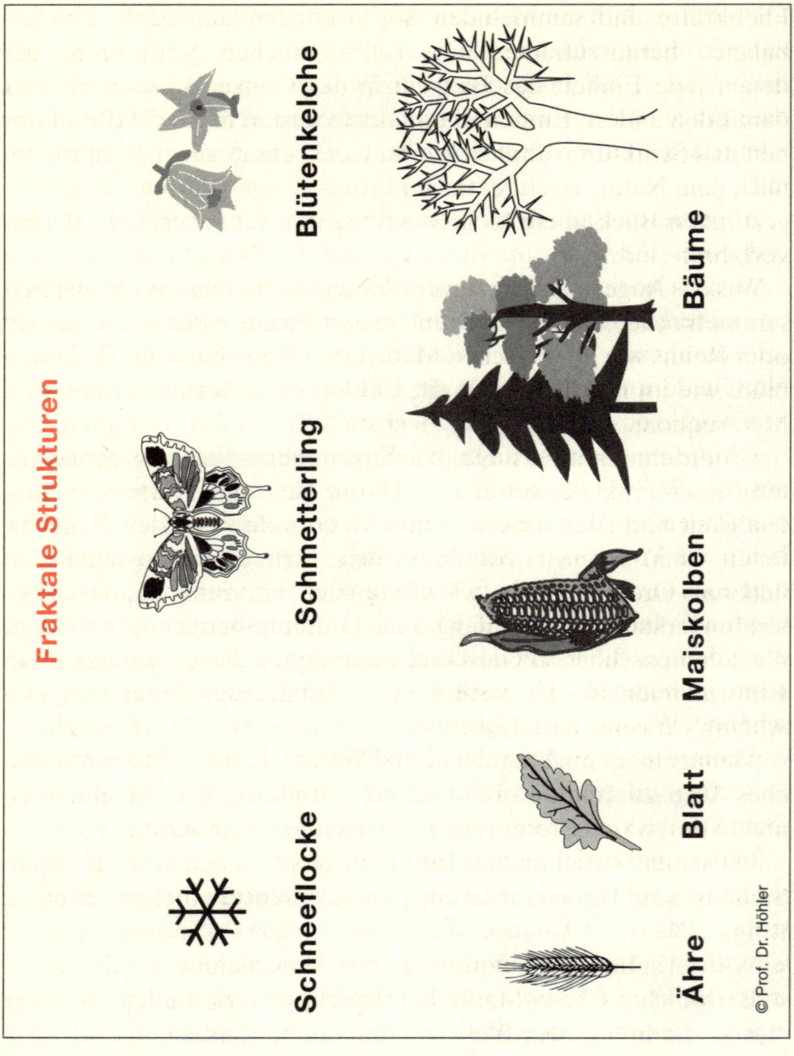
Fraktale Strukturen
Schneeflocke
Schmetterling
Blütenkelche
Ähre
Blatt
Maiskolben
Bäume
© Prof. Dr. Höhler

Fliehkräfte und sammelnden Sogwirkungen die ideale Erfolgsbalance herauszufinden. Die selbstähnlichen Strukturen, bei denen jede Einheit das Bauprinzip des Ganzen wiederholt und damit den andern Einheiten und dem Ganzen in allen Teilfunktionen und Strukturen ähnlich bleibt, ist ein überlegenes Bauprinzip, nach dem Natur, Architektur und Kunst lange vor dem computergestützten Blick in die kleinsten Einheiten »chaotischer« Figuren verfahren sind.

Was das Auge begeistert und den Geist befriedigt, ist die vielfach symmetrische, fraktale Ordnung in den Fensterrosen von Chartres oder Reims wie im gotischen Maßwerk, im Seestern, in der Lilienblüte wie im regellos-regelhaften Geäst einer Buche, Linde oder Metasequoia.

Unternehmensstrukturen können durchaus mit den Schönheiten dieser Fraktale wetteifern – wenn sie zugleich deren Wetterfestigkeit und Biegsamkeit, Elastizität und Materialbeständigkeit teilen. Chaos ist auch in der Marktwirtschaft jeden Tag wahrscheinlicher als Ordnung – was, wie wir nun wissen, nichts anderes heißt als: unverstandene Ordnung, unzumutbare Unübersichtlichkeit für den menschlichen Geist und das menschliche Gefühl. Auch in Unternehmen ist der Verlust an Überblick und Verstehen der Anfang schwerer Irritationen.

Management muß täglich die Menge der Zufälle auf ein erträgliches Maß zurückführen – und die Topmanager müssen lernen, nicht alles, was die Totenruhe im erstarrten Unternehmen stört, als unliebsamen Zufall auszuschalten. Chaos-Management in diesem Sinne ist eine Herausforderung an das Balancevermögen der Führung.

- Wieviel subjektive Unordnung darf sie zulassen?
- Bei welcher Chaos-Marke liegt die Chance zum Durchbruch in neue Ordnungsbegriffe?

Management muß täglich die Menge der Zufälle auf ein erträgliches Maß zurückführen – und die Topmanager müssen lernen, nicht alles, was die Totenruhe im erstarrten Unternehmen stört, als einen unliebsamen Zufall auszuschalten: Chaos-Management als Herausforderung.

- Welche erfolgsleitende verborgene Ordnung lag den Unternehmensglücksfällen zugrunde?

Es ist niemals nur ein Faktor, es sind selten wenige. Es ist immer ein hochkomplexes Zusammenspiel von Faktoren, die im scheinbaren Chaos der Ausgangslage zu einem neuen Muster zusammenrücken – wie die Eiskristalle in der Schneeflocke.

Teamkultur – Strategische Allianz zwischen Intelligenz und Kreativität

»Vorsprung durch Technik«, der Werbespruch eines erfolgreichen Automobilherstellers, zitiert ein stolzes Kapitel Industriekultur. Aber die »Eisenzeit« der modernen Zivilisation ist um. Produkte finden sich, im Markt allein gelassen, nicht mehr allein zurecht. Sie brauchen Menschen. Nicht nur den Kunden, sondern den Dienstleister, der sie zum Kunden begleitet.

»Vorsprung durch Menschen« ist, in einer Welt erstklassiger Wettbewerber, die Erfolgsformel für die neunziger Jahre. Was für Menschen müssen es sein? Dienstleister, gewiß. Aber wie kommen Produktqualität und hochklassiger Auftritt im Markt zusammen? Wie wird die hochkomplexe neue Größe Markterfolg, ein Mixtum aus Industriekultur-Know-how und Informationstechnologie, angereichert mit innovativem Schwung und kommunikativer Verständigung, im Unternehmen vorbereitet? Wenn die Schlüsselfiguren der jüngsten Jahrzehnte, die Ingenieure, als Forscher und Entwickler nicht mehr allein für den Erfolg sorgen können – wo liegt die Formel für Erfolg, den man nicht dem Zufall überlassen will?

Unternehmerisches Planen ist Teamarbeit; dem widerspricht niemand mehr. Hochkomplexe Lösungen erfordern den Mix der spezialisierten *brain-power* vieler Teamarbeiter. Der rasche Wandel verlangt flexible Mannschaften, der Kostendruck erfinderische Manager und der scharfe Wettbewerb innovatives Ideentempo. Der Umschlag von Wissen, Können und Planen beschleunigt sich. Das Übergewicht der Intelligenz ist in allen Systemen der Kultur

Produkte finden sich, im Markt alleingelassen, nicht mehr allein zurecht. Sie brauchen Menschen. Nicht nur den Kunden, sondern den Dienstleister, der sie zum Kunden begleitet. »Vorsprung durch Menschen« ist die zukünftige Erfolgsformel.

offenkundig. Auch die Unternehmen haben mehr Intelligenz als Kreativität zur Verfügung – und das ist zunächst sachdienlich. Auch wer es ändern wollte, käme nicht zum Erfolg, denn die Kreativität ist ein knappes Gut. Intelligenz ist nicht nur in den Köpfen der Mitarbeiter verfügbar, sondern auch delegiert an Computer, an die »intelligenten Systeme«, mit denen moderne Maschinen arbeiten und der Wissensbesitz und -transfer der Firmen weltweit beherrschbar gemacht wird. Die Unternehmensstrukturen sind destilliertes Wissen; im guten Falle ein Substrat, das handlungsfreundlich und beweglich abfedert, von banalen Entscheidungen entlastet und für den raschen Transport von Nachrichten sorgt.

Jeder weiß, daß schon hier Defizite der Normalfall sind. Strukturen, so intelligent ihr Entwurf auch sein mag, haben die Tendenz zur Verfestigung und Innovationsresistenz – genau wie alternde Gehirne, deren Erfahrungsschatz auf drei, vier Leitsätze zusammenschnurrt und die Lust am Sonderfall verliert. Dieser Sonderfall könnte es aber sein, der das Unternehmen einen Sprung in erfolgsträchtiges Neuland tun läßt.

Auch in den Gruppen, die unter dem Schutz und im Gehege der Strukturen arbeiten, wiederholt sich das Problem – Beharrungstendenz der Intelligenz, sichernde Logik als Dauergegner der sprungbereiten Kreativität, deren Minderheitenposition zusätzlich bremsende Effekte hat. Bis kreative Ideen eine Mehrheit erfassen, muß ein aufwendiger und argumentationsstarker Transfer geleistet werden. Der Feuerkopf des Kreativen muß zündeln – ins ruhige Wasser der logischen Intelligenz die Flammen der Begeisterung werfen –, allzuoft ein erfolgloses Unterfangen.

In evolutionär beschleunigten Phasen reicht es nicht mehr, den traditionellen Kampf der Ideenminderheit gegen die bequeme Übermacht der Systemerhalter schulterzuckend mitanzusehen. Jede Unternehmensführung, die eine klare Vorstellung davon hat, was ihre intelligenten Leute können und was die Kreativen zuliefern, wird nicht mehr bereit sein, das Zusammenspiel dieser beiden Erfolgskomponenten dem Zufall zu überlassen. Jeder, der zusätzlich weiß, daß die Sogwirkungen intelligenter Strukturen eher intelligente Mitarbeiter anziehen als kreative, wird die Herausforderung begreifen, die sich dem Management stellt, wenn es den Kraftmix planvoll steuern will, der dem Unternehmen beides garantiert: intelligente Lösungen und Innovationstempo als integrierte Bestandteile der Produkte.

Auch die beste Dienstleistungscrew wird mit »nur« intelligenten Produkten erfolglos bleiben. *»Added value«,* der den rechenbaren Wettbewerbsvorteil – für den Kunden! – bringt, ist immer ein kreatives Produkt. Die Komposition der Faktoren zum Wettbewerbsvorteil ist also klar: Intelligenz und Kreativität müssen im gleichen Team sitzen, damit die wechselseitige Herausforderung der Teammitglieder das Team als Ganzes zu überlegenen Lösungen befähigt.

Wie erreicht man diese Mischung? Ein Hofnarr als Berater kann niemals ausgleichen, was bei den Planungsgruppen im Unternehmen seinen schleppenden Gang geht. Eine Durchlauferhitzung des Gesamtgeschehens durch Beraterteams bringt zwar viel neue Intelligenz ins Haus, selten aber genügend Kreativität. Man wird im Hause selbst auf die Zusammensetzung der Teams mehr Sorgfalt verwenden müssen – nicht mehr nur Funktionen, sondern auch Temperamente und Potentiale mischen. Genau dazu könnte den Unternehmen externer Rat nützlich sein. Denn wie sich die Menschen im Unternehmen freiwillig zusammenfinden, dominiert häufig die Bequemlichkeit. Da sitzen dann ähnliche Intelligenzen zusammen und genießen ihre Einigkeit. Keiner wird gefordert, niemand muß kämpfen, alle fühlen ihren Wert bestätigt, weil keiner widerspricht. Der Output solcher Teams liegt unterhalb der Leistungsschwelle jedes Einzelnen. Das nennt man dann Konsens.

Ein Hofnarr als Berater kann schleppendes Tempo der Planungsgruppen nicht ausgleichen. Eine Durchlauf-Erhitzung durch Beraterteams bringt zwar viel neue Intelligenz ins Haus, selten jedoch genügend Kreativität. Sie muß gezielt zugekauft werden.

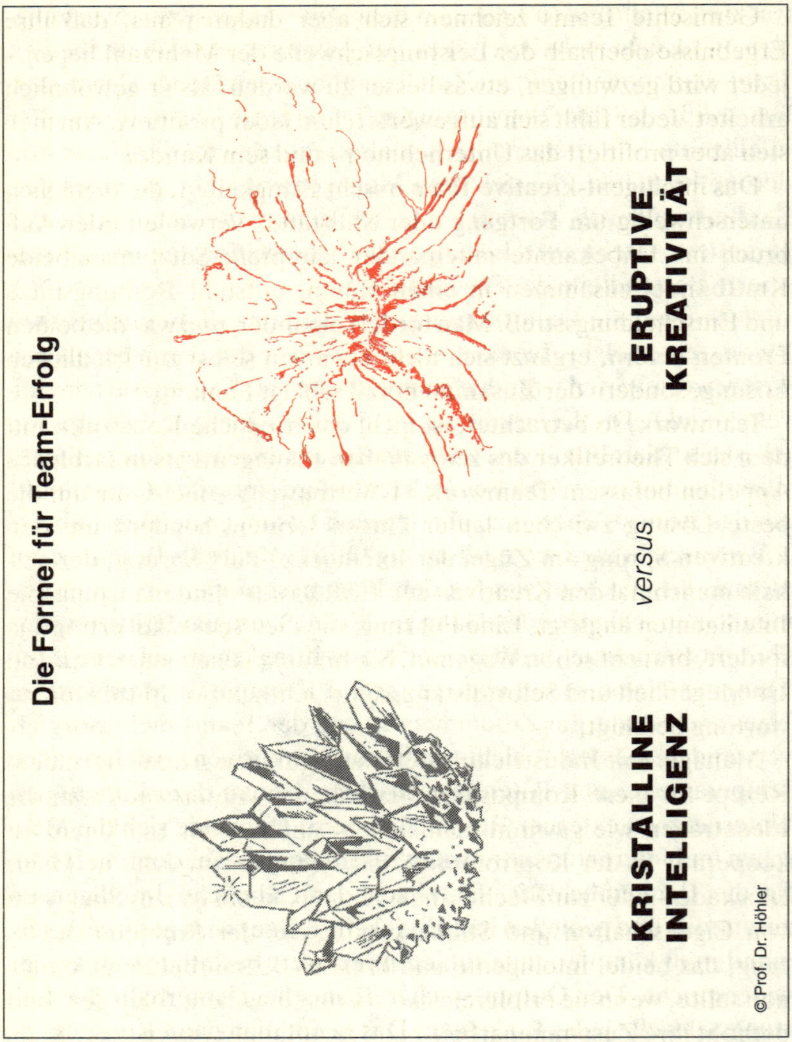
Die Formel für Team-Erfolg
KRISTALLINE INTELLIGENZ
versus
ERUPTIVE KREATIVITÄT
© Prof. Dr. Höhler

Gemischte Teams zeichnen sich aber dadurch aus, daß ihre Ergebnisse oberhalb der Leistungsschwelle der Mehrzahl liegen – jeder wird gezwungen, etwas besser zu werden, als er gewöhnlich arbeitet. Jeder fühlt sich aufgewertet, und jeder profitiert. Am meisten aber profitiert das Unternehmen – und sein Kunde.

Das intelligent-kreative Team mischt Fähigkeiten, die tagtäglich unterschwellig um Fortgang oder Stillstand, Verweilen oder Aufbruch ins Unbekannte miteinander kämpfen. Setzt man beide Kraftbündel zusammen in einen Raum, entsteht Reibungshitze und Entscheidungsstreß. Man fordert einander, und was die beiden Fronten liefern, ergänzt sich nicht etwa von selbst zur friedlichen Lösung, sondern der Zusammenprall schlägt Funken.

Teamwork, so betrachtet, ist nicht das friedliche Konstrukt, mit dem sich Theoretiker des zeitgemäßen Managements in farblosen Appellen befassen. Teamwork ist Wettbewerb – nicht nur um die beste Lösung zwischen lauter klugen Leuten, sondern um den kreativen Sprung am Zügel der Intelligenz –, ein Sprung, der deshalb manchmal den Kreativen den Hals kostet – und manchmal die Intelligenten ängstigt. Eine Führung, die dies Spektakel erträgt, ja fördert, braucht schon Wagemut. Sie braucht genau jenen Grad an Überlegenheit und Selbstdistanz, der eigentlich zur Spitzenverantwortung befähigt.

Manager mit Industriekulturerfahrung fragen schnell nach dem Rezept für diese Komposition der Talente. Wie erkennt man die Ideenträger, wie gewinnt man sie? Welche Art der Intelligenz ist kooperativ in der Konfrontation mit Kreativen, welche neigt zur Blockade – oder zur Flucht? In der Tat: Es ist ein ganzes Spektrum von Eigenschaften und Stilmerkmalen bei der Problembearbeitung, das beide, intelligente und kreative Teamarbeiter, auszeichnen sollte, wenn sie erfolgreich kooperieren wollen. Auch der Neid bedroht ihre Zusammenarbeit – und zwar immer nur in einer Rich-

Manager fragen schnell nach dem Rezept für die Komposition der Mitarbeitertalente. Wie erkennt man die Ideenträger, wie gewinnt man sie? Welche Art der Intelligenz ist kooperativ in der Konfrontation mit Kreativen, welche neigt zur Blockade – oder zur Flucht?

tung: Der Intelligente strebt nach den Fähigkeiten des Kreativen. Da sie nicht übertragbar, wohl aber genußfördernd auch für Intelligente sind, richtet sich bald der Neid des Logikers auf den »Phantasten«; nun werden sie gemeinsam kein Ziel mehr erreichen – und getrennt keine Abnehmer oder keinen Innovationserfolg mehr finden.

Topmanager, die den Erfolgsmix der Intelligenten mit den Kreativen für ihr Unternehmen wollen, stoßen schnell auf die Unzulänglichkeit der eigenen Auswahlsysteme. Intelligenztests, so müssen sie wissen, führen nicht auf die Spur der schöpferischen Geister. Im oberen Fünftel, bei den 20 % Mitarbeitern, die im Intelligenztest am besten abgeschnitten haben, ist nur ein Drittel der Kreativreserve des Unternehmens zu finden. 70 % der Kreativen gehen beim Intelligenztest also für Spitzenaufgaben »verloren«; sie landen auf mittleren Karriereplätzen – und neigen nicht zur strategischen Aufstiegsplanung; sie beschäftigen sich mit Innovationsideen, die mangels guter Plazierung im Management nicht nach oben durchkommen. Eine Nische bildet sich um sie; solange sie niemanden stören, werden sie geduldet und bleiben unentdeckt.

Um die 120 IQ sammeln sich die meisten kreativen Köpfe. Eine gute Intelligenz ist selbstverständlich, hohes Lernvermögen, extreme Neugierde, gute Speicherfähigkeit und ein besonders liquides Denkvermögen, ja eine auffallende Assoziationskraft zeichnet sie aus. Was sie mit ihrem Wissen anfassen, das ergreifen sie spielerischer, lockerer und mit mehr Einsatz als die intelligenten Konkurrenten. Die Umwelt bemerkt irritiert: Er findet mehr – und er hat mehr Spaß daran. Sein Lustgewinn ist höher, das macht den Kreativen nicht unbedingt beliebt. Sozial ist er weder engagiert noch abweisend, eher desinteressiert, was viele »nur« intelligente Leute übelnehmen. Daß er andere begeistert, ist eher ein Nebenprodukt seiner eigenen Begeisterung und seiner hohen Antriebsgeschwindigkeit. Da läuft ein schnelles Rad, spüren alle, und die hohe Drehzahl fesselt unweigerlich.

Hat der Topmanager vergeblich nach hauseigenen Kreativitätstests gefragt, aber diese Befunde bereits gesammelt, dann sollte er, auf der Suche nach dem kreativen Herd für sein Team, noch etwas gründlicher hinsehen. Er sollte sich mit dem schnelldrehenden, neugierigen Powerkopf ein wenig unterhalten. Die *fluency,* eine bestrickende Flüssigkeit im Zugriff auf Gewußtes, Kombinierbares und Denkmögliches, fällt dann auf. Der schöpferische Unruhestifter denkt mühelos und ohne theatralische Geste gegen die herrschenden Systeme an; er polt sie um, nur versuchsweise, setzt nichts absolut und läßt sich von »herrschenden« Verhältnissen nicht matt setzen. Seine Spielenergie ist beträchtlich – und vor allem: mitreißend. Man fühlt sich gut in seiner Gegenwart, ein bißchen hellhöriger, »durchblickender«, gewandter, wagemutiger.

Beim intelligenten Manager stellt sich so etwas ein wie konspiratives Glück; endlich in der richtigen Gesellschaft, durchfährt es ihn; und doch fühlt er: Die Substanz, die hier geliefert wird, ist im Unternehmen Mangelware; auch im Führungskreis ist sie nicht verfügbar. »Originell«, wird er später seinen Kollegen sagen, und das eigene Minderwertigkeitsgefühl wird sich in Überlegenheit verwandeln.

Was bei weiteren Kontrollen dieser aus dem Rahmen fallenden Talente auffallen wird, ist das ausgeprägte Verhältnis zum Potentiellen – dem also, was man machen könnte, wenn man es wagte . . . Zugleich läßt der schöpferische Gesprächspartner eine hohe Streßresistenz erkennen, die sich mit Selbstdisziplin verbindet – beruhigend für Topmanager, die im Kreativen immer den »Chaoten« fürchten. Übrigens stimmt es: Die Affinität der Kreativen zu unstrukturierten Aufgabenfeldern ist hoch. Andere sehen nur

Der schöpferische Unruhestifter denkt mühelos gegen die herrschenden Systeme an; er polt sie versuchsweise um, setzt nichts absolut und läßt sich von den »herrschenden« Verhältnissen nicht mattsetzen. Seine strategische Stärke: Abstand von den Ritualen.

Die Akklamationskultur zur Innovationskultur machen!

Der kreative Code

Unter den 20% Besten im IQ-Test ist nur ein Drittel der kreativen Reserve

70% Kreative gehen beim Intelligenz-Test »verloren«

Ihr Potential: extreme Eplorationslust
hohes Lernvermögen (Speicherfähigkeit)
liquides Denkvermögen
spielerischer, nicht sklavischer Umgang mit Wissen:
Innovationskraft!
Begeisterungsfähigkeit
Frustrationstoleranz
entspanntes Verhältnis zur Macht
hohe Konzentrationsbereitschaft
Ideenreichtum
divergentes Denken – quer zu den Systemen
hohe Drehzahl: Antriebsenergie
Humor – die Fähigkeit, Vertrautes zu verfremden
Tagträumerei

Unordnung, Wüste. Der Kreative wird gerade von diesem Zustand aufs äußerste inspiriert.

Er stülpt nicht eine Ordnung über, sondern er findet die verborgene Ordnung – und damit die Lösung. Der Zugriff der schöpferischen Intelligenz ist wie der eines Fremden, der die Lage zum erstenmal betrachtet. Seine Wahrnehmung ist zugleich unbefangener und ergiebiger; er findet wichtige und unwichtige Faktoren, trennt sie, ordnet zielstrebig und konzentriert. Er stellt neue Verbindungen her und füllt die »weißen Flecken« im Handlungsrahmen des Unternehmens.

Ist das Tableau seiner Leistungen für die Teamkultur so ausgebreitet, dann wird man es mit ihm versuchen. Ob er nun aus einer Nische im Hause selbst kommt oder von außen, eines leistet er auf jeden Fall: Die intelligente Mannschaft fit zu machen für unkonventionelle Denkprozesse. Er wird die Akklamationskultur aufbrechen und zur Innovationskultur machen. Die Teamkollegen werden ihn zuweilen »kindlich«, »naiv« oder tollkühn finden; nur die wirklich Mißgünstigen aber werden sich seiner Faszination entziehen können. Etwas wie Dankbarkeit wird sich einstellen: Mit solchen Teammitgliedern erlebt man mehr; man erreicht die eigene Leistungsgrenze spielend, überschreitet sie gelegentlich und steigert den eigenen Mut. Das Charisma der Träumer beflügelt selbst intelligente Verächter von Traumstoff zuverlässig. Damit steigt die Teamleistung insgesamt in eine neue Dimension, die der »nur intelligente« Gedankenkreislauf nie erreicht hätte.

Aus diesem Portrait wird ganz deutlich, daß es bei Teambeiträgen auch immer um Leistungen geht, die im emotionalen Feld, ja sogar im Bereich der physischen Kondition liegen. Wie diese Eigenschaften und intellektuellen Gaben zusammenwirken müssen, damit Teamerfolg entsteht, läßt sich nun beschreiben. Dabei wird ein Zusammenspiel von Talenten und Fertigkeiten sichtbar,

Andere sehen nur Unordnung. Der Kreative wird gerade von diesem Zustand inspiriert. Er findet die verborgene Ordnung – und damit die Lösung. Teamkollegen werden ihn zuweilen »naiv« oder »tollkühn« finden. Seine Faszination ist dennoch beträchtlich.

das quer zu den Gegensätzen die Vernetzung von intelligenten und kreativen Leistungen gewährleistet.

Zur konsequenten Verfolgung von Lösungsentwürfen gehört

- Vitalität. Sie ist eine wichtige Eigenschaft für Problemlösungsprozesse.
  Zum Entwerfen und Durchsetzen von Lösungen bedarf es der Initiative, der Anstoßenergie.
- Gute Teams müssen proaktiv sein; ihr Zeitverbrauch darf sich nicht auf Defensive konzentrieren.
- Auch kontemplative Energie gehört ins Team. Ein gutes Team hat seinen »Denker«, seinen »Weisen«, der die Metaebene besteigt und aus seiner Vogelschau berichtet.
- Ein Team braucht die Warner und Zögerer, die etwas langsamer vorangehen. Sie sind es, die das Argumentationsfeuer erst richtig anfachen. Sie machen das Team fit für die Vorstands- oder Geschäftsführerbegegnung – wo die retardierenden Affekte gesammelt wiederkehren.
- Das Spielvergnügen gehört ins Team. Meist bringt der Kreative es mit und steckt alle damit an, weil er ihren Erinnerungshaushalt stimuliert. Aber es gibt auch intelligente Spieler, die den *advocatus diaboli* machen und die Wettkampftalente fordern.
- Teams brauchen auch die Appelle der Sensiblen, die auf einer guten und friedlichen Welt beharren. Das Gutgemeinte ist nicht nur der Feind des Guten, es macht die Guten besser.
- Teams brauchen Ungeduld.
- Sie brauchen Effektivität.
- Sie brauchen Aggressivität, von beiden Seiten.
- Sie fordern Anpassung und geben damit Nahrung für die Angriffslust.

Je besser die Teamkultur in einem Unternehmen, desto kämpferischer und erfolgreicher wird es draußen auftreten.

- Teams sind flexible Wettkampfgemeinschaften, in denen der Markt im Kleinen präsent ist.
- Entschlußstarke sind hier mit Warnern, Beharrungswillige mit Veränderern zusammen. Alles, was hier an Gefahr simuliert wird, gibt es draußen wirklich.
  Das Team ist der Simulator, in dem Unternehmen sich Zukunftsenergie holen.

Je besser die Teamkultur in einem Unternehmen, desto kämpferischer und erfolgreicher wird es draußen auftreten: Das Team ist der Simulator, in dem sich Unternehmen Zukunftsenergie holen. Teams sind flexible Wettkampfgemeinschaften.

Spielplan für das Management

Den Wandel beherrschen – das meint: nicht den Fluß schieben, sondern das Kanu steuern.

Gut ist es, wenn Management und Führung sich die Maximen ihres Handelns jederzeit gebündelt vor Augen führen können. Intern und nach draußen ist ein Katalog der Regeln, denen man sich verpflichtet und denen die Partner vertrauen dürfen, ein zuverlässiges Verständigungsmittel – Herzstück der Kommunikation über Stil und Werte, Tempo und Richtung des Handelns.

Das Schiff auf Kurs und in Fahrt zu halten – dazu verpflichten sich Manager grundsätzlich. Wie sie dieses Geschäft im einzelnen anfassen, das wollen Mitarbeiter und Kunden – und die kritische Öffentlichkeit von ihnen wissen. Um die Vielstimmigkeit des unternehmerischen Know-how zu klaren Botschaften zu bündeln, sollte nicht der Ad-hoc-Anstoß von außen abgewartet werden – der dann meist auch Zeitdruck mit sich bringt. Siegorientierung und Wettkampfgeist des Hauses, die Stärken, auf die es vertraut und die es seinen Partnern anbietet, die Erwartung, die es an seine Umwelt hegt: das alles sollte in den Köpfen deutliche Umrisse haben – denn es steuert auch das tägliche Geschäft.

Management of Change, die unentrinnbare Aufgabe dieser Jahrzehnte, braucht kraftvolle Leitbilder und entschlossene Manager, die ihnen genügen. Ein Vorschlag für einen solchen Katalog der Spielregeln soll hier gemacht werden.

1. Entwickeln Sie eine Kultur, die den Wandel begrüßt! Welcome Change!

Sich selbst überlassen, widerstreben die Menschen dem Wandel. Er ist unbequem, zerreißt Gewohnheitsbande und schafft Unruhe.

Täglich Abschied nehmen, das will geübt sein. Traditionsverlust als Regelfall braucht starke Führungsbindungen.

Da wir dem Wandel nicht entkommen, sollte er mit offenen Armen empfangen werden. Mehr noch: Setzen Sie sich an die Spitze der Veränderungen! Machen Sie das Innovationstempo; bestimmen Sie Trends und Geschwindigkeit.

Create Change! Erschaffen Sie den Wandel – studieren und bestimmen Sie seine Gesetze.

Fragen Sie immer: Wie können wir die Umwelt zu unseren Gunsten verändern?

Denken Sie an das chinesische Sprichwort: »Herr der Vergangenheit ist, wer sich erinnern kann. – Herr der Zukunft ist, wer sich wandeln kann.«

2. Delegieren Sie Erfolgskompetenz!

Delegieren ist nicht Luxus, sondern essentielle Notwendigkeit. Brechen Sie die Autorität hinunter in der Kette – soweit als irgend möglich. Manager, Mitarbeiter und Führung sollen selbst bestimmen, wie sie ihre Aufgaben anfassen – und wie sie ihre Ergebnisse verbessern.

Sagen Sie niemals von oben herab, wie's gemacht werden soll – die Manager an ihrem Platz wissen es besser. Und genau dies müssen Sie den Managern sagen.

Wer Verantwortung an sich reißt, gibt anderen Freiraum für Entschuldigungen! Entlassen Sie Ihre Manager und Mitarbeiter nie aus dem je eigenen Raum der Verantwortung und Kompetenz. Nur dann bleiben Ihre Leute urteilsfähig.

Wer Verantwortung an sich reißt, gibt anderen Freiraum für Entschuldigungen! Entlassen Sie Ihre Manager und Mitarbeiter nie aus dem je eigenen Raum der Verantwortung und Kompetenz. Nur dann bleiben Ihre Leute urteilsfähig. Qualität ist Ihr Erfolgsfaktor bei allen Prozessen.

Ihr Motto: Qualität durch Menschen.

Verlagern Sie die Qualitätsfrage nie auf das Produkt – dort kommt sie ohnehin an. Aber sie ist gelöst, wenn sie dort ankommt, wenn Sie die Quelle für Qualität, Ihre Führungskräfte und Mitarbeiter, ernst nehmen.

3. Formulieren Sie eine klare Vision und Strategie!

Fragen Sie dazu: Wer sind wir?
Was können wir?
Was ist unser Wettbewerbsvorteil?
Wie sieht nach unserer Vorstellung die Zukunft aus?
Wo sind darin unsere Chancen?
Wie organisieren wir uns, um diese Chancen zu ergreifen?

Visionen, das sind die geistigen Bilder einer künftigen Realität, zu der noch ein paar Puzzlestücke fehlen.

Visionen sind der Überschuß an Möglichkeiten.

Aber: Es ist nicht genug, eine Vision zu haben. Man muß sie auch kommunizieren – im Unternehmen und am Markt. Nur so können alle, Führung, Mitarbeiter und Kunden, in dieselbe Richtung gehen.

So entsteht geistige Fitness:

- tägliches Überdenken des Kundennutzens
- ständige Auseinandersetzung mit anderen Marketingkulturen
- permanentes, waches Interesse an Innovation
- spontanes Zeitmanagement jedes einzelnen
- wachsendes Verantwortungsgefühl
- verstärktes Bemühen um Flexibilität
- Visionen – nicht als Zwangsjacke, sondern als Sprungbrett in die nächste Dimension

4. Behalten Sie das Ziel fest im Auge – sichern Sie Identität!

Nicht Ideen allein gelten, sondern das Handeln gilt.

Schnelle Zeiten entwickeln bewegliche Ziele. Längst nicht alles läuft planmäßig – auch nicht im besten Unternehmen. Im Gegenteil: Die Entartungsgefahren sind tägliche Begleiter des Wettbewerbs. Chaos ist stets wahrscheinlicher als Ordnung.

Das Ziel im Auge behalten – das heißt auch, Auseinandersetzungen mit dem Garanten für den Rahmen des Wirtschaftens, der Politik, nicht scheuen.

5. Halten Sie das Geschäft einfach! Keep the business simple!

Überall leben Menschen, die es gern kompliziert hätten. Aktuelle Ausrede ist die »Komplexität« – anspruchsvolles Versteck für lösungsscheue Leute.

Komplexität, das ist richtig, bindet viele Kräfte im Unternehmen. Je mehr wir wahrnehmen, desto schwieriger werden Entscheidungen.

Komplexität reduzieren, das bedeutet: den roten Faden finden. Das Wichtige vom Unwichtigen unterscheiden. Helfer dabei sind die Kreativen. Stärken Sie das Bündnis mit den schöpferischen Köpfen!

6. Streben Sie nach dem Unmöglichen!

Das ist der tägliche Kampf gegen die Gravitation. Gravitation ist auch: der Sog des Mittelmaßes. Die innovationstötenden Zwischenrufe der »Vernunft«.

Wer nur das Mögliche anstrebt, landet unterhalb des Möglichen – bei Allerweltslösungen. Wer das Unmögliche anstrebt, landet beim Bestmöglichen.

Inspirieren Sie Ihre Leute durch magische Größen!

Komplexität reduzieren, das bedeutet: den roten Faden finden. Das Wichtige vom Unwichtigen unterscheiden. Helfer dabei sind die Kreativen. Stärken Sie das Bündnis mit den schöpferischen Köpfen! Pflegen Sie die Spannung zwischen Ratio und Ideen!

Spielplan für Spitzenreiter (1)

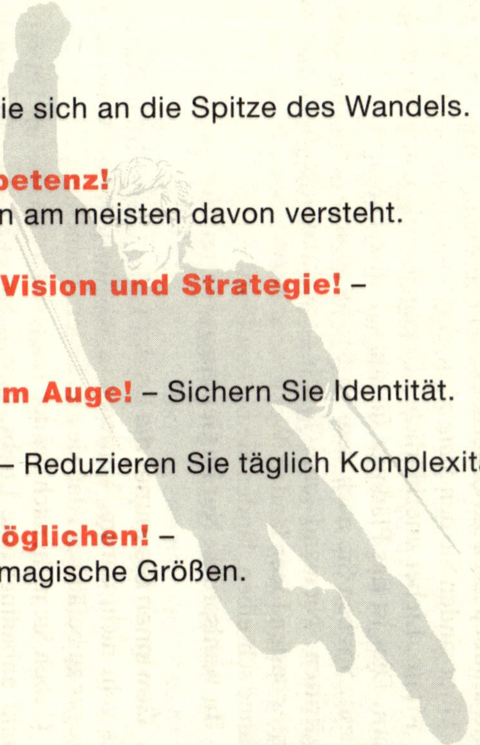

Welcome Change! – Setzen Sie sich an die Spitze des Wandels.

Delegieren Sie Erfolgskompetenz!
Lassen Sie dort handeln, wo man am meisten davon versteht.

Formulieren Sie eine klare Vision und Strategie! –
Und kommunizieren Sie beide.

Behalten Sie das Ziel fest im Auge! – Sichern Sie Identität.

Keep the business simple! – Reduzieren Sie täglich Komplexität.

Streben Sie nach dem Unmöglichen! –
Inspirieren Sie Ihre Leute durch magische Größen.

Hängen Sie die Ziele hoch! Proben Sie den aufrechten Gang. Hohe Ziele heben das Selbstwertgefühl der Menschen, die drinnen und draußen mit dem Unternehmen umgehen.

Überwinden Sie den *State of the Art*!

Motto: Lieber unerklärlicher Erfolg als wohlanalysiertes Scheitern. Dies ist das Plädoyer für das intuitive Element im Management. Streben Sie nach dem großen Wurf statt nach den kleinen Schritten. Niemand kann Ihnen verwehren, daß Sie unterhalb Ihrer besten Ideen landen. Wenn Sie aber zweitbeste Ideen auf Ihre Fahne schreiben, landen Sie bei den Drittbesten.

Ihr Wahlspruch: Nur im Gegenwind flattert die Standarte.

7. Gewinnen Sie immer die Besten!

Es geht nicht darum, Verlierer zu schaffen. Sondern darum, die Sieger zu befähigen, daß sie alle andern mitnehmen.

Geben Sie nicht nach bei der Suche nach den Besten – sie haben nicht unbedingt eine Lobby. Geben Sie nicht auf, auch wenn es etwas länger dauert. Bevorzugen Sie nicht generell Leute »von innen«!

Motto: Mittelmäßige Leute sind gut für gutes Wetter. Erstklassige Leute sind gut für gutes und schlechtes Wetter.

Ja, es stimmt: die Besten können unbequeme Leute sein. Trennen Sie sich nie aus Bequemlichkeit von ihnen!

Denn sie sind es, die den Wandel bewirken.

8. Entwickeln Sie ein Gespür für Herausforderungen!

Das englische Wort *»challenge«* sagt es besser: Risiko und Chance sind eng verquickt. Das eine ist ohne das andere nicht zu haben. Wer Risiken meidet, um seine Chancen nicht zu gefährden, verliert seine Chancen.

Topmanager müssen eine Witterung für diese empfindliche

Streben Sie nach dem großen Wurf statt nach den kleinen Schritten. Niemand kann Ihnen verwehren, daß Sie unterhalb Ihrer besten Ideen landen. Wenn Sie zweitbeste Ideen verfolgen, landen Sie bei den drittbesten. Nur im Gegenwind flattert die Standarte!

Spielplan für Spitzenreiter (2)

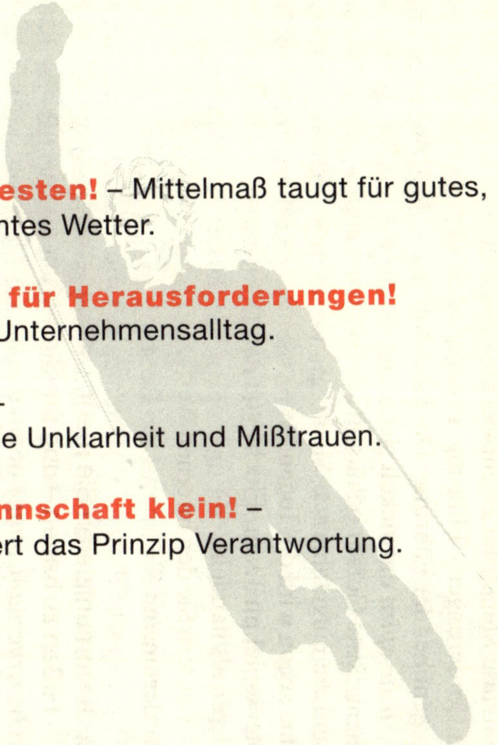

Gewinnen Sie immer die Besten! – Mittelmaß taugt für gutes, First Class für gutes und schlechtes Wetter.

Entwickeln Sie ein Gespür für Herausforderungen! Challenging – Ihr Klima für den Unternehmensalltag.

Kommunizieren Sie mehr! – Overcommunication – Ächten Sie Unklarheit und Mißtrauen.

Halten Sie die zentrale Mannschaft klein! – Der sichtbare Manager verkörpert das Prinzip Verantwortung.

Balance haben: zwischen Tollkühnheit und Mut den schmalen Grat zu finden.

Diese Mentalität zu entwickeln brauchen Sie ein Klima der Herausforderungen: Führung gegenüber Mitarbeitern, Mitarbeiter gegenüber der Führung. Das ist unbequem.

Team spirit entwickelt sich dann als ein dynamischer Geist, der die neueste Gefahr bekämpft: die Verkrustung der Teamkultur. Da sind die eingefahrenen Meetings, auf die sich keiner vorbereitet – und schon wird die Tugend von gestern zum Laster von heute: Versteckspiel im Team, Flucht von den Schreibtischen. Lieber debattieren als handeln.

Fördern Sie den internen Wettkampfgeist durch tägliche Herausforderungen.

9. Kommunizieren Sie mehr! Um sicheren Boden unter den Füßen zu haben – und um Sicherheit zu vermitteln.

»Overcommunicating« nennen es die Engländer.

Wo immer weniger starre Regeln gelten, wächst der Verständigungsbedarf.

Pflegen Sie Ihre *communications*-Netzwerke – die offiziellen wie die inoffiziellen.

Lassen Sie keine schattigen, windstillen Winkel mehr zu!

Öffnen Sie das Unternehmen für den Wind des Wettbewerbs.

Lehren Sie Ihre Mitarbeiter: Überall ist Markt! Jeder Partner ist ein Kunde!

Dulden Sie keine Unklarheiten! Holen Sie sich ungeduldige Fragesteller: die Kreativen.

10. Halten Sie die zentrale Mannschaft klein!

Kleine Spitzenmannschaften sind die Qualitätssicherung für jeden Einzelnen und für das Unternehmen.

Team Spirit entwickelt sich als ein dynamischer Geist, der die neueste Gefahr bekämpft: die Verkrustung der Teamkultur – Versteckspiel im Team, Flucht von den Schreibtischen, lieber debattieren als handeln. Fördern Sie den internen Wettkampfgeist!

Jeden Tag haben Sie mit Gesinnungen und Umständen zu kämpfen, die sich Ihrem gemeinsamen Erfolg in den Weg stellen.

Nur die klar sichtbaren Einzelnen an der Spitze repräsentieren das »Prinzip Verantwortung«.

Verantwortungsscheue Manager im Mittelfeld werden jetzt nicht mehr ohne weiteres »nach oben delegieren«.

Ein Minimum an Kontrolle verbindet sich bei kleiner Spitzenmannschaft mit einem hohen Grad an Mitverantwortung aller Ebenen. Alle Abteilungen verteilen unternehmerische Energie, niemand kann Verantwortung abwälzen.

Je kleiner die Mannschaft an der Spitze, desto sorgfältiger muß ausgewählt werden, wer einen solchen Platz verdient.

Überschaubare Spitzencrews erreichen mehr Glaubwürdigkeit in den Wettspielen der Macht.

Literaturverzeichnis

Ahlert, Dieter, Grundzüge des Marketing, Düsseldorf 1992

Ahrends, Martin, Ihr verbrauchten Verbraucher! Von der diskreten Häßlichkeit der Westdeutschen, Göttingen 1991

Albers, Soenke, Elemente erfolgreicher Unternehmenspolitik in mittelständischenUnternehmen. Unternehmenskultur, Kundennähe, Quasi-Eigenkapital. Ergebnis des Lüneburger Mittelstands-Symposiums, Stuttgart 1988

Albers, Soenke, Kundennähe. Ergebnisse einer empirischen Studie bei mittelständischen Unternehmen des verarbeitenden Gewerbes in den Kammerbezirken der IHK Koblenz und IHK Lüneburg-Wolfsburg, Lüneburg 1988

Albers, Soenke/Eggert, Karin, Kundennähe. Strategie oder Schlagwort? Marketing, 1988

Auel, Richard/Schwarz, Martin, HICOM-Service selbstverständlich, 1986

Auel, Richard/Sefrin, Karl-Heinz, Service f. ungestörte Kommunikation, 1987

Baaken, Thomas/Simon, Dieta (Hrsg.), Abnehmerqualifizierung als Instrument des Technologie-Marketing. Personalentwicklung beim Kunden, eine Herausforderung für Anbieter innovativer Technologien, Berlin 1987

Balderjahn, Ingo, Das umweltbewußte Konsumentenverhalten. Berlin 1986

Beaugrand, Günter, König Kunde im goldenen Käfig, Konsumstrategie und Statusdenken aus pädagogischem und soziologischem Aspekt, Hamm 1971

Becker, Helmut E., Kommunikations-Strategien im Pharma-Markt. Eine Unternehmens-Befragung. Empirische Studien unter besonderer Berücksichtigung veränderter Rahmenbedingungen und verhaltenswissenschaftlicher Ansätze, Paderborn 1990

Behrens, Gerold, Konsumentenverhalten. Entwicklung, Abhängigkeiten, Möglichkeiten, Heidelberg 1988

Bekmeier, Sigrid, Nonverbale Kommunikation in der TV-Werbung, Paderborn 1986

Belz, Ch., Sales cycle. Den Kunden begleiten, 1991

Benz, Jochen, Kundenzufriedenheit im Dienstleistungsbereich, Multivariate Verfahren schaffen Klarheit, 1991

Beyering, Lutz, Individual marketing. Wege zum neuen Konsumenten, Landsberg am Lech 1987

Biervert, Bernd, Organisierte Verbraucherpolitik. Zwischen Ökonomisierung und Bedürfnisorientierung, Frankfurt/Main 1984

Bircher, Bruno, Mehr Kundennutzen durch Dienstleistungen, Zürich 1989

Blattberg, Robert, C./Deighton, John, Die neue Dimension. Immer enger, meine Kunden, mit Dir, 1993

Boeck, Max, Die Auswirkungen neuer Markt- und Vertriebsformen auf Preisbindung und Sortiment, München 1980

Bolte, Karl M., Wertewandel – Lebensführung – Arbeitswelt, München 1993

Bost, Erhard, Die Wirkung der Ladenatmosphäre auf das Konsumentenverhalten am Einkaufsort, Saarbrücken 1986

Brun, Rudolf, D. Abschied von d. Verschwendung. D. Wiederentdekkung d. tägl. Bedarfs. Frankfurt/Main 1979

Bullinger, Hans-Jörg/Fuhrberg-Baumann, Jan/Müller, Robert, Neue Wege der Kundenauftragsabwicklung, 1991

Bundesvereinigung Logistik, Kunden gewinnen, Kosten senken, Bremen 1987

Chase, Richard B./Garvin, David A., Die Fabrik der Zukunft – ein Dienstleister. Wie sollen Produkte beschaffen sein? Darüber sprechen Kunden künftig direkt mit der Fertigung, Hamburg 1990

Czerwonka, Christine, Der aktive Konsument: Kommunikation und Kooperation, Göttingen 1976
Davidow, William H./Uttal, Bro, Service companies. Focus or falter, Harvard Business Review, 1989
Davidow, William H./Uttal, Bro, Service total. Mit perfektem Dienst am Kunden die Konkurrenz schlagen, Frankfurt/Main 1991
Davidow, William H./Uttal, Bro, So wird Ihr Kundendienst unschlagbar, Harvard Manager, 1990
Davidow, William H./Uttal, Bro, So wird Ihr Kundendienst unschlagbar. Nur maßgeschneiderte Servicestrategien stellen den Kunden zufrieden, Hamburg 1990
Davidow, William H., High-Tech-Marketing. Der Kampf um den Kunden. Erfahrungen und Rezepte eines Insiders, Frankfurt/Main 1987
Dedler, Konrad, Das Informationsdefizit der Verbraucher, Frankfurt/Main 1984
Deutsch, Christian, Kreative unter Druck. Lean-Management. Jetzt auch für Agenturen, 1992
Deutsch, Christian, Kundendienst. Schlüssige Konzepte entwickeln sich zur Kernfrage erfolgreichen Marketings, 1991
Deutsch, Christian, Verkaufskompetenz. Anpassung an neue Anforderungen. Den Kunden im Blick, 1992
Dieterich, Michael, Konsument und Gewohnheit, Heidelberg 1986
Dieterich, Michael, Konsument und Gewohnheit. Eine theoretische und empirische Untersuchung zum habituellen Kaufverhalten, Heidelberg 1986
Disch, Wolfgang K. A., Die Verkaufsförderung ist tot, 1992
Eggert, Karin, Die Strategie Kundennähe. Komponenten, Konzept, Erfolgspotential, Lüneburg 1993
Eggert, Karin, Einführungskonzeptionen für innovative Investitionsgüter, 1990
Facklam, Uwe, Ziel mit Zukunft. Kundenpflege, weil zufriedene Kunden für die Gewinnung neuer Kunden die beste Grundlage bilden, 1988

Fleischmann, Gerd (Hrsg.), Der kritische Verbraucher. Information – Organisation – Durchsetzung seiner Interessen, Frankfurt/Main 1981

Fliegner, Michael, Verantwortung als Gestaltungskriterium für die Beziehung zwischen Bank und Kunde, Köln 1987

Frese, Erich/Maly, Werner (Hrsg.), Kundennähe durch moderne Informationstechnologien, Düsseldorf 1989

Friedrich, Artur/Vollrath, Günter R., Veränderungen des Personalwesens durch Lean-Management, 1993

Friedrich, Artur, Lean-Management. Chance oder Alptraum? München 1992

Friedrich, Artur, Personalarbeit als Erfolgsfaktor im Lean-Management – Personalwirtschaftliche Konsequenzen aus der neuen Management-Philosophie, 1993

Frisch, Wolfgang, Service-Management – absatzpolitische Vorteile durch gezielten »Dienst am Kunden«, 1990

Gaitanides, Michael/Westphal, Jörg/Wiegels, Ina, Zum Erfolg von Strategie und Struktur des Kundenmanagements. Organisatorische Gestaltung, Grundtypen, Strategie, Effizienz, Baden-Baden 1991

Gartner, Alan, Der aktive Konsument in der Dienstleistungsgesellschaft. Zur polit. Ökonomie d. tertiären Sektors, Frankfurt/Main 1978

Gehrig, Walter, Pharma-Marketing. Instrumente, Organisation und Methoden, Zürich 1992

Gerken, Gerd, Das, was die Japaner erfolgreich macht, können wir nicht nachmachen. Deshalb Soft-Management statt Lean-Management, 1992

Greiner, Peter, Direktmarketing als Teil des integrierten Marketing in einem kundennah organisierten Investitionsgüter-Unternehmen, 1993

Gronemeyer, Marianne, Die Macht der Bedürfnisse. Reflexionen über ein Phantom. Reinbek bei Hamburg 1988

Groth, Uwe/Kammel, Andreas, Lean-Management. Langfristige Zusammenarbeit von Herstellern und Zulieferern, 1993

Grünwald, Helmut, Marketing: Kunden finden, Kunden behalten, Stuttgart 1980
Gschwendtner, Helmut, Die volkswirtschaftlichen Auswirkungen einer Liberalisierung des Ladenschlußgesetzes, Tübingen 1988
Gutjahr, Gert, Taschenbuch der Marktpsychologie, Heidelberg 1983
Hahn, Oswald, Mißverstandenes Marketing oder Kunden als Könige ohne Land. Zeitschrift für das gesamte Kreditwesen, 1976
Harbrücker, Ulrich, Wertewandel und Corporate Identity. Perspektiven eines gesellschaftsorientierten Marketing von Versicherungsunternehmen, Wiesbaden 1992.
Hauffe, Hans Günter, Die liebe Konkurrenz – Spielregeln im Kampf um den Kunden, Düsseldorf/Wien 1962
Hentze, Joachim/Kammel, Andreas, Lean Production. Erfolgsbausteine eines integrierten Management-Ansatzes, Tübingen 1992
Hirzel, Matthias, Lean-Management muß in den Köpfen der Manager beginnen, Zürich 1993
Höhler, Gertrud, Mit den Augen des Kunden sehen, 1992
Hollender, Gottfried, Innovative Zuliefer-Beziehungen. Lieferanten sind keine Sklaven. Wertanalyse fördert die Wertschöpfungskette, 1992
Hooven, E.V., Schwerpunkt Kundenbeziehungen: Die persönliche Freiheit des Kunden – Eine Aufgabe für die Banken, 1984
Horovitz, Jacques Henri, Service entscheidet. Im Wettbewerb um den Kunden, Frankfurt 1989
Housley, Chris, Building a communication network, 1989
Huber, Markus, Markt-Konkurrenz-Angebotskombinationen. Ihre Abgrenzung und ihre Beurteilung als Voraussetzungen zur erfolgreichen Führung relativ selbständiger Geschäftseinheiten, St. Gallen 1984
Jud, Ursula, Kundenbindung – Die zentrale Herausforderung der 90er Jahre, 1990
Keller, Bernhard, Die Zeit als ökonomisches Gut, Tübingen 1984
Kettell, Ralph, Der Aufbau einer dauerhaften Kundenbeziehung mit Hilfe von Direkt-Marketing, 1988
Koch, Hayo, Behördeneffizienz. Wie aus einem verkrusteten Amt ein kundenorientierter Dienstleister wurde, 1992

Koch, Hayo, Kommunikation: Wie Unternehmen mit Business-TV besser führen, 1990
Koeppen, Heinrich, Der Konsument in der Marktwirtschaft, Stuttgart 1987
Kowalewsky, Reinhard/Biallo, Horst, Der Dienst am Kunden wird wettbewerbsentscheidend, 1991
Kreutzer, Ralf, Lean-Management – Handlungskonzepte im Marketing, Gernsbach 1993
Kroeber-Riel, Werner, Werbung. Steuerung des Konsumentenverhaltens, Würzburg 1982
Kroker, Eduard J. (Hrsg.), Wertewandel und Lebenssinn (Vortragsreihe 1989), Frankfurt/Main 1990
Kuss, Alfred, Information und Kaufentscheidung, Berlin 1987
Lammoth, Friedhelm, Neue Kunden – neue Märkte – neue Spielregeln, 1993
Landolt, Johannes G., Verbraucher im New Age. Steht d. Wirtschaft vor e. Wende? Freiburg im Breisgau 1988
Lehnen, Hans Günter, Lean-Management. Chance und Herausforderung für die Personalarbeit, 1993
Leigers, Franz-Josef/Weikert, Siegfried, Lean Production und Management. Quality Circles. Erfolg garantiert?, 1993
Leonhäuser, Ingrid-Ute, Bedürfnis, Bedarf, Normen und Standards: Ansätze für eine bedarfsorientierte Verbraucherpolitik, Berlin 1988
Liebl, Walter F., Erfolgreiches Marketing-Management, Landsberg/Lech 1992
Longrée, Helge-Michael, Marktzutrittsschranken und potentielle Konkurrenz unter wettbewerbspolitischem Aspekt, Essen 1982
Loosen, Josef, Von der klassischen Verkaufsförderung zum professionellen Kundenmarketing, 1993
Lovelock, Christopher, Dienstleister können Effizienz und Kundenzufriedenheit verbinden, 1993
Luedi, Raymond, Zeitschriften. Service inbegriffen 1992
Luger, Adolf E., Marketing, München 1993
Matzelt, Herbert, Verkaufen an den Partner Kunde, Wiesbaden 1987

Mazur, Laura, Marketing 2000, London 1991
Meffert, Heribert (Hrsg.), Kundendienst-Management. Entwicklungsstand und Entscheidungsprobleme der Kundendienstpolitik, Frankfurt/Main 1982
Meffert, Heribert, Internationales Marketing, Stuttgart 1993
Meister, Holger, Organisation des Lean-Management, Baden-Baden 1993
Mercer, David, Marketing, Oxford 1992
Meyer, Günter, König Kunde. Von der Freiheit des Verbrauchers, Berlin 1966
Mielenhausen, Erhard (Hrsg.), Verbraucherpolitik – Politik für Verbraucher? Osnabrück 1986
Mollberg, Harald, Problematik einer Messung des Kundenserviceerfolgs, Göttingen 1983
Müller, Mario/Pauly, Christoph, Bank der Zukunft – Im Wettbewerb um Kunden setzen die Geldhäuser zunehmend auf moderne Technik, 1991
Müller-Hagedorn, Lothar, Das Konsumentenverhalten. Grundlagen für d. Marktforschung, Wiesbaden 1986
Munkelt, Irmtrud, Wenn Unternehmen vor Kunden referieren lassen . . . Zielgruppen-Symposien, Düsseldorf 1991
Muth, Ernst, Kundenservice und Bankautomation – Gegensätze oder trennbare Partner?, 1989
O. V., Aus König Kunde wird eine Nummer. Brennstoffspiegel, 1988
O. V., Dem Kunden näherrücken. Wie sich Unternehmen neu organisieren, 1992
O. V., Lean-Management. Nichts für Krisenzeiten, 1993
O. V., Lean-Management. Wie Unternehmen mit schlanker Organisation Kreativität und Leistung steigern können, 1992
O. V., Unternehmenskommunikation. Spielball, 1990
O.V., Management: Mit Lean Production führen Sie Ihr Unternehmen zielsicher ins 21. Jahrhundert, 1992
Prestele, Anton, Jugend, Wertewandel und neues Bewußtsein. E. Explorationsstudie, München 1987

Rapp, Stan, Die große Marketing-Wende, Landsberg/Lech 1991
Reiss, Michael, »Lean-Management« ist »Heavy Management«!, 1992
Reiss, Michael, Die Rolle der Personalführung im Lean Management. Vom Erfüllungsgehilfen zum Schrittmacher einer Management-Revolution, 1993
Rode, Friedrich A., Der Weg zum neuen Konsumenten. Wertewandel in der Werbung, Wiesbaden 1989
Romano, Felice, Zukünftige Konzepte der Kundenbeziehungen im Spannungsfeld von Automation und Kommunikation, 1988
Rosenstiel, Lutz von (Hrsg.), Wertewandel. Herausforderungen für die Unternehmenspolitik in den 90er Jahren, Stuttgart 1993
Rueppel, Wilhelm F., Banken auf dem Weg zu neuen Kunden, 1993
Schantz, Klaus, Database-Marketing für die erfolgreiche Kundenberatung, 1992
Scharioth, Joachim, Vom marktorientierten zum kundenorientierten Unternehmen. Wie Sie Kunden durch Kommunikation binden, 1993
Schlesinger, Leonard A./Heskett, James L., Dem Kunden dienen – das müssen viele Dienstleister erst noch lernen, 1992
Schleuning, C., Strategien und Ansätze der Umsetzung zur Identifizierung von potentiellen Kunden im Direktmarketing, 1993
Schnabel, W. (Red.), Verbraucher wollen mehr SB-Warenhaus! Orientierung und Initiativen für Erfolg von morgen, Frankfurt/Main 1986
Schnabel, Walter (Red.), Dynamisch den Verbraucherwünschen entgegen. Staat und Verbraucher im Widerstreit?, Düsseldorf 1987
Schneider, Helmut, Ein Stück Lean-Management. Motivierung der Mitarbeiter zum Nulltarif, Zürich 1993
Scholz, Thomas, Mit Dialog-Marketing kann man nicht nur Preise gewinnen. Die R+V-Versicherung setzt auf ein neues Kommunikationskonzept, 1991
Schorpp, D., Wertewandel bei Jugendlichen: Veränderungen der Arbeits- und Leistungseinstellung in Beruf und Freizeit, Konstanz 1989
Schrall, Erich, Botschaft mit nachhaltiger Wirkung. Kundenzeitschriften als Kontaktmedien, 1989
Schulte-Frankenfeld, Helmut, Vereinfachte Kaufentscheidungen von

Konsumenten. Erklärung psychischer Prozesse kognitiv limitierten Entscheidungsverhaltens von Konsumenten, Frankfurt/Main 1984
Schulze, Henning S., Internes Marketing von Dienstleistungsunternehmungen. Fundierungsmöglichkeiten mittels ausgewählter Konzepte der Transaktionsanalyse, Frankfurt/Main 1992
Schuppe, Matthias, Im Spiegel der Medien. Wertewandel in der Bundesrepublik Deutschland, Frankfurt/Main 1988
Scitovsky, Tibor, Psychologie des Wohlstands, Frankfurt 1977
Scitovsky, Tibor, Psychologie des Wohlstands. Die Bedürfnisse des Menschen und der Bedarf des Verbrauchers, Frankfurt 1989
Shagi, El-Shagi el (Hrsg.), Umweltpolitik in der Marktwirtschaft, Pfaffenweiler 1991
Sherlock, Paul, Unternehmen als Kunden. Neue Strategien im business to business marketing, Frankfurt/Main 1992
Stadtler, M. M., Wie neu ist der Konsument als Kunde von Morgen wirklich?, 1984
Stimpel, Roland, Lean-Management. Schlank genug, 1993
Stopp, Udo, Unterschiedliche Kundentypen richtig einschätzen und behandeln. Bank und Markt, 1991
Suter, Tobias, Kundenbetreuung der Zukunft. Zielgruppenorientierung als Konzept, 1990,
Szallies, Rüdiger (Hrsg.), Wertewandel und Konsum. Fakten, Perspektiven und Szenarien für Markt und Marketing, Landsberg/Lech 1990
Szibor, Lutz/Thienel, Albert, Information vor Ware – Die Vernetzung eines logistischen Dienstleisters mit seinen Kunden und seinen Niederlassungen, 1991
Thomann, Hermann, Dienst am Kunden verbessern, 1992
Tritt, Walter, Ein neues Modell für den Kundendienst, 1993
Trommsdorff, Volker, Konsumentenverhalten, Stuttgart 1989
Ulrich, Hans (Hrsg.), Management-Philosophie für die Zukunft. Gesellschaftlicher Wertewandel als Herausforderung an das Management, Bern 1981
Unger, Fritz (Hrsg.), Konsumentenpsychologie und Markenartikel, Heidelberg 1986

Volk, Hartmut, Absolute Kundennähe als Erfolgsvoraussetzung, 1991
Volk, Hartmut, Warum heißt nicht einer Ihrer Verkäufer »Brief«?, 1993
Weber, M./Reinhold, W., Kontaktring – Partnerschaft für den Kunden. Der Handel, 1989
Weidner, Wolfgang, Computergestütztes Gebrauchtwagenmarketing. Konsumentenseitige Anforderungen u. Möglichkeiten. Göttingen 1985
Widmaier, Sandra, Wertewandel bei Führungskräften und Führungsnachwuchs. Zur Entwicklung einer wertorientierten Unternehmensgestaltung, Konstanz 1991
Wildemann, Horst, Die modulare Fabrik, München 1988
Wildemann, Horst, Lean-Management. Strategien zur Erreichung wettbewerbsfähiger Unternehmen, Frankfurt/Main 1993
Wilson, Richard M., Strategic marketing management. Planning, implementation and control, Oxford 1992.
Windhorst, Karl-Götz, Wertewandel und Konsumentenverhalten, Münster 1985.
Wittenzellner, Christine, Partnerschaft/Taylorix AG: Wie der Stuttgarter EDV-Dienstleister mit Mitarbeitern und Kunden umgeht. Management Wissen, 1990.

Personen- und Sachregister